Commercial Law

商法界论集

第 10 卷

陈　洁◎主编
夏小雄　唐林垚◎副主编
中国社会科学院法学研究所商法研究室　主办

中国金融出版社

责任编辑：黄海清
责任校对：李俊英
责任印制：张也男

图书在版编目(CIP)数据

商法界论集．第10卷/陈洁主编；夏小雄，唐林垚副主编．—北京：中国金融出版社，2022.10
ISBN 978-7-5220-1706-8

Ⅰ．①商… Ⅱ．①陈…②夏…③唐… Ⅲ．①商法—中国—文集 Ⅳ．①D923.994-53

中国版本图书馆CIP数据核字(2022)第139591号

商法界论集．第10卷
SHANGFAJIE LUNJI. DI-10 JUAN

出版发行 中国金融出版社
社址 北京市丰台区益泽路2号
市场开发部 (010)66024766，63805472，63439533(传真)
网上书店 www.cfph.cn
(010)66024766，63372837(传真)
读者服务部 (010)66070833，62568380
邮编 100071
经销 新华书店
印刷 北京九州迅驰传媒文化有限公司
尺寸 169毫米×239毫米
印张 20
字数 305千
版次 2022年10月第1版
印次 2022年10月第1次印刷
定价 96.00元
ISBN 978-7-5220-1706-8

编　委　会

总　序

那还是1992年10月，在党的十四大报告确定建立社会主义市场经济体制的改革目标之后，王保树先生即以敏锐的学术观察力及时作出反应，提出将中国社科院法学所经济法研究室改为商法经济法研究室的建议，并坚持将“商法”放在名称构成的前面。保树先生的该项提议被迅速采行，商法经济法研究室由是在1992年10月即实现更名，成为国内较早的被冠以商法名称的科研机构。当时在商法经济法研究室工作的我学轻而识浅，却与保树先生言谈无忌，曾言商法不就是个词嘛，在研究室名称中商法之先后甚或有无没啥实际意义，只需追求科研有实在内容就行了。至今我还记得，当时保树先生意味深长地看了我一会儿，伴以扣桌之声而很有节奏地对我说：“你以后就知道叫商法有啥意义了。”于是，从那时起就有了很多与商法有关的“以后”，尤其是10年之后，商法经济法研究室新设分立为商法研究室和经济法研究室，商法研究室以商法学科为专属科研领域，作为一个充满理论创造力与学术号召力的专业团队存续并壮大于商法界，为中国商法的法治进步与学术繁荣不断作出努力与贡献。

在我随着法学所商法研究室的发展而成长的20多年间，时常感怀保树先生的学术擘画之功及对我的提携之情，也因年轻时一句“有啥意义”而更为深刻地体悟精心建构学术平台的重要意义。如果没有保树先生当年率先对商法概念的再本土化，以及在此过程中殚精竭虑地建构各种形式的商法学术平台，诸如主编《商事法论集》、在清华大学设立商法研究中心、领导中国商法学研究会等，那么中国商法及商法学虽然也会应时出现并有所发展，但或许是另外一个样子。

因承继积淀与创新拓展,社科院法学所商法研究室已是一个科研效益与学术能量颇高的平台。同样因学养培植与学识增进,商法研究室并不囿于本单位课题研究与编制内团队培育,愿意并努力秉持更广阔的学术情怀与更勤勉的学术担当,为整个商法界的兴盛繁荣付出心劲及行动,包括为商法界精心搭建并维护更有特色与效益的学术平台。继开设微信公众号“商法界”广获影响之后,又再接再厉,创设《商法界论集》系列丛书,以期商法界同仁在此可以坦诚砥砺学问、系统阐释观点、集萃思考精华。

商法研究室开设的微信公众号“商法界”旨在“以商新法、以法促商”,在打理《商法界论集》时仍将继续秉持这一学术理念,并努力使之在商法制度建设和学科发展中持续彰显、不断增效。“以商新法、以法促商”概括了商与法的关系,既反映了经济社会发展中商与法之间的互动规律,也表明了商法研究中学术生长的基本机制。把握以商新法、以法促商,商法研究者要作为敏锐、睿智且负责的观察者深度介入商事活动实践中,能与市场主体同时(或许可以稍后一点)感受到市场运行中变化着的力量与趋向,及时发现新的业态、交易模式、资源配置方式,且比一般的市场主体更能深刻地观察到商事创新的动因、性质、结构以及规则表现与运行效果;同时秉持以法治方式促进经济社会发展进步的学术立场,在科研实践中充分认识到商法建构与实施的能动性要服从市场运行的规律性,科学运用法治思维认识并以法律语言表述商事活动的事物属性、法律关系结构及应有的法律评价,进而作出有效的商法理论创新或者提出适当的商法制度建议,推动市场经济的良性运行与协调发展。

改革开放40多年来,尤其是社会主义市场经济体制确立以来,中国的法治建设特别是商法建设获得了前所未有的时空场域,带来了商法及商法学前所未有的跨越式发展与爆发式扩张。在这一时代背景中,商法界面临前所未有的贡献于学术、贡献于法治、贡献于社会的机会与责任。商法界专家学者在其科研实践中的睿思宏想、真知灼见是珍贵的学术资源和社会财富,《商法界论集》有心通过精心选萃和用心推广,能使商法研究之圃的理论之花更多更明媚地绽放于学界、灿烂于社会、辉煌于时代。商法研究室作为《商法界论集》这一学术新平台的维护者,希冀获得商法界专家学者的大力支持和深度参与，资深者率先倡导，莫自谦一得之见，再作学术示范；新锐者勇于展现，莫拘谨一议之功，放飞学术理想。只要我们用心过、合作过、努力过，《商法界论集》对中国商法学科体系、学术体系和话语体系的建构意义，以后我们就知道了。

2018 年 8 月 23 日于北京

目　　录

论　　文

《公司法》中的公众公司问题

徐　明*

摘要:随着多层次资本市场的发展,我国市场实践中已经形成了由上市公司、非上市公众公司为主的公众公司群体以及一定规模股东的公众化股份公司,并形成了大量的涉及公众公司的法律法规、部门规章、规范性文件及交易场所自律规则等证券监管规章制度,为"公众公司"概念在《公司法》中的确立奠定了较为充分的法律和实践基础。现行《公司法》关于股份有限公司和有限制责任公司的公司形态的划分已经不符合我国公司发展的实践,也不能满足我国资本市场的公众公司和非公众公司监管和投资者保护等实践需要。为此,有必要借《公司法》修改之机,从与《证券法》协同的角度考虑,对公众公司的内在逻辑进行全面梳理,尽快实现在《公司法》中纳入"公众公司"概念。

关键词:公众公司　非上市公众公司　事实公众公司

我国《公司法》根据公司组织形式的不同,将公司类型划分为有限责任公司和股份有限公司两种,并以公众性为基础,从股份公司中划分出上市公司并对其特殊组织事项进行了特别规定。这一划分逻辑符合公司法理,与世界主要国家公司法规定相一致,较好地体现了不同公司类型"人合性""资合性"的不同特点,成为证券市场基本制度的基础。然而,随着多层次资本市场的发展以及公司实践的进一步深入,有限责任公司和股份有限公司的两分法不能完全涵盖公司的类型,也未能反映出我国资本市场的发展实践。因此,如何从与《证券法》协同的角度,对公众公司概念进行全面梳理,从而在《公司

* 华东政法大学国际金融法律学院教授。

法》中引入“公众公司”的概念成为《公司法》修改的一个重要问题。

一、公众公司的基本范畴

(一)公众公司的内涵界定

在公司法的发展历史中,英国作为现代公司法的起源地,在《1908年公司法》中确立了公众公司作为公司的常态,对公众公司进行了充分的肯定。作为最早区分公众公司和私人公司的国家,英国公司法对公众公司更加强化了股东人数、招股说明书、股份的流转、公开账目、抵押登记等方面的规定。英国公司法有关公众公司的相关规定对英美法系国家和地区产生了极大的影响。

美国虽然在联邦层面没有统一的《公司法》,其公司立法权限属于各洲,但美国在公司法层面仍然有公众公司的概念,并且将公司分成公众公司和封闭公司,公众公司具有更大的开放性,更关注公司股份的自由流通。美国《1934年证券交易法》规定的需向美国证券交易委员会注册并履行相应信息披露义务的“报告公司”,实际上就是美国“公众公司”的概念,这一“报告公司”必须是公开发行的公司,或者是公开交易的公司,或者是达到一定股东人数和资产规模的公司。

新加坡《公司法》同样确认了公众公司的概念,并且将公众公司和私人公司进行了区分,其主要的区分标准是人数。新加坡《公司法》上的公众公司分为股份有限公司和担保有限公司。股份有限公司可以拥有50名以上股东。公司可以通过向公众提供股票或债券来筹集资金。公众公司必须先向新加坡金融管理局登记招股说明书,然后才能公开发行股票和债券。它的优点类似于私人有限公司,可以限制股东的负债,享受有竞争力的公司税率。这种公司可以通过向公众提供股票和债券来筹集资金,提升了获得资金的机会。股东享有更大的流动性,因为他们可以在资本市场买卖股票。但是,他们受到严格的监管,财务问题受到更严格的公众监督,合规成本非常高。担保有限公司是指股东通过担保方式承诺出资或对公司债务承担固定的金额。它通常用于开展非营利性活动,如慈善等。其成员的责任仅限于成员在清算时承诺为公司资产作出贡献的金额,该担保金额将在组织章程大纲中说明。这类公司的名称没有“有限”一词。

我国香港地区在公司法的传统上与英国《公司法》相似,承接了公众公司的概念,并且将公众公司和私人公司进行了区分,根据我国香港公司法的相关规定,成员是否超过 50 人,公司章程是否限制成员转让股份的权利,是否允许公开认购公司的股份或债权证,是否属于担保有限公司成为判断公众公司和私人公司的标准。

英国《公司法》上的公众公司规定不但影响着英美法系国家,还对大陆法系的国家和地区产生了影响。比如日本、韩国和我国台湾地区均吸收了公众公司的概念。

日本《公司法》将公众公司称作公开会社,是指关于以转让方式取得公司所发行的全部或一部分股份的内容,章程未规定须得公司承认的股份有限公司。只要公司发行股份中有一部分可以自由转让,即为公众公司。

韩国《公司法》未对公众公司的概念作出界定,但是在《股份公司外部审计法》中通过规定部分股份公司必须强制外部审计和强制信息披露的方式,对公众公司予以界定。该法第二条规定,任何股份公司在前一个营业年度末达到规定的资产总额、负债额、雇员人数等标准的,应当接受外聘审计师的会计审计。此外,韩国《金融投资服务与资本市场法》规定,如果发行人向 50 名以上的投资者公开劝诱购买该公司新发行的股票,则被视为"公开发行"。如果向 50 名以上的投资者公开转让该公司已经发行的股票,则被视为"公开销售",即如果股份公司向超过 50 名以上的投资者公开发行或者转让该公司股票,那么该股份公司将被视为公众公司,此时就需要向韩国金融服务委员会提交相关文件,向公众披露信息。但是如果投资者以书面形式表示拒绝收取投资说明书,该公司可以不用继续向其提供投资说明书。

我国台湾地区公司证券法律文件中没有公众公司的概念,与其内涵最为接近的公司类型是公开发行公司。虽然公开发行公司多次出现在"公司法"和"证券交易法"等文件中,但是相关法律从未对这一概念予以明确界定。较为通行的解释认为,公开发行公司是指"具有公开发行股票资格的股份有限公司"。而公开发行股票资格是指具有向非特定对象发行股票的资格,因而具有公开性。所以公开发行公司与公众公司的内涵非常接近。

公众公司作为公司的一种形态,我国《公司法》和《证券法》都没有对其予以明确的规定。尽管我国相关部门的规章和规范性文件中对公众公司有所规定,但并没有给公众公司一个清晰的概念界定。

综观世界主要国家和地区的公司法和证券法等法律制度,无论是英美法系还是大陆法系的国家和地区,对公众公司的界定并不统一,并没有一个统一的、概念十分清晰的公众公司定义。但是,从上述国家和地区的有关公众公司法律及其实践可以看出对公众公司的界定存在一定的共性。笔者以为,公众公司概念的内涵在于它的“公众性”,具体可以表现为“公开发行”、“公开交易”和“一定规模的股东”三种特性。

1.“公众性”是公众公司的核心内容。顾名思义,公众公司的关键在于其所拥有的“公众性”,它是公众公司概念的内涵,也是公众公司的本质属性和最根本的特征。非股份有限公司、独有公司和合伙型公司由于不具有“公众性”的特点,因而一般不是公众公司。[①] 而股份有限公司在公众性上具有一定的基础,但并不意味着是股份公司就一定具有公众性。股份公司是公众公司的前提和基础,但并不是公众公司的必然结果。那么,什么样的股份公司能够成为公众公司呢?有人对其总结出三个方面的特点,即股份公司的章程不限制公司股份对外流转,隐含着向公司募集资金的权利;通常需要遵循信息公开要求,向公众及时披露;建立有利于解决股东与经理人之间委托代理问题的公司治理机制。[②] 这一说法具有一定的道理。但笔者认为,除了上述特点外,一个重要的标志是股份公司是否具有公众性,而股份公司在资本市场公开发行或者公开交易是其公众性最重要的体现。

2. 公开发行、公开交易、股东人数的要求是公众公司“公众性”的具体表现。股份公司公开发行是其成为公众公司最为直接的手段和最为明显的标志。从法律规定公开发行的两种方式看,无论是股份公司向不特定对象公开发行股票还是向特定对象进行超过一定的人数规模的公开发行,其公众性都

---

① 也有少数国家的非股份有限公司被视为“公众公司”,但这类公司不应作为一般的公众公司看待,可以看作本书所论述的商法下的公众公司的例外。例如新加坡就将“担保有限公司”作为公众公司的一种。该类公司是为公益和非营利目的而注册成立的。如促进艺术或慈善目的而注册的社团和组织。其成员的责任仅限于在清算时承诺为公司资产作出贡献的金额。该担保金额将在组织章程大纲中说明。这类公司的名称也没有“有限”一词。

② 谢庚、徐明主编:《新三板研究》,中国金融出版社2019年10月版,第15-17页。

十分明显。

公开交易虽然不如公开发行的公众性直接和明显，但也具有较强的公众性，这一公众性体现在公开市场的股份买卖。这种形式被视为公众公司是被各国实践所证明的。在我国也是如此，从我国资本市场实践看，将申请挂牌的股份公司纳入公众公司具有明确法律依据。

公开交易不同于公开发行。公开发行除了具有涉众性特点之外，还是一种融资活动，通过发行股票获得资金；而公开交易并不涉及发行，不涉及融资。它是将股份公司已有的股份在公开市场进行买卖的行为。之所以公开交易成为公众公司，是因为这一行为是在公开市场进行的，不但公开市场的众多投资者可以买卖股份公司股票，使其具有较强的涉众性，而且公开市场的公开透明也要求公开交易的股份公司要公开披露信息包括公司的定期报告和临时报告，更加增强了股份公司的公众性。

公司公开发行和公开交易由于其公开性，并且在公开市场进行运作，涉及的对象相当广泛，因此公司的“公众性”特点是非常明显的，公众公司的定性不存在问题。但是，对于非公开发行或者非公开交易的股份公司，怎样才能确定它的公众性。从各国的公司法对公众公司的界定范围看，均要求其具备足够的股东人数，有的国家还要求具有相当的资产规模。“就公众公司的类型而言，存在着法律规定的公众公司和事实形成的公众公司两种类型，前者主要是指公开发行同时也获得公开交易权的股份有限公司，以及虽未经历公开发行，但在证券交易场所公开交易的股份公司，后者是指从社会经济意义上考虑，具备一定的总资产规模且股东人数达到一定数量，存在较大公共性的股份公司，一旦其在这些指标上不符合，将不再作为公众公司进行监管”。①

公众公司不同于公众股东。一般来说具有公众股东的公司是公众公司，但公众股东和公众公司本身并不是一回事。股东是股份制公司的出资人或投资人，是指通过向公司出资或其他合法途径获得公司股权，并对公司享有权利和承担义务的人。必须持有该公司股份才能成为该公司股东；公司是因

① 谢庚、徐明主编：《新三板研究》，中国金融出版社2019年版，第3页。

股东的出资依法成立的独立法人,享有法定的权利义务并独立从事各种民事活动,承担法律责任。公众股是指股份公司采用募集设立方式设立时向社会公众(非公司内部职工)募集的股份,也指社会公众依法以其拥有的财产投入公司时形成的可上市流通股份;[①]社会公众股东必须是"非公司内部职工"的流通股股东。[②] 笔者认为,对社会公众股东概念的提出目的就是要形成抑制滥用公众公司控制权的制约机制,并从多方面加强对社会公众股东的合法权益的保护。

综上所述,笔者认为,公众公司是通过公开发行股票、公开交易股票或者股东人数达到公众性程度的股份公司。具体为上市公司、股票在全国性证券交易场所交易的公司(挂牌公司)以及公众化股份公司。

(二)确立公众公司的意义

1. 公司法上的意义。公众公司作为一种公司类型,在公司法上具有较大的意义。由于公众公司的涉众性,为了维护公司的正常运营、稳定发展和保护股东尤其是中小股东的合法权益,各国公司法对公众公司的立法和监管态度较为严格,公众公司在公司法中的标准不同于非公众公司(私人公司、封闭公司)。主要体现在以下几方面:

(1)在公司设立上,公众公司具有较为严格的设立程序和较为严格的审查制度。从各国的公司立法看,对股份公司设立要求要严于私人公司和封闭公司。尽管有的国家公司法对于公众公司的设立和私人公司的设立在文件要求和程序上并无实质性区别,但在私人公司变更为公众公司时,要求是较为严格的。[③] 我国《公司法》也是如此,从《公司法》第二十三条、第七十六条、第七十七条、第七十八条的对比来看,对股份公司的设立要比有限责任公司

① 徐聪:《我国上市公司分拆上市法律制度研究》,上海交通大学出版社2019年版,第128页。

② 熊锦秋:《交易所对"社会公众股"的定义需尽快修订》,载《上海证券报》2016年4月21日。

③ 如果私人公司要变更成公众公司,英国《公司法》要求程序和实质内容必须符合要求。在程序上,私人公司变更成公众公司必须通过特殊的决议并且要在公司登记部门进行变更;而在实质性要求上,私人公司变更成公众公司必须符合三个条件,即股本要求、净资产要求和非货币对价股份的最近配售。在私人公司变更成为公众公司的具体要求上,英国《公司法》第90条至第96条有着详细的规定。

严格,更比一人公司的设立严格。[①]

(2)在公司章程上。公众公司的公司章程在内容上多于非公众公司,由于公司的公众性特征和股东人数众多,公众公司的章程在公司股东大会、董事会及其他公司治理方面有更多的要求,包括在对中小股东和异议股东保护方面的安排,有的还对公众公司章程的制定进行特别规定,比如我国针对上市公司就专门制定《上市公司章程指引》[②],具体指导上市公司章程的制定。

(3)在公司治理方面。公众公司也严于非公众公司。在公司治理的程序和内容上,对股东大会、董事会、监事会等要求是较为严格的,对大股东、控股股东、实际控制人防止利益输送、关联交易、内部人控制和损害中小股东权益等方面均是法律和监管的重点。

(4)在公司经营上。由于公众公司相对规模较大、人数较多、生产经营相对较为复杂,具有现代公司的基本特征,在经营上采取两权分离的情况较为常见,股东无法自己事必躬亲,股东的所有权和公司的经营权分离。公司要寻找代理人经营公司,在公司经营的委托代理过程中,对职业经理人的规定和职业要求较高。如何防止经理人滥用权利,防止内部人控制公司,是公众公司必须面对的。因此,公众公司的问题也应当在公司法和监管上有所体现。

2. 证券法上的意义。公众公司在证券法上的意义主要体现在三个方面:

(1)公开发行的公司。对于公司的公开发行,各国证券法在程序和内容

---

① 《公司法》第二十三条:设立有限责任公司,应当具备下列条件:(一)股东符合法定人数;(二)有符合公司章程规定的全体股东认缴的出资额;(三)股东共同制定公司章程;(四)有公司名称,建立符合有限责任公司要求的组织机构;(五)有公司住所。第七十六条:设立股份有限公司,应当具备下列条件:(一)发起人符合法定人数;(二)有符合公司章程规定的全体发起人认购的股本总额或者募集的实收股本总额;(三)股份发行、筹办事项符合法律规定;(四)发起人制订公司章程,采用募集方式设立的经创立大会通过;(五)有公司名称,建立符合股份有限公司要求的组织机构;(六)有公司住所。第七十七条:股份有限公司的设立,可以采取发起设立或者募集设立的方式。发起设立,是指由发起人认购公司应发行的全部股份而设立公司。募集设立,是指由发起人认购公司应发行股份的一部分,其余股份向社会公开募集或者向特定对象募集而设立公司。第七十八条:设立股份有限公司,应当有二人以上二百人以下为发起人,其中须有半数以上的发起人在中国境内有住所。

② 2019年4月17日,中国证监会重新修订了《上市公司章程指引》(以下简称《指引》),对上市公司章程的制定进行了详细的规定。《指引》共十二章,一百九十九条。其内容为第一章总则;第二章经营宗旨和范围;第三章股份第四章股东和股东大会;第五章董事会;第六章经理及其他高级管理人员;第七章监事会;第八章财务会计制度、利润分配和审计;第九章通知和公告;第十章合并、分立、增资、减资、解散和清算;第十一章修改章程;第十二章附则。

上均有较严格的规定。在程序上,公开发行应当经过有关机关的注册或者核准。我国目前对公司公开发行股票采取注册制或者核准制,由中国证监会和证券交易场所对公司公开发行严格把关。在内容上,公开发行必须符合《证券法》规定的相关条件以及证券监督管理机构的相关要求。

(2)公开交易的公司。具有两个方面的含义:一是在我国证券市场上,公司股份公开发行和上市交易紧密相连。对证券交易所而言,公开发行股份意味着应当在证券交易所上市交易成为证券交易所的上市公司;对于国务院批准的其他全国性证券交易场所而言,公开发行意味着在该场所的精选层交易[①]或者在创新层交易。二是没有经过公开发行的公司,其股票直接在国务院批准的其他全国性的证券交易场所交易。[②]

(3)上市公司退市后或者挂牌公司摘牌后,其股份公司的股东人数较多,达到了法律法规规定的公众公司的标准,仍然被视为公众公司,按照相关规定进行管理和监督。

在《证券法》上,三种情况的公众公司尽管其标准和要求不尽相同,但作为《证券法》的公众公司,法律上的约束和监管部门的监督管理都要比非公众公司严格得多,相关当事人所应承担的责任也要大得多。《证券法》更加注重公众公司的信息披露,防止虚假陈述、内幕交易、操作市场、欺诈客户等违法违规行为的发生,强调对投资者尤其是中小投资者合法权益的保护。

3. 融资者的意义。对融资者而言,公众公司的意义是不言而喻的,它意味着:

(1)更广泛的融资对象。由于公开发行往往是针对不特定的对象,其融资对象的范围是极其广泛的,市场的参与者几乎均可以作为公众公司的融资对象。即使是定向发行的公众公司,由于发行对象必须具备一定的规模,其

① 精选层曾经是新三板市场一个层级,在精选层上市的挂牌公司都是经过向不特定的合格投资者公开发行股票的公司。2021年11月15日,北京证券交易所开市后,精选公司整体平移成为北京证券交易所上市公司,精选层挂牌公司不复存在。

② 在我国的相关部门规章中,将公司股票在国务院批准的其他全国性证券交易场所交易的情形称为“公开转让”,学界和实际部门对此均存在不同的认识。笔者认为股份公司将公司股票在国务院批准的其他全国性证券交易场所挂牌的行为可以视为公开转让,这一行为更接近国外证券法中的转售行为,但挂牌完成后或者首次转让完成后,该挂牌公司的股票在二级市场的正常买卖行为应当视为公开交易。参见徐明:《新三板理论与实践》(上册),中国金融出版社2021年版,第471-475页。

融资对象仍然较广。与非公众公司的融资对象相比,公众公司的融资对象具有较大的选择余地和方式上的多样性。

(2)更大的融资规模。公开发行股份面向不特定的投资者或者是数量众多的定向投资者,整个市场的投资者都具备了购买发行股份的资格,因而对于发行的股份消化能力得到了加强,发行人具备了进行大规模融资的可能性。和非公开发行只是在私下的小范围的发行相比,公开发行具有更大的融资规模。

(3)更合理的融资价格。一般来说,公开发行大多数采取的是公开询价方式确定发行价格。① 这一过程也是由发行人通过中介机构在市场上进行路演,发行人充分介绍公司的情况,和投资者就发行价格进行充分的讨论和博弈,彼此间寻找能够接受的发行价格。由于专业机构的介入和投融资双方的充分博弈,这一价格相对较为合理。即使是采取直接定价或者竞价的方式,公开发行的价格确定也要考虑市场的情况和投资者的接受程度。

(4)更好的流动性。对融资者而言,公开发行股份完成后往往在证券交易所或者全国性的证券交易场所挂牌上市交易。由于证券交易所或者全国性证券交易场所二级市场的交易具有天然的流动性优势,相比非公众公司的股份不能在证券交易所或者全国性的证券交易场所交易,公众公司股份的流动性优势是极其明显的。

4. 投资者的意义。对投资者而言,公众公司的意义也是不言而喻的,它意味着:

(1)更透明的信息披露。信息披露的公开透明是法律和监管者对公众公司的基本规范和要求。由于公众公司是公开发行股票或者公开交易股票,或者因股东人数众多的公司,不间断地公开公司的财务、经营和公司治理等是

① 公开发行也可以采取竞价和直接定价的方式确定发行价格。一般来说,直接定价发行成本低、发行周期短、效率高,但价格发现能力弱,对承销商的定价能力有较高要求,适合小盘股发行。询价发行方式是有利于寻找均衡价格,挖掘市场需求,降低承销风险,但发行成本高、发行周期长,在大盘股发行时运用较多,其有利于二级市场稳定,也有利于形成承销商与投资人客户的良性互动。竞价是投资者以公开透明的规则竞价新股,出价在中标价以上的投资人将获得新股。但是如果投资者理性不足、发行人信息披露不够透明,由于行业等因素导致发行人定价困难,容易产生非理性行为,部分情况下,投资人追捧个别项目,导致定价过高。这种发行方式,适用于机构投资人较多、定价成熟、信息披露好的项目。

其应有的义务。对投资者而言,通过公众公司披露的定期报告和临时报告,更能较全面地掌握公众公司的情况,了解各种信息,便于对公司分析判断作出投资决策。

(2)更有保障的公司质量。公众公司无论是公开发行还是公开交易,都要经过较为严格的审核和监管,证券公司、会计师事务所、律师事务所等中介机构在介入公众公司的具体业务时也对公司的财务状况、经营状况、公司治理、规范运作等进行尽职调查等,在法律法规、监管者、中介机构、市场主体和社会各界的合力下,相比非公众公司,公司公众的质量更有保障。

(3)更高的交易效率。公众公司的股票在证券交易所和全国性证券交易场所进行交易,是通过交易系统撮合交易,无论采取集合竞价的方式还是连续竞价的方式,交易速度非常快,交易效率非常高,投资者买卖股票非常自由,进入退出渠道非常畅通灵活。

(4)更充分的价格发现。投资者投资公众公司,大多数情况下是公众公司公开发行或者在证券市场公开交易获得的公司股份。公开发行股份通过询价或者其他定价方式,使公司的股票价格获得显现;公开交易通过在二级市场股票的不断买卖、换手,股票的价格发现也较为充分。由于二级市场的不断交易,股份的定价更加合理。和非公众公司的股份相比,公众公司股份的价值、股票的价格更容易被发觉。

(三)公众公司的特征

1. 公众公司具有股份性。公众公司是股份有限公司。股份有限公司是指公司资本为股份所组成的公司,股东以其认购的股份为限对公司承担责任的企业法人。对于股份有限公司来说,公司的资本总额平分为金额相等的股份;公司可以向社会公开发行股票筹资,股票可以依法转让;法律对公司股东人数只有最低限度,无最高规定;股东以其所认购股份对公司承担有限责任,公司以其全部资产对公司债务承担责任;每一股有一表决权,股东以其所认购持有的股份,享受权利,承担义务;公司应当将经注册会计师审查验证过的会计报告公开。

股份公司具有如下一些特点:一是股东较为广泛。股份有限公司可以通过向社会公众发行股票筹集资本,投资者只要认购股票和支付股款,都可能成为股份有限公司的股东。二是出资具有股份性。股份制公司中,股东的出资具有股份性。这一特征是股份有限公司和有限责任公司的区别之一。股份有限公司的全部资本划分为金额相等的股份,股份是构成公司资本的最小单位。三是股东责任有限性。股份有限公司的股东对公司债务仅就其认购的股份为限承担责任,公司的债权人不得直接向公司股东提出清偿债务的要求。四是股份有较好的流动性。一般情况下,股份有限公司较有限责任公司更为公开,同时,为提高股份的融资能力和吸引投资者,股份具有较好的流通性。五是公司的公开程度较高。股份有限公司在股份发行和经营过程中,同有限责任公司相比较更加开放。

股份有限公司的上述特征契合了公众公司的相关要素和基本要求。公众公司的股份性特征是股份公司成为公众公司的前提和基础,也排除了有限责任公司作为公众公司的可能性。①

2. 公众公司具有公众性。“公众性”是公众公司的重要标志。综观各国证券立法,对公司因不同的发行方式和交易方式所采取的立法态度是不尽相同的。一般而言,对股份非公开发行或者在非公开市场交易的公司,将其归为“非公众公司”。对非公众公司态度较为宽容,审核较为宽松,一般不需要公权力介入,或者介入的力度较轻;对股份公开发行或者公开交易的公司,将其视为“公众公司”。对公众公司态度较为严格,审核较为严厉,公开发行、公开交易需要公权力介入,且介入程度较深,本质是由其特点所决定的。简言之,公开发行、公开交易股票面向的是不特定的社会公众,涉及的人数多、影响大,利害关系同样重大。

我国的法律并没有对公众公司进行规定,在《公司法》和《证券法》上并没有公众公司的法律地位。但我国的部门规章中对公众公司却有专门的规定,比如中国证监会颁布的《非上市公众公司监督管理办法》《非上市公众公司信息披露管理办法》等。从我国现行的相关规则和资本市场实践看,对我国公

① 有限责任公司是指根据相关法律登记注册,由一定人数以下的股东出资设立,每个股东以其所认缴的出资额对公司承担有限责任,公司以其全部资产对其债务承担责任的经济组织。有限责任公司包括国有独资公司以及其他有限责任公司。其特点为:有限责任公司的股东,仅以其出资额为限对公司承担责任;股东人数,有最高人数的限制;有限责任公司不能公开募集股份,不能发行股票;有限责任公司是将人合公司与资合公司的优点综合起来的公司形式。

众公司"公众性"的界定,主要体现在公开发行和非公开发行所确定的投资者人数上。在现行《证券法》中,将社会公众性界定为"不特定对象"或者"200人"以上。对于前者由于是"不特定对象",而我国资本市场投资者众多,成为公开发行的发行对象具有社会公众性是毫无疑问的。但200人的标准是否就意味着社会公众性呢?一般认为200人的规定来自旧有的相关部门规章。2002年中国人民银行颁布的《信托投资公司资金信托管理暂行办法》中对资金信托业务中信托合同数量的限制被认为是200人的起初来源。该办法第六条规定"信托投资公司集合管理、运用、处分信托资金时,接受委托人的资金信托合同不得超过200份(含200份),每份合同金额不得低于人民币5万元(含5万元)"。但在2005年《证券法》采纳了这一规定后,中国银监会在其部门规章中并没有采用200人的规定,2007年中国银监会颁布的《信托投资公司资金信托管理办法》废止了2002年的暂行办法,该办法第五条规定"信托公司设立信托计划,应当符合以下要求:……(三)单个信托计划的自然人人数不得超过50人,但单笔委托金额在300万元以上的自然人投资者和合格机构投资者数量不受限制"。在随后的执行中。中国证监会还对定向的非公开发行依据特定的发行人的特定身份作出了更加严格的规定,将其人数限制在35人之内。2013年,中国证监会《非上市公众公司监督管理办法》(以下简称《非公办法》)第三十九条规定,公司确定发行对象时,发行对象是公司的董事、监事、高级管理人员、核心员工以及符合投资者适当性管理规定的自然人投资者、法人投资者及其他经济组织时,投资者合计不得超过35名。[①] 但在2019年,中国证监会对《非上市公众公司监督管理办法》内容进行了修订,其

---

① 2013年《非上市公众公司监督管理办法》第三十九条规定"本办法所称定向发行包括向特定对象发行股票导致股东累计超过200人,以及股东人数超过200人的公众公司向特定对象发行股票两种情形。前款所称特定对象的范围包括下列机构或者自然人:(一)公司股东;(二)公司的董事、监事、高级管理人员、核心员工;(三)符合投资者适当性管理规定的自然人投资者、法人投资者及其他经济组织。公司确定发行对象时,符合本条第二款第(二)项、第(三)项规定的投资者合计不得超过35名。核心员工的认定,应当由公司董事会提名,并向全体员工公示和征求意见,由监事会发表明确意见后,经股东大会审议批准。投资者适当性管理规定由中国证监会另行制定"。

中优化了定向发行制度,放开挂牌公司定向发行 35 人限制,[①]只是强调非挂牌的公众公司仍然要遵照 35 人的限制。

可见,上述规定虽只是部门规章,但也说明对证券的发行或者类似于证券的发行还存在着不同于 200 人规定的情况。银行业的信托计划设立时在涉众性以及投资者利害关系上应该具有同证券发行相同的逻辑,却采取了较为严格的规定,而对新三板挂牌公司的定向发行 35 人的限制显得更为严格。

法律和部门规章对 200 人、50 人、35 人在发行时的规定到底合理不合理恐怕也很难说得清。[②] 为什么一定是 200 人而不是 150 人或者 250 人? 没有人能准确地说出依据。但是,从法律逻辑和我国资本市场的实际情况看,证券发行对投资者的公众性要求是必需的,没有具体的人数规定,在实践中很难操作。一方面,我国是一个以中小投资者为主的市场,中小投资者数量巨大;另一方面,大量的企业需要获得资本市场的融资支持。将公开发行对象的投资者人数定得过少,对企业来说动辄就要采取公开发行的方式,其融资的效率大为降低,而将投资者人数定得过多,则给非公开发行留下了很大的空间,形成变相的公开发行,对投资者的保护不利。既然历史上沿用了 200 人的概念,而且对于定向发行而言,200 人的确是个不小的数字,在我国资本市场投资者众多的情况下,的确给非公开发行的发行人留下了一定的空间,因此《证券法》继续沿用这一数字也无可厚非。而信托资产计划从 200 人降低到 50 人的门槛,新修改的《非上市公众监督管理办法》取消挂牌公司的 35 人限制,的确是根据我国金融市场的实际情况所进行的修改,具有一定的法律逻辑性。

3. 公众公司具有公开性。"公开性"是公众公司的又一个基本特征,公众

---

① 2019 年《非上市公众公司监督管理办法》第四十二条规定"本办法所称定向发行包括向特定对象发行股票导致股东累计超过 200 人,以及公众公司向特定对象不超过 200 人发行股票两种情形。前款所称特定对象的范围包括下列机构或者自然人:(一)公司股东;(二)公司的董事、监事、高级管理人员、核心员工;(三)符合投资者适当性管理规定的自然人投资者、法人投资者及其他经济组织。股票未公开转让的公司确定发行对象时,符合本条第二款第(三)项规定的投资者合计不得超过 35 名。核心员工的认定,应当由公司董事会提名,并向全体员工公示和征求意见,由监事会发表明确意见后,经股东大会审议批准。投资者适当性管理规定由中国证监会另行制定"。

② 有人认为《非上市公众公司监督管理办法》规定的 35 人限制来源于美国《证券法》D 规则 506 条款,即要求最终购买人获许投资者资格、成熟投资者的 35 人限制。

公司的公开性主要表现在以下几个方面。

(1)公众公司的股份发行一般是公开的。这种发行的对象是不特定的社会公众和一定数量的投资者。投资者购买公众发行的股票是通过公众公司的招股说明书等招股文件购买公众公司的股票。各个国家普遍规定首次进入资本市场成为上市公司必须采取向不特定对象进行发行。经过这种发行使发行人经过了严格的监管,中介机构的严格推荐、股票发行价格通过路演询价等市场的检验。我国资本市场也是如此,中国证监会和证券交易场所都极其重视向不特定对象公开发行股票,规定在首次发行股票并在证券交易场所上市时,必须采取这种方式。如果没有不特定对象或者范围较广、人数较多的投资者参与发行,而是采取非公开发行的方式,这类公司是很难使公众投资者参与其中。而非公众公司的股份发行一般采取非公开发行(私募发行),这种发行只是在较小的范围内,参与认购的投资者人数较为有限,一般是在熟人之间所进行的发行。因此,股份的发行公开与否是判断公众公司和非公众公司的重要标志之一。

(2)公众公司的股份一般是公开交易的。公众公司的股份在发行完成后一般要进入证券交易所或者其他全国性证券交易场所上市交易。在我国,根据《证券法》的相关规定,公众公司股份的公开交易分为两种情况:一种是上市公司股票在证券交易所公开交易;另一种是挂牌公司[①]的股票在国务院批准的其他全国性证券交易场所公开交易。在证券交易场所进行公开的交易,意味着该公司的股票必须按照法律法规和证券监管机构的相关规定,以及证券交易场所的《交易规则》等进行交易。上市公司、挂牌公司股票交易的公开性是毫无疑问的,投资者可以通过股票行情系统了解该股票的相关信息,通过证券交易场所的证券交易系统买卖股票。因此,股份有限公司因股票的公开交易具有了公众公司的属性。股票交易的公开与否也成为判断公众公司和非公众的重要标志之一。

(3)公众公司的公司治理是公开的。公众公司的公司治理公开主要表现

---

① 我国《证券法》中没有使用挂牌公司的概念,使用的是"股票在国务院批准的其他全国性证券交易场所的公司"这一概念,实际就是实践中人们习惯称呼的挂牌公司的概念,也是中国证监会相关部门规章和规范性文件中所使用的挂牌公司的概念。

为程序公开和内容公开。就程序公开来看,公司的三会一层即股东大会、董事会、监事会及经理层所举行的会议,一般有法定的程序,特别是公司的股东大会应对外进行公告,并在会前的一段时间内通知股东。就内容公开来看,除了商业机密等不宜公开的,股东大会等公司治理中的议案均应告知。《公司法》《证券法》等法律以及有权机关的规定中对公众公司的治理过程中哪些情况需要报告、哪些情况需要公告均有详细的规定。而非公众公司因其私密性特征,公司治理不但较为弱化而且在公开性上不作强行要求。因此,治理公司的公开与否是判断公众公司和非公众公司的重要标志之一。

(4)公众公司的信息是公开的。公众公司的"涉众性"要求公众公司必须进行信息披露,以使公司的广大股东、投资者能够及时掌握公司的情况。如果公众公司不进行信息披露,投资者在公司发行证券或者在证券交易场所交易的公司股票,因无法获悉公司的情况而不能作出投资判断和决策。因此,公众公司对外信息披露对投资者至关重要。根据法律规定,公众公司的信息公开一般是通过定期报告和临时报告。定期报告主要是年度报告、中期报告和季度报告,临时报告则根据法律法规等规定的应当报告的临时性"重大事件"出现时所应进行的信息披露。而非公众公司则不需要对外公开信息,不需要披露定期报告和临时报告。公司在生产经营、公司治理等过程中可以在非报告和公告的状态下进行。因此,公司信息的公开与否是判断公众公司和非公众公司的重要标志之一。

4. 公众公司具有严管性。相对于非公众公司,对公众公司的监管是较为严格的。在法律规定上,对公众公司的规定内容较多,大多数是对公众公司的约束,对公众公司的大股东、控股股东、实际控制人,对公众公司的董事、监事、高级管理人员等严加管理,其目的就是要防止公司或者上述人员利用自己的优势地位,滥用权利,为自己谋利,损害中小股东、中小投资者的合法权益;在监管执法上,对公众公司的监管机构是全方位的。除了国家行政机关即国务院证券监督管理机构及其派出机构作为监管公众公司的主要力量外,证券交易场所作为公众公司的自律管理机构,上市公司和挂牌公司协会作为公众公司的行业协会,也从不同的角度对公众公司进行监督管理。此外,国家设立的投资者保护机构还可以从股东的角度实行对公众公司的自我监督;

在监督手段和方式上,对公众公司的监督管理也很丰富。证券主管部门可以采取行政处罚的方式处理违法违规的公众公司;公众公司违法违规的受害者还可以要求公司公众及其相关加害人承担民事赔偿责任。对于情节严重构成犯罪的,可以追究相关当事人的刑事责任。此外,自律管理机构也可以通过纪律处分和监管措施对公众公司和相关当事人严加管理。而非公众公司在此方面没有公众公司所受到的监管严格。因此,公司受监管的严厉程度与否是判断公众公司和非公众公司的重要标志之一。

二、我国《公司法》引入"公众公司"的必要性

我国在法律体系上属于大陆法系国家,公司法自然也沿用了大陆法系国家的立法实践,在《公司法》中并没有"公众公司"的概念,在公司类型上按照传统的有限责任公司和股份有限公司这一大陆法系国家公司法的主流公司类型,并辅之以一人公司和国有独资公司的公司类型。这一划分逻辑延续了大陆法系公司法传统,较好地体现了不同类型公司"人合性"或者"资合性"的特点,成为包括证券市场在内的各类商事活动的重要基础,例如要申请公开发行并上市,必须先从有限责任公司改制为股份有限公司。随着上市公司在我国经济发展、社会生活的作用和地位越来越重要,我国《公司法》在修改过程中将"上市公司"作为一节,作为特别对待增加了涉及上市公司的相关内容。但在《公司法》的归类上仍将其归于股份有限公司,并对上市公司的内容作了简单的规定。笔者认为,随着我国经济的发展、公司类型的丰富、证券市场实践的进一步深入,《公司法》的这一划分方法不能完全反映不同类型公司之间的公众性差异,《公司法》应当借鉴境外公司法的实践,引入"公众公司"的概念并就公众公司与非公众公司的相关内容进行规定。

1. 公众公司同非公众公司差异较大。一是在股东构成方面。在现行《公司法》上,对有限责任公司和股份有限公司的股东构成很难看出数量上的很大差异。我国《公司法》第二十四条规定"有限责任公司由五十个以下股东出资设立",第七十八条规定"设立股份有限公司,应当有二人以上二百人以下为发起人,其中须有半数以上的发起人在中国境内有住所"。因此,无论是股份有限公司还是有限责任公司人数都较有限。在许多情况下,股份有限公司的人数和有限责任公司的人数界限是模糊的,许多股份有限公司的人数要少于有限责任公司的人数。但在股份公司中，由于公开发行、上市交易等原因，这类股份公司不但和有限责任公司在股东人数上产生巨大的差异，且和没有公开发行或公开交易的股份公司也差异极大，这类公司的股东人数众多、公众性特征非常明确，在许多方面，法律法规均有特别的要求。因此，《公司法》上股份有限公司和有限责任公司对此并没有很好地加以区分，我国公司运作的实践面临着困难。而公众公司和非公众公司的划分，使公司的股东构成、股东人数的识别度十分明显。在股东结构上，公众公司的股东类型和范围较广，不但有公司发起人股东，还有大量的因公开发行、公开交易等参与公司的股东，公司股东人数众多，大量的中小股东股份分散，广大中小股东难以通过行使表决权等影响公司经营决策。而非公众公司股东数量较少，持股集中，多数股东具有通过行使表决权、提案权等直接参与公司经营决策的影响力。

二是在信息披露方面。现行的《公司法》对有限责任公司和股份有限公司在信息披露上没有太大的区别。《公司法》关于有限责任公司和股份有限公司的信息披露规定得非常少，除了募集设立需要公告外，主要涉及有限责任公司和股份有限公司这两类公司在公司治理中的通知等内容，比如股东会、股东大会、董事会、监事会等会议通知，这些通知严格意义上并非是对外的信息披露。《公司法》只是在有关上市公司的特别规定中强调了信息披露。该法第一百四十五条规定“上市公司必须依照法律、行政法规的规定，公开其财务状况、经营情况及重大诉讼，在每会计年度内半年公布一次财务会计报告”。

因此，在《公司法》中，公司的信息披露不但没有作为重点进行规定，即使披露也很难区分两类公司的差异性程度。如果以公众公司和非公众公司为界限，信息披露的重要程度因公司的属性不同而有所不同，即使是同一种类型的股份有限公司，因公众性程度不同在信息披露的要求上也应有所不同。从公司的实际运作看，公开发行、公开交易或者公众化程度高的股份有限公司，应当定期向社会公众公布定期报告并在发生重大事项时披露临时报告，这类公司的信息披露要求自然很高；而有限公司、公众程度较低的股份公司应当仅向行使查阅权的股东提供公司信息即可，在信息披露上的要求并不高。因此用公众公司和非公众公司的分类标准在信息披露上更科学。

三是在公司治理方面。现行《公司法》对有限责任公司和股份有限公司在三会一层的规定上几乎没有太大的区别。《公司法》第三十六条至第五十六条规定了有限责任公司的组织机构,这些条文主要规定了有限责任公司的股东会、董事会、监事会和经理层的职责权限,以及公司治理的具体运作。《公司法》第九十八条至第一百一十六条规定了股份有限公司的公司治理,这些条文主要规定了股份有限公司的股东会、董事会、监事会和经理层的职责权限,以及公司治理的具体运作。从具体条文上看,尽管有限责任公司和股份有限公司在一些方面有些区别,但区别并不大。但是如以公司的公众性为基础,在公司治理的要求上就应该有较大的区别。公众公司更加需要强调中小股东在公司治理中的相关权利如何得到保护,因此,强制性规范更加突出,在公司章程中应对如何进行公司治理进行较为详细的规定。在实践中也的确对公众性公司的公司章程进行了更加细致的规定,加强了对公众公司的硬约束,比如中国证监会针对上市公司专门颁布了《上市公司章程指引》,在诸如设置章程必备条款,严格规范"三会"运行等方面全面深入细致地对上市公司的公司治理进行严格规范和指导。而对于非公众公司,在这方面的要求要宽松得多,非公众公司基本上是以公司章程为基础,在多数事项上遵循"公司自治"原则,并不进行强制性要求。

四是在交易方式方面。公众公司通过公开发行并在证券交易所上市,通过公开交易方式进入公开的证券交易市场进行证券交易,这种交易方式是在交易场所的交易规则下进行的,公开、透明,交易较为连续、效率较高,也比较公正。就我国资本市场实际情况看,通过首次公开发行并上市的公众公司股票在沪、深、京证券交易所上市交易,通过向不特定的对象公开发行股票并在证券交易所市场公开交易,采取的均为连续竞价的方式进行交易,①而在新三板的创新层、基础层挂牌公开交易的股票采取的是集合竞价或者做市商交易的方式进行交易。即使是不在全国性证券交易场所公开交易的公众化股份公司,由于股东人数超过一定比例,其股份的托管和交易在许多情况下和有限责任公司、非公众化股份公司的股份转让都有所区别,它应受到国务院证

① 沪深证券交易所只是在开盘前,为了形成股票的开盘价,用很短的时间采取集合竞价的方式进行撮合交易。

券监督管理部门的监管。而非公众公司则采取一对一的股权转让模式。这种转让形式在公开性、规范性、效率、连续性、公信力、影响力、受监管的力度等方面都不如公众公司。

2. 公众公司概念已在资本市场实践中广泛使用。从境外实践看，公众公司和非公众公司的划分正成为世界各国和地区公司组织形式的主流划分模式。公众公司和非公众公司的划分本就源于英美法系，在美国、英国等国家，均通过法律对公众公司概念予以细化界定，并匹配相应的信息披露和公司治理要求。在日本、我国台湾地区等深受大陆法系影响、传统上并没有公众公司概念的国家或地区，也逐渐出现公众公司概念，如日本直接在其《公司法》中规定了公众公司，我国台湾地区虽然没有直接规定公众公司，但界定了闭锁性股份有限公司，同时对其他具有涉众性的公司应当履行信息披露义务等进行了规定。

从我国资本市场来看，经过不断实践，已经形成了以上市公司、非上市公众公司为主的公众公司群体以及一定规模股东的公众化股份公司，并形成了大量的涉及上市公司的法律法规、规章制度和证券自律监管机构的相关规定，也形成了以《非上市公众公司监督管理办法》《非上市公众公司信息披露管理办法》为代表的非上市公众公司部门规整、规范性文件及交易场所自律规则等一系列证券监管规章制度。公众公司不但在法律上具有大量的实质性规定，在监管上也积累了大量的实践经验，公众公司的概念在《公司法》中规定已经具备了较为充分的法律和实践基础。

3. 引入公众公司概念有利于中小股东的保护。公众公司与非公众公司最明显的区别在于股东的公众化程度。由于公众公司的股东尤其是外部股东、中小股东众多，与非公众公司中小股东相比，持股比例低、维权能力弱的公众公司中小股东更难凭一己之力，通过参与公司治理或者提起诉讼等方式获得充分保护，需要法律加大对于公众公司的投资者保护力度、需要行政力量更多的介入。我国《证券法》和中国证监会等主管部门对上市公司、股票在国务院批准的其他全国性证券交易场所交易的公司（挂牌公司）、股东人数超200人的公众化股份公司的要求均较为严格，在保护投资者方面的规定力度更大。刚刚颁布的《证券法》新设投资者保护专章，明确先行赔付、支持诉讼、集体诉讼等一系列制度,就是要进一步加强对公众公司中小股东合法权益的保护。而非公众公司由于它的私人属性和封闭性特点,股东之间相对比较了解、股东人数也较少,股东对公司的熟悉程度较高,公司的人合性特点明显,在投资者保护方面并不需要公众公司那样有国家法律和行政部门的强力介入。

《公司法》本身就是一部以中小股东保护为重要追求的法律,纳入公众公司概念,系统规定公众公司的内涵和外延,并匹配相应监管要求和法律责任,进一步加强中小股东的保护。新《证券法》已引入"股票在国务院批准的其他全国性证券交易场所交易的公司"这一概念,与"上市公司"并列使用,在信息披露、法律责任等方面的要求与上市公司基本相同,为公众公司中小股东的保护提供了法律依据。但是《证券法》主要是从行为监管角度,对公众公司提出了相应要求,如果《公司法》能够在《证券法》规定基础上,从监管主体角度对公众公司的公司治理等进行进一步规定,将有利于加强公众公司监管,与《证券法》共同形成保护中小股东的合力。

4. 引入公众公司概念有利于法律的宣示作用。与股份有限公司相比,法律层面引入公众公司的概念更能直观反映公司所具有的属性,体现该类公司"资合性"的基本特征。但目前关于公众公司的规定大多只在部门规章和规范性文件层面,效力最高的文件就是2013年的《国务院关于全国中小企业股份转让系统有关问题的决定》,该文件仅仅提到了将挂牌公司依法纳入非上市公众公司监管,法律层面的规定仍是空白。将公众公司入法并单独成章,与新《证券法》将投资者保护单独成章、体现对投资者保护高度重视的逻辑类似,可以通过法律的宣示作用,增强公众公司相关规定的法律效力,强化公众公司的适用要求,体现《公司法》对于公众公司及中小股东保护的高度重视。

一是突出了公众公司在《公司法》中的重要地位,凸显了立法者对中小股东保护的重视。《公司法》中突出公众公司的概念并没有削弱公司法作为公司组织法、程序法和管理法的地位,妨碍公司的正常经营和公司治理,但却集中表达了公司法保护股东尤其是中小股东合法权益的立法宗旨与核心价值。和其他民商事法律一样,我国《公司法》在我国立法伊始,就确立了保护股东合法权益的立法宗旨和基本原则,“股东中心主义”不但是境外国家公司立法的重要原则,也是我国《公司法》的立法原则。但在实践中,“董事会中心主义”盛行,大股东、控股股东、实际控制人自己或者通过控制、影响董事会侵害公司和中小股东合法权益的现象较为普遍,《公司法》对大股东、控股股东、实际控制人的约束非常有限,监管和执法中对他们的威慑不足。在公众化程度较高的公司中,中小股东合法权益受到损害的情况更加突出。《公司法》的实施效果并不尽如人意。《公司法》对如何实现股东保护的机理思路尚未厘清是极为重要的原因之一,反映在《公司法》的文本设计上的一个重要表现就是没有将公众公司与非公众公司加以区别对待,没有兼顾公众公司的股东作为公司的主体兼具股东和投资者、证券交易者双重身份的特性,而非公众公司的股东只是公司主体的特点,加以统筹兼顾。《公司法》引入公众公司的概念和内容不仅仅有利于唤起公司本身对股东意识和中小股东的保护,也能宣示《公司法》的立法导向,引起各方对公众公司的关注和对中小股东保护的法律意识,对损害股东尤其是中小股东的行为起到宣示威慑作用。

二是实现了立法层面法理逻辑与制度设计的一体化,有利于法律条文的具体落实与便捷应用。以公众公司和非公众公司为公司法制度设计的逻辑和一体化安排,能够更加清晰地表明《公司法》中公司形态差异性,并以此根据公众公司和非公众公司的各自特点进行差异化的安排,使法律的规定具有针对性,也便于实践中更有效地执行。在《公司法》中有限责任公司、股份有限公司、上市公司、国有独资公司、一人有限公司的规定,尽管有其一定的合理性,但立法的逻辑和制度安排的理念如果按照公众公司和非公众公司来划分,其差异化和各自特点则更加突出,并因此在《公司法》上作出不同的规定和安排水到渠成。这种立法逻辑和制度设计可以使《公司法》在处理公司与股东,股东与股东,大股东、控股股东、实际控制人与中小股东,股东与董事、监事、高级管理人的关系上,在处理公司股东会、股东大会与董事会、监事会、经营层的各种活动上,在处理公司对外经营活动和公司及公司相关当事人的对外信息披露等各个方面均能体现公众公司和非公众公司的差异性,体现了《公司法》的立法逻辑和制度安排的合理性。从而使公司立法更加体系化、科学化,把《公司法》立法上的制度优势更好地转换成制度效能。

三、我国公众公司的法律实践:以事实公众公司为视角

根据公众公司内涵和外延的界定,我国公众公司的法律实践可以分为上市公司、挂牌公司、公众化股份公司的法律实践三个层面。总体而言,我国上市公司的法律实践是极其丰富的,随着不断探索,挂牌公司法律实践也在不断地丰富和发展。而针对公众化的股份公司的法律实践,相对较为薄弱,实践不多。

公众化股份公司是除了上市公司、挂牌公司之外的,其股东超过一定人数的股份公司。这类公司尽管不在全国性证券交易场所上市或者挂牌交易,但因人数众多具有了公众公司的属性。在我国,将人数超过200人的非上市公司、非挂牌公司的股份公司视作为公众化股份公司,也归于公众公司的范畴。其中最具典型意义的就是股东人数超过200人但从未在证券交易所上市交易的公司或者在新三板市场挂牌交易的公司,或者曾经在全国性证券交易场所挂牌或上市但已经摘牌或者退市人数超过200人的公司。这类公司笔者称为“事实公众公司”。在总体上,事实公众公司的法律实践活动明显弱于上市公司和挂牌公司的法律实践活动而更有必要予以厘清和规范。

(一)事实公众公司的界定

事实公众公司制度源于美国的相关法律制度。这一制度主要用公司规模作为标准衡量公司的公众性。一般情况下,事实公众公司既没有从事公开发行行为,其股票也没有在证券交易所上市交易,仅仅由于其股东人数和资产数目超过法定标准,被法律推定为公众公司,接受证券监管机构的监管。

在证券法上,美国对公众公司的界定主要体现在三个方面,即股东人数的多少及股东参与公司管理的程度;股份的发行是否采取公开的方式;是否在一个股份交易的公开市场交易。因此,证券法上的公众公司更加注重证券的公开发行和公开上市交易。美国《1934年证券交易法》将公众公司形容为“报告公司”,根据该法的要求,三种情况均可以成为报告公司,即依法进行公开发行;[1]在全国性证券交易所上市交易;[2]持股股东和总资产达到一定规模。[3]

结合美国公司法和证券法上的要求以及美国公司和证券市场实践,对美国公众公司的界定主要关注该公司的公众化程度,通常情况下,公众公司是一个公开发行的公司或者公开上市交易的公司或者在持股数量较多、公司总资产规模较大的公司。

对于公开发行或者公开上市交易的标准。美国证券法律和美国证券交易委员会、证券交易所都有相关的规定,比较容易判断。但是对于判断公众公司的持股数量和总资产情况,却并不容易。由于公司的大小和复杂程度不一,必须要有一定的标准才能确定。因此,美国的相关法律就此也进行了规定。1964 年,在《1933 年证券法》的基础上增加了第 12(g)条款。该条款是针对那些公司股票既没有公开发行,也没有在证券交易所公开上市交易,只是进行场外交易,没有法定信息披露义务限制和不受监管情况。[4] 根据该条款的规定,同时符合下列两项条件的发行人应该注册其证券:(1)在会计年度的首日其公司资产超过 1000 万美元;(2)公司的同一类证券的在册股东达到或

① 主要遵守《证券法》的相关规定,具体受《证券法》第 15(d)条的约束。该项规定是在《1933 年证券法》的基础上,于 1936 年增加的条款。为了在交易所与场外市场之间创造一个公平竞争的环境,1936 年第 15(d)条加入了《1934 年证券交易法》相关条款,该条要求按照《1933 年证券法》注册公开发行的公司需要履行股票注册和报告义务,将公开发行但未在全国性证券交易所上市的公司纳入。

② 1934 年通过《证券交易法》时,仅把股票在全国性证券交易所上市交易的公司界定为"报告公司"。主要是因为证券交易所是有形的、实实在在的,为社会公众所熟知的机构,而场外交易市场对于立法者来说更容易接受将公开上市交易界定为"公众公司"。《1934 年证券交易法》第 12(b)条要求,股票在全国性交易所上市交易的发行人必须按照《1934 年证券交易法》进行股票注册,并承担持续信息披露义务。但在实践中,美国的公司"发行"和"上市"并不必然联系,在有些情况下,两者是可以分开的。公开发行并不意味着发行的证券一定在全国性的证券交易所上市交易,有些公司选择在场外市场进行交易,但这些公司的"公众性"是毫无疑问的。因此,在 1936 年的《证券法》中,增加了这方面的内容,将公开发行的公司纳入公众公司的范畴。

③ 1936 年对《1933 年证券法》的修改中,增加了第 12(g)条,对公司股票既没有公开发行,也没有在全国性证券交易所上市交易的,但具有公众性特点的公司进行了规定。这类公司在股东和总资产达到一定规模时即被界定为"公众公司"。

④ 美国证券监督委员会在其报告中将这一情况描述为"金融体系的谜团之一"。参见 SEC, Report on the Feasibility and Advisability of the Complete Segregation of the Function of Dealer and Broker 78 (1936)。

者超过500人。①

自1964年之后的五十多年时间里,《1933年证券法》的第12(g)条款涉及的资产标准进行了多次调整,②但人数标准一直保持着该条款规定的初始标准,未作调整。很多学者认为,该条款设置的人数标准使很多本不必要纳入监管的公司需要进行注册并持续进行信息披露,增加了公司的合规成本,从而阻碍了公司的发展,人数标准的修订受到更多的关注。③ 2012年,《JOBS法案》对证券法中此条款涉及的公众公司的人数标准进行了修订,修订后的第12(g)条款保留了1000万美元的资产条件,但将股东人数标准修改为两种标准可以选择其一,即达到或超过2000人;或者非获许投资者的人数达到或超过500人。且修改了"在册"的定义,通过众筹获得的证券和通过有资格的员工持股计划获得的证券都被排除在外。但即使如此,仍有学者认为这一条件仍趋严格。④

以上可以看出,美国证券法中所归纳的三种类型公众公司,前两种类型均与证券交易所关系密切,这种类型的公众公司或公开发行,或公开交易。而第三种类型的公众公司仅仅因为股东人数众多而成为事实上的公众公司。

事实公众公司制度在其他一些国家的证券法律中也得以体现,如日本2006年制定的《金融商品交易法》将股东超过1000人、注册资本5亿日元以

① 关于人数和财产标准的确定,立法资料并未对此进行解释,有的学者指出这是国会在美国证券交易委员会和证券业之间折中调和的产物。依据该条款的规定与早前美国证券交易委员会的提议相比,有1600家公司被从法案的覆盖范围中剔除。参见 Joel Seligman. The Transformation of Wall Street: a History of the Securities and Exchange Commission and Modern Corporation Finance. 315 (3d Ed. 2003)。

② 1964年该条款规定的资产标准为100万美元,但考虑到经济的发展和通货膨胀等因素,资产标准分别在1982年提高到300万美元,1986年提高到500万美元,1996年提高到1000万美元。参见谢庚、徐明主编:《新三板研究》,中国金融出版社2019年版,第73页。

③ 尤其是2011年,Facebook因持股人数即将达到500人而触发《1933年证券法》第12(g)条款成为"报告公司",但Facebook公司选择了首次公开发行股票,因而使用《证券法》第15(d)条款而成为"报告公司"。

④ 有学者指出,公司具备活跃的二级场外市场会导致股东数量增长,但股东数量并不意味着公司一定有活跃的场外二级市场,因此用股东水浪作为判断公众性的标准并不合理,用股票在二级市场的笔数和交易数量为标准来判断公众性更具合理性。参见 Sjostrom William K.. PQuestioning the 500 Equity Holders Trigger. Harvard Business Law Review Online, March 2011. Langevoort, Donald C. and Thompson, Robert B. . Publicness in Contemporary Securities Regulation after the JOBS Act. Georgetown Law Faculty Publications and Other Woeks,2013,p. 976。

上的公司视为公众公司。在我国，事实公众公司也为相关法律所采纳。中国证监会2013年制定的《非上市公众公司监督管理办法》将公司股东人数超过200人，但未在全国中小企业股份转让系统挂牌的公司界定为公众公司，从而形成了我国的事实公众公司制度。① 虽然各国对事实公众公司界定标准和监管程度各异，但是事实公众公司制度本质特征是一致的，即将股份公司的股东人数和资产规模作为判断公司是否是事实公众公司的标准。

在我国，对事实公众公司的界定并没有资产规模的要求，而仅仅将股东人数超200人的非上市非挂牌公司作为事实公众公司的标准。这一判断标准在某种程度上有一定的道理。这是因为，资产规模的大小并不必然和公司的公众性相关联，许多情况下，公司规模很大，但公司股东人数极其有限，公司的封闭性特点十分明显。而公司人数的多少却足以说明公司的公众性特征，进而决定了公司是不是公众性公司。因此，事实公众公司将公司股东人数作为其必要条件是十分重要的。

对应美国有关公众公司的界定，我国《证券法》等相关法律也将公众公司划分为上市公司、挂牌公司和公众化股份公司（非上市非挂牌公司）三类。前两种类型的公众公司均为我国《证券法》规定的在全国性证券交易场所上市或者挂牌交易的公司，而第三种公司是在场外进行转让的非上市非挂牌的公众化股份公司，即事实公众公司。这一类型的公司既包括股东人数超过200人但从未在证券交易所上市交易的公司或者在新三板市场挂牌交易的公司，也包括股东人数超200人的摘牌公司和退市公司。

尽管退市公司、摘牌公司和上市公司、挂牌公司有着千丝万缕的联系，它们曾经是上市公司和挂牌公司，也都在全国性证券交易场所交易，是典型的公众公司，受到《证券法》和证券部门规章、规范性文件以及证券交易场所的自律规则的约束，受到证券监管机构和自律管理机构的监管。但退市公司和摘牌公司并不是上市公司和挂牌公司，它们不再是场内交易的公司，在法律和监管上也无法和上市公司、挂牌公司同日而语，其法律地位和监管要求明显弱化于上市公司、挂牌公司。它们的公众性仅仅基于股东人数超200人，因

① 参见《非上市公众公司监督管理办法》第二条。

而也应归属于事实公众公司的范畴。

综上所述,在我国,事实公众公司指股东人数超过200人但从未在证券交易所上市交易的公司或者在新三板市场挂牌交易的公司,①或者曾经在全国性证券交易场所挂牌或者上市但已经摘牌或者退市股东人数超200人的公司。

(二)事实公众公司的特征

1. 事实公众公司是股东人数超200人的公司。股东人数是否超过200人是衡量公众公司的一个重要标准。我国《证券法》及中国证监会的部门规章、规范性文件中均将股东人数200人作为重要的标志。比如《证券法》将"向特定对象发行证券累计超过二百人"视为公开发行。②《非公办法》第二条也将"股票向特定对象发行或者转让导致股东累计超过200人"作为公众公司的重要标志。③

《非公办法》还规定"股票公开转让"的公司为公众公司,而"公众公司公开转让股票应当在全国中小企业股份转让系统进行,公开转让的公众公司股票应当在中国证券登记结算公司集中登记存管"。④ 可见,《非公办法》中,将非上市公众公司划分为两种情形:一种是非上市非挂牌的公众公司,即股东人数超过200人的公司;另一种是挂牌公司。

挂牌公司作为公众公司是源于其股票的公开转让,而非股东人数的要求。因此,公司股东是否具有200人并不是挂牌公司的必然要求。在实践中,股份公司在股东人数不足200人的情况下通过公开转让,成为全国性证券交易场所的挂牌公司是大量存在的。

但是,在挂牌公司成为公众公司后,如果挂牌公司不符合法律法规和国务院批准的其他全国性证券交易场所的挂牌公司的维持标准,被摘牌下市成

① 为了简便称呼,这里将"股东人数超过200人但从未在证券交易所上市交易的公司后者在新三板市场挂牌交易的公司"称为公众化股份公司。

② 参见《证券法》第九条第二款"有下列情形之一的,为公开发行:(一)向不特定对象发行证券;(二)向特定对象发行证券累计超过二百人,但依法实施员工持股计划的员工不计算在内;(三)法律、行政法规规定的其他发行行为"。

③ 参见《非上市公众公司监督管理办法》第二条:"本办法所称非上市公众公司(以下简称公众公司)是指有下列情形之一且其股票未在证券交易所上市交易的股份有限公司:(一)股票向特定对象发行或者转让导致股东累计超过200人;(二)股票公开转让"。

④ 参见《非上市公众公司监督管理办法》第二条第二款和第三条。

为摘牌公司,对这样的公司如何确定它的属性,是属于公众公司还是非公众公司,则是必须要回答的。

对于摘牌公司,存在着两种情况:一是公司为摘牌公司,股东的人数仍然超过 200 人;二是公司摘牌后,股东人数未达到 200 人。这是因为摘牌公司本身源于挂牌公司,在挂牌公司股东人数未达到 200 人的情况下,摘牌公司的股东人数自然也就不可能有 200 人,或者挂牌公司的股东人数虽然达到 200 人以上,但随着公司摘牌,挂牌公司的股东减少到不足 200 人。对前者,公司摘牌后公司的性质由挂牌公司恢复到股份有限公司,由于其股东的人数超过 200 人。按照我国目前的相关法规和部门规章的规定,股份公司股东超 200 人的应当视为公众公司,因此超 200 人的摘牌公司成为事实公众公司是无异议的。

对于退市公司而言,公司退市时股东超过 200 人一般是没有问题的。尽管理论上存在这种公司退市时股东不足 200 人的可能性,但实践中这种情况是不太会发生的。这是因为退市公司源于上市公司,而我国的上市公司是以向不特定对象公开发行股票并上市为前提的,上市公司的投资者众多,我国沪、深、京证券市场的投资者数量巨大,投资者开户数多达一亿多户。从目前的退市公司投资者实际数量看少则几万人多则几十万人,因此退市公司的股东人数远远超过 200 人。

2. 事实公众公司是非场内市场的公司。与上市公司和挂牌公司不同,事实公众公司是在全国性证券交易场所之外的公众公司。我国《证券法》在证券交易场所一章将证券交易场所划分为全国性证券交易所场所和区域性股权市场,前者包括证券交易所和国务院批准的其他全国性证券交易场所,即上海证券交易所、深圳证券交易所、北京证券交易所和全国股转公司市场;后者仅仅指各省市的地方股权转让平台。根据《证券法》的规定,全国性的证券交易场所和区域性股权市场的性质和法律地位是不一样的。前者是全国性市场、场内市场、公开市场、集中市场;后者是地方性市场、场外市场、私募市场、非集中市场。①

① 关于两者之间的性质和法律地位的差异性的具体论述,参见拙著《新三板理论与实践》(上册),中国金融出版社 2021 年版,第 292 - 302 页。

从事实公众公司的类型来看，无论是公众化股份公司还是摘牌公司、退市公司，一个共同的特点是它们均不是全国性证券交易场所的公司。尽管摘牌公司、退市公司源自挂牌公司和上市公司，曾经在全国性证券交易场所挂牌上市和公开交易，但它们因各种原因摘牌和退市，已经退出了全国性证券交易场所。因此，在性质上和公众化股份公司一样，仍然是场外市场的公众公司。

3. 事实公众公司是监管较为弱化的公司。事实公众公司是场外公众公司，在法律法规和监管上与上市公司、挂牌公司相比较明显弱化。主要体现在以下几个方面：

一是针对事实公众公司的法律规范较少。我国《证券法》主要针对的是上市公司和挂牌公司。在法律层面，从《证券法》的具体条文看，众多条文均涉及上市公司，也有部分条文涉及挂牌公司，即《证券法》中规定的“股票在国务院批准的其他全国性证券交易场所交易的公司”。而对事实公众公司，我国《证券法》几乎没有规定。在部门规章和规范性文件层面，中国证监会大多规定的也是上市公司和挂牌公司，对事实公众公司规定的内容非常少。即使对上市公司的退市和挂牌公司的摘牌所涉及的内容有所规定，也仅仅是上市公司的退市和挂牌公司的摘牌本身，并没有对退市和摘牌后的退市公司、摘牌公司进行较多的规定。而对于公众化股份公司，中国证监会的部门规章和规范性文件规定的内容几乎没有。在自律规则层面，由于事实公众公司已不再是全国性的证券交易场所的公司，因而证券交易所、全国股转公司的业务规则几乎没有规定。目前，对于退市公司退到新三板市场的相关板块中进行股份转让，虽然制定了少数规则，但严格意义上说，退市公司并不在全国股转公司的监管职责内，这些规则不能算是全国股转公司的业务规则。即使如此，也有人对此提出不同看法，认为退市公司的股份在新三板市场的相关板块中转让，仅仅是一种服务，也有人提出退市公司在新三板市场的相关板块中转让是于法无据的。[①] 而对于公众化股份公司，中国证监会所涉及的部门规章和规范性文件更是寥寥无几。

① 参见拙著《新三板理论与实践》(上册)，中国金融出版社2021年版，第321－322页。

二是针对事实公众公司的监管力量较为薄弱。目前来看，证券监管系统的监管力量本身就较为有限，而有限的监管力量基本上都投到了证券交易所市场，也有一部分投到了新三板市场，对上市公司和挂牌公司的监管倾注了较大的力量，对公众化股份公司、摘牌公司和退市公司等事实公众公司的监管力量不足。

四、《公司法》与《证券法》对“公众公司”的协同规范思路

《公司法》引入公众公司概念并进行具体规范，需要与《证券法》协同规范，做到“三个明确”。

1. 明确公众公司的入法逻辑：将公众性作为公司类型的划分依据。将公众公司纳入《公司法》，在立法体例上有不同的观点。有观点认为可以不改变现有公司类型，仿照现行《公司法》第四章第五节“上市公司组织机构特别规定”的体例，新增一节将挂牌公司以及其他公众公司相较于一般股份公司的特殊安排进行专门规定；[①]也有观点认为可以直接将公众公司相关内容纳入“上市公司组织机构特别规定”一节，并将该节题目调整为“公众公司组织机构的特别规定”。[②] 相较这些观点，笔者认为应当以公众性为依据，将公众公司、非公众公司作为公司的基本组织形式类别，结合《公司法》对公司的分类具体划分，将股份公司纳入公众公司的范畴，并对股份公司加以细化，将上市公司、挂牌公司和具有公众化特点的股份公司归类于公众公司，对这三种类型的公司进行详细规定；将非公众化股份公司、有限责任公司、一人公司纳入非公众公司的范畴，对这三种类公司进行规定。主要考虑如下：

从《公司法》立法原意看，现有的有限公司、股份公司的分类方式旨在凸显不同公司所体现的“人合性”或者“资合性”。但目前实践中，公司外源性融资比例增多，公司“人合性”和“资合性”特征不再泾渭分明，采用公众性标准予以划分更能反映不同公司的特征。

人合性是指以股东的个人信用为公司信用基础的公司。在有限责任公司的成员之间，存在着某种个人关系，这种关系很像合伙成员之间的那种相

① 笔者在参加有关公司法修改的研讨会上，有同志提出了上述观点。

② 笔者在撰写此文时就此问题和有关同志进行讨论中，也有人提出了该种观点。

互关系。具有以下一些特征:一是股东人数有最高限额。二是禁止公开募集。公司不得面向社会公众和不特定对象募集资本。三是股权转让受到限制。一般会限制股东向公司以外的人转让股权。四是股东之间关系更多靠内部契约进行约束。组织机构的设置往往根据公司章程来选择是否设立及如何设立,在管理上近似于合伙企业;所有权与经营权并未完全分离。股东既管理着公司又承担着投资的风险,资本与劳动结合较为紧密。

资合公司则是指一个或数个以达到法律规定的最低注册资金做资本金的自然人或法人注册成立的公司。它是以公司资本和资产条件作为其信用基础的。在资本组合公司里,资本起着决定作用,资本组合公司以出资为条件,强调资本的结合,公司股东间以出资相结合,无须相互了解,公司具有公众化的特点。有限公司具有资合公司的特点,而股份有限公司则是最典型的资合公司。

资合性公司与人合性公司不同,具有三个方面的特点:一是具有最强的法人性。公司信用在于公司财产,一般情况下,公司股东对公司债权人不负责任,特殊情形下存在例外。二是股份转让较为容易,原则上不受限制,特殊情形下存在例外。三是企业所有权与企业经营权相分离。由于股份有限公司具有开放性,股东人数众多,股东大会召集困难,会议成本较高,故由股东直接进行公司经营,可能无法面对瞬息万变的市场,使公司经营根本无法开展。在股东被股东大会选任为董事的情形,虽然当选董事的股东担当公司经营,但该股东此时的身份已经成为公司董事。

综观我国公司法对公司形态的规定,尽管其出发点兼顾了“人合性”和“资合性”的特点,对有限责任公司和股份有限公司作了规定,除了一人公司和国有独立公司的“人合性”特征十分明显外,具有“资合性”特征的有限责任公司和股份有限公司在实践中也有“人合性”的特征,特别是股份有限公司这一典型的资合性公司,许多情况下公众性并不突出,仍具有“人合性”的特征。由于我国《公司法》规定有限责任公司股东在50人以下,因人与人之间的信任所成立的有限公司比比皆是,因而在强调资产的同时,个人的信用也成为公司成立的重要因素。对于股份有限公司,我国《公司法》规定其发起人为2人以上200人以下,这就意味着我国股份有限公司的股东是极其有限的,而实践中存在着大量的两个股东或者数个股东的股份有限公司。这一类型的股份有限公司即使算作资合性公司,也势必带有较大的人合性。因此,我国《公司法》对公司类型的划分很难将不同类型的公司基本特征十分清晰地加以区分,在实践中也的确难以做到。

采取公众公司与非公众公司的公司形态划分比现行《公司法》按照有限责任公司和股份有限公司的划分更为科学。这种划分是以公司的公众性、公开性为基础的,公司通过公开发行、公开交易或者股东人数公众化,不但排除了有限责任公司和股份有限公司在“人合性”“资合性”上的模糊和困难,更容易针对这一类公司所具有的共同性在法律上作出安排,充分保护社会股东和中小股东的合法权益。比如从现行股份公司规则适用看,较为严格的“三会”要求、累积投票权等特别股东权利行使规则等,从其立法目的看,均适宜用在中小投资者保护要求较高的公众公司,而非一般股份公司上。因此,采用公众性为依据划分公司类型,重新厘清公司基本组织形式分类,有益于充分反映实践,凸显将“人合性”与“资合性”作为公司类型划分依据的《公司法》基本逻辑和科学性。

2. 明确公众公司的共性监管要求。《公司法》引入公众公司概念后,应当规定公众公司的共性监管制度及要求,主要有以下四点考虑:

一是规范“三会一层”运作。要求公众公司设置符合公司治理机制要求的“三会一层”制度,明晰相关主体的职责、议事规则和议事内容。在《公司法》中对公司章程进行必要的规定,缩小公众公司的意思治理的空间,对涉及公众股东的相关权益予以明确规定,规定公司章程的必备条款,对公司的股东大会、董事会、监事会和经理层的运作在程序上加以规范,在实体内容上更加严格。

二是严格信息披露要求。要求公众公司按期披露定期报告并在重大事项发生时及时披露临时报告,建立信息披露事务管理制度并指定专业知识人员负责信息披露事务。进一步完善公众公司与公众股东、中小投资者的关系管理,建立公众公司与公众股东、中小投资者的联络沟通渠道。公众公司应当定期或不定期地召开投资者说明会,介绍公司的生产经营、公司治理等与公众股东、外部投资者关系重大的公司相关情况。

三是规定特殊治理机制。在《公司法》中,对于公司经营、治理和运作相关机制,尤其是为了防止大股东、控股股东、实际控制人利用优势地位和控制权进行关联交易、对外担保等,进一步规定股东大会重大事项表决的关联方回避机制和中小股东单独计票要求,规定累积投票权、类别股等特别表决权机制以及为防止大股东、控股股东、实际控制人掌控、影响和干扰董事会,积极发挥独立董事等特别治理机制作用,进一步约束和规范大股东、控股股东、实际控制人行为。

四是加强中小股东权益保护机制。进一步加强同《证券法》的协调,吸收新《证券法》业已规定的相关中小股东的保护机制,确认国家设立的投资者保护机构的地位和作用,确认先行赔付制度、诉讼代表人机制、委托公开征集权制度和纠纷调解制度、诉讼救济机制等相关制度。将这一制度由证券法适用于上市公司扩大到公众公司。与此相对应,非公众公司可回归"人合性"本质,尊重公司自治,赋予非公众公司股东充分的自主权。

3. 明确公众公司的类型及差异化监管安排。在非公众公司与公众公司这一分类方式的基础上,公众公司以股份公司为前提和基础,进一步明晰公众公司的不同类型,将公众公司分为上市公司、挂牌公司、非上市非挂牌公众公司,即公众化股份公司并匹配不同的法律规定和监管安排:

(1)上市公司,即股票在证券交易所上市交易的公司。此类公司股票向不特定对象公开发行,股份分散,公众性最强,中小投资者保护需求最为突出,理应实施最为严格的监管,这类公司不但采取向不特定对象公开发行股票,并在发行完成后及时向证券交易所申请上市,公司上市后成为上市公司,其股票在证券交易所公开交易。对这样的公众公司,无论在股票发行阶段还是在上市交易阶段,法律规定得最为严格、监管也最到位。在公开发行时,不但发行人要求对其发行行为承担法律责任,对其招股说明书等相关发行文件的真实、准确、完整等承担法律责任,保荐人、承销机构等证券中介机构、会计师事务所、律师事务所、评估审计机构等服务机构也都依据各自的责任承担法律责任;发行人股票上市公开交易后,上市公司要及时地就公司情况进行信息披露。法律和监管机构强制要求上市公司定期披露年报、中报和季报,并且就法律规定的相关事项披露各项临时报告等。

(2)挂牌公司,即股票在国务院批准的其他全国性证券交易场所交易的公司新三板公司。此类公司股票采取的是在新三板市场公开交易。与上市公司相比,挂牌公司在发行方式上采取了多种形式的发行方式,既有向特定对象公开发行方式,也有向特定对象不公开发行方式。但无论采取哪种形式,挂牌公司在新三板市场公开交易是这些不同方式发行挂牌公司的共同特征。对挂牌公司的公开交易使其公众性和公开性的特征非常明显,因而对挂牌公司要求也相当严格,在交易方式上采取集合竞价或连续竞价的方式,在信息披露和公司治理上仍然进行了严格的法律规定和监管。

(3)公众化股份公司。这类公司是既非上市公司、也非挂牌公司的股份公司。但因其股东人数较多具有一定的公众性,也成为公众公司。根据我国目前相关法律和主管部门的规定将股东人数超过200人,且不在公开的证券市场集中交易的股份公司确定为公众公司。之所以这样规定,是因为此类公司股份虽未公开交易,但是其股东人数超过200人,实质上仍具备一定的涉众性,因此也应匹配一定的信息披露和治理规范,实践中主要包括未进入资本市场的股东人数超200人的股份公司或者因历史遗留问题而形成的股东人数超200人的公司以及股东人数超200人的退市公司、摘牌公司等。

三种类型的公众公司,在股份发行、股票交易的方式上有所不同,其公众性和公开化程度也不相同。上市公司的公众化深度最高,挂牌公司的公众化程度次之,公众化股份公司的公众性相对较低。因此,在立法和实践中,也不可能按照同样的标准加以规定和要求。笔者认为,应根据三种类型的公众公司在法律规范和监管上进行差异化的规定和监管安排,以适应我国公众公司的法律和监管实践。

如何对不同类型的公众公司进行差异化的立法和监管安排?笔者认为应将公众公司的涉众性和公开性程度作为差异化的基本考量并从以下几个方面具体考虑:

一是在公众公司融资和交易方式上。按照发行和交易方式的公众性和公开性不同,在规则和监管上的严格程度随着公众性和公开性的提高而逐次提高。以挂牌公司为例,新三板市场有基础层、创新层两个层次,融资和交易方式有所不同。在发行融资方面,基础层只能定向发行、授权发行、自办发行,而创新层则在基础层发行方式之外,另外增加了两种发行融资方式,既可以允许非挂牌公司进入新三板挂牌的同时发行股票进入创新层,又可以允许创新层的挂牌公司公开向不特定合格投资者发行股票并进入北京证券交易所,沪、深证券交易所则采用向不特定对象公开发行股票的方式融资。对于创新层向不特定合格投资者发行方式以及首次公开发行并在沪、深证券交易所上市的公司采取保荐和承销方式,可以进行公开路演和询价,而在创新层的基础上,挂牌公司通过公开发行进入北交所成为北交所上市公司后还可以和沪、深交易所科创板及创业板对接,转板成为沪、深交易所的上市公司。在交易方式上,基础层、创新层只能采取集合竞价的方式,创新层的竞价频次一天25次,高于基础层的一天5次的竞价频次,沪、深、京证券交易所则可以采取更有优势的连续竞价方式。

二是在公众公司投资者门槛和类型上。按照合格投资者的数量和类型的逐次不同和提高,在规则和监管的严格程度上应逐次提高。比如新三板市场的基础层的合格投资者的门槛准入最高,投资者的数量最少;创新层的合格投资者的门槛低于基础层的合格投资者门槛,投资者的数量要多于基础层的投资者数量,而沪、深、京证券交易所的合格投资者门槛最低,投资者数量最多。此外,基础层、创新层的合格投资者的类型仅限于个人投资者,而沪、深、京证券交易所合格投资者的类型既包括个人投资者也包括公募基金等机构投资者。再比如,在证券交易所市场,沪、深主板市场并没有投资者在资金和证券资产的门槛要求,而北交所和上交所科创板的投资者门槛为50万元资金和证券资产,创业板的投资者门槛为10万元的资金和证券资产。相比沪、深、京证券交易所,新三板的投资者准入门槛因基础层、创新层的不同,分别为200万元、100万元资金和证券资产。不同市场和板块的投资者门槛的差异化十分明显。

三是在公众公司的质量上。随着对公众公司的质量要求的逐渐提高,其规则和监管上的严格程度也不断提高。还是以挂牌公司和北交所上市公司为例,公司质量包括公司经营、公司治理及信息披露等方面。在公司经营和公司治理及信息披露方面,不同层次的挂牌公司均有入层的最低要求,上市也有相应要求。其中对基础层、创新层挂牌公司和北交所上市公司在公司经营、公司治理、信息披露的要求是逐次提高的,①因而其规则和监管的严格程度也应逐次提高。

四是在对公众公司监管的手段和严厉程度上。公众公司类型的不同包括同一类型的不同层次的公众公司,其监管的手段和严厉程度也有所不同,随着公众性和公开性等各方面程度的逐步上升,监管的手段和严厉程度逐步提高。还是以挂牌公司和北交所上市公司为例,由于新三板基础层、创新层和北交所上市公司在融资、交易、投资者数量、类型,公司经营、公司治理和信息披露的差异化明显,各类层级的挂牌公司、上市公司和投资者的要求有所不同,监管者对不同层级的监管态度和力度也有所不同。这些不同大多体现在规则的各个层级中。比如对于北交所监管的手段及违规处理是按照上市公司标准加以处理,因此,《证券法》《公司法》对于上市公司的相关法律责任

① 以创新层为例,《全国中小企业股份转让系统挂牌公司分层管理办法》要求应当符合下列条件之一:(1)最近两年净利润不低于1000万元,最近两年加权平均净资产收益率平均不低于8%,股本总额不少于2000万元;(2)最近两年营业收入平均不低于6000万元,且持续增长,年均复合增长率不低于50%,股本总额不少于2000万元;(3)最近有成交的60个做市或者集合竞价交易日的平均市值不低于6亿元,股本总额不少于5000万元;采取做市交易方式的,做市商家数不少于6家。挂牌公司进入创新层,同时还应当符合下列条件:(1)公司挂牌以来完成过定向发行股票(含优先股),且发行融资金额累计不低于1000万元;(2)符合全国股转系统基础层投资者适当性条件的合格投资者人数不少于50人;(3)最近一年期末净资产不为负值;(4)公司治理健全,制定并披露股东大会、董事会和监事会制度、对外投资管理制度、对外担保制度、关联交易制度、投资者管理制度、利润分配管理制度和承诺管理制度;设立董事会秘书,且其已取得全国股转系统挂牌公司董事会秘书任职资格。

创新层的经营性指标和公司治理指标要高于基础层,但又明显低于精选层。《分层管理办法》要求进入精选层的应当符合以下四个条件之一:(1)市值不低于2亿元,最近2年净利润均不低于1500万元且加权平均净资产收益率平均不低于8%,或者最近1年净利润不低于2500万元且加权平均净资产收益率不低于8%;(2)市值不低于4亿元,最近2年营业收入平均不低于1亿元且增长率不低于30%,最近1年经营活动产生的现金流量净额为正;(3)市值不低于8亿元,最近1年营业收入不低于2亿元,最近2年研发投入合计占最近2年营业收入合计比例不低于8%;(4)市值不低于15亿元,最近2年研发投入合计不低于5000万元。在公司治理方面,精选层在独立董事、股东大会的表决机制、重大交易等方面较之创新层都有更多和更为严格的规定。在信息披露方面,不同层级的差异性也比较明显。在披露种类上,基础层信息披露突出客观描述和风险揭示,只要求披露年报和半年报;创新层也要求披露年报和半年报;精选层要求与上市公司趋同,披露年报、半年报和季报。在披露内容上,虽然基础层和创新层都要求披露年报、半年报,但基础层的具体披露内容要少于创新层,实行简式年报和半年报,而创新层的披露内容也明显少于精选层。在临时报告披露上也按照基础层、创新层和精选层披露内容逐次增加。

和处罚等所作的规定适用于北交所,对于创新层和基础层则按照中国证监会的部门规章、规范性文件和全国股转公司的自律规则加以监管和处理,在程度上要弱于北交所上市公司。

(责任编辑:王琦)

我国公司治理规则的重构思考

——对公司法修订草案有关条款的检视

蔡元庆* 何伟晖**

摘要:权力制衡是公司治理议题下达成的共识,在各国治理模式与治理结构上呈现不同形态。商业实践对塑造公司治理规则起到的作用体现在公司自治与强制规定的互动中,基于此,不同特征的公司类型对应着不同的治理思路。我国正在进行的《公司法》修订在确立董事会中心这一目标下,试图对公司治理规则体系进行重构,在增加结构性与权力分配规则的任意性,进一步完善信义义务规则等方面作出有益尝试,但在大刀阔斧的改革之前,我国公司法立法实践的来路值得回顾,公司治理规则重构的方向与逻辑仍应继续立足于市场主体实际来思考。

关键词:公司治理 公司类型 权力制衡 董事会中心

19 世纪法学家基尔克在德国民法典草案颁布之际,呼吁各界关注日耳曼法团体主义精神,关注私法之社团的结构与运作。① 我国《民法典》诞生后不久,2021 年 12 月 24 日,十三届全国人大常委会第三十二次会议颁布了《中华人民共和国公司法(修订草案)》,并向社会公开征求意见。历史多有巧合之处,但也启示学界反思一个问题:我国《公司法》是否已有坚固的安身立命之

* 深圳大学法学院教授。

** 深圳大学法学院民商法硕士研究生。

① [德]奥托·基尔克:《私法的社会使命》,杨若濛译,商务印书馆 2021 年版,第 47 - 52 页。

本以适应未来发展？综观我国公司治理研究，自20世纪末学界不断对比国外经验后，董事会中心似乎是大多数学者所偏向的公司治理模式之应然选择，继各界多年孜孜以求后，这一目标更是出现在最新的《公司法》修订的说明中。在草案中，所有类型公司的董事会职权由列举式走向剩余权力，在公司机构设置上尝试单层、双层治理结构"二选一"，在强化董事信义义务的同时引入安全港规则。若本次草案获得通过并施行，最终的结果究竟更趋向于董事会权力的扩张还是架空？本次修法所希望建立的董事会中心是怎样的？从公司治理的本质与逻辑上看，立法者心中的图景能够回应我国公司治理实践中的现实问题吗？以上问题值得探讨。

一、我国公司治理制度研究的迷思

我国公司治理制度的研究始于20世纪90年代，虽然主要以学习借鉴西方公司治理理论为主，但在公司治理制度的建构方面，学术界普遍认为并不应仅是简单的法律移植，[①]进入21世纪后，有学者指出，我国公司治理制度存在路径依赖现象，[②]即在借鉴他国立法成果后，既带有沿着某种模式前进的惯性，又会产生引入其他制度与本国法律环境、既有制度之间的磨合问题。[③] 我国《公司法》诞生之初，面临着以国有企业为主要治理对象的制度设计难题，这让学界陷入了对比国外立法、实践与中国现状的迷思中。国有企业适应现代公司制度，涉及从"法人财产权"到"法人财产所有权"转变下的国有资本与公司独立财产的关系，以及"新三会"与"旧三会"的组织制度衔接问题。这样一种国有企业改革的背景对早期公司治理研究有非常重要的影响：一方面，对资本(或股权结构)的关注，使出资人与经营者之间利益冲突问题初步显露；[④]另一方面，此类问题的研究方向通常是寻找方案，公司治理被简单地理解为治理结构的构建，一般表现为对国外模式的比较分析和选择。

在这种情况下，我国《公司法》治理规则常被置于公司法的容器内，通过划分不同治理主体的权力(职权)范围，达到分权制衡的理想状态。以内部治

① 文力：《中国国有企业制度创新中公司治理结构形成的若干问题》，载《求索》1996年第4期。

② 邓峰：《中国公司治理的路径依赖》，载《中外法学》2008年第1期。

③ 刘斌：《公司治理中监督力量的再造与展开》，载《国家检察官学院学报》2022年第2期。

④ 陈景善、李魏：《上市公司破产重整中出资人权益调整机制之完善》，载《上海政法学院学报(法治论丛)》2021年第4期。

理结构为标准,公司治理可分为英美法系国家的一元或单层的治理结构,以德国股份有限公司为代表兼设董事会与监事会的二元或双层的治理结构,法国、日本为代表的可供选择的菜单式治理结构。我国《公司法》虽然构建了董事会、监事会二元的治理结构,但理论上就我国《公司法》公司结构究竟对应何种类型仍存在争议,在上市公司普遍引入独立董事制度后,如何界定上市公司监事会与独立董事的关系,如何协调两者之间的职责与权限,也存在诸多困惑,久而久之延伸至公司治理是否需要内设法定监督机关的质疑。另外,内部治理的权力分配常被理解为股东会中心或董事会中心等模式的选择。在理论界,董事会中心主义被认为是中国公司法未来的转型方向,这就必然要求国内公司治理经历一个董事会扩权的阶段,①与之相关联的代理人监督问题被视为重中之重,这也是公司法自 2005 年后不断完善董事义务规则并引入股东代表诉讼制度的原因。

一直以来,就公司治理而言,我国学界形成了依据公司主体的类型而划分的分类研究:其一,我国目前有大量的非上市股份制公司、封闭型股份有限公司、有限责任公司。有学者指出,封闭型民营企业群体的股权结构相对集中,不具备两权分离的基础,②大股东或实际控制人形骸化治理结构而扰乱公司治理秩序,损害公司利益的现象并不罕见,实际控制人信义义务与董事会独立性为同一问题的正反两面,与传统代理人成本不同。早在 2008 年,一份实证研究表明,典型的股权集中型民营企业更关注董事会决策机制的改善而非代理人成本问题,这是因为该类公司股东通常能选择代表其意志的代理人。③ 其二,国企治理有其个性,国企的公共属性增强了对市场化效率机制风险的抵制,偏向于选择“国企利益偏好”的经营者,④而其行政体制特点也深刻

---

① 吴建斌:《构筑我国现代企业制度的科学法律基础——兼论进一步完善我国公司立法的几个问题》,载《中国法学》1998 年第 1 期。

② 梁小惠:《论公司类型与公司治理模式的选择——以中国民营企业发展为视角》,载《河北学刊》2013 年第 6 期。

③ 王保树:《非上市公司的公司治理实践:现状与期待——公司治理问卷调查分析》,载《当代法学》2008 年第 4 期。

④ 孟庆琳:《论公司治理结构与国有企业效率》,载《理论探讨》1999 年第 1 期;陈晓华:《国有企业法律规制与政治规制:从竞争到融合》,载《法学评论》2019 年第 6 期。

影响了自身治理逻辑,包括党委(监事会)前置同意,集体决策与领导责任等。[①] 其三,上市公司治理与社会公众投资者利益保障、资本市场秩序维护等命题密切相关,“万宝控制权之争”“康美药业虚假陈述纠纷”等治理失范的实例引起各界广泛关注,上市公司代理人约束与激励问题还涉及公司法与证券法的关系。[②]

此外,有许多学者关注到西方国家法律制度之外的公司治理实践经验。[③] 从公司资本的角度出发,股东利益与公司治理紧密捆绑:美国受股东行动主义驱动的机构投资者,德国公司主银行体制(main bank system)的银企关系下的银行,日本公司法人股东相互持股形成的股权结构等都对公司治理产生重要影响。随着公司社区理论的兴起,公司利益相关者参与治理的正当性得到论证,债权人治理、职工代表大会(劳动保障与福利)、多元化标准的公司治理评级机制、ESG等也成为现代公司治理的现实内容。[④] 虽有“乱花渐欲迷人眼”之感,但这些公司治理经验多着眼于大型公司治理,且与具体国家在特定时期的政治经济体制密切相关。我国政府通常主导着国有企业改革与上市公司治理,通过指导性文件推行国外大型公司治理经验,也试图将试验的成果在公司法中得到巩固,但其中容易忽视两个问题:一是公司治理规则与公司法的关系,后者无法完全涵盖前者,削足适履只会引起公司法普遍性受众的制度成本震荡,如对公司合规制度的相关质疑;[⑤]二是我国与国外资本市场现实的不同,投资者的强弱取决于多种因素,在监管机构保护这种公共救济与股东行使权利的私力安排之间,众多议题的开拓还有待未来资本市场的发展来推动。

总体上关注大型公司治理并将之视为塑造公司治理政策与观念的关键,

---

① 邓峰:《代议制公司》,北京大学出版社2015年版,第119-127页。

② 赵旭东:《论虚假陈述董事责任的过错认定——兼〈虚假陈述侵权赔偿若干规定〉评析》,载《国家检察官学院学报》2022年第2期。

③ 有学者称之为公司治理结构的外部环境的影响制衡机制。参见崔勤之:《对我国公司治理结构的法理分析》,载《法制与社会发展》1999年第2期。

④ 指一种关注Environmental(环境)、Social(社会)和Governance(公司治理)的投资理念和企业评价标准。

⑤ 邓峰:《公司合规的源流及中国的制度局限》,载《比较法研究》2020年第1期。

不只是我国才有的实践与研究倾向。[①] 对于国际上存在公司治理制度趋同论与多元论之争,有学者认为,以英美模式为主要方向的趋同论,符合我国金融商品市场发展阶段对(大型)公司治理经验的学习需求,但从多元论的角度看,以公司性质、股权结构与公司文化而论,中国公司治理更接近德日而离英美较远。[②] 探讨全球化背景下公司制度是否趋同,容易将公司治理命题局限于是否存在唯一正解的诡辩中,以本土不同治理对象的个性——公司类型差异化为前提,上述观点将学说异趣回归到公司治理实践需求,是一种迷局中的突破。

实际上,由于公司治理样本单一性的消弭,无论是股权集中程度,还是市场投资者需求,都不断多元化,各式各样的公司融资方式、治理行为呈现出法定规则预设标准之外的样态特征。我国公司治理研究的对策法学痕迹反映了在公司制度、社会主义市场经济体制建立阶段的历史使命,并对公司法的现状与未来都产生了深刻影响,但学界对现有公司治理规则的反思甚至批评,与其说是对制度选择的摇摆,毋宁被解释为路径依赖后遗症之明显因应。公司治理规则的关注面应从偏狭的组织结构划分(法定框架)扩大到实质的商事实践需求上——寻求公司治理权力的"放管"平衡。

二、比较法视野下公司治理的本质与逻辑

在公司治理一词出现前,股东与管理者之间的权责关系就是公司制度关注的重点。传统上,管理常被认为是团体内部事务,法律不必干涉,私主体尤为如此,公司治理是商主体自我管理事务的主要部分,这样的认识奠定了公司自治的公司法性格基调。然而,公司法的发展逻辑在于弥补组织法与实践制度需求之间的空隙,商主体内部治理的制度亦如是,相关历史与学说研究的进程说明,实践中形成的公司治理逻辑不断融入各国公司法律制度的血肉中。在比较法视野之下,历史主义与民族主义的思想映射于不同法域下法律

① Xin Li & Tih Koon Tan, "Governance Changes For Firms Added To The S&P 500", *The International Journal of Business and Finance Research*, The Institute for Business and Finance Research, Vol. 9, No. 4 (2015), pp. 21 –35.

② 朱慈蕴、林凯:《公司制度趋同理论检视下的中国公司治理评析》,载《法学研究》2013 年第5 期。

制度的对立现实中,但认识差异是彼此理解的第一步。[①] 在公司治理制度的比较研究中,大陆法系与英美法系也是常见的比照对象,民族精神信念或历史生命演进这些抽象的内容影响了现下各种公司治理模式与结构的样貌,企图从中得出一种通行的公司治理最佳方案也仿佛是水中捞月,但退一步而言,从各法系公司治理制度中总结出人们普遍追求的目标,观照其与不同方法之间的联系,却并非不可能。

16—17世纪欧洲沿海出现"康孟达"商事契约——负责将货物销往海外的航海者对亏损负无限责任,而只出资但不直接参与经营的货币资本家仅以出资额为限承担责任,[②]在此具备有限责任特征的早期企业雏形中,航海者相当于商事经营活动的管理者,资本运用以契约或契约的联结(债权法关系)为纽带。在19世纪中叶以前的英国,政府垄断公司设立特权,商人们为获取有限责任的合法性,参考信托法中受托人责任,约定当选受托人的合伙人承担类似于公司经理或董事会的角色,但鉴于此种规避方式日益普遍化,国会不得不正视制定一般性公司组织法之请求。[③] 在公司制度发展的早期,欧陆国家因其深厚的民法根基而欠缺对一般性商事治理规定的现实需求,但其商事特别法中不乏公司治理规则的本土化现象,以德国监事会制度为例,在沿袭1602年荷兰东印度公司设立董事会专制的经营机构安排后,出现了主要股东对董事的监督,但主要股东的权力随着股东大会的成立而被限制,最终催生出针对董事的监督机关。[④]

以上公司制度的发轫影响了两大法系的公司治理研究,二者侧重点不同,路径相异。大陆法系公司治理理论与公司独立法人格存在潜藏而紧密的联系,德国传统民法学上法人拟制说、否认说将团体视为幽灵,19世纪德国民法典草案出台后持反对意见的实体论者指出,商事企业俨然成为当代经济生活的载体,并呼吁私法学界以及立法者正视真正的社团结构。[⑤] 而后学界逐

① [日]大木雅夫:《比较法》,范愉译,法律出版社1999年版,第53-58页。

② 郑祝君:《从西方公司制的变迁看公司的本质特征和基本功能——兼论我国企业公司化改造中的国有独资公司问题》,载《法商研究》1995年第4期。

③ 朱锦清:《公司法学》,清华大学出版社2019年版,第8-10页。

④ 王世权:《德国监事会制度的源流考察及其创新发展》,载《证券市场导报》2007年第6期。

⑤ [德]奥托·基尔克:《私法的社会使命》,杨若濛译,商务印书馆2021年版,第47-48页。

渐形成一种承认法人实体的新观点:法人的资格权利是一种法律思维,[①]但这不等于承认法人人格乃自然人人格的延伸,法人机关是法人作出意思表示,彰显自身行为能力的重要角色,由此满足法人是独立民事主体这一民法法律技术设计上的逻辑自洽。[②] 在立法上,因循此种前提,为作出统一的意思表示,解决个人、公司行为的责任边界等问题,不同分工的公司治理机关之间必然存在内部等级制度,以及反映公司程式(Corporate Formality)的程序规则。在双层治理模式下,德国股份公司的监事会(代表股东等)凌驾于董事会之上,表现为拥有法定的同意保留权、(董事)任免权,甚至在公司章程有规定的情况下拥有独立的经营管理权等。[③]

相比之下,英美法系公司治理研究较少地囿于公司权利能力的伦理之问,占据主流地位的公司契约论将公司本质视为(经济学上的)契约而非实体,以市场机制调节经营者与出资者的关系,常见为地位平等的契约主体之间的授权委托关系,产生信义义务。[④] 这与前文所述英国历史上公司利用信托制度的经历也不无关系。信托是财产集合却非独立法人,由于受托人对受益人的事务拥有程度极高的控制权,受托人与受益人之间存在一种相当高的信义义务。[⑤] 因此,就公司法上的组织形态而言,英美法系公司董事会集决策、内部监督等职责于一身,公司不存在上下等级制度,[⑥]股东通常被排除在单层治理模式之外。但英美法系对公司治理目标的设定为股东利益导向,契约论者认为,股东在公司各方参与者中处于弱势,而公司法没有必要也不应解决所有非股东的利益保护问题。[⑦] 英美公司法制存在大量的任意性或授权

① 我国学者马俊驹将国内与此类似的观点总结为“新拟制说”。参见马俊驹:《法人制度的基本理论和立法问题之探讨(上)》,载《法学评论》2004 年第 4 期。

② 石纪虎:《论公司机关关系的异化与重构——兼对“三权分立”公司机关关系理论之质疑》,载《政法论丛》2009 年第 4 期。

③ [德]托马斯·莱赛尔、吕迪格·法伊尔:《德国资合公司法》,高旭军等译,法律出版社 2005 年版,第 175 - 179 页。

④ 邓峰:《普通公司法》,中国人民大学出版社 2009 年版,第 439 页。

⑤ 刘迎霜:《论信托的本质——兼与“信托异质化论”商榷》,载《法学评论》2011 年第 1 期。

⑥ [美]弗兰克·H. 伊斯特布鲁克、丹尼尔·R. 费希尔:《公司契约论》,载黄辉选编:《公司法的逻辑》,法律出版社 2016 年版,第 17 - 18 页。

⑦ [美]斯蒂芬·M. 贝恩布里奇:《理论与实践中的新公司治理模式》,赵渊译,法律出版社 2012 年版,第 62 页。与文中他处引用美国学者斯蒂芬·M. 班布里奇为同一人,人名出入为不同译法。

性规范,这与契约论"公司自治"的主张契合,由于股东利益保护是公司法无法回避的问题,[①]强制性规范也并非消失殆尽。

20世纪末,美国公司的监督型董事会逐渐兴起,爱森伯格教授在研究美国大量判例法的基础上对董事义务的内涵进行精细化处理,认为注意义务中包含对公司的监督义务,[②]其对公司监督模式的理解影响甚广。[③] 此后不久,人们开始反思在未来预防类似华尔街金融危机的工作中,公司治理应扮演何种角色。在美国联邦政府出台的《萨班斯—奥克斯利法案》第404条提出,上市公司在出具财务报告时要陈述管理者的责任——建立并维持适当内部控制体系和遵守相关的要求。[④] 为判断董事是否履行此类义务,法院通常仍需借鉴各州公司法中传统的董事诚信义务原则,因为后者在处理股东权利与董事义务的平衡问题上具有丰富的经验和范例,[⑤]如在Enron案中,法官运用了类似董事监督义务的规则,并认为任命计划信托人的人(董事)有责任确保所选择的受托人依次履行信托义务。[⑥]

在公司法层面上,由于大量承继于民法制度,大陆法系公司治理的分权制衡带有等级与强制性色彩,突出体现在公司机关分化与权力划分上,形成单个监督权对单个决策权、执行权的制约格局;英美法系在仅有单层治理结构的情形下,严格来讲其权责制衡更为准确,董事会既拥有决策权,也具备监

---

① [美]克里斯多夫·M. 布鲁纳:《普通法世界的公司治理:股东权力的政治基础》,林少伟译,法律出版社2016年版。

② Melvin A. Eisenberg. The Duty of Care of Corporate Directors and Officers[J]. *University of Pittsburgh Law Review*, Vol. 51, No. 4 (1990), pp. 945 – 972. 除了传统的忠实义务与注意义务,爱森伯格教授认为董事还负有以系统监督为核心内容的守法义务(the duty to act lawfully),其他学者认为类似于合规义务。日本公司法将美国法上的董事监督义务转化为董事构筑内控体系的义务。姜荣吉:《内部控制体制的设置与董事义务——以日本企业内部控制体制判例考察为线索》,载《北方法学》2012年第1期。

③ [美]斯蒂芬·M. 班布里奇:《金融危机后的公司治理》,罗培新等译,上海人民出版社2021年版,第46 – 52页。

④ SOX, Pub. L. No. 107 – 204, 2002 U. S. C. C. A. N. (116 Stat.) 745 (to be codified in scattered sections of 15 and 18 U. S. C.).

⑤ Dana M. Muir & Cindy A. Schipani. New Standards of Director Loyalty and Care in the Post – Enron Era: Are Some Shareholders More Equal than Others[J]. *New York University Journal of Legislation and Public Policy*, Vol. 8, Issue. 2 (2005), pp. 279 – 358, p. 279, p. 358.

⑥ In re Enron Corp. Secs. , Derivative& "ERISA" Litig. ,284 F. Supp. 2d 511,661 (S. D. Tex. 2003).

督职责,无所谓分权,尤其在两权分离的大型公司,董事会处于公司治理权力的中心,并受信义义务之约束。采取何种治理结构的组织安排或模式,与特定立法情景中对公司本质的认识差异有关,尽管如此,治理权力达到制衡的状态是不同国家在企业法制建设经验的相互借鉴中努力追求的目标。透过现象,当出资者与管理者两种身份分离,公司脱离股东个人财产的标签,公司治理活动归结为对经营者管理活动的监督,折射出股东利益保护的治理目标,而权力制衡是目前广泛达成的共识,其实现方式包括形式上的组织结构与程序要求,实质上的权责关系。

三、公司治理类型化研究的新视角:公司类型与权力制衡

公司类型的产生以各个历史阶段不断丰富的商业实践与立法选择为基础,不同类型的公司通常对应着公司治理权力的不同制衡形态,这可作为一种更接近商事实践需求的类型化研究视角。公司分类无法形成统一标准,但本文所指的公司并不包括无限责任形式的公司式合伙。公司序列的类型要素的变化会引发类型之间的交叉转变,法定类型是立法者根据现实构造物而意指的对应的具体概念,由于概念仅有"是"与"否"的区分,在法定类型的规范意义之外,必然存在现实的过渡现象或者开放地带。① 若以股东人数(公司规模)、股份转让自由度(公司开放程度)为标准,②划分封闭公司(closely held enterprise)与公开公司(public corporation),在此基础上,股东人数决定了股东直接参与公司经营的可能性,股份流通性则关乎股东能否"用脚投票"。除了有限责任公司这种法定封闭公司,以家族企业为例,通过代持或实际影响等方式,以股份有限公司形式设立的公司也可能是封闭公司,立法与实践在公司类型上的偏离被认为会影响到公司治理的制度供给。③

现代公司法中的任意性规范因公司自治而具有重要地位,而公司法的强制性规范从效率上降低订约成本,也符合保护投资者利益的公平预期。笔者认为,可以将公司治理规则分为三类,随着公司开放程度的增加,部分规则的

---

① [德]拉伦茨:《法学方法论》,黄家镇译,商务印书馆 2020 年版,第 588 – 593 页。

② Carol Goforth. Too Many Cooks Spoil the Cake, and Too Many Statutes Spoil the LLC: A Plea for Uniformity[J]. *Southwestern Law Review*, Vol. 46, Issue. 1 (2016), pp. 63 – 122.

③ 刘斌:《公司类型的差序规制与重构要素》,载《当代法学》2021 年第 2 期。

任意性也会出现差异:第一,从封闭公司到公开公司,结构性与权力分配规则的任意性特征呈现逐渐削减的趋势;第二,公司法上的程序性规则一般为强制性,但部分允许封闭公司章程决定,公开公司在程序设置方面明显受到更严格的约束;第三,信义义务规则的任意性程度转化为对股东保护限度的规则效果更值得关注,实践表明封闭公司倾向于限制股东保护,也就是偏好任意性更高的信义义务规则。

第一,结构性和权力分配性规则。这两种规则共同规制着公司治理权力结构。有学者指出,影响董事与股东之间权力平衡的权力分配性规则应是强制性的。[①] 但实践中,封闭公司股东可直接参与公司管理,以自我决策为主,并不过分强调分权制衡,[②]故封闭公司的权力分配应以任意性的赋权型规则、缺省型规则(Default Rules)为主。公开公司通常受强制性规范约束,比如设立有监督职能的机构以及股东基本权利或董事会基本职权。当然,也有许多国家和地区给予公开公司一定的选择空间,[③]在公司治理结构上,依公司实际情况免除或增加设置公司治理机构的义务。在权力分配上,公司治理中最基本的问题是某项特定的决策或监督任务分配给董事会、管理层还是股东。[④]保护股东的最终控制权是公司法的传统,但董事会中心模式的出现伴随着董事会权力的中心化、主导化,这在公众公司尤为明显。在决策权上,股东仅拥有公司剩余利益索取权,默认保留决定公司重大事项权利,其任免董事的权力受到限制而难以控制董事会,而股东修改章程通常适用强制性的程序规则。美国董事会中心是一种董事会权力强大并自我监督的重合情形,但若其他法域为多元治理结构,有专门监督机构制约治理权力,则完全可能形成其他中心主义的说法,比如将德国公司治理模式归结为监事会中心。仅就目前的治理效果而言,美国针对大型公众公司设计的董事会中心模式显现出巨大的吸引力。

---

① [美]弗里·N. 戈登:《公司法的强制性结构》,载黄辉选编:《公司法的逻辑》,法律出版社2016年版,第106页。

② 虞政平:《构建中国多元化公司治理结构新模式》,载《中外法学》2008年第1期。

③ 比如法国、日本、我国台湾地区等。

④ [美]斯蒂芬·M. 班布里奇:《金融危机后的公司治理》,罗培新等译,上海人民出版社2021年版,第124页。

第二,程序性规则。商事治理以决议制度为中心,[①]程序性规则见于决议形成的全过程,信息披露、关联人员回避、多数主义表决规则等,在防止独裁专断、保障程序正义与公司意思独立上发挥作用。[②] 但程序规则具有显著的工具性,在两权不分离的封闭公司,集体决策如逢场作戏,即使是强制性的程序也会因管理层不独立而丧失意义,而公开公司管理层利用程序规则操控公司的现象,强烈刺激着立法者设计更为严谨、有力的程序规则加以约束。美国法学研究院(ALI)在其编纂的《公司治理的原则:分析与劝告》(以下简称ALI报告)中指出立法应授权封闭公司在并购决定中采取超级多数批准(Supermajority Voting)而适应此类公司权利配置的特殊需求。超级多数的表决要求实际上限制了大多数股东在重大治理决策上对管理层的影响,[③]实践中公开公司管理层可能滥用此种规则拒绝善意收购,市场机制对管理人员的约束作用便失灵。故ALI报告建议股东会通过决议或修改章程,将超级多数批准的要求适用于某事项,应获得相同的多数的批准。[④] 在美国,超级多数批准是否适用于修改章程、董事选举、高管薪酬等存在学术争辩,即使实践中大型公司倾向于采用该规则作为治理水平高的指标,但已有实证研究表明,尽管小型公司(封闭公司)在法律上拥有更多进行治理安排的自由,它们也不会照搬大型公司在这方面的治理机制或治理条款。[⑤]

第三,信义义务(Fiduciary Duty)规则。公司法上的信义义务通常指对董事等管理者提出的注意义务与忠实义务,与之配合并使之发挥作用的是具有强制执行力的股东代表诉讼机制。有学者认为,封闭型公司投资者存在"讨价还价能力上的局限",公开公司管理者则因职位利益冲突(Positional Conflicts)而缺乏自我约束的动机,此两种公司内部人员的信义义务规则都应以强

① 陈醇:《商法原理重述》,法律出版社2010年版,第286-288页。

② 王湘淳:《论公司意思独立的程序之维》,载《中外法学》2021年第4期。

③ Lucian Bebchuk, Alma Cohen & Allen Ferrell, "What Matters in Corporate Governance?", *Review of Financial Studies*, Vol. 22, No. 2 (2009), p. 783.

④ The American Law Institution, Principles of Corporate Governance Analysis And Recommendations, (1984), §1.02, Comment. a(2).

⑤ Kobi Kastiel & Yaron Nili, "The Corporate Governance Gap", *The Yale Law Journal*, Vol. 131, No. 3 (2022), p. 829.

制型规范为核心。[①] 然而,契约论的观点对此并不认同,主张市场机制足以约束管理层不当行为。此外,许多信义义务的内容并不仅仅面对道德风险,毕竟受信不是担保,难免有尽最大努力但依然无法达到预期的情况。[②] 另一个反对强制性信义义务规则的有力论据是,公司虽然可以决定是否起诉追究相关董事的责任,但放弃、和解是原告公司的自由,[③]股东代表诉讼与较低的诉讼成本相互作用易产生滥诉后果。[④] 从立法实践看,美国部分州立法采纳任意性的信义义务规则,允许公司在大部分情况下限制或免除董事责任,其中内华达州在公司法竞争中凭借更为宽松的信义义务规则战胜此方面的先行者特拉华州,并为管理者提供实质性的责任保护,相关研究数据表明内华达州因此吸引了更多的小型公司,这类公司更可能从事风险行为,意味着较高的代理成本。[⑤]

另一个需要关注的问题是,总体偏向于任意性的公司自治模式对股东的保护是否绝对不利? 就第一类规则而言,答案是否定的。在如今经济全球化浪潮之下,大多数国家颁布的官方治理准则都借鉴了英美法系强调改进权力均衡与控制的机制的公司治理理念,[⑥]而在美国公司治理经验中,对代理人的约束不依赖于不同主体的权力分配,而是强调信义义务,ALI 报告就用大量的篇幅阐述了董事高管人员的注意义务、公平交易义务以及详细的责任追究(含限制豁免)机制。[⑦] 对于第二类规则,不得滥用程序规则的要求实际上可

---

① M. V. 爱森伯格:《公司法的结构》,张开平译,载王保树编:《商事法论集》(第3卷),法律出版社1999年版。爱森伯格将讨论前提设立为:公开公司人数众多,规则只能通过法律直接规定,而封闭公司(闭锁公司)治理规则却可以通过股东直接协商得出,因此如果允许私人安排,封闭公司股东事实上缺乏对结果作出合理预期的能力,成为市场秩序失灵的牺牲品。

② 刘牧晗:《股权让与担保的实行及效力研究——基于裁判和学说的分析与展开》,载《国家检察官学院学报》2022年第2期。

③ 甚至在德国,和解与放弃是法律明文规定的公司权利,且德国资合公司法上董事谨慎义务条款本身就是强制性的。参见[德]托马斯·莱赛尔、吕迪格·法伊尔:《德国资合公司法》,高旭军等译,法律出版社2005年版,第169页。

④ 罗培新:《公司法强制性与任意性之边界厘定:一个法理分析框架》,载《中国法学》2007年第4期。

⑤ Michal Barzuza & David C. Smith, "What Happens in Nevada? Self-Selecting into Lax Law", *Review of Finance Studies*, Vol. 27, Issue. 12 (2014), pp. 3593-3627.

⑥ 以法国为例。参见王泰铨:《比较公司法——以法国公司法为中心》,台湾地区"行政院"科学委员会专题研究计划,2001年,第43页。

⑦ 该报告以公平交易义务代指忠实义务。

以归纳到信义义务下的行为标准。就信义义务规则本身而言，除去商业风险以及诉讼成本等因素，信义义务规则的设计还要考虑社会对不信任的接受程度，[①]信义义务的违反直观地体现在公司损失，非此难以为法律所评价，对损失与风险的接受度又因不同股东而异。因此，在信义义务规则能否为任意性的问题上，"一刀切"的极端结论已难以立足，而责任限制条款、董事责任保险等方式逐渐发展为平衡尊重商业决策自由与保护股东利益这两种基本政策的实践工具。在如同市场一般的美国各州公司法竞技场，各类公司根据自身需求选择任意性程度不同的公司治理规则体系，而商业实践中的衡平方法也远多于法律所能提供的保护。

总而言之，公司治理的基本法律关系——权力制衡由众多治理规则组成，包括但不限于前文所述的三种规则，规则之间彼此联系，最终以不同组合的互动形式实现权力制衡。从内容上看，特定规则的性质在不同类型公司的差别缘于实践中的权责分配需求，如封闭公司内部治理的自治权需要得到更多尊重，小型公司与大型公司存在治理偏差（Governance Gap）；[②]从作用方式上看，公司治理未必全然转化为公司法内容，但公司法强制性结构也为市场主导的治理机制提供基础，如决议程序规则，这在深受外部资本市场影响的大型公众公司较为常见。不可忽视的是，公司法塑造权力制衡形态的着力点从结构形式的设置转移至与治理权力本身，尤其是相应的责任机制，这在不同公司类型中都是相对一致的，这一点在我国正在进行的公司法修订动向中也有所体现。

四、公司法修订草案的评析：董事会中心的愿景与现实

本次《公司法》修订在公司治理上力图有所突破，树立了确立董事会中心的目标。草案拟将董事会法定职权范围由列举式改为"本法和公司章程规定属于股东会职权之外的职权"；允许公司设置单层治理模式，董事会设有审计委员会的，视为可以替代监事会。值得注意的是，尽管呼声甚高，此次修订并未试图改变现有的公司法律形态，前述结构性与权力分配规则的变动，也未

---

① ［美］塔玛·弗兰科：《信义法原理》，法律出版社2021年版，第101页。

② Kobi Kastiel & Yaron Nili, "The Corporate Governance Gap", *The Yale Law Journal*, Vol. 131, No. 3 (2022).

根据现有的有限责任公司与股份有限公司的划分作实质性区分。程序规则因循董事会程序由有限责任公司章程补充规定,股份有限公司由法律规定的做法,无较大变化。最后,草案试图通过进一步完善董事义务规则以强化经营管理人员的责任。以上努力是否与本次《公司法》修订的董事会中心之愿景相契合?

(一)权力分配格局:董事会的基本职权何去何从

我国学界一般认为,股东中心与董事会中心两个模式的区分标准建立在公司法定职权与章程规定以外的剩余权力归属之上。[①] 本次草案在董事会职权划分的表述上也反映了未来公司法在董事会中心上的立法取向,且对二元体系下的有限责任公司、股份有限公司都无显著差别。然而,正如学者指出,我国有限责任公司被预设的封闭性特征被不同程度消解,定位为大型公开性公司的股份有限公司也分化为上市公司、非上市公众公司、封闭公司。[②] 封闭公司与公开公司两权分离的程度差异会影响治理模式的选择。

美国学者斯蒂芬·M.班布里奇认为,董事会在股东资本主义之前就作为市政自治体、教会法人的集中管理机关而存在,但当时并未形成董事会中心,在所有权与控制权的分离后,以董事会为中心的授权经营模式盛行于规模较大的股份有限公司。该学者还进一步指出,股东会中心与股东财富最大化的目标关系紧密,而董事会中心主义与股东会中心在理念上完全可以并存。[③] 这一观点也被我国一些学者所接受。[④] 正因为大型股份公司股东的控制权微弱的事实,董事会才是公司契约连锁的核心联结点,最适宜修改公司法的默认规则,保护股东利益。也就是说,公开公司的股东人数众多,但人多未必势众,董事会的集权与责任机制相协调,才有利于实现股东利益保护;在封闭公司,最为典型的有限责任公司脱胎于合伙,股东拥有广泛治理权力,没

① 吴建斌:《现代公司治理结构的新趋势》,载《法学杂志》1996年第4期。

② 刘斌:《公司类型的差序规制与重构要素》,载《当代法学》2021年第2期。当有限责任公司的投资者通过章程等方式改变股份转让限制,或部分股份有限公司无上市计划从而不受相关规范约束,投资者的实际需求客观上改变了制度的预期效果。

③ [美]斯蒂芬·M.班布里奇:《金融危机后的公司治理》,罗培新等译,上海人民出版社2021年版,第3页。

④ 刘俊海:《股东中心主义的再认识》,载《政法论坛》2021年第5期。

有必要通过强调董事会中心的方式加强股东保护。

实际上,何谓董事会中心?立法者意欲实现的图景在草案中并不清晰。现行《公司法》规定,有限责任公司与股份有限公司的股东均具备重大事项决定、董事与监事的任免、修改章程等职权,草案对此未作实质更改。首先,按照草案的预想,即使董事会职权变为股东会职权与公司章程规定的除外情形(草案第六十二条、第一百零八条),由于本就明确划归股东会的实质性权力依然无法向董事会开放,其实益很可能仅体现为解释董事会权力边界的便利性;其次,公司章程(股东)将成为董事会治理权力的唯一来源,通过章程授权对于大型公众公司广泛分散的股东而言无疑是不切实际的,未来董事会看似拥有所有剩余权力,但任何权力都可能被资本多数所决定的章程规定所剥夺,不利于平等地保护股东的利益,而现行法要求公司章程规定对董事会职权有增无减,公司法的强制规范至少在客观上约束股东不得排除董事会部分职权;最后,虽然草案保留了董事会是公司执行机关的定位,但英美董事会中心模式的关键在于董事会在公司(尤其是大型公司)经营管理中发挥实质的决策、监督等职能,且其治理权力不得为股东会侵害,草案中的权力分配规则试图以缺省方式实现向管理者放权,但董事会基本职权的底线则仍可能受困于执行机关定位的窠臼。

对于监督权,草案第六十四条、第一百二十五条分别赋予有限责任公司、股份有限公司设置董事会审计委员会或监事会的选择权,这一做法混合吸收了美国董事会监督下设置专门委员会的单层公司治理模式,以及以法国为代表的单层(董事会)、双层(执行团+监察人会)治理结构的二选一模式。我国现行法虽形式上近似于德国双层治理模式,但董事会与监事会实际的权力分配没有形成上下等级之分。虽然国企监事会或因党委兼任的情形而有领导地位,《证券法》要求上市公司董事会发挥内部控制的监督作用,但除上述情形外,董事会并不具备法定的监督职能,监事会对董事会的监督也未必具有上位的效力。在草案中,作为配置监督权的另一选项,董事会审计委员会的监督范围主要包括法定的公司财务与会计,以及公司章程规定的其他内容,以上未考虑有限责任公司与股份有限公司的区别。当出现不设监事会的情况,审计委员会在多大程度上能拥有公司法明确规定的财会监督以外的监事会职权？结果取决于公司成员的意志，也不得而知。

现行法受大陆法系的治理机关相互制衡模式影响已久，在构建董事会中心的语境下，本次草案也未突出体现以不同公司治理需求多样性为基础的权力配置需求。赋予各类公司在治理结构上的选择权，对封闭公司而言确实友好，有利于降低公司形式的门槛与成本，但对于开放型公司，尤其是对缺乏金融监管法约束的非上市公众公司而言，公司机关分治的传统问题尚未解决。具体而言，在公司机关设置上，公司法提供多重选择有利于推动公司自治实质化，而过多的留白则可能带来公权的隐性干预。[①] 在职权范围划分上，董事会的治理权力受限于公司章程，股东或出于成本考虑而选择成本更低的协议治理，[②]而协议的结果未必是信任董事会。当董事会职权处于一种不确定状态时，其非但不位于治理权力中心，反而深陷治理纠纷的泥潭。股东自治空间容易陷入无界限的状态，或与董事会中心的修法目的背道而驰。

(二)权力约束机制:管理者责任的认定与追究是否失衡

董事会权力的扩张引发权力约束问题，本次修订说明指出，强化经营管理人员的责任是《公司法》修订的主要内容之一。我国《公司法》上董事会集体责任停留在决策层面，主要以董事个人的履职得当确保董事会运行良好，其中董事义务认定及追责机制是权力约束的重心。商业判断原则(Business Judgement Rule)是英美法系国家特有的判例法规制，适用于注意义务的认定场合——对施以合理注意的积极决策进行免责。[③] 在现有立法例中，注意义务规则的任意性已较为普遍，但忠实义务通常是豁免的例外。[④] 我国现行法上没有商业判断原则，也未对董事勤勉、忠实义务的违反作出允许通过章程或决议实现责任限制、免除的规定，可以说我国《公司法》采取的是强制性的信义义务规则。因此，在我国，不同类型的公司在这方面的治理偏好无法通

① 周游:《从被动填空到主动选择:公司法功能的嬗变》，载《法学》2018年第2期。

② Carol Goforth, "Too Many Cooks Spoil the Cake, and Too Many Statutes Spoil the LLC: A Plea for Uniformity", *Southwestern Law Review*, Vol. 46, Issue. 1 (2016), pp. 63－122. Carol Goforth 认为在公司法允许公司治理结构自由设置的情况，公司或面临花费高昂成本聘请法律专业领域人士设计公司组织结构等规则，这种情况下极有可能促使它们维持治理现状。

③ 参见邓峰:《普通公司法》，中国人民大学出版社2009年版，第519－524页。

④ 《特拉华州公司法》第102条第b款第7项。

过选择规范类型体现,但从股东利用义务规则解决代理人成本问题的状况来看,随着公司规模扩大或公共性增强,公司管理层与股东的相互独立性越高,二者意志相互分离越明显,相反,封闭公司中的董事会容易沦为控股股东的附庸,起诉董事违反义务的可能性较低。[①]

在规范法学的研究思路下,我国公司董事不当履职的约束失灵,常被归因于实定法难以描述注意义务、忠实义务等抽象概念。基于此,本次草案有意明确董事、监事及高管的义务内涵,勤勉义务采取客观标准的注意义务内涵,忠实义务体现为不得利用职权谋取不正当利益。其中,勤勉义务被认为是公司的最大利益进到管理者通常应有的合理注意,与国外关于注意义务的观点相衔接。1850 年,美国法院的裁判观点被认为已经体现了商业判断原则,即如果董事所作出的错误行为是在采取了合适的注意,善意地为了公司的利益的基础上的,他们不应该被追究责任。[②] 该原则的内涵根据判例的不断积累而有所发展,但为美国各州所广泛采纳 RMBCA 一般性表述也与一百多年前的判例有异曲同工之处。[③] 早在 2005 年《公司法》修订时,就有学者提出应引入商业判断原则,[④]但作为非判例法国家,法律上的原则性条款带来的问题可能远比立法积极预期的填补漏洞效果更显著,故本次草案对勤勉义务内涵的界定,虽可视为对商业判断原则精神的移植,但制度实益依然有待司法实践的证明。

一般而言,违反忠实义务的认定不适用商业判断原则,相关人员的责任承担通常也不被法律允许限制或免除,这与此种行为的性质恶劣程度、作为董事履职最低要求的定位有关。但在利益冲突场合,禁止缓和说明立法者对

① 赵旭东:《公司治理中的控股股东及其法律规制》,载《法学研究》2020 年第 4 期。

② Peter V. Letsou, “Implications of sharholder diversification on corporate law and organization: the case of the business judgment rule”, *Chicago - Kent Law Review*, Vol. 77, Issue. 1 (2001), p. 179.

③ Model Business Corporation Act.《最新美国标准公司法》,沈四宝编译,法律出版社 2006 年版,第 127 页。2016 年 ABA 修订版本未更改相关内容。Corporate Laws Committee, American Bar Association Business Law Section, “Model Business Corporation Act (2016 Revision)”, *The Business Lawyer*, Vol. 72, No. 2 (2017), pp. 421 -430.

④ 胡晓珂:《论我国〈公司法〉修改中对董事注意义务规则的完善——兼析业务判断规则对董事注意义务的衡平》,载《中央财经大学学报》2005 年第 4 期。

董事权力的态度倾向于通过忠实义务加以约束而非剥夺,[①]毕竟商业实践表明并非所有自我交易都有害公司发展。现行公司法规定,违反公司章程的规定或者未经股东会、股东大会同意的自我交易违反忠实义务。从逻辑上理解,条件A或条件B,则得出C;条件A且条件B,则得出非C。即自我交易违反章程规定(无论是否取得股东会同意)或未取得股东会同意(无论是否违反章程),满足其一,均属于忠实义务的违反。若章程作出相反规定,免除股东会决议的程序要求,从事自我交易的董事是否违反忠实义务?针对董事等高级管理人员参与的自我交易与关联交易,草案第一百八十三条将董事会同意(增加"排除关联董事表决")与股东会决议均交由公司章程选择,否认公司法允许章程完全放开自我交易、关联交易的可能性,[②]公司的自治空间仅在于选择批准此类交易的有权机关。同时,草案也规定了董事利用公司商业机会(草案第一百八十四条)或与公司开展竞业活动的(草案第一百八十五条),以有权机关批准作为程序豁免要件,本文不予赘述。

有权机关的批准是一种安全阀机制。在美国,认定忠实义务的公平性测试虽然不同于商业判断原则,但法院认为二者有类似的效果——符合要求的批准程序可以降低对司法对交易审查的强度,[③]可将之视为公平交易的推定。为符合世界银行对我国营商环境在股东权益保护指标上的评估标准,目前法院实质审查涉案公司内部决议的倾向与草案引入安全阀的用意有所矛盾。[④]有观点认为程序要件的免责性成立与否还取决于董事是否履行了审查有关决议合法有效性的勤勉义务。[⑤] 但这不免将问题复杂化,有意以职位之便谋取个人之利的董事自然不会勤勉认真地审查决议,违反勤勉义务是附带的结果,而不应是认定忠实义务的前提。从商事效率原则考虑,否认相对禁止事项的可免责事由应审慎为之,在美国司法实践中,法院对此类交易作出的董

① 丁勇:《董事执行股东会决议可免责性》,载《法学》2020年第5期。

② 如实践中章程规定特定标的额范围内的交易无须批准。

③ The American Law Institution, Principles of Corporate Governance Analysis And Recommendations, (1984), §5.02(c), Reporter Note. 1.

④ 依据公司法司法解释(五)第一条,关联交易损害公司利益,被告董事仅以该交易已经履行了信息披露、经股东会或者股东大会同意等法定或公司章程规定的程序为由抗辩的,法院不予支持。

⑤ 丁勇:《董事执行股东会决议可免责性》,载《法学》2020年第5期。

事会决议,如尊重一个专业的商业决策一般,除非质疑交易公允性一方首先证明有权机关批准并非善意作出或存在利害关系。① 公司内部完全可能容忍一定限度内损失风险的决议,但无利害关系董事是否以诚信方式参与决议,是判断公司自治是否失灵的先决问题,这也可能联系到我国公司控股股东滥用权利的现象,故信义义务规则的完善实际上也回应了尊重公司独立人格的理念。

从市场经济的起点出发,我国学习与模仿公司制度的表征先于探寻公司治理的本质与逻辑,而大陆法系与英美法系对于商法的吸收本身存在极大的差别。公司不是资本主义的独特现象,公司治理权力制衡是永恒不变的话题。从公司治理研究到修订现有制度,对国外公司治理结构或模式的借鉴固然不可或缺,但也应深入参酌英美公司治理在董事会集权后所强调的信义义务及责任机制。我国现有董事义务规则是强制性的,且对公司自治的排斥较为明显,修订草案中暗示这种趋势可能在未来延续。结合本次草案中的结构性与权力分配性规则,形式上赋权放松,但董事会中心本应赋予董事会的基本权力不知所终,而在董事责任上,虽明确了董事义务的内涵,但认定标准中的安全阀机制或因司法机关积极干预的实践惯性而失效。诚然,本次草案提出众多有益尝试,但将公司类型问题束之高阁无异于忽略治理权力的实际分配需求,封闭公司以外的其他公司极可能沦为公司法不当放权的牺牲品,而公司治理规则体系存在形成限制董事权力闭环的嫌疑。

五、余论

在国内学界热议董事会中心的同时,国内新译美国学者班布里奇的《金融危机后公司治理》对近年来美国盛行的监督型董事会进行了反思,尤其是大型公司利用合规进行公司治理对小型公司的成本冲击。这说明国外的公司治理研究已经基于实践的变化而步入新的阶段。对我国而言,如果仅仅是理论的学习,而罔顾本土实践,其结果终究是不尽如人意。诸如股东积极(行动)主义、公司收购的控制权市场、公司法竞争下才具备的反映公司治理需求多样化的法律制度试验土壤等,这些内容在中国都不如美国公司治理实践反

① The American Law Institution, Principles of Corporate Governance Analysis And Recommendations, (1984), §5.02(c), Reporter Note. 13.

映的那样突出。那么,“如何建成董事会中心”或者应当选择何种公司机关作为中心,或许不是中国公司治理突破迷局的出路,而更多是立法选择和语言体系的问题,或者是大型公众公司治理为主导的路径选择思考。回归到公司治理的本质,治理权力制衡——赋予董事会权力与如何对其进行监督,确实是要回答的。依照法社会学的观点,“法律的事实”在法生成前既已现行存在,法制建设不能一蹴而就,公司法完善也是如此。公司治理这一议题的意义也不仅仅在于创设为实践服务的法律体系,更重要的是通过塑造公司治理的理念与价值,改变甚至引领社会对于公司制度及其运行的观念。因此,无论本次《公司法》修订的最终结果如何,都并非我国公司治理规则建构探索的终点,学界研究仍应立足实践,勇于前瞻。

(责任编辑:山茂峰)

论信息披露违法行为责任人员认定标准*

周 游** 符大卿***

摘要:对信息披露违法行为责任人员的认定是证券行政处罚中的重要环节。然而,既有的责任认定规则源于刑法规定,未根据证券执法实际加以细化,致使在实践中出现了认定依据不一、考量因素混乱、责任划分不明的问题。其实,责任人员的认定应回归行政法与公司法的本源。认定责任人员时,应将单位违法行为与个人违法行为分别对待,关注单位行政违法行为中个人与公司的双层构造,通过构成要件关联性评价个人行为对公司违法的作用大小。而勤勉尽责义务并非认定责任人员的标准,其本质是以身份为表征的个人与公司之间的连接纽带。案例研究表明,身份和行为可作为责任人员认定的两个基本维度,由此出发,可将责任人员作一合理分类,从而科学描述责任人员的认定标准。

关键词:信息披露违法行为 认定标准 双层构造 勤勉尽责义务

引言

证券行政责任作为《证券法》的本法责任,是在《证券法》中处于第一位或主导地位的法律责任形式,因此要改善我国当前的证券市场环境,需要着重改进与完善证券行政责任的实现方式。① 而信息披露违法行为(以下简

* 本文系教育部2021年度人文社会科学研究青年基金项目“实际控制人的识别标准及其规则革新研究”(编号:21YJC820054)的部分成果。

** 中央财经大学法学院副教授、企业合规与风险防控法律研究中心主任。

*** 中央财经大学法学院民商法学硕士研究生。

① 周友苏、蓝冰:《证券行政责任重述与完善》,载《清华法学》2010年第3期。

称信披违法行为)早已成为上市公司违法违规的主要形态,[①]信披违法行为有关责任人员的行政责任认定是落实《证券法》本法责任的关键。为此,证监会《信息披露违法行为行政责任认定规则》(以下简称《认定规则》)和《上市公司信息披露管理办法》(以下简称《信披办法》)均对此有专门规定,旨在为有关人员的责任认定提供统一依据,规制现实执法中混乱且多变的责任认定方式。

然而,这些规定并未明确责任人员的认定标准,多年来的实践表明,仅有此规定尚难以解决实践中复杂多样的责任发生情形。例如,在嘉寓股份信息披露违法一案中,[②]公司在首次公开发行招股说明书、多年定期报告中对资金往来存在虚假记载和重大遗漏,并在多个工程项目中以跨期结转成本的方式调节利润,在2012年度、2013年度账外支付员工薪酬多计利润。本案中,有3人曾担任过财务经理或财务总监,于不同时间以不同身份实施具体违法行为,其中2人被认定为直接负责的主管人员。在2013年年报签字的独立董事尹某(为法律专业人士)辩称对跨期调节成本行为不知情且与其无关;同为在2013年年报签字的独立董事(为会计专业人士)谭某辩称已与有关会计师沟通,对毛利润波动进行了分析,对账外支付薪酬之个人行为无法通过专业分析发现问题。对于涉案人员,证监会并未区分直接负责的主管人员与其他直接责任人员,以未尽勤勉尽责义务为由进行处罚,并未采纳二人的申辩意见。该案的责任认定方式在证监会和各地证监局的行政处罚案例中相当常见。此外,实践中还有大量不同于该案的认定方式,如给各个具体违法行为分别确定两类不同的责任人员,或将所有行为视为一个整体性的信披违法行为进而统一认定两类责任人员。这些案例反映出当前证监会对信披违法行为责任人员的认定存在诸多问题,对此应予以审慎研究探讨。

第一,认定责任人员应考量哪些因素?在既有的案例中,证监会往往以"未尽勤勉尽责义务"对各类责任人员予以简单概括说明,难以使人信服。在

---

① 王从容、李宁:《法学视角下的证券市场信息披露制度若干问题的分析》,载《金融研究》2009年第3期。

② 参见中国证监会行政处罚决定书〔2017〕38号。

同一个案例中，不同人员的职务、身份、行为、作用、主观状态均会有所体现，对此应如何综合评价？继而，评价责任人员应遵循何种逻辑？对责任认定的主导性因素是什么？

第二，直接负责的主管人员与其他直接责任人员应如何予以区分？有的案例中，证监会似乎直接依职务确定，有些则依行为认定，在依行为认定的情形下，有些以义务的违反作为根据，另一些则以违法的作为为理由，二者应如何协调？此外，"参与"这一行为在实质上和形式上分别产生何种效果？

第三，对于责任人员的行为，应从公司法上的勤勉尽责义务予以评价，还是应当从行政法角度予以评价？为何行政处罚决定书频频以勤勉尽责义务的违反作为课以有关人员责任的依据？在责任人员的评价过程中，《公司法》、《证券法》和《行政处罚法》应按照何种方式实现内在理论的调和？欲明确这些问题，需在充分把握案例的基础上，结合《公司法》与《行政处罚法》的有关理论深入分析。

一、规范障碍：溯源分析与内在缺陷

在规范层面，目前对于信披违法行为责任人员的认定依据主要有以下三个：《证券法》、《上市公司信息披露管理办法》（以下简称《信披办法》）和《认定规则》。《证券法》没有说明责任人员如何认定的问题；①《信披办法》对信披违法行为责任人员的范围、义务、责任进行了简要规定，②但回避了直接负责的主管人员和其他直接责任人员的区分；③《认定规则》规定了责任人员的

① 参见2005年《证券法》第一百九十三条、2019年《证券法》第一百九十七条。

② 《信披办法》第五十一条规定："上市公司董事、监事、高级管理人员应当对公司信息披露的真实性、准确性、完整性、及时性、公平性负责，但有充分证据表明其已经履行勤勉尽责义务的除外。上市公司董事长、经理、董事会秘书，应当对公司临时报告信息披露的真实性、准确性、完整性、及时性、公平性承担主要责任。上市公司董事长、经理、财务负责人应当对公司财务会计报告的真实性、准确性、完整性、及时性、公平性承担主要责任。"

③ 《信披办法》第五十一条第一款对董事、监事、高级管理人员的信披义务作了概括性规定，第二至三款明确了上市公司董事长、经理、董事会秘书对临时报告承担主要责任；上市公司董事长、经理、财务负责人对定期报告承担主要责任。由于《信披办法》第五十一条第二款、第三款所述"主要责任"并不明确，故大量案例中存在总经理、董秘、财务负责人被认定为其他直接责任人员的情况。

范围,但对于应当认定为哪一类责任人员仍要"视情况认定"。[①] 实践表明,上述规范终究逃不开对"直接负责的主管人员"和"其他直接责任人员"这一对概念内涵的阐明。究其原因,《证券法》之规定乃借鉴而来,未全面考虑证券法实际并予以细化所致。

直接负责的主管人员和其他直接责任人员这一分类来源于我国《刑法》中对单位犯罪双罚制中个人责任的规定。[②] 在结构上,2005年《证券法》采"发行人、上市公司或者其他信息披露义务人"与"直接负责的主管人员和其他直接责任人员"两个层次,2019年《证券法》采"信息披露义务人"和"直接负责的主管人员和其他直接责任人员"两个层次。整体来看,第一层次侧重于对公司进行处罚,而第二层次则关注个人责任,两种表述均与《刑法》中单位和个人的架构相符合。这种与《刑法》中单位犯罪的特殊关系根源于行政处罚与刑罚处罚的紧密联系:二者的区分看似泾渭分明而实际上仅仅是相对的,主要在于社会危害性的大小不同。[③] 但我国刑法学界对于这两类责任人员的认定问题存在许多观点。有学者认为,对单位犯罪负有直接责任是追究有关人员责任的基础,决策者和对公司负有重大责任者为承担直接责任的两类主要人员,这两类人员的范围一般为单位犯罪的组织、决策者。[④] 对于直接负责的主管人员,主要有决策作用说,组织、指挥、决策作用说,领导责任说和法定代表人说;对于其他直接责任人员,则又有重要作用说、行为参与说等观点。[⑤] 无论何种解释,从整体上来看,由于刑法要求在追究有关人员责任时严格遵循罪刑法定原则,对责任人员的认定标准很高,被追究刑事责任者需符

---

① 参见《认定规则》第十五条、第十七条。第十五条规定:"发生信息披露违法行为的,依照法律、行政法规、规章规定,对负有保证信息披露真实、准确、完整、及时和公平义务的董事、监事、高级管理人员,应当视情形认定其为直接负责的主管人员或者其他直接责任人员承担行政责任,但其能够证明已尽忠实、勤勉义务,没有过错的除外。"第十七条规定:"董事、监事、高级管理人员之外的其他人员,确有证据证明其行为与信息披露违法行为具有直接因果关系,包括实际承担或者履行董事、监事或者高级管理人员的职责,组织、参与、实施了公司信息披露违法行为或者直接导致信息披露违法的,应当视情形认定其为直接负责的主管人员或者其他直接责任人员。"这两条是认定信披违法行为责任人员的主要条款。

② 冯果:《证券法》,武汉大学出版社2014年版,第137页。

③ 陈兴良:《论行政处罚与刑罚处罚的关系》,载《中国法学》1992年第4期。

④ 陈炜、孙昌军:《试论单位犯罪中责任人的认定与处罚》,载《法学评论》2000年第1期。

⑤ 石磊:《论单位犯罪的直接责任人员》,载《现代法学》2006年第1期。

合从客观到主观的诸多要件。而在信披违法行为中，基于行政不法在社会危害性上远低于刑事不法，处罚由行政机关而非法院确定，一般不需要采取严格的构成要件判断，故而在行政处罚实践中常常出现不精准、不规范的责任认定。

鉴于《证券法》规定过于简略，《认定规则》在第十五条和第十七条进一步解释了责任人员认定问题，但仅对责任人员的范围确定作出了细化。换言之，该规定解决的是哪些人员应当被追究责任的问题，而没有解决这些人员为何被追究责任、以何种类型责任人员追究责任、为何以该类型责任人员追究责任等问题。依据这两条规定，信披违法行为责任人员的来源有两个范围：其一为董事、监事、高级管理人员，其二为前述人员之外的其他人员。对于第一类人员来说，承担责任的前提是对信息披露负有保证义务；对于第二类人员，即不具有公司管理人员身份的人来说，承担责任的前提是实施了与信披违法行为有直接因果关系的行为。第一类责任人员的保证义务自不待言，其根源在于特殊的主体身份；而第二类人员将范围扩大到公司之外，势必考察责任人员的行为。因为不仅存在作为信息披露义务人的保荐人、承销商和中介机构，[①]还包括信息披露义务人之外的律师事务所、会计师事务所、投资咨询机构有关人员，也包括特定情形下的投资者、公司中层工作人员等。从这两条规定可以探知，在确定有关人员是否承担责任时，《认定规则》考虑两个方面，一是身份，二是行为。但该规定的目的是明确责任人员的范围，而责任大小的认定、责任人员类别的认定，是否仍基于这两个方面？质言之，身份与行为是否构成责任人员认定的根本标准？回答这个问题，需要经过基于案例的实证分析。

二、现实困境：依据、要素与划分的混乱

这些规定的固有缺陷给证监会的认定标准不明埋下了伏笔。故而，证监会在认定责任人员时存在依据不一、认定要素无序、责任划分不明等情况。在依据上，有的行政处罚依据《信披办法》第五十七条认定责任，有的以《认定规则》认定责任；在标准上，对两类责任人员的认定缺乏理由，有的似乎以行

① 高俊杰：《证券法中信息披露义务人的民事责任》，载《延安大学学报（社会科学版）》2007 年第3 期。

为人的职务认定,有的则以具体行为认定;在责任上,对不同人员罚款梯度缺乏充分说明,同一类责任人员中责任大小不同,缺乏理由。

第一,规范的缺陷在实践中集中反映为认定依据不一。2007年的《信披办法》第五十七条第二款、第三款规定董事长、经理、董事会秘书对公司临时报告承担"主要责任",董事长、经理、财务负责人对公司财务报告承担"主要责任"。但也正是由于这一"主要责任"的说法含义不明,从而难以揣测其是否等同于"直接负责"。《信披办法》与《认定规则》对此都没有给出明确答案。因此在实践中,直接负责的主管人员认定依据分为两种:多数案例中直接以2005年《证券法》第一百九十三条为依据处罚,并不引用《信披办法》和《认定规则》,也不对理由进行详细解释;但有些案例在认定时先依据2007年《信披办法》第五十七条后两款确定责任人员,再依据2005年《证券法》进行处罚;也有不少案例先依据《认定规则》确定董事、监事、高级管理人员(以下简称董监高)之外有关人员的范围,后依据2005年《证券法》进行处罚。依据《信披办法》的案例有佳电股份案①、澄兴股份案②、抚顺特钢案③等,在这类案例中证监会均将"主要责任"理解为"直接负责的主管人员"进行认定,似乎默认《信披办法》第五十七条中规定的主体就是直接负责的主管人员。但在很多案例中,证件会并未引用该条,而是采取直接说理方式,跳过两类人员区分直接确定责任人员。

第二,认定要素杂乱无章。细致研究证监会作出的行政处罚决定书时,会发现纳入考虑的因素有职权、身份、主观状态、勤勉尽责义务等。其中,职权与身份之间属何种关系?实践中常对身份不显著但却能实际领导公司事务的人员课以相匹配的处罚,对于徒有名义身份而无实权的人员适当调减责任。如千山药机案④中,前任财务总监刘华山离职后仍在公司实际负责财务管理,履行部分财务总监职责,因此承担更大责任,被认定为直接负责的主管人员;在公准股份案⑤中,董秘宫传忠申辩称自己仅为形式上的董秘,实际不

① 参见中国证监会行政处罚决定书〔2017〕97号。
② 参见中国证监会行政处罚决定书〔2019〕9号。
③ 参见中国证监会行政处罚决定书〔2019〕33号。
④ 参见中国证监会行政处罚决定书〔2020〕30号。
⑤ 参见中国证监会行政处罚决定书〔2020〕101号。

履行相应的职权,因此其责任被调整为其他直接责任人员。这表明单纯的职权或身份尚不足以揭示责任的大小,还需要另外考量因素。主观状态在行政处罚时往往构成说理的一部分,常见的表述为“知悉某种情况”或“明知某个事实”,但并不直接区分故意与过失等主观状态,故并不能就此得知主观条件是否为构成责任认定的标准。勤勉尽责义务似乎可以作为一项标准,几乎在所有的行政处罚决定书中,均对责任人员的勤勉尽责义务进行了描述。有学者据此认为,勤勉尽责义务是责任人员划分的“潜在身份逻辑”,表现为“信息披露违规——系对信息披露违规负有责任的人员(负有勤勉尽责的积极作为义务或不造成信披违规的消极不作为义务)——不存在免责事由”。[①] 但这只是一种划分逻辑,是对认定过程的描述,但凡作为公司内部的董监高而承担责任者,皆未尽到勤勉尽责义务,而勤勉尽责义务的高低又该如何判断?至于行为能否成为一项判断责任人员类别的标准,从诸多案例来看似乎可行,但尚需要对行为内涵加以界定:组织、策划、指挥行为与签字承诺行为可否等同看待?对自身固有职权的行使是否是一种行为?从上述各个角度的探讨可见,实践中责任人员划分据何标准并不清晰。

第三,责任划分混乱。信披违法行为行政责任的承担,要首先明确数个信披违法行为的划分,问题在于,数个信披违法行为的责任人员应分别确定还是统一确定?从实践看,存在两种主要的责任划分方式:第一种是采取分别划分行为、分别认定责任的方式,第二种则是分别划分行为,统一认定责任的方式。前者诸如青鸟光华案[②]、北大方正案[③]等,针对不同的信披违法行为,分别列明各个行为的直接负责的主管人员与其他直接责任人员;后者如华泽钴镍案[④]、明利股份案[⑤]等,对于不同的信披违法行为,不认定各个信披违法行为中的责任人员,而是在对各个行为均完成定性之后,将一部分人认定为直接负责的主管人员,将另一部分人认定为其他直接责任人员。为何会有责任

---

① 冯果、王怡丞:《证券市场虚假陈述中责任人员类型划分的制度逻辑》,载《法律适用》2020 年第 21 期。

② 参见中国证监会行政处罚决定书〔2015〕7 号。

③ 参见中国证监会行政处罚决定书〔2017〕42 号。

④ 参见中国证监会行政处罚决定书〔2018〕8 号。

⑤ 参见中国证监会行政处罚决定书〔2019〕148 号。

人员认定方式上的差异?责任人员的确定与信披违法行为的划分之间有何关联?可以看出,分别确定责任会更精确、更清晰,也更符合行政处罚的内在逻辑要求。不过,这种差异已经可以说明,这些问题看似是执法机关操作层面选择的不同,实际上却反映出两种截然不同的认定思维,对此应从理论层面进行探究。

不可否认,证监会应当对责任人员的处罚具有一定的自由裁量权。但是所谓的自由裁量权,是指行政机关在进行处罚时,可以"根据立法目的和公正合理原则""自行选择行为条件、自行选择行为方式、自由做出行政决定"。[①]具有自由裁量权并不意味着对于法律没有规定的情形,行政机关可以随意裁量。自证监会下放行政处罚权后,证监会系统内部行政处罚标准不一情形就颇为严重。[②] 自由裁量权不能成为某一法律、法规规范不明的借口,如果不对上述问题从规范层面予以完善,无论如何规范自由裁量权也不能达到应有的规制效果。

三、理论建构:从单位行政不法的双层构造到勤勉尽责义务

对信披违法行为责任人员进行处罚的依据是行政处罚法,而对其责任进行认定的主要理由是未尽勤勉尽责义务。由于涉及两个不同的部门法,应具体分析不同角度下的法理依据。从行政处罚法角度而言,董监高等承担公法上的责任显然需要符合该责任在公法上的构成要件;从公司法角度而言,应考虑董监高等人员与公司之间的关系,从勤勉义务角度入手分析责任认定方式。此外,还需综合分析两种责任之间的逻辑关联,即对勤勉义务的违反何以招致行政责任这一问题进行深入分析。

(一)个人违法行为与公司违法行为的双层构造

对信披违法行为责任人员课以行政处罚的依据是《行政处罚法》。其根本依据来自《行政处罚法》第四条,该条强调应受行政处罚行为要具备两大条件,其一为"违反行政管理秩序",其二为"应当给予行政处罚"。[③] 因此,责任

① 姜明安:《论行政自由裁量权及其法律控制》,载《法学研究》1993年第1期。

② 张保生、周伟、刘思远:《论证券行政执法中的自由裁量权——以对财务信息披露违法行为的行政处罚标准为例》,载《证券法律评论》2015年第1期。

③ 我国《行政处罚法》第四条规定:公民、法人或者其他组织违反行政管理秩序的行为,应当给予行政处罚的,依照本法由法律、法规、规章规定,并由行政机关依照本法规定的程序实施。

人员违反行政管理秩序的行为才是其承担行政责任的原因。关键在于,《证券法》第一百九十七条仅明确规定了公司的义务,而对于责任人员的违法行为未作明确规定,仅仅规定了处罚措施。因而,对个人责任的认定要依据单位违法的“双罚制”结构加以分析。对于这种结构,学界曾有“单一构造论”与“双重构造论”的不同认识:前者认为单位违法与自然人违法乃同一个行为、两个违法主体,自然人承担责任的根据是法人违法,后者则认为单位违法与自然人违法是两个行为、两个违法主体,且自然人与法人具有不同的主观过错、客观行为,因而两个违法行为的构成要件不同。[①] 单一构造论者认为,单位违法行为只有单位一个违法主体,责任人员的行为与单位违法行为具有同一性,且依存于单位的违法行为。[②] 双重构造论者认为,单位成员的违法构成是由成员身份与行为决定的,身份体现在“单位成员在单位决策目标、程序、职责范围存在自由空间,甚至能够反向改变公司结构与政策”,行为则体现在“单位成员负有使单位遵守行政法义务的责任”,其行为使单位陷入违法状态。[③] 结合证券行政违法行为的现实状况,不难发现,双重构造论在解释信披违法行为责任人员时更为科学、合理。体现在:(1)单位与个人故意的内容不同。单位的故意体现为集体意志,个人的故意则表现为对其所实施的策划、组织行为及其后果的明知与放任。(2)单位违法与个人违法行为性质的不同。单位的违法行为表现为违反有关法律规定进行披露,而个人的违法行为则表现为组织、策划等行为。(3)违法主体不同。公司因具有法律上之人格而成为独立主体,个人则通常是具有证券从业资格的有关人员。因而,采双重构造论能够十分清晰地描述责任人员的责任构成,更加简明、精确地认定人员责任。

但是,这并不意味着公司的信披违法行为与其责任人员的违法行为是独立的。因为两者虽然在多数要件中均有很大不同,但在行为所侵害的客体上具有同一性。如若将二者割裂来开,将影响责任人员的认定。对此,可以通

① 谭冰霖:《单位行政违法双罚制的规范建构》,载《法学》2020 年第 8 期。

② 杨解君:《论单位违反治安管理行为》,载《中国人民公安大学学报(社会科学版)》2011 年第 4 期。

③ 喻少如:《论单位违法责任的处罚模式及其〈行政处罚法〉的完善》,载《南京社会科学》2017 年第 4 期。

过分析单位行政违法与个人行政违法构成要件之间的关联加以明确。

目前行政法学界对应受行政处罚行为的构成有三要件说、四要件说。三要件一般包括行政法义务的违反、主观过错、法律法规规定应受处罚;[①]四要件一般套用刑法中犯罪构成的要件,即主体与主观方面、客体与客观方面,[②]两种结构虽角度不同,但结果基本一致。在证券行政违法行为责任人员认定中,坚持双重构造论首先需要回答责任人员的行政法义务是什么,其与单位的义务有何关联。表面看来,《证券法》第一百九十七条并未明文规定公司内部管理人员具有何种义务,只规定了公司的信息披露义务和责任人员的罚则,而一个完整的法律规范须具有假定条件、行为模式和法律后果三大要素,故难以认为该条款中个人责任条款属于完全的法律规范。但是实际上,这一规范的假定条件与行为模式已经隐含在了公司违法行为的法律规范中。它们不仅仅体现为各构成要件的关联,更体现为公司管理人员的勤勉尽责义务,对于后者,将在后文专门论述。

单位违法与个人违法构成要件之间的关联体现在构成要件的各个方面。在主体上,身份的梯度影响着个人与单位在形式上的关联程度,身份越重要,其与公司的关系越紧密。在主观上,单位与个人的关联在于,个人的主观状态对单位主观状态的影响大小,即个人主观状态是否构成了单位违法的故意或过失?当个人的故意直接上升为单位违法的故意,或个人的过失直接导致了单位违法的过失,此时单位与个人之间即具有直接关联性,应当考虑将个人认定为直接责任人员;反之,若个人的主观方面表现不明显,难以与单位的主观方面产生直接关联,则不宜将个人认定为直接责任人员。在客观行为上,个人与单位的关联,则主要体现于个人行为对单位违法产生的作用大小。单位的行政违法行为表现为未披露有关信息,而个人的违法行为或是决策、组织,或为实施、执行,或是盲目签字,各类行为与单位未披露信息之间作用大小不难认定。此外,对于同一公司实施数个信披违法行为的,应当分别确定责任人员,实践中之所以出现将多个公司信披违法行为中的责任人员统一认定,很大程度上是因为缺乏精确衡量责任的工具。从单位行政违法的双层

---

① 江必新:《论应受行政处罚行为的构成要件》,载《法律适用》1996年第6期。

② 冯健:《论证券行政违法行为的成立要件》,载《行政法学研究》2021年第1期。

构造出发,每一个单位行政违法行为都对应着个人违法行为,从两者之间的构成要件关联性可准确把握责任大小,不必统一认定。最后,对责任人员的认定遵循主客观相统一的原则,要将以身份为核心的主体要件和以行为为核心的客观要件结合起来,合理认定个人责任。

(二)勤勉尽责义务是个人与公司的身份关联

对信披违法行为责任人员认定的主要理由是未尽勤勉尽责义务。该“勤勉尽责义务”从含义上与勤勉义务是一致的。勤勉义务强调“董事等人以一个合理的谨慎的人在相似情形下所应表现的谨慎、勤勉和技能,为实现公司利益最大化而努力工作”。[①] 勤勉义务需要有一定的判断标准,这在英美法系国家发展出了一套完备的“商业判断规则”,还有大量国家仅依靠成文或不成文法的原则来追究董事的疏忽责任。[②] 在我国,勤勉义务主要规定在《公司法》第一百四十八条,但综观整个《公司法》,并没有对勤勉义务进行细致的补充,也缺乏有关法规、司法解释对勤勉义务予以解释,甚至现有《公司法》中有很多地方与其矛盾,在整体上呈现出法律规定的简单、模糊与呆板的特征。[③] 对这种勤勉义务的违反,在信披违法行为中一般表现有两种:一种为不知悉违法行为、未主动调查有关信息、未对违法行为基于充分注意等,此为违反勤勉义务的常见情形。另一种行为类型,表现为指挥、组织、决策各类虚假陈述行为,或积极参与、帮助实施、协调配合、故意隐瞒等。[④] 当公司内部负有勤勉尽责义务的人员实施第二种行为时,固然违反勤勉尽责义务,但证监会往往难以从勤勉义务角度对此进行更详细的说理。这是因为,对于身份相同或相似的董监高来说,他们的勤勉尽责义务在某种程度上是类似的,在当前勤勉义务内容不明的前提下,单纯以勤勉尽责义务并不能较为精确地衡量各自的违法责任程度。此外,由于勤勉义务涵盖董事、监事和高级管理人员,过于宽

① 李建伟:《公司法学》,中国人民大学出版社 2018 年版,第 366 页。

② Gerner - Beuerle C, Schuster E - P, “The Evolving Structure of Directors’ Duties in Europe”, *European Business Organization Law Review*, Vol. 15, No. 2 (2014), pp. 191 - 233.

③ Xu G, Zhou T, Zeng B, Shi J, “Directors’ Duties in China”, *European Business Organization Law Review*. Vol. 14, No. 1 (2013), pp. 57 - 95.

④ 赵旭东:《论虚假陈述董事责任的过错认定——兼〈虚假陈述侵权赔偿若干规定〉评析》,载《国家检察官学院学报》2022 年第 2 期。

泛的内涵也并不能为处罚提供足够充分的理由。那么,为何证监会要将未尽勤勉尽责义务作为行政处罚的依据呢?

需要澄清,勤勉尽责义务不应当是行政处罚的依据,证监会大量的行政处罚决定书中将其作为处罚理由之一也并不符合法律的内在逻辑。因为勤勉尽责义务要求董监高作为公司管理者对公司承担一定义务,无论采大陆法系的代理理论抑或是英美法系的信托理论,这种义务都属于一种私法上的关系。依照两权分离理论,公司所有权与控制权相互分离,[①]当董监高未勤勉尽责,侵害了公司所有者的利益,理应由公司的所有者向法院提起民事诉讼。而证监会对公司董监高作出行政处罚,如果以勤勉尽责义务来解释,那就是对公司的经营管理者违反私法上之义务作出公法上的处罚,这显然是不合理的。其实,证监会对个人作出行政处罚,是因为个人的行为违反了公法上的义务,而非勤勉尽责义务,这一义务是通过如下的路径体现的:公众公司作为所有者众多的开放性经济实体,其所有者为公众,因此,董监高的行为导致公司信息披露违法进而蒙受损失实质上是董监高对公共利益与公共秩序的侵害,《证券法》因此要求行为人承担基于公法的责任。但是,董监高的行为又同时违反了其对公司的勤勉义务,两种义务内容在此特定情况下的重合使人误认为对勤勉尽责义务的违反是行政处罚的重要依据。事实上,证监会完全可以不使用勤勉尽责义务来为处罚责任人员提供理由,勤勉义务之所以被频繁使用,乃是为了表明个人行为与公司行为之间的密切关联,而这种关联是处罚个人的最重要依据。

因此,勤勉义务不是责任人员认定的标准,但却体现出身份要素在责任人员认定中的重要地位。如前所述,勤勉义务本身并不能体现对信披违法行为责任人员处罚的内在逻辑,反而混淆了两种不同法律规范泾渭分明的界线,引发不必要的误解。此外,以勤勉义务作为责任人员认定的标准,产生的主要问题有二:一是作为标准缺乏彻底性、清晰性,即作为一项判断标准,应当能够对事实进行衡量,但勤勉尽责义务过于抽象,目前证监会仅在概念层面上使用,而实质内涵却十分空洞。[②] 加之在实践中,未尽勤勉尽责义务的人

---

① 周游:《公司法上的两权分离之反思》,载《中国法学》2017年第4期。

② 许海建:《证券领域信息披露违法行政处罚归责原则》,载《海峡法学》2019年第3期。

员占绝大多数,尽到勤勉义务而被免除责任者寥寥无几,故未尽勤勉义务已成为责任人员的普遍特征,无法对人员进行合理的划分,本身不适合作为一项标准。二是勤勉尽责义务不能解决董监高之外的责任者,例如自然人股东、子公司主管人员、控股股东主管人员等,并不能充分涵盖责任人员的实际范围。勤勉义务是以身份为基础判断的,董监高的身份是其勤勉义务的来源,不同的身份对勤勉义务的要求不同。因而,身份赋予职责,职责产生义务,故勤勉义务的高低往往是以身份为基础判断的。

综上所述,关于信披违法行为责任人员认定中的许多问题似乎可以明确。责任人员其实并非因为违反勤勉尽责义务而招致处罚,也不是因公司违法而承担责任,而是因为其本身的行为违反了行政法上的义务,使公司出现信披违法行为,陷于不法的境地。依应受行政处罚行为的构成,认定责任人员的诸要素构成了一个有序的体系,避免了杂乱无章。而对于同一公司的不同信披违法行为中责任人员的认定,严格遵循应受行政处罚行为的构成要求将不同的违法行为区分开来,分别认定各个行为中的责任人员。个人违法行为与单位违法行为具有紧密的关联,这种关联具有多种表现形式,对公司内部的董监高而言,勤勉尽责义务即是这种关联的具体体现,而对于公司外部人、实际控制人而言,其与公司之间的行为上的关系也是这种关联的体现。在这种由单位到个人的顺序认定过程中,这种双层的责任结构才是信披违法行为责任认定的内在逻辑。

四、分类认定:基于身份与行为的考察

为进一步阐明责任人员认定标准,笔者统计了2015—2020年的131份信披违法行为行政处罚决定书,试通过统计数据对两类责任人员在实践中的认定进行直观描述。①

① 统计数据并不限于上市公司,也涵盖少量非上市公众公司与个人。同时,为使数据不重不漏,本次统计中将董事长、总经理、财务总监、董秘同时兼任其他职务的,不再统计其他职务。具有董监高身份同时又担任公司其他管理职务的,以董监高身份统计。同时具有实控人与董事长、总经理职务的,以董事长、总经理计算(以其他职务为依据承担责任的除外)。在同一处罚决定书的不同信披违法行为下分别被认定责任的,按照数个认定中责任最大的类型统计。

（一）对责任人员认定的数据统计分析[①]

在直接负责的主管人员中，最为主要的几类身份分别为董事长与总经理、财务或会计负责人、董事或副总经理、董事会秘书、实际控制人等，各类人员人数与所占比重如图1所示。该结果表明，董事长、总经理、财务负责人、董事、副总经理、董事会秘书和实际控制人占据了直接负责的主管人员的绝大部分，其中董事长、总经理、财务负责人、董事会秘书四类即占79%，进一步表明上述四类身份主体在责任人员认定中的作用较大。该数据结果与《信披办法》第五十一条中明确的承担信息披露违法责任的主要责任人员相一致，同时也和《认定规则》中区分两类责任人员的逻辑相符合。

在其他直接责任人员[②]中，主要的人员类型为董事、独立董事、监事、副总经理、董事会秘书等，各类人员在认定中的占比如图2所示。可见，对于其他直接责任人员，其主要的认定范围仍然集中在公司高层中具有董事、独立董事、监事、高级管理人员身份的主体中，对于董监高之外的其他人，被认定为责任人员的情形十分罕见。

综合以上数据，可粗略看出当前实践中两类责任人员认定的状况。对于两类责任人员的构成，公司内部以董监高为主体的责任人员占据责任人员总数的99%，且董事长、总经理、财务负责人、董事会秘书有极大可能被认定为直接负责的主管人员，一般董事、董事会秘书、其他高级管理人员则一般不会被认定为直接负责的主管人员。其他直接责任人员则以董监高为主，较少涉及董事长、总经理、财务负责人和董事会秘书。直接负责的主管人员和其他责任人员的身份构成呈现出明显的阶层结构。

上述数据印证了身份在责任认定中的关键作用。以应受行政处罚行为的构成要件来看，影响责任人员责任大小的两大要素分别是主体身份和行为。就身份而言，由于董监高具有其他人所没有的身份，因而需要承担其他

① 整体上，2015—2020年中国证监会共作出131份针对信披违法行为或含有信披违法行为行政处罚决定书，共处罚直接责任人员1166人（不包含实际控制人指使从事信披违法行为被认定的实际控制人），其中作为直接负责的主管人员313人占比27%，其他直接责任人员853人，占比73%。

② 其他直接责任人员也有可能同时在本案其他信息披露违法行为中被认定为直接负责的主管人员，但最终责任认定时承担的是多个违法行为的总体责任，因此将此类人计入直接负责的主管人员，不再计入其他直接责任人员。

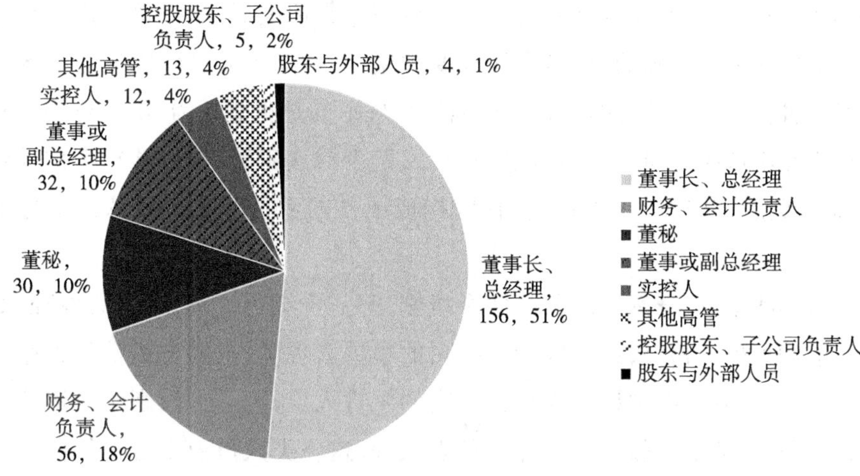

图1 直接负责的主管人员具体情况

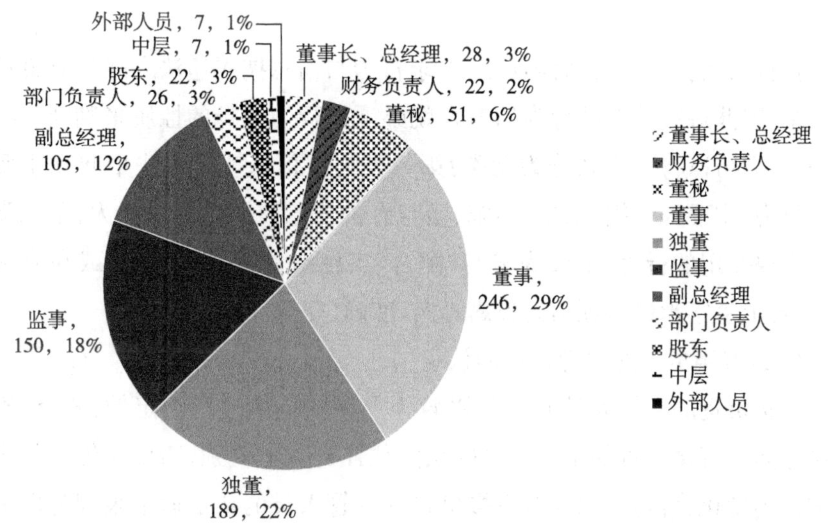

图2 其他直接责任人员情况

直接责任人员所没有的勤勉尽责义务。在董监高内部，即便都具有勤勉尽责义务，但还是会因身份的不同而承担不同程度的勤勉尽责义务。董监高承担责任的原因是由于没有履行勤勉尽责义务，而勤勉尽责义务的有无和高低正是以身份为依据的，因此身份是判断董监高是否是直接责任人员以及是哪一类责任人员的标准之一。有观点认为，有关人员承担责任的基础只能是行为而不能是身份,不能仅因其具有特殊身份而令其承担责任。[①] 该观点在较为一般的层面上是正确的,但是在构成要件层面,对有关人员课以证券行政责任必须进行构成要件式的考查。正如刑法规范的是犯罪行为,没有行为仅有身份当然不涉嫌犯罪,但是在认定嫌疑人是否构成犯罪时,要从每个构成要件加以考察。从这一角度而言,作为构成要件的身份即是责任认定的标准之一。

从实践来看,身份可以分为两个级别,第一个级别为董事长、总经理、财务总监和董事会秘书,这一级别是公司的顶层管理者,只要发生信息披露违法,这些人极有可能被认定为直接负责的主管人员;第二个级别为一般董监高,包括独立董事、副总经理、部门负责人等,这一类人员由于身份较前一类人员相对较低,因此一般只有当其行为在信息披露违法中达到一定程度时,才会被认定为直接负责的主管人员,否则一般作为其他直接责任人员进行认定。

就行为而言,由于《认定规则》要求行为与信息披露违法之间具有直接因果关系,因此对有关人员行为的考查就必须从行为本身的性质来判断。在实践中,我们可以将行为区分为两类:第一类为在信息披露违法中起到主要作用的行为,主要为组织、策划、实施、参与有关信息披露违法的行为;第二类为起到次要作用的行为,主要为参与、配合、实施财务造假等行为,或在有关报告、文件上签字承诺保证信息披露真实、准确、完整、及时、公平。

(二)直接负责的主管人员的认定

直接负责的主管人员并非是以较为严格的标准进行认定的,相反,不同案例之间对直接负责的主管人员的认定往往有很大差别,需要具体分析个案并进行类型化分析。经归纳,直接负责的主管人员的认定通常表现为以下三种情形。

1. 身份主导型。身份决定了有关人员是否承担勤勉尽责义务以及勤勉尽责义务的高低,当有关人员身份为第一类管理人员,即董事长、总经理(总裁)、财务总监和董事会秘书时,即使这些人在主观上并不知情,但是由于其

---

① 张崇胜:《信息披露违法行为中责任人员认定标准——基于证监会2015—2020年行政处罚决定的思考》,载《华北金融》2021年第1期。

身份远高于其他董监高，因而必须承担较其他人更高的勤勉尽责义务。其中，董事长、总经理一般由于对公司整体上负有管理责任而被认定，财务总监被认定为直接负责的主管人员主要出现在年报虚假、财报虚假、虚增利润等情形，董事会秘书被认定为直接负责的主管人员较多出现在临时报告的披露违法中。

例如，在安徽皖江物流信息披露违法一案[①]中，时任皖江物流董事长孔祥喜对于子公司淮矿物流董事长汪晓秀的隐瞒财务造假行为并不知情，导致淮矿物流2012年、2013年年报虚增利润，2011年、2013年、2014年年报中出现未披露重大担保、重大债务转移等一系列信披违法行为。对此，淮矿物流董事长被认定为直接负责的主管人员。又如，在凯迪生态信息披露违法一案[②]中，凯迪生态因子公司凯迪阳光未提供台账而未按期披露年报，凯迪生态董事长和总经理承担身份责任，为直接负责的主管人员。再如贵州长征天成控股信息披露违法一案[③]中，由于财务总监提前将资产置换收益确认在2016年，导致公司2016年扭亏为盈，董事长作为发布公告的决策者，因全面负责公司事务而承担责任，被认定为直接负责的主管人员。

2. 身份与行为共同认定型。这是直接负责的主管人员最为主要的类型。该类情形主要特点有：一是违法人员身份较为重要，多数属于董事长、总经理、财务总监、董事会秘书这一层级，这种身份使得其有能力领导信披违法行为，也有资格获得其他董监高不能获知的重要信息。二是违法人员的行为在信息披露违法中起到关键作用，一般而言往往是策划、组织、实施、参与、故意隐瞒等行为。实践中这类人员分为两种：第一种是身份为第一类管理人员（即董事长、总经理、财务总监、董事会秘书）实施导致公司信息披露违法的行为；第二种是身份为普通董监高，但由于其行为在信息披露违法中起到重要作用而被认定为直接负责的主管人员。

例如，在凯瑞德控股信息披露违法一案[④]中，董事长吴联模、董事会秘书

① 参见中国证监会行政处罚决定书〔2015〕21号。

② 参见中国证监会行政处罚决定书〔2020〕9号。

③ 参见中国证监会行政处罚决定书〔2018〕112号。

④ 参见中国证监会行政处罚决定书〔2019〕119号。

张彬(兼任董事、副总经理)是知悉公司涉及重大诉讼情况的人员,但二人故意隐瞒该信息,导致公司年报中未披露所涉诉讼。二人的故意隐瞒行为是信息披露违法的直接原因,且二人是公司高层人员,被认定为直接负责的主管人员。又如,在宁波中百信息披露违法一案[①]中,董事长、总经理龚东升违规担保,属于前述第一种情况,而作为董事、常务副总经理的胡慷知悉且参与龚东升的违规担保,也被认定为直接负责的主管人员,则属于前述第二种情况。再如,在集安益盛药业信息披露违法一案[②]中,益盛药业未依法披露有关人员持股情况,董事会秘书李铁军在获知代持股的详细情况后即向董事长、实际控制人张益盛汇报,张益盛要求李铁军不要声张并安排减持事项,张益盛、李铁军因身份与行为共同作用被认定为直接负责的主管人员。

3. 行为主导型。该类情形主要指《认定规则》第十七条中所描述的情况,不要求行为人具备身份条件,只要求行为与信息披露违法之间具有直接因果关系。但是在实际的认定中,往往行为人只是在形式上不具备董监高身份,而实质上却能够基于特定的关系控制、影响公司的信息披露。这类人员通常为公司的实际控制人、董事长的近亲属、控股股东董事长、控股股东的实际控制人等。

例如,在万家文化信息披露违法一案[③]中,赵薇作为龙薇传媒执行董事、总经理、控股股东、法定代表人,应当为龙薇传媒的虚假陈述行为承担责任,而黄有龙并非龙薇传媒内部人员,其作为赵薇配偶,“组织、策划、指派相关人员具体实施本次控股权转让事项,实际与孔德永进行控股权转让谈判,决策收购万家文化控股权,并指派人员进行融资安排、信息披露,知悉并决策本次收购的进展情况”,因而被认定为直接负责的主管人员。再如,在上海普天信息披露违法一案[④]中,邢炜作为上海普天控股股东中国普天董事长,虽不具有上海普天高层身份,但邢炜直接要求上海普天董事长徐千、总经理王治义、董事会秘书李中耀延迟披露定期报告,被认定为与信息披露违法有直接因果关

① 参见中国证监会行政处罚决定书〔2019〕123号。
② 参见中国证监会行政处罚决定书〔2017〕14号。
③ 参见中国证监会行政处罚决定书〔2018〕32号。
④ 参见中国证监会行政处罚决定书〔2019〕65号。

系，是直接负责的主管人员。又如，在山东新绿食品股份公司信息披露违法一案[①]中，陈思作为新绿食品实际控制人，长期实际履行董事长职责，主导公司财务造假、虚假归还资金占用款等一系列行为，被认定为直接负责的主管人员。

（三）其他直接责任人员的认定

其他直接责任人员同样基于身份与行为两个维度来进行认定。其他直接责任人员在信披违法行为中居于次要地位，作用较小，在身份方面其身份一般属于第二类管理人员（非董事长、总经理、财务总监、董事会秘书），在行为上一般表现为两种形态：第一种是在有关报告、文件上签字承诺，保证信息真实、准确、完整、公平；第二种是在信息披露违法中，参与了相关违法行为，但属于被指挥、被安排、不知情等次要作用情形。在实践中其他直接责任人员的认定也可大致分为两类，一类为以身份为基础的保证责任，另一类则是以参与实施信息披露违法为基础的行为责任。

1. 身份居于次要地位。该类其他直接责任人员的主要特征是具有董监高身份的人，由于依法需要保证公司所披露信息的真实、准确、完整、及时，或在有关报告、文件上签字承诺保证合法披露信息，但由于各种原因未能阻止信披违法行为发生，因而承担责任。需要说明，这类责任人员并非没有行为，相反，他们往往都有签字承诺这一行为或者其他情节轻微的信披违法行为，之所以将其列入按身份认定的类型中，旨在说明身份是区分其与直接负责的主管人员的主要因素。[②] 比如在董事长、总经理和其他董监高均签字的情况下，从签字承诺这一行为的角度进行区分意义不大，身份才是认定责任的主要考量因素。该类责任人员是信披违法行为责任人员中数量最多的类型，不必举例。

2. 行为起到次要作用。这一类责任人员具有参与、实施、配合信息披露违法的行为（例如参与财务造假、参与关联交易等），不仅包括公司内部的董监高，也包括出纳、业务部门主管等中层人员，还包括公司外部的、与信息披露为违法行为具有直接因果关系的有关人员。该类人员的主要特征是行为

---

① 参见中国证监会行政处罚决定书〔2019〕55 号。

② 唐林垚、孙小雨：《对敌意收购“五宗罪”的法经济学分析》，载《商法界论集》2020 年第 1 期。

在整个信息披露违法中起到次要作用,但在责任认定中是主要考量因素。

例如,在抚顺特钢信息披露违法一案①中,抚顺特钢的总法律顾问赵光晨律师,“在任职期间未充分了解、核查涉案年度报告中的相关事项”即在报告上签字,被认定为实际履行董监高职责,但参与程度较低,是其他直接责任人员。又如,在康美药业信息披露违法一案②中,温少生作为职工监事、总经理助理、副总经理,在有关报告上签字,根据董事长和实际控制人的授意转移资金,组织协调公司有关人员实施财务造假和信披违法行为,被认定为其他直接责任人员;马焕洲作为总经理助理,参与投票并在有关报告上签字,根据董事长等人的安排参与财务造假,被认定为其他直接责任人员。再如,在凯瑞德控股信息披露违法一案③中,出纳刘涛根据实际控制人、董事长吴联模的安排进行资金周转,被认定为其他直接责任人员。

五、结论

对信披违法行为责任人员的认定,是以应受行政处罚行为或证券行政违法行为为外衣,以个人在公司组织内部的结构性地位为内核进行的。若单纯以公司法为依据,则徒有内容而失去了行政法上形式的合理性。责任人员的认定应回归本源,坚持个人行政违法行为与单位行政违法行为的双层构造论,以两个不同主体之间各个要件的关联性认定责任。公司法上勤勉义务作为处罚理由,其实质是身份这一要素的体现。通过上述分析,明确了责任认定虽需要考虑责任人员的勤勉尽责义务,但根本上要符合应受行政处罚行为的构成要件。从近五年中国证监会有关案例整体来看,信披违法行为责任人员认定呈现出以下标准(见图3):当身份较高、行为在信息披露违法中作用较大时,一般认定为直接人员;当身份较高,行为在信披违法行为中作用较小时,有较大可能认定为直接人员;当身份较低,行为在信披违法行为中作用较大时,有较大可能认定为直接人员;当身份较低、行为在信息披露违法中作用也较小时,一般认定为其他人员。同时,需要指出的是,以上标准仅为从实践案例类型化研究中归纳出的可能的标准,尚存在个别案例不易解释的情形,

① 参见中国证监会行政处罚决定书〔2019〕147号。

② 参见中国证监会行政处罚决定书〔2020〕24号。

③ 参见中国证监会行政处罚决定书〔2020〕26号。

有待日后进一步完善。

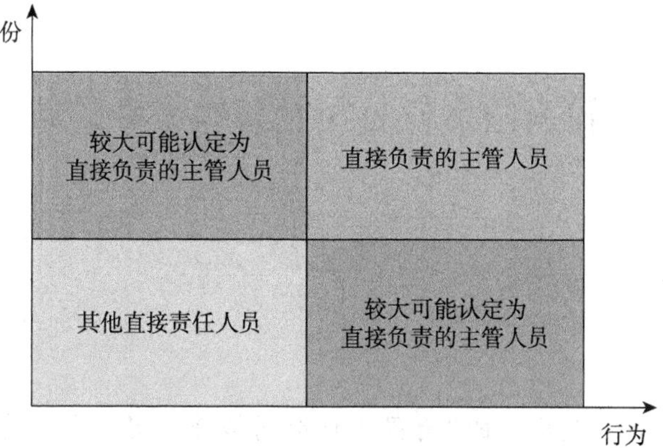

图 3　责任人员认定要素

（责任编辑：山茂峰）

论有限责任公司股东的清算义务

王艺璇*

摘要:现行规范确立的"有限责任公司股东即是清算义务人"的判定逻辑,是写实主义的处理方式。其虽有利于保护公司债权人,但易导致打击面过大,使对公司股东与债权人的利益保护失衡,违背公司法的基本立场。确定清算义务人的标准应是是否发挥经营管理公司职能,这在一般的公司治理结构中应确定为董事而非股东,新近公布的《公司法(修订草案)》规定"董事为清算义务人"具有正当性,但对董事应采实质主义的理解,公司股东直接担任董事或者实质上承担经营管理公司职能时,也应被认定为公司清算义务人。

关键词:清算义务人 股东 经营管理权 公司权力分配

一、问题的提出

关于有限责任公司股东在公司清算中的义务与责任问题,理论界与实务界争论已久。依据我国《公司法》第一百八十三条,有限责任公司的清算组由股东组成,但未提出清算义务人的概念,也未明确及时组织清算、启动清算程序的义务是否也应由股东承担。为应对实践中大量出现的公司解散后应清算而不清算,甚至故意借解散逃避公司债务,严重损害公司债权人利益和社会经济秩序的情形,①2008年《最高人民法院关于适用〈中华人民共和国公司法〉若干问题的规定(二)》(以下简称《公司法司法解释(二)》)第

* 清华大学法学院助理研究员。

① 参见最高人民法院民事审判第二庭编著:《最高人民法院关于公司法司法解释(一)、(二)理解与适用》,人民法院出版社2015年版,第396页。

十八条明确将及时组织清算的义务施加给股东,同时,其不仅要求股东在未及时组织清算,进而导致公司财产贬值、流失、毁损、灭失时,在其造成损失范围内向公司债权人承担赔偿责任(第一款未按时成立清算组责任);而且要求股东在因怠于履行义务,导致公司主要财产、账册、重要文件等灭失,无法进行清算时,应就公司债务向公司债权人承担连带清偿责任(第二款无法清算责任)。之后,指导案例 9 号进一步明确,有限责任公司股东不能以其不是实际控制人或者未实际参加公司经营管理为由,免除清算义务。[①] 前述规定,有助于促使有限责任公司股东及时启动清算程序,对于保护公司债权人利益具有重要意义,但却有违背公司独立人格及股东有限责任之嫌,[②] 并且带来了新的社会问题。

司法解释出台后,实践中出现一些职业债权人,其从普通债权人手中大批量超低价收购僵尸企业的陈年旧账,利用《公司法司法解释(二)》第十八条第二款的规定,向法院起诉请求有限责任公司股东对公司债务承担连带责任。[③] 由于公司部分股东从未参与过公司的经营管理,其向公司出资主要是为获取资产收益并享受有限责任保护,若法官机械司法,则极易造成过分保护公司债权人、使无辜股东蒙难的利益失衡局面。为解决前述问题,2019 年《全国法院民商事审判工作会议纪要》(以下简称《会议纪要》)对司法解释的规定作了修补和细化,其从“怠于履行清算义务的认定”“因果关系抗辩”“诉讼时效期间”等方面为股东提供多项抗辩事由,对股东承担清算责任的情形予以限制,以寻求股东与债权人之间的利益平衡。《会议纪要》意图在股东承担清算义务与股东参与公司经营管理之间建立联系,[④]但其并未从根本上改变“有限责任公司股东即是清算义务人”的大前提,股东未参与公司经营管理的举证责任由股东承担。

然而,作为有限责任公司外部人的股东,缘何应在公司解散后,承担起公司清算的义务,这一前提本身即值得反思。同时,在股东确应承担清算义务

---

① 最高人民法院指导案例 9 号:上海存亮贸易有限公司诉蒋志东、王卫明等买卖合同纠纷案,现已被《最高人民法院关于部分指导性案例不再参照的通知》宣布 2021 年 1 月 1 日起不再参照。

② 梁上上:《公司正义:以公司股东的权责配置为视角展开》,法律出版社 2022 年版,第 253 页。

③ 参见《全国法院民商事审判工作会议纪要》。

④ 参见《全国法院民商事审判工作会议纪要》第 14 条。

的场合,其义务指向的权利主体为何;若股东未履行或未适当履行义务,公司债权人或其他利害关系人能否直接请求股东承担责任,应依何种法理请求股东承担何种形式的法律责任,这些问题均值进一步厘清。本文意图聚焦于这些问题,首先探究公司清算义务人认定的理论基础,其次探究有限责任公司股东承担清算义务及清算责任的具体场景和具体形式。

二、清算义务人的判定基础:从身份到功能

(一)以股东身份确定清算义务人的不妥当性

现行规范构筑起“有限责任公司股东即是清算义务人”的身份判定逻辑。但是,这种逻辑可能违背股东出资的初衷,有遏制投资的负面效果,同时,其也未顾及股东在公司治理结构中的地位及公司清算的制度机理,且有违《公司法》的基本原理和价值理念。

首先,纯粹意义上的股东是指向公司出资,受有限责任保护,并依法享有资产收益、参与公司重大决策和选择管理者等权利的自然人、法人或非法人组织。[①] 在理论上,股东向公司履行出资义务后,其对公司只享有权利而不负有实质义务。[②] 若股东向公司出资仅意在获取投资收益,而不参与公司经营管理,其目的合理且正当。此时,若一概要求股东在公司解散后承担清算义务,则不符合股东出资的主观目的,可能起到遏制投资的效果。

其次,观察股东在公司治理中的地位,与股东身份直接相连的权利是投票权,股东有权参与公司的重大决策。但是,一方面,投票权是股东的权利而非义务,股东有权放弃投票权;另一方面,股东会才是公司的权力机构,由于股东会采取多数决原则,股东难以直接影响公司经营决策。并且,股东会本身在公司治理中发挥的作用也相当有限:股东会采取会议体的形式,是公司的非常设机构,仅在召开股东会会议时,才能发挥一定作用,在闭会期间,股东会的作用非常微弱;[③]并且,股东会的权力是被动性的,股东在股东会上仅能为“同意”“反对”“弃权”三种意思表示,不能主动决定决议内容;此外,股

① 参见《公司法》第四条。

② 叶林、徐珮菱:《关于我国公司清算制度的评述》,载《法律适用》2015年第1期。

③ 叶林:《公司治理制度:理念、规则与实践》,中国人民大学出版社2021年版,第29页。

东会决议范围也主要限于公司的重大事项。[①] 而从公司清算的基本逻辑看，其最核心的事项是清理公司财产，了结债权债务。但是，股东很难掌握公司的财产及财务事项，其虽然享有会计账簿查阅权，但公司有拒绝的权利，即股东不仅不是财务负责人，其能否查阅会计账簿还存在不确定性，公司有合理根据认为股东有不正当目的，可能损害公司合法利益的，可以拒绝提供查阅。[②] 如此，股东身份并不直接与公司的管理控制权相连，也不直接与公司财务管理相连，在公司清算时要求股东承担清算义务，其职权或职能与义务不相匹配。

最后，股东作为清算义务人违背公司独立人格和股东有限责任这两大公司法的基本原则，可能从根本上颠覆公司法的逻辑。公司解散后，清算的主体是公司，公司应收回债权，偿还债务，并将剩余财产分配给股东。公司是独立的法律主体，股东是以其认缴的出资额为限对公司承担责任的第三人。对于公司债务，强制要求公司之外的第三人承担个人责任或连带责任，需要有专门的法理依据，但是，单从股东身份难以推出其在公司清算中的义务和责任。强行突破公司这一组织屏障，要求所有股东承担公司清算义务，并在其未履行义务时承担赔偿责任，有违公司法的基本原理。

（二）以经营管理功能确定清算义务人的正当性

公司清算是与公司破产并行的市场退出机制，是公司从成立、运行到消亡过程中一个独立但非孤立的阶段。因此，清算义务应由何人承担的问题应置于公司治理的框架下讨论，既要考量公司清算的制度特殊性，明确清算义务人的职能要求，也要考量公司治理结构的延续性，同时也应注意到与破产清算、合伙企业清算、股份有限公司清算等法律制度的体系衔接。

1. 有限责任公司的治理结构：所有、控制与管理。公司是拟制的法律主体，其必须设置公司机构，才能组织和实施具体活动。[③] 依据我国现行《公司法》，有限责任公司应当设股东会、董事会（或执行董事）、监事会（或监事），可

① 衣小慧：《股东会瑕疵决议非诉救济规则的构建》，载《商法界论集》2021 年第 1 期。

② 参见《公司法》第三十三条。

③ 参见叶林：《公司治理制度：理念、制度与实践》，中国人民大学出版社 2021 年版，第 116 页。

以设经理。但学界现已不乏对前述机构设置缺乏灵活性的批评,[①]在第六次公司法修改将公司治理改革作为重点的背景下,有限责任公司的机构设置在未来可能更为多元化,新近《公司法(修订草案)》第七十条规定,规模较小的有限责任公司,可以不设董事会,设一名董事或者经理。不论公司内部组织机构最终如何安排,从功能主义角度观察,公司的成立和存续需要两类人的参与:一是向公司提供资金的所有者(或投资者),二是经营管理公司的管理者(或经营者),管理者可以被定义为正式承担对公司业务和资产行使支配责任的人。[②] 所有者和管理者可能在主体上出现重合,但不能否认两种功能的客观存在。

而公司控制权如何在所有者与管理者之间分配是公司法领域的重要议题。控制权是公司制度下的特殊产物,[③]可被定义为"以公司意志占据、把握和处分公司经济资源,并对公司事务作出决策的权能"。[④] 控制权在所有者与管理者之间的分配具体体现为大大小小的公司意思形成和执行的权力的分配。分解公司意思形成和执行的过程,其包括方案提出、方案认可(或称作出决策)、决策执行和执行监控四个步骤。[⑤] 其中,对方案予以认可进而使其成为公司意思的权力及对方案执行予以监控的权力更能体现对公司的控制力,有限责任公司的所有者一般将有关公司经营政策和业务管理方重大的方案认可权掌握在自己手中,以实现对公司较强的控制。而公司管理者作为公司常驻机构,基于其掌握公司第一手信息的信息优势,方案提出权一般由管理者掌握;同时其作为公司的执行机关,享有公司所有事务的决策执行权;[⑥]管理者也享有公司部分事项的方案认可权,如涉及公司常规事务的决策权,不同公司的方案认可权在投资者与管理者之间分配有所不同,两个极端情形是

---

① 参见刘斌:《公司机构设置的组织法逻辑与改革路径》,载《法律适用》2021年第7期。

② [美]阿道夫·A. 伯利、加德纳·C. 米恩斯:《现代公司与私有财产》,甘华鸣等译,商务印书馆2007年版,第230页。

③ 同上注,第79页。

④ 郭富青:《公司权利与权力二元配置论》,法律出版社2010年版,第137页。

⑤ Eugene F. Fama, Michael C. Jensen, "Separation of Ownership and Control", *Journal of Law and Economics*, Vol. 26, No. 2 (1983), p. 303. 参见许可:《股东会与董事会分权制度研究》,载《中国法学》2017年第2期。

⑥ 参见许可:《股东会与董事会分权制度研究》,载《中国法学》2017年第2期。

所有者控制公司和管理者控制公司,[①]但不论所有者在多大程度上掌握公司的控制权,发挥管理功能的公司机构均必须存在,以制订方案、执行决策和管理公司,否则公司不能存续。[②] 管理者受到忠实勤勉义务的约束。

2. 公司清算的基本模型。公司清算制度呈现出如下特征:第一,清算的法律主体是公司,清算需由专门的公司机构组织和实施。第二,财产分配的对象主要是公司债权人和股东,因此,公司清算的制度设计需要承担起保护公司债权人及股东的双重任务。第三,公司清算以公司资产能够清偿公司债务为前提,公司解散是公司清算的触发事由。[③] 第四,公司解散后,其仍具有法律恒定性。[④] 在公司解散后、注销登记前,公司的法人人格仍然存在,解散本身并未改变公司的内部组织结构,只是公司的目的发生变化,其原定目的不再有效,而是转变为以了结公司全部事务、最终消灭公司为目的。[⑤] 第五,公司清算具体包括事前启动和实际清算两个阶段。在启动阶段,依据《公司法》第一百八十三条,公司应在 15 日内成立清算组,开始清算;进入清算程序后,公司由清算组接管,清算组是与股东会并存的公司机关,[⑥]其对外代表公司,主要负责清理公司财产,通知、公告债权人,制订清算方案,在清算结束后,制作清算报告等事务。

3. 清算义务人的职能要求及清算义务人的确定。

(1)启动清算阶段。在公司解散后、清算组成立前的时间间隔,需要清算义务人及时启动清算程序,成立清算组,同时保管好公司财产、账册和重要文件,以便在清算组成立后移交给清算组。这要求清算义务人深度了解公司情况,掌握公司内部信息,能及时得知公司解散事由已经出现;同时,清算义务

---

① 伯利与米恩斯教授在《现代公司与私有财产》中区分了五种控制权形态,一个极端是控制权全部掌握在股东手中,另一个极端是控制权全部掌握在管理者手中。参见[美]阿道夫·A. 伯利,加德纳·C. 米恩斯:《现代公司与私有财产》,甘华鸣等译,商务印书馆 2007 年版,第 80 页。

② [德]托马斯·莱赛尔、吕迪格·法伊尔:《德国资合公司法(第 6 版)(下)》,高旭军等译,上海人民出版社 2019 年版,第 653 页。

③ 叶林、徐珮菱:《关于我国公司清算制度的评述》,载《法律适用》2015 年第 1 期。

④ [德]托马斯·莱赛尔、吕迪格·法伊尔:《德国资合公司法(第 6 版)(下)》,高旭军等译,上海人民出版社 2019 年版,第 787 页。

⑤ 叶林:《公司法研究》,中国人民大学出版社 2008 年版,第 378 页。参见[德]托马斯·莱赛尔、吕迪格·法伊尔:《德国资合公司法(第 6 版)(下)》,高旭军等译,上海人民出版社 2019 年版,第 787 页。

⑥ 叶林:《公司法研究》,中国人民大学出版社 2006 年版,第 394 页。

人应享有公司日常管理权,有权及时采取针对性措施。据此,公司管理者而非股东才是清算义务人的妥当人选,因为,从整体来看,第一,公司管理者符合清算义务人的职能要求。第二,公司解散后,法人人格仍得以延续,公司管理者承担清算义务是管理者对公司承担忠实勤勉义务的应有之义。第三,公司管理者担任清算义务人符合国内和国际立法趋势。《会议纪要》已经意图在承担清算义务与经营管理公司之间建立联系,《民法典》第七十条将法人的董事、理事等执行机构或决策机构的成员担任清算义务人作为一般规则。比较法上,虽多未专门规定清算程序的启动,但其多将公司管理者担任清算组成员作为一般规则,如此,清算程序的启动也应由管理者负责。如在德国,有限责任公司的治理结构一般是股东大会+经理,在公司解散后,主管公司的不再是经理,而是清算人。但法定清算人就是经理本人,而且无须任何特别的聘任程序。① 瑞士债务法第740条规定,清算,由董事会执行之,但依章程规定或经股东会决议,委任其他人执行清算者,不在此限。而具体观察启动清算阶段的具体事务如下。

首先,关于清算程序的启动。在公司解散之前,是公司的董事等管理者负责经营管理公司,管理者作为公司的常驻机构,其最了解公司的运行情况,公司解散事由出现后,不论公司系因股东会决议解散、章程规定解散、行政解散抑或司法解散等,公司管理者均能及时获得解散信息,其能够及时对公司是否启动清算程序作出判断。② 此时,由原来的管理者担任清算义务人,负责及时启动清算程序,既未超过管理者的职责范围,也免去外部人收集、分析信息的成本,是符合经济效益的选择。同时,也可避免"公司外部人负有监督公司、了解公司运行阶段、在公司解散事由出现后负有组织清算的义务"这一责权利不一致的法理困境。

其次,关于清算组成员的选任。我国现行《公司法》未作专门规定,对此,不论股东会与管理者(董事会或执行董事等)的权力具体如何划分,均应由管理者而非股东承担组织成立清算组的义务:如果清算组成员应由股东会选举

① [德]托马斯·莱赛尔、吕迪格·法伊尔:《德国资合公司法(第6版)(下)》,高旭军等译,上海人民出版社2019年版,第786-787页。

② 梁上上:《有限公司股东清算义务人地位质疑》,载《中国法学》2019年第2期。

产生，股东会召开还需要召集程序，召集人应是公司日常事务的管理者，即管理者的程序启动作用难以忽视；如果清算组成员不需要通过股东会产生，其任命也应交由公司管理者完成，依据公司治理的一般逻辑，董事会（或执行董事）等管理者有决定公司内部管理机构设置的权力，有聘任公司下一级管理人员的权力。

最后，关于公司财产、账册、财务文件等的妥善保管。由于掌握公司财务资料的是公司内部的管理者，在清算程序启动阶段，仍由原管理者承担此项义务既符合客观事实，也可节约财务文件多次移交的成本，降低财务文件遗失毁损的风险。但进一步的问题是，公司财产、账册和财务文件等一般由直接保管人保管，此时，这些直接保管人是不是清算义务人。观察公司治理结构，其类似于民法中的层层委托，公司将经营管理公司的事务委托给公司管理者，公司管理者可进一步将具体事项委托给直接负责人，此时，管理者有指导和监督直接负责人的职责和义务。由于直接保管人只负责某一方面的职责，其仅应承担相应的责任。

（2）正式清算阶段。在清算组成立后，公司进入清算阶段，清算组接管公司，负责清理财产，了结债权债务。公司清算组应当体现专业、中立的价值观，必须承担保护股东利益和债权人利益的双重职能。① 需要讨论的问题是，第一，股东是否必须是清算组成员，清算组成员是否必须全部由股东组成？第二，作为清算组成员，是否必须对因清算组失误造成的损失承担责任？

对于第一个问题，依据《公司法》第一百八十三条，有限责任公司的清算组由股东组成，同时依据《公司法司法解释二》第十八条确立的股东的清算责任，似应得出股东必须是清算组成员，清算组必须全部由股东组成的结论。但是，这一规定存在进一步讨论空间，由于清算组是经专门程序设立的新机构，因此清算组成员的选择可较少考虑公司组织机构的延续性，更多考虑开展清算事务的便利性（掌握公司信息）、专业性和避免利益冲突的可能性。对于股东而言，一方面，存在股东与公司债权人之间的利益冲突，所以股东可能并非是最合适的人选，但是这并不排斥股东是清算组成员，因为可通过责任

① 叶林、徐珮菱：《关于我国公司清算制度的评述》，载《法律适用》2015 年第 1 期。

机制对其予以控制;另一方面,清算组成员也并非必须全部由股东担任,逻辑上,清算组是一个专业机构,由了解公司事务的管理者和专业的财务会计审计机构的人员组成更为科学合理;并且,对比由法院强制组成清算组的情形,其成员并不限于股东,而是包括了公司董事、监事、高级管理人员,律师事务所、会计师事务所、破产清算事务所等机构或其从业人员。[①] 公司自行组织清算组进行清算,其成员也无限于公司股东的必要。

对于第二个问题,公司清算是由清算组而非单个清算组成员组织进行的,如此,在公司清算过程中,给公司或债权人造成损失的,面临是应由清算组抑或清算组成员承担责任的问题。由于清算组是公司内部机构,而非独立的民事主体,因此其没有承担责任的资格,应由相应的清算组成员承担责任,但同为清算组成员,其相互之间有监督义务,其他成员应在其未尽到一般注意义务范围内承担责任。

(3)小结。我国现行规范要求有限责任公司股东担任清算义务人,其实际上隐含了对有限责任公司股东往往掌握公司管理控制权的实践观察,是基于我国实际情况产生的法律制度。[②] 该制度对于督促公司及时清算、保护债权人利益意义重大,但其未揭示股东身份背后隐藏的经营管理公司的本质,容易导致打击面过大,误伤无辜投资者。实际掌握公司管理权才是清算义务人的判定依据,这在我国现行公司法规定的治理框架下,更应归于董事,而不是股东。[③] 但是,以身份而非以职能作为清算义务人的判定标准会带有不确定性,尤其是在公司法改革的背景下,有限责任公司的治理结构可能会趋向于多元化,如有学者建议可以采取股东会+董事会或股东会+经理的简易设置,[④]有学者提出可允许放弃三会并存的治理模式,但应保留执行董事、经理或者管理股东中任一者作为执行机构。[⑤] 有的学者认为,股东会是否必须在有限责任公司成为一个机构,值得商榷。[⑥] 如此,摒弃身份的修饰作用,直接

① 参见《公司法司法解释二》第八条。

② 梁上上:《有限公司股东清算义务人地位质疑》,载《中国法学》2019年第2期。

③ 同上注。

④ 参见叶林:《公司治理制度:理念、规则与实践》,中国人民大学出版社2021年版,第97页。

⑤ 参见刘斌:《公司机构设置的组织法逻辑与改革路径》,载《法律适用》2021年第7期。

⑥ 周游:《公司法上的两权分离之反思》,载《中国法学》2017年第4期。

将经营管理公司、掌握公司管理权这一客观的、功能性的标准作为确定清算义务人的依据更具妥当性。《公司法(修订草案)》明确将董事确定为清算义务人,此规定值得肯定,但考虑到公司治理的多元情形,对此处“董事”应采实质而非形式意义上的解释。

(三)有限责任公司股东成为清算义务人的具体场景

如前所述,谁是公司的管理者,承担经营管理公司职能,谁才应承担清算义务,并在未履行或未适当履行义务时承担相应的责任。管理公司的职能本身并不排斥该管理者有股东身份。在有限责任公司中,股东实际掌握公司管理权的情形实属常见,具体可能包括以下情形:第一,公司股东同时兼任董事等管理者;第二,股东通过公司管理者掌握公司管理权。此时,公司的管理者受股东操纵,听从股东的指令行事,其相当于股东手臂的延伸。[①] 在前述情形中,均应由公司股东作为清算义务人。

需要说明的是,公司控股股东或实际控制人不因其掌握公司控制权而当然承担清算义务。所谓控股股东,是指出资额占有限公司资本总额50%以上或者不足50%,但依其出资额所享有的表决权已足以对股东会的决议产生重大影响的股东;所谓实际控制人,是指虽不是公司的股东,但通过投资关系、协议或者其他安排,能实际支配公司行为的人。控股股东或实际控制人多是在控制权层面的定义,而不是经营管理层面的定义,其不应因控股股东或实际控制人的身份而当然被认定为公司的管理者,进而需要承担清算义务。但若控股股东或实际控制人通过操控董事实际参与公司的经营管理,即若其能被认定为实质董事,则其是清算义务的承担者。

三、有限责任公司股东及时组织清算的义务及责任

如前所述,确定何人应为公司清算义务人的理论基础是其承担经营管理公司的职能,若有限责任公司股东直接担任公司管理者或公司管理者受股东操纵,则股东负有清算义务,在未及时组织清算导致公司财产损失或未妥善保管公司财务文件导致无法清算,而给相关当事人造成损失时,其应承担相应责任。但是其责任性质、责任构成和责任对象等均还有待细致讨论。

---

① 参见刘斌:《重塑董事范畴:从形式主义迈向实质主义》,载《比较法研究》2021年第5期。此种情形下,股东可被界定为影子董事。

(一)多数人责任抑或个人责任?

在股东掌握公司管理权,进而应作为清算义务人时,进一步的问题是,若多人掌握公司管理权,如在设置董事会的情形,董事会成员不止一人,此时,应由何人承担及时组织清算的义务,原则上,董事具有平等的管理权,[①]因此,在公司解散事由出现时,所有董事均有及时启动清算程序的义务,管理者可以将管理权概括授予某个管理者,但此时其他管理者有监督义务,且这种内部的授权或内部分工仅具有内部效力,仅可用于内部追偿,不具有外部效力。

(二)未及时清算责任

首先,关于责任性质。清算义务是行为义务,因行为义务具有人身性,在公司管理者未及时启动清算程序时,法院不可强制其履行,但可依申请另行指定清算组组织清算。同时,在公司解散后,及时组织清算实际上是一种行政责任,服务于公司登记、税务登记等国家管理的需求,[②]成立清算组与债权人保护没有直接关系,未及时清算也不必然导致民事赔偿责任,仅在因未及时清算而给公司造成财产损失时,法院可要求清算义务人承担赔偿责任,此时清算责任转化为清算赔偿责任。

其次,关于责任成立。公司或债权人遭受损失应与管理者未及时组织清算义务之间具有因果关系。未及时清算本身不直接导致公司或债权人损失,公司或债权人遭受损失可能附加不同原因,第一,可能因市场价格变化导致财产贬值或因财产自然损耗而贬值;第二,可能因未妥善保管而导致财产毁损或灭失;第三,可能因股东恶意处分财产、股东抽逃出资等。正如前所述,在公司解散清算阶段,公司管理者对公司仍负有忠实和勤勉义务,只是其义务具体内容发生变化,其应负责公司的财产维持,因此,对于前述不同情形,承担及时组织清算义务的管理者均应因其怠于履行勤勉义务而承担相应的责任,其赔偿的财产总额不应超过解散事由出现时公司财产总额与公司现有资产之间的差额。此外,在第三种情形下,有该情形行为的公司股东是直接责任人,公司管理者若参与协助前述事项,则其与直接责任人构成共同侵权进而应承担连带责任。

---

① 参见叶林:《公司治理实践:理念、规则与实践》,中国人民大学出版社2021年版,第137页。

② 参见叶林、徐珮菱:《关于我国公司清算制度的评述》,载《法律适用》2015年第1期。

最后,关于权利主体,或者清算义务指向的对象。公司管理者履行清算义务,是在执行公司事务,其义务直接指向的对象是公司,因此公司在内部关系中对公司管理者享有损害赔偿请求权,股东则可依据《公司法》第一百五十一条提起代表诉讼。但利益受到损害的债权人是否可直接起诉清算义务人?《公司法司法解释(二)》第十八条第一款规定了公司债权人应在其造成损失范围内对公司债权人负有赔偿责任,《公司法(修订草案)》则直接规定清算义务人未及时履行清算义务,给公司或者债权人造成损失的,应当承担赔偿责任。公司清算虽具有保护公司债权人及股东的双重目的,但公司债权人与清算义务人之间不存在直接的法律关系,而是经由公司形成“清算义务人—公司—公司债权人”的间接关系,清算义务人致使债权人遭受损失的基础逻辑应是:清算义务人未及时履行清算义务,导致公司财产遭受损失,进而使公司偿债能力降低,公司债权人因此遭受损失。由此而言,公司债权人可直接向清算义务人主张权利的底层逻辑是代位权,因此应受制于公司与董事之间关于责任限制等的约定。此外,还面临是走向清算程序,还是直接向债权人赔偿的问题。在公司财务文件等未丢失,公司仍可进行清算的情况下,为实现相关利益当事人的公平保护,债权人起诉时应申请法院指定清算组开启清算程序,其可起诉清算义务人请求损害赔偿,但胜诉利益应归属于清算中的公司,债权人起诉的费用应归于清算费用。当然,清算义务人也可能存在侵占债权人财产等直接损害债权人利益的情形,此并非因清算义务人未及时履行义务引起,而是直接侵权的行为,利益受到损害的公司债权人可直接起诉清算义务人。

(三)无法清算责任

依据《公司法司法解释(二)》第十八条第二款,有限责任公司的股东因怠于履行义务,导致公司主要财产、账册、重要文件等灭失,无法进行清算,债权人主张其对公司债务承担连带清偿责任的,人民法院应依法予以支持。但《公司法(修订草案)》未对此类情形作专门规定。司法解释将无法清算的情形作为公司人格否认制度的一种具体适用场景,①但是,在回归以经营管理公司职能,而非以股东身份确定清算义务人的逻辑下,仍应以清算义务人或清

① 参见最高人民法院民事审判第二庭编著:《最高人民法院关于公司法司法解释(一)、(二)理解与适用》,人民法院出版社2015年版,第415页。

算组成员是否履行忠实勤勉义务作为责任依据,以免不当扩大清算义务人的责任。

四、有限责任公司股东作为清算组成员的义务及责任

在清算组成立后,公司由清算组接管,清算组的地位类似于公司正常存续时的董事会,[①]清算组是与公司股东会并存的机关,其向股东会汇报工作,类似于董事会和股东会之间存在的建议和批准关系。清算组是专门机关,其不一定由公司股东组成,且基于清算的专业性、避免利益冲突等考虑,股东也并非清算组成员最合适的人选,但是,股东仍可作为清算组成员。以下细致讨论股东作为清算组成员的义务和责任。

依据《公司法》的相关规定,清算组成立后,其主要负责清理公司财产,了结公司业务,通知、公告债权人,清理债权、债务,分配公司财产等。新近《公司法(修订草案)》第二百三十四条明确,清算组成员履行清算职责,负有忠实义务和勤勉义务。清算组成员怠于履行清算职责,给公司造成损失的,应当承担赔偿责任;因故意或者重大过失给债权人造成损失的,应当承担赔偿责任。对此,仍有如下问题需作进一步讨论。

(一)多数人责任抑或个人责任?

清算组成员往往并非一人而是数人,此时,无过错的清算组成员是否应对其他清算组成员的过错行为承担赔偿责任?对此,应区分该过错行为违反的义务性质。首先,如果是个人义务,如不得侵占公司财产的义务,则仅有过错的清算组成员承担赔偿责任。其次,如果清算组成员的过错行为违反的是法律课以清算组整体的义务,由于清算组不是独立的民事主体,不能作为独立的担责主体,其责任应由清算组成员承担,此时需要考虑清算组成员内部是否有层级划分。依据《公司登记管理条例》第四十一条,公司解散,依法应当清算的,清算组应当自成立之日起10日内将清算组成员、清算组负责人名单向公司登记机关备案,如此来看,清算组成员中间似乎有不同层级,但是,类比于公司董事会,董事会设董事长,但董事长的意义主要体现在程序上的组织和对外代表权,董事对公司事务有平等的管理权,据此应当认为清算组

① 《德国民法典》第48条第2款规定,清算人具有董事会之法律上地位,但以未发生有其他不合于清算目的之情事为限。

成员对清算事务有平等的管理权，否则将过分加重清算组负责人的责任，不利于督促清算组成员履职，因此，所有的清算组成员应当承担连带责任，清算组成员之间的内部分工仅影响内部责任的最终分配，但不得对抗外部第三人。①

（二）清算组成员对公司及股东的义务及责任

清算组成员对公司负有忠实和勤勉义务，《公司法司法解释（二）》将清算组成员的义务和责任作了细致规定，若清算组成员从事清算事务时，违反法律、行政法规或者公司章程给公司造成损失，公司主张其承担赔偿责任的，公司可以直接向清算组成员主张赔偿；有限责任公司股东则可依据《公司法》第一百五十一条提起派生诉讼，并且，因公司清算周期较短且只消耗而不增加公司财产，其应属于《公司法》第一百五十一条规定的紧急情况，且在清算阶段，清算公司中的董事会、执行董事均已不再行使执行公司事务的权力，因此，公司股东无须遵守书面请求公司董事会、执行董事起诉的前置程序，其可直接提起股东代表诉讼，起诉清算组成员，②股东代表诉讼的利益归于公司。

（三）清算组成员对公司债权人的义务及责任

《公司法司法解释（二）》明确遭受损失的公司债权人可以直接向清算组成员主张赔偿，《公司法（修订草案）》第一百九十条概括规定董事、高管在执行职务中，因故意或重大过失给他人造成损害的，应与公司承担连带责任；第二百三十四条针对清算阶段具体规定，清算组成员怠于履行清算职责，因故意或者重大过失给债权人造成损失的，应当承担赔偿责任。③ 但正如前所述，清算组成员与公司债权人原则上不存在直接法律关系，对于前述赔偿责任，

① 最高人民法院民事审判第二庭：《最高人民法院关于公司法司法解释（一）、（二）理解与适用》，人民法院出版社2015年版，第505页。

② 参见最高人民法院民事审判第二庭：《最高人民法院关于公司法司法解释（一）、（二）理解与适用》，人民法院出版社2015年版，第493页。

③ 从条文表述来看，新近《公司法（修订草案）》有关清算义务人对公司债权人责任的规定与董事对第三人责任的规定，其责任形式并不相同。而在比较法上，在规定了董事对第三人责任的国家，如日本，《日本公司法》第429条第1款规定，管理人员等履行其职务有恶意或重大过失的，该管理人员等承担由此对第三人造成损害的赔偿责任。第487条规定，清算人对其职务履行有恶意或重大过失的，该清算人对第三人承担由此造成的损害赔偿责任。其关于清算人责任的规定与董事责任的一般规定一致。

仍应细致区分,公司债权人遭受损失的具体场景,分别确定清算组成员的责任构成与责任承担方式。具体而言,在清算组成员因未尽忠实勤勉义务导致公司财产损失,使得公司偿债能力降低,进而间接导致公司债权人遭受损失的场合,应注重与代位权制度的妥当协调;在清算组成员因个人原因,直接导致公司债权人损失的场合,则构成直接侵权,公司债权人可直接向清算组成员主张赔偿。

五、结语

我国现行规范体系将有限责任公司股东作为清算义务人,此规定符合我国有限责任公司股东多承担经营管理公司职能的社会现实,但违背公司治理的基础逻辑,应以经营管理公司职能而非以股东身份作为清算义务人的确定依据。公司清算包括启动清算和正式清算两个阶段,清算义务人与清算组成员对公司均负有忠实勤勉义务,这是董事忠实勤勉义务的自然延伸。在清算义务人及清算组成员未妥当履行忠实勤勉义务时,其应对因此给公司造成的损失承担赔偿责任,并可能向公司债权人承担赔偿责任。

(责任编辑:邹建华)

保兑仓交易中的票据抗辩及其规范构造[①]

——以最高人民法院“(2000)经终字第72号”民事判决为中心

任我行[*]

摘要:在保兑仓交易所涉变形汇票交易模式中,若买方(出票人)不履行资金关系上的义务,在卖方核心企业(收款人)未承担保证责任之前,银行(承兑人)可以拒绝付款。卖方的信用捆绑,即收款人与承兑人之间的保证合同,构成了二者之间的原因关系。但承兑人并非以原因关系上的事由对抗收款人,而是通过在票据预约中设定保证债务与票款支付义务的牵连关系,在牵连关系被破坏时,以票据预约上的事由对抗收款人。而且,票据预约上的事由并非直接对票据关系产生影响,为保全票据行为之无因性,票据预约上的事由只有经由不当得利抗辩才得以在票据关系被援引。具体而言,在保兑仓交易中,承兑人作出债务约束的意思表示(承兑)一方面是在对出票人的关系上追求特定目的(资金关系上义务的履行),另一方面也是在对收款人的关系上追求特定目的(取得针对收款人的保证债权),在不当得利法的视角下,两种“特定目的”之追求,构成了承兑这一票据行为(给予行为)的主观法律上原因(给付目的)。在收款人未承担保证责任即请求付款时,承兑人的给付目的落空,由此引发不当得利的返还与抗辩。

① 本文受国家留学基金委“国家建设高水平大学公派研究生项目”(项目编号202206210227)资助。

* 清华大学法学院博士研究生。

关键词:保兑仓　保证合同　票据抗辩　票据预约　不当得利

一、问题的提出

(一)保兑仓交易线描

保兑仓业务是近年来国内商业银行供应链金融项下的预付款融资业务,因采用核心企业信用捆绑的信用增级方式[①]、转变传统的信用评估模式[②],在相当程度上缓解了中小企业的融资需求与银行严控信用风险之间的矛盾。

保兑仓交易作为一种新型融资方式,其基本交易模式是,以银行信用为载体、以银行承兑汇票为结算工具、由银行控制货权、卖方(或仓储方)受托保管货物并以银行承兑汇票与保证金之间的差额作为担保。[③] 实践中,根据参与主体的不同,存在三方保兑仓与四方保兑仓两种不同的业务模式。三方保兑仓,在实务中又被称为"直客式保兑仓",其特征在于,卖方核心企业和仓储方合二为一,银行虽未控制货物,但卖方承担的连带保证责任、差额退款或货物调剂销售等责任,实际上直接解决了货物的变现问题,为银行债权的实现提供了充分保障。[④] 四方保兑仓的特点在于,银行通过引入第三方仓储物流企业以动产质押的方式控制了货物。由于两种业务模式不存在根本差别,为写作便利,本文以三方保兑仓为预设观察对象,下文提及的"保兑仓交易",皆为三方保兑仓。

(二)问题之所在及其意义

在保兑仓交易中,买方通过向银行缴纳一定比例的保证金,委托银行签发以卖方为收款人的银行承兑汇票,以此结算买卖双方之间的货款债务。[⑤] 这就意味着,银行是通过向卖方交付银行承兑汇票,对买方进行授信并担保

---

① 巫卓宸:《供应链金融中保兑仓之特征、操作模式及价值的探讨》,载《中国商论》2017年第4期。

② 不同于传统的信用评估方式,供应链金融着眼于作为整体的供应链,并将位于其中的每一个组成单位纳入信用评估的范畴,使得中小企业取得较大的授信可能。参见杨娜娜:《供应链金融模式分析》,载《金融经济》2016年第12期。

③ 参见《全国法院民商事审判工作会议纪要》(法〔2019〕254号)第68条。

④ 巫卓宸:《供应链金融中保兑仓之特征、操作模式及价值的探讨》,载《中国商论》2017年第4期。

⑤ 最高人民法院民事审判第二庭:《〈全国法院民商事审判工作会议纪要〉理解与适用》,人民法院出版社2019年版,第395页。

货款支付的。与此同时，银行为合理管控并转嫁一部分买方的信用风险，在三方的交易安排中一般会要求卖方就买方在银行承兑汇票到期日前未足额备付的部分，即保证金与票面金额的差额（所谓的“敞口”）承担连带保证责任，[①]此即所谓卖方的“信用捆绑”。

不难发现，保兑仓交易是以银行承兑汇票作为结算工具展开的融资交易安排，在此意义上，有学者指出保兑仓的本质是一种特定的票据业务模式。[②]以保兑仓交易中的支付结算关系为轴心，以银行承兑汇票为主线，可以对三方当事人之间的法律关系作如下描述：首先，就买卖双方的关系而言，买方为清偿其在买卖合同项下的货款债务，作为出票人委托银行向卖方交付银行承兑汇票（即委托银行对由买方出具的汇票作出承兑），由此，买卖合同构成了票据的原因关系。其次，就买方与银行的关系而言，买方向银行缴纳一定比例的保证金，委托银行向卖方交付银行承兑汇票，并约定于银行承兑汇票到期日前足额备付（即向银行支付票面金额与已缴纳保证金之间的差额），可见，买方与银行之间的融资关系构成了票据的资金关系。最后，就卖方与银行的关系而言，一方面，卖方作为收款人，可以在银行承兑汇票到期后凭票祈付；另一方面，卖方应对“敞口”承担连带保证责任，换言之，银行对卖方享有保证债权。

诚如前述，保兑仓交易中卖方的信用捆绑极大规避了银行承担的信用风险，但这种交易安排如何妥当嵌套于既有的票据法理论中呢？一个突出的问题表现在，若买方未履行资金关系上的义务，卖方就“敞口”承担连带保证责任前能否凭票祈付？[③]

对此，理论上存在两种可能，一是银行以资金关系上的事由拒绝付款，二

① 最高人民法院民事审判第二庭：《〈全国法院民商事审判工作会议纪要〉理解与适用》，人民法院出版社2019年版，第396页。

② 参见田天、李海涛：《银行保兑仓业务和担保授信创新与应用》，载《上海市经济管理干部学院学报》2013年第4期；巫卓宸：《供应链金融中保兑仓之特征、操作模式及价值的探讨》，载《中国商论》2017年第4期。

③ 需要说明的是，此处探讨的问题是卖方作为持票人能否请求银行付款，而非第三持票人能否请求银行付款。就前者而言，银行对卖方享有的保证债权可能对于票据关系产生影响——银行可能以卖方未承担保证责任为由拒绝付款（但理论构成有待厘清）。就后者而言，银行对卖方享有的保证债权与银行与第三人之间的票据关系没有意义。卖方作为持票人请求银行付款，即可能发生在票据没有流通的场合，又可能发生在票据流通后又回归卖方的场合（回头背书）。

是银行以与卖方的保证合同上的事由拒绝付款。就前者而言,《中华人民共和国票据法》(以下简称《票据法》)第十三条第一款规定,“票据债务人不得以自己与出票人……之间的抗辩事由,对抗持票人”,依之,银行无法以买方未履行资金关系上的义务为由拒绝付款,这是因为,在《票据法》上,资金关系对于票据关系的效力并无影响。[①] 虽然银行无法以资金关系对抗票据关系,但能否以对卖方享有的保证债权对抗票据关系呢? 换言之,此种情形是否位于《票据法》第十三条第二款的“射程”之内? 一般认为,《票据法》第十三条第二款所指“直接债权债务关系”,是指原因关系,[②]然而,保兑仓交易中的票据原因关系已经另有所指,似与卖方与银行之间的保证合同无关。

行笔至此,似乎所有的线索都指向一个结果:即便卖方没有承担保证责任也可行使票据权利。但如此解读,保兑仓交易中的卖方信用捆绑即成为具文。不难发现,在保兑仓交易中,银行在负担票据债务的同时之所以手握对卖方的保证债权,显而易见,“限制卖方的票据权利行使”为其根本目的,即卖方只能在承担保证责任后才具有行使票据权利之权限,在此之前,银行可以提出票据抗辩。但不可忽视的是,此种交易安排如何经由《票据法》基本理论在实证法上获得正当性,并不明晰。由此可见,问题的实质在于,卖方与银行之间的保证合同对于票据关系有何影响? 或者说,此种交易安排对于保兑仓交易中票据抗辩之规范构造有何意义?[③]

值得注意的是,《最高人民法院公报》2000 年第 4 期发布的青岛澳柯玛集团销售公司与中国银行利津支行票据兑付纠纷上诉案[④][法公布(2000)26号]集中讨论了保兑仓交易中的票据抗辩及其规范构造,具有相当参考意义。有鉴于此,下文首先简述案件事实和法院判决,并以此为基础对上述问题展开分析,以期夯实保兑仓商业实践、司法实践的理论基本盘。

---

① 石井照久:『手形法・小切手法』(勁草書房、1972 年)第 152 頁参照。

② 刘心稳:《票据法》,中国政法大学出版社 2015 年版,第 40 页。

③ 本质上,保兑仓业务模式下卖方与银行之间的票据关系及其限制属于票据授受的直接当事人之间的问题,而这恰好是我国票据法理论研究中向来被忽视的部分。在某种意义上,这一尚待探究的理论问题构成了制约保兑仓业务发展的“最后一公里”。日本学者田中誠二在 20 世纪 70 年代就已经指出,“……与纯粹的票据关系相比,有关票据与实质关系的研究并不充分”[田中誠二:『手形・小切手法詳論(上巻)』(勁草書房、1968 年)第 31 - 32 頁参照]。可见我国存在同样的问题。

④ (2000)经终字第 72 号民事判决书。

二、青岛澳柯玛集团销售公司与中国银行利津支行票据兑付纠纷上诉案简介

（一）案件事实①

1998年3月13日，澳柯玛销售公司（以下简称澳柯玛公司）与利津县物资配套公司（以下简称利津公司）签订了《工矿产品购销合同》，双方约定："澳柯玛销司向利津物资公司供应澳柯玛系列产品，供货总值1亿元人民币，结算方式为银行承兑汇票。"为此，利津物资公司与中国银行利津支行（以下简称利津支行）于1998年3月14日签订了20份《银行承兑合同》。各份合同内容相同，均约定："承兑汇票金额为500万元；承兑申请人（利津公司）应于汇票到期7日前将应付票款足额交付承兑银行（利津支行），如到期日之前承兑申请人不能足额交付票款时，承兑银行对不足支付部分的票款转作逾期贷款。"同日，利津公司、利津支行、澳柯玛公司三方签订了《银行承兑保证协议》，各方约定："澳柯玛公司为利津支行与利津公司签订的20份银行承兑合同承担连带保证责任；如果利津公司违约，利津支行有权直接向保证人追偿，澳柯玛公司保证在接到利津支行书面索款通知后5个营业日内清偿；保证人如违约未按期代为清偿到期债务，利津支行有权委托保证人的开户金融机构直接扣收其账户中的存款或直接扣收保证人的其他财产权利，并可视情况按担保总额的2%向其收取违约金。"

嗣后，利津支行如约对利津公司签发了20张银行承兑汇票，各张汇票上均载明：出票人利津公司，收款人澳柯玛公司，付款人利津支行，金额500万元，出票日期为1998年3月14日，到期日为1998年9月14日，且均记载"不得转让"字样。利津支行在上述汇票的承兑人一栏签章承兑。同年9月5日和9月10日，澳柯玛公司因未足额供货而将其中的11张共计5500万元的汇票分两次退回给利津支行。之后，澳柯玛公司于9月10日和11日将其余9张共计4500万元银行承兑汇票分别委托其三家开户银行向利津支行提示付款。利津支行以"与澳柯玛公司有约定的债权债务关系、澳柯玛公司违约"为由拒绝付款，同时将汇票扣留，并于9月23日开出拒付证明。

---

① 参见（2000）经终字第72号民事判决书。为写作便利，案件事实有删减。

1999年7月5日,澳柯玛公司向山东省高级人民法院提起诉讼,请求判令利津支行对上述4500万元银行承兑汇票承担付款责任并赔偿相应损失。一审败诉后,澳柯玛公司向最高人民法院提起上诉。

(二)法院判决[①]

最高人民法院认为,"本案所涉九张银行承兑汇票,形式完备,各项必要记载事项齐全,符合《票据法》第二十二条及相关规定,应认定有效。为对本案所涉汇票进行承兑,利津公司与利津支行,利津公司、利津支行、澳柯玛公司分别签订了《银行承兑合同》和《银行承兑保证协议》。利津支行依照承兑协议对本案所涉九张汇票予以承兑,且票面注明'不得转让'字样,实质上是为利津公司向澳柯玛公司购货提供融资。而澳柯玛公司为利津公司的该融资向利津支行提供担保,并承诺利津支行有权直接扣收该保证人的财产,从而将自己置于与出票人承担相同债务的一种连带债务人的地位上。利津支行正是以与澳柯玛公司之间存在的这一基础关系作为抗辩事由拒绝付款的。根据《中华人民共和国票据法》第十三条第二款……在上述法律规定的情形出现时,票据当事人得以票据基础关系对抗票据关系。故在出票人利津公司未在到期日之前依照约定将相关资金划入付款人利津支行的账户上,而持票人澳柯玛公司仍然持汇票向付款人(承兑人)提示付款时,付款人利津支行可以以资金关系来行使抗辩权,拒绝承担相应的付款责任。……综上,原审认定事实清楚,判令驳回澳柯玛公司关于利津中行承担本案所涉汇票的付款责任的诉讼请求并无不当"。

(三)裁判观点的理论构成

本案涉及典型的保兑仓交易:利津支行通过向卖方澳柯玛公司交付银行承兑汇票对买方利津公司进行授信并担保《工矿产品购销合同》项下的货款支付义务,同时,卖方澳柯玛公司对买方利津公司在《银行承兑合同》项下足额交付应付票款的义务承担连带保证责任,完成卖方的信用捆绑。

本案中,最高人民法院认为,"利津支行正是以与澳柯玛公司之间存在的这一基础关系作为抗辩事由拒绝付款的",即承兑人利津支行可以收款人澳

① 参见(2000)经终字第72号民事判决书。

柯玛公司未承担连带保证责任为由拒绝付款(提出票据抗辩),理由在于,发生上述情形时,根据《票据法》第十三条第二款,“付款人利津支行可以以资金关系来行使抗辩权,拒绝承担相应的付款责任。”

不难发现,最高人民法院实际上是将利津支行与澳柯玛公司之间的保证合同理解为了《票据法》第十三条第二款所谓“直接债权债务关系”,若此,利津支行又何以“资金关系”上的事由对抗澳柯玛公司?二者有何联系?裁判者未予明示。

三、变形汇票交易与原因关系之构造

(一)保兑仓交易在票据外法律关系上的特殊性

基于汇票开兑而产生的法律关系大体可以在两个维度上进行评价,即票据关系与票据基础关系。就票据关系而言,本案所涉三方当事人的法律关系如下:承兑人利津支行对收款人澳柯玛公司承担首位付款责任;出票人利津公司对收款人澳柯玛公司承担最终付款责任。就票据基础关系而言,本案所涉三方当事人的法律关系如下:首先,卖方澳柯玛公司与买方利津公司基于《工矿产品购销合同》而形成的法律关系在票据法视野下一般被称为“原因关系”,它被认为是出票这一票据行为的基础。其次,委托人利津公司与受托人利津支行基于《银行承兑合同》而形成的法律关系在票据法视野下一般被称为“资金关系”,就此而言,利津支行对利津公司负担的主给付义务是对案涉银行承兑汇票进行承兑;而利津公司对利津支行负担的主给付义务则是于汇票到期7日前将应付票款足额交付利津支行。

在典型的汇票交易中,承兑人除对收款人负担票据债务外,二者并不存在其他的法律关系。但在保兑仓交易中,卖方的信用捆绑为此添加了变数。在本案中,三方当事人通过《银行承兑保证协议》约定收款人澳柯玛公司应对出票人利津公司在《银行承兑合同》下的合同义务进行担保。由此,承兑人在对收款人负担票据债务的同时,还在票据外法律关系上享有了对收款人的保证债权——这正是最高人民法院所谓澳柯玛公司与利津公司之间的“基础关系”。以此为据,最高人民法院依《票据法》第十三条第二款肯定了利津支行得以资金关系中的抗辩对抗澳柯玛公司的支付请求。

简而言之,保兑仓交易最为显著的类型特征,应是承兑人对收款人享有保证债权。

(二)资金关系与票据抗辩

不难发现,最高人民法院实际上是将澳柯玛公司与利津支行之间的保证合同评价为了《票据法》第十三条第二款所谓票据债权人与票据债务人之间的“直接债权债务关系”。但问题在于,《票据法》第十三条第二款规定的“直接债权债务关系”主要是指票据基础关系中的原因关系,而非资金关系。如果保证合同已经构成了某种特殊的“原因关系”,为何“付款人利津支行可以以资金关系来行使抗辩权,拒绝承担相应的付款责任”?

票据法理论上的资金关系一般是指汇票以及支票的付款人与出票人之间的法律关系[①]——资金关系形成后,成立指示给付关系,即被指示人(利津支行)基于指示人(利津公司)的授权,得为指示人的计算,向领取人(澳柯玛公司)为给付[②],其调整的领域,主要限于发票人与付款人之间,因此有学者指出,资金关系对于票据关系的效力并无影响,[③]《票据法》第十三条第一款(第1种情形)对此予以确认。承兑人利津支行对收款人澳柯玛公司享有保证债权,此种法律关系与资金关系的构造相去甚远。

尽管保证合同的类型特征表现为保证债务从属于其所担保的(位于资金关系中的)主债务,保证债务的履行以主债务不履行或发生当事人约定的情形为停止条件,[④]且保证债务的履行时间、履行内容都与主债务的具体情形密不可分。但这并不能否认,保证合同在当事人之间创设了独立于资金关系的、对于票据关系而言具有特定意义的法律关系。再者,本案所涉抗辩事由,系“出票人利津公司未在到期日之前依照约定将相关资金划入付款人利津支行的账户上,而持票人澳柯玛公司仍然持汇票向付款人(承兑人)提示付款”,即保证人澳柯玛公司不承担保证责任,这纯属澳柯玛公司与利津支行围绕保证合同的履行展开的争议,并非保证人行使了主债务(资金关系)中的抗辩(《民法典》第七百零二条)。由此可见,最高人民法院所谓“付款人利津支行

---

① 例外情况,石井照久『手形法・小切手法』(勁草書房、1972年)第151页参照。

② 参见王泽鉴:《不当得利》,北京大学出版社2015年版,第213页。

③ 石井照久:『手形法・小切手法』(勁草書房、1972年)第152页参照。

④ 高圣平:《担保法论》,法律出版社2009年版,第88页。

可以以资金关系来行使抗辩权”不正确。

（三）保证合同与承兑的原因关系

言归正传，保兑仓交易中承兑人并非以资金关系上的事由对抗收款人，而是以后者未承担保证责任为由进行对抗，这本质上是一种人的抗辩。① 若要合理说明此种现象，应将承兑人与收款人之间的保证合同置于票据基础关系的何处？

让我们首先以指示给付的视角对典型的汇票交易进行观察。一般认为，若被指示人对于“向领取人给付”的指示进行承担（Annahme）（《德国民法典》第784条第1款），则其行为属于一种无因的债务约束（《德国民法典》第780条）。将上述原则转换到典型的汇票交易中，则资金关系构成了承兑人作出承兑的（客观上的）法律上原因，既然这一法律上原因并不为承兑这一法律行为所包含，那么收款人对承兑人所享有的票据债权就独立于资金关系。但值得注意的是，收款人对承兑人的票据债权之所以不受资金关系的影响，乃是因为承兑人作出债务约束的意思表示（承兑）并不在对收款人的关系上追求任何目的，而是在对出票人的关系上追求特定目的。换言之，承兑这一票据行为是“目的中立”（zweckneutral）的，因此即便资金关系欠缺或无效，也不会引发收款人对承兑人的不当得利返还。②

保兑仓交易明显与之不同。收款人适时对其承担保证责任，是承兑人作出承兑这一票据行为所追求的目的。换言之，不同于典型的汇票交易，在保兑仓交易中，承兑人作出债务约束的意思表示（承兑）一方面是在对出票人的关系上追求特定目的（资金关系上义务的履行），另一方面是在对收款人的关系上追求特定目的（取得针对收款人的保证债权）。这也意味着，在保兑仓交易中，承兑这一票据行为并非“目的中立”，而是在特定情形下可以受到承兑人与收款人之间保证合同的影响。如此一来，保兑仓交易中的承兑人，在某种意义上获得了与本票、支票的出票人相似的法律地位——前一情形的承兑人与收款人之间、后一情形的出票人与收款人之间都可能产生基于直接债权

---

① 参见谢怀栻：《票据法概论》，法律出版社2017年版，第72页。

② Vgl. Franz Schnauder, Einreden aus dem Grundverhältnis gegen den ersten Wechsel - und Scheckgläubiger, JZ 1990, S. 1050 f.

债务关系上事由的票据抗辩;前一情形的承兑人与收款人、后一情形的出票人与收款人都构成了票据授受的直接当事人。不言而喻,保兑仓交易中受到广泛运用的银行承兑汇票,就承兑人与收款人的关系而言,实际上具有与本票、支票类似的功能。在这个意义上,既然保证合同回答了"承兑人为何进行承兑"这一问题,我们不妨认为,保证合同构成了承兑这一票据行为的"原因关系"。

所谓原因关系,一般认为是指当事人之间授受票据的原因所形成的法律关系。① 原因关系的一个重要特征在于,票据债务人对谁负担票据债务,则其就可能与谁建立了原因关系。例如,买受人为履行原因债务而交付本票,此时,买卖合同构成出票这一票据行为的原因行为。又如,借款人为担保借款返还义务而向出借人背书转让票据,此时,借款合同成为背书这一票据行为的原因行为。再如,本票的出票人与持票人达成延期支付协议,则延期支付协议本身也可构成出票这一票据行为的原因行为。② 在《票据法》理论上,原因关系上的特定事由可以作为人的抗辩被援引,发挥了限制票据权利行使的作用,可见原因关系的识别至关重要。

在典型的汇票交易中,原因关系是指出票人与收款人之间的法律关系,换言之,此一"原因关系"的着眼点是"出票"这一票据行为的原因关系。然而承兑这一票据行为难道不存在原因关系吗?诚如前述,承兑的法律上原因位于资金关系,因此,在理论上,我们只能说资金关系才是承兑的"原因关系"。只不过,由于资金关系对票据关系的影响被《票据法》第十三条第一款所切断,这导致承兑这一票据行为的原因关系向来受到了忽视。但在保兑仓交易中,承兑这一票据行为不再具有"目的中立"的特征——保证债权的获取(或者保证合同的缔结)同样构成了承兑人追求的目的,在主观说的视野下构成了票据行为的法律原因。因此,保证合同构成保兑仓交易中承兑这一票据行为的原因关系并不存在理论上窒碍难行之处。

在本案中,因《银行承兑保证协议》构成的保证合同关系,发挥了限制澳

① 刘心稳:《票据法》,中国政法大学出版社2018年版,第44页。

② 赵新华教授认为,延期支付等票据外的特约,属于一种特殊的原因关系。参见赵新华:《票据法论》,吉林大学出版社1998年版,第121页。

柯玛公司票据债权行使的功能,构成了澳柯玛公司与利津支行之间的原因关系。[①] 值得注意的是,依最高人民法院之说理,这一原因关系似乎构成《票据法》第十三条第二款所谓“直接债权债务关系”。

四、原因关系上抗辩之规范构造

(一)保证合同上的抗辩关系

将保证合同打造为保兑仓交易中的(承兑这一票据行为的)票据原因关系,为《票据法》第十三条第二款的适用创造了前提——承兑人可以对未承担保证责任的收款人进行抗辩。然而,通过《票据法》第十三条第二款将保证合同与票据关系进行勾连,看似波澜不惊,实则暗流涌动。

在保证合同中,主债务的债权人不向保证人支付报酬,只有保证人对债权人负担保证债务。[②] 换言之,保证合同中只有保证人负担主给付义务,因此保证合同具有单务性、无偿性的特征。[③] 作为诉讼中的防御手段,保证人虽能就保证合同本身主张权利障碍抗辩、权利消灭抗辩,但保证合同关于权利阻止抗辩(抗辩权)的配置则较为特殊:一方面,只有一般保证的保证人享有《民法典》第六百八十七条规定的先诉抗辩权;另一方面,一般保证与连带保证中的保证人可以根据《民法典》第七百零一条、第七百零二条行使主债务人的抗辩权。不难发现,基于保证合同固有属性产生的抗辩权只有《民法典》第六百八十七条规定的一般保证人的先诉抗辩权。而本案中的连带责任保证人澳柯玛公司并不享有任何基于保证合同所生的抗辩以及保证合同固有的抗辩权。

连带责任保证中的保证人不享有保证合同固有的抗辩权,那么主债权人享有针对保证人的抗辩权吗?答案明显是否定的,理由在于,保证合同的典型特征并不包含给付关系的交换(交换目的),这就决定了保证合同本

---

① 值得说明的是,案涉银行承兑汇票所涉原因关系有二,分别为澳柯玛公司与利津公司因《工矿产品购销合同》形成的买卖合同关系以及澳柯玛公司与利津支行因《银行承兑保证协议》而形成的保证合同关系。更为精确地讲,前者是利津公司“发票”这一票据行为的原因行为,后者是利津支行“承兑”这一票据行为的原因行为。

② 刘牧晗:《股权让与担保的实行及效力研究——基于裁判和学说的分析与展开》,载《国家检察官学院学报》2022 年第 2 期。

③ 高圣平:《担保法论》,法律出版社 2009 年版,第 87 页。

身不存在基于两种处于对待关系之给付所产生的抗辩——如果负担给付义务的保证人不承担保证责任,则应通过合同法上的履行障碍制度进行救济,与权利阻止抗辩无关。总而言之,作为原因行为的保证合同本身并不存在能够被援引的权利阻止抗辩。最高人民法院所谓"根据《中华人民共和国票据法》第十三条第二款……票据当事人得以票据基础关系对抗票据关系"并不准确。

(二)以票据预约调整抗辩关系

作为原因关系的保证合同本身并不存在基于给付关系的交换而产生的权利阻止抗辩,一方面,承兑人以收款人(保证人)未承担保证责任为由拒绝付款,即便构成票据抗辩(人的抗辩),也不属于保兑仓交易的原因关系上的抗辩。另一方面,在票据关系上,由于只有承兑人负担票据债务,因此也不存在基于给付关系的交换产生的权利阻止抗辩。换言之,在本文讨论的情形中,单纯在票据关系或原因关系上对当事人的给付义务进行观察,都不能得出"抗辩关系存在"这一结论。然而,收款人对承兑人负担保证债务才是承兑人之所以作出承兑这一票据行为的缘由,在这个意义上,将位于原因关系的给付义务与位于票据关系的给付义务进行勾连,从而形成对待给付关系,的确是维系保兑仓交易的不可或缺之环节。问题在于,理由何在?

当事人在授受票据之前,必有一种合意,以为授受票据之依据,此项约定,即为票据预约。[①] 一般认为,当事人在票据预约中就票据的种类、金额、到期日、付款地等事项达成合意。[②] 事实上,票据预约的功能不限于此,票据授受的目的、票据利用的方法、票据权利行使的限制等约定都可一并纳入票据预约。既然票据预约被认为系票据行为之前提,则当事人在票据预约中设定原因关系与票据关系之牵连就绝非不可想象。与之类似,德国票据法理论是以所谓"交付合意"(Begebungsabrede)或"目的决定"(Zweckbestimmung)的概

① 梁宇贤:《票据法新论》,中国人民大学出版社2004年版,第27页。

② 谢怀栻:《票据法概论》,法律出版社2017年版,第38页。

念说明上述现象的[①]——当事人明示或默示地就“为何种目的授受票据”“票据的内容”达成合意,此即为票据交付合意。[②]

通过票据预约处理本案中分别位于不同维度的给付义务之牵连关系,不仅有益,而且必要:就承兑之票据原因关系——保证合同而言,其类型特征的单务性、无偿性导致上述给付义务的牵连关系无法在保证合同中一并处理;就票据关系而言,票据行为的要式性、文义性也导致上述给付义务的牵连关系无法在票据关系上得到反映。通过第三个法律行为处理两个维度的给付义务之牵连关系,呼之欲出。[③]

我们不妨以案件本身检验此种解释方法的妥当性。本案当事人的交易结构具有如下特点:第一,利津支行对案涉银行承兑汇票进行承兑,并载明“不得转让”,表明其只愿对澳柯玛公司发生票据关系;第二,《银行承兑保证协议》规定在主债务不履行时,澳柯玛公司应立即承担保证责任。对此,一种有益的解读方式应该是,利津支行承担票据债务实际上附带了两项并不竞合的“条件”,分别为①资金关系中的债务人利津公司在案涉汇票到期7日前将应付票款足额交付利津支行;或②在①不成就时,澳柯玛公司承担了保证责任。在“条件”①或②成就时,肯定利津支行的票款支付义务,不违背当事人的交易目的。在“条件”②不成就时,若利津支行仍无法拒绝澳柯玛公司的支付请求,明显与上述当事人的交易安排不符。

---

① Vgl. Huber, Einwendungen des Bezogenen gegen den Wechsel, Festschrift für Werner Flume zum 70. Geburtstag, 2, Bd. , Verlag Dr. Otto Schmidt KG, 1978, S. 83. S. 101; Sedatis, Einführung in das Wertpapierrecht, 1. Aufl. , De Gruyter, 1988, S. 40; Heuck/Canaris, Recht der Wertpapiere, 12. Aufl. , Verlag Franz Vahlen, 1986, S. 166; Zöllner, Wertpapierrecht, 14. Aufl. ,C. H. Beck,1987, S. 30 f. 值得注意的是,有德国学者在讨论票据行为的法律上原因时使用了“交付合意”的概念,而在原因关系上抗辩的许容之问题上则沿用了法院判决中提及的“合同上的目的决定”的概念。Heuck/Canaris, Recht der Wertpapiere, 12. Aufl. , Verlag Franz Vahlen, 1986, S. 166 f.

② 德国学者 Prantl 认为,票据交付合意可能发生在以下两种场合:第一,原因关系上的债务人对债权人负有交付票据义务的场合。第二,原因关系上的债务人虽然并不负担交付票据义务,但为了达成一定的目的(例如原因债务的履行)希望交付票据,且债权人对此知情的场合。Prantl 指出,无论是哪种情形,当事人都必须对票据交付及其产生的法律效果达成合意,由此才使得原因关系与票据关系发生关联。这种合意,既可以是明示的也可以是默示的,既有可能随同原因行为被一并作成,又有可能在嗣后交付票据时被作成。Prantl, Die Abstraktheit des Wechsels, 1. Aufl. , Verlag Recht und Wirtschaft, 1989, S. 63 f.

③ 田中誠二『手形・小切手法詳論(上巻)』(勁草書房、1968年)第312页参照。

明确当事人交易安排的过程,实际上也是意思表示解释的过程,在这一过程中,我们得出了一个初步结论:在票据预约中,澳柯玛公司与利津支行必定达成了将保证债务与票款支付义务这两项给付义务进行牵连的合意。但其法律上的具体构成,仍待考察。

一种较为简明的解释方法是:当事人在票据预约中,合意确定了上述给付义务的牵连关系,从而产生了一种类似于(但不同于)《中华人民共和国民法典》(以下简称《民法典》)第五百二十五条规定的"同时履行抗辩权"之约定抗辩权。理由在于,当事人通过不同的合同关系配置了一种"你给则我给"的交易结构,抗辩权的来源,就是当事人的合意本身。①

另一种解释方法是:当事人合意为票据权利的行使设置了条件,即将上述①或②作为票据权利行使的停止条件。这种解释方法面临的问题在于,票据权利的行使是否得附条件?《票据法》第四十三条明确否定了票据上条件文句之记载。理论上,票据行为的文义性要求对票据行为依票面记载文义为客观判断,不得以票据外的其他事实或证据加以任意变更或补充(《票据法》第四条)。但在比较法上,附条件承兑并不绝对视为拒绝承兑,在持票人愿意依该所附条件行使付款请求权时,承兑人仍应依所附条件负责。② 本案中,利津支行的承兑并未附条件,只是为澳柯玛公司的票据权利行使附加了条件,这在两方面减轻了论证负担:一方面,条件并非记载于票面,另一方面,条件记载取得收款人同意。附条件承兑与承兑后附条件付款都涉及文义性的突破,在票面上记载条件与票面外附加条件本质上并无不同,自有适用相同规则的空间。那么,我们能够达到最低限度的共识应当是,在票据授受的直接当事人之间,持票人同意票据债务的履行附条件的,并无否定必要。德国学者 Schnauder 也认为,当事人可以援引关系上的给付义务被全面且适时履行作为票据付款的停止条件,这并不违反票据法的规定。《德国票据法》第26条第1款、《德国支票法》第12条第2款禁止的是将条件记载于票据文本。如此一来,承兑人可以对所有的持票人有所主张,但并不妨碍当事人在票据外

---

① 关于同时履行抗辩权的扩张,参见韩世远:《合同法总论》,法律出版社2018年版,第407-412页。

② 参见梁宇贤:《票据法新论》,中国人民大学出版社2004年版,第160页。

达成有关条件的合意。[①]

（三）人的抗辩与票据行为无因性

上述两种解释方法都能有效说明利津支行拒绝付款的正当性，虽然路径不同，但其根本都位于票据预约。行笔至此，须回应最后一个问题：票据行为具有无因性，为何票据预约中的事由能够作为票据抗辩在票据关系的层面被援引？

理论上，承兑人以票据预约上的事由对抗收款人，实质上是以二者间属人性的目的关系（persönlichen Zweckbeziehungen）中的事由进行对抗，此种抗辩关系，在票据抗辩体系中属于“人的抗辩”之范畴。人的抗辩在直接当事人之间的许容，向来是在“原因关系上的抗辩在直接当事人之间的许容”这一命题下得以开展的[②]。只要这一命题能够在票据行为无因性的语境下证成其合理性，则同属“人的抗辩”之范畴的票据预约上的抗辩即可与无因性原则相得益彰。有鉴于此，下文首先对原因关系上的抗辩在直接当事人之间的容许作简要观察。

原因关系上的抗辩能否作为票据抗辩在票据关系中被援引？对此，德国向来的通说认为：第一，原因关系欠缺、无效，即存在权利消灭抗辩（rechtsver-

① Vgl. Franz Schnauder, Einreden aus dem Grundverhältnis gegen den ersten Wechsel – und Scheckgläubiger, JZ 1990, S. 1053.

② 关于这一问题，我国多数学者都会通过“无因性原则的例外”或“相对无因性”这样的用语来表达以下几方面的理由：第一，禁止权利滥用，实现直接当事人之间的实质公平；第二，防止不当得利（参见赵新华主编：《票据法问题研究》，法律出版社 2007 年版，第 57 – 58 页。）；第三，防止循环诉讼（参见傅鼎生：《票据无因性二题》，载《法学》2005 年第 12 期）；第四，与促进票据流通的目标无涉（参见杨继：《我国〈票据法〉对票据行为无因性规定之得失——兼与欧洲立法比较》，载《比较法研究》2005 年第 6 期）。本文认为，既然我们的学理与实践都认可票据行为的无因性原则，相应地，就必须将这种理论贯彻到底——票据行为无因性是指票据行为抽象于其法律上原因，则票据行为的存在及内容都应与其法律上原因相分离。申言之，无因性原则无论是在直接当事人之间还是非直接当事人之间皆应有其用武之地。而“相对无因性”无非是将无因性的功能在直接当事人之间人为地进行限制，这就类似于无因性原则的“比例适用”，试问物权行为无因性理论存在“比例原则”吗？我们基本的立场，诚如傅鼎生教授所言，应该是“同一个行为，应具有同一属性。行为性质不能因人而异。”（傅鼎生：《票据无因性二题》，载《法学》2005 年第 12 期）笔者还想进一步指出，票据行为无因性原则只能“全有全无”，根本不存在“比例原则”。我国学者之所以会人为地创造出“绝对无因性”与“相对无因性”之争，缺乏体系化思维、没有在私法体系中理解无因性的意义恐怕是根本原因。诚然，直接当事人之间的利益状态确有不同，区别对待成为必然，但这也对我们实现价值判断之路径选择提出了要求：不能破坏法律体系之融贯。显然，“相对无因性”难堪此重任。

nichtende einwendung)以及权利障碍抗辩(rechtshindernde einwendung)的场合,票据债务人得以不当得利抗辩对抗票据债权人(《德国民法典》第812条、第821条)。第二,原因关系上存在权利阻止抗辩(rechtshemmende einrede)的,若为永久性抗辩权(dauernde einrede),则票据债务人也可通过不当得利抗辩进行对抗(《德国民法典》第813条第1款、第821条)。第三,原因关系上若只存在一时性抗辩权(aufschiebende Einrede),不当得利抗辩因不当得利返还请求权的构成要件不满足而无法成立。① 但值得注意的是,德国联邦最高法院自20世纪70年代以来陆续作出了一系列认可票据债务人以原因关系上存在的一时性抗辩权对抗票据债权人的判决。② 对此,德国法院最早是以权利滥用理论(《德国民法典》第242条)来证成上述观点的,③随后,法院转而以"票据债权人不得主张超过其在原因关系上所享有范围的权利"这一原则为理由,去除了直接当事人之间原因关系上抗辩的限制。详言之,"就合同上的目的决定(Vertragliche Zweckbestimmung)来看,若出卖人或者受托人主张票据上权利不符合当事人的目的合意(Der vereinbarte Zweck)……则其不具有行使票据上权利的权限。因此,在原因关系上可以行使留置权(Zurückbehaltungsrecht)(《德国民法典》第273条)④或合同未履行抗辩(Einrede des nicht erfüllten Vertrags)(《德国民法典》第320条)的债务人,⑤也可以在相对人基于票据提起的诉讼中主张上述权利"。⑥ 自此之后,由"目的合意"发展而来的"交付合意"(Begebungsabrede)之概念逐渐成为学说主流,

---

① Baumbach/Hefermehl, Wechselgesetz und Scheckgesetz, 17. Aufl., C. H. Beck, 1990, Art. 17 WG, Rdn. 50, S. 210.

② 即德国联邦最高法院作出的 BGH NJW 1976, 1451, WM 1976 382 (1976); BGHZ 85, 346 (1982); BGH WM 1986, 415, JZ 1986, 601 (1986)等判决。

③ BGHZ 57, 292 (1971).

④ 关于德国法上的留置权(zurückbehaltungsrecht),参见[德]迪尔克·罗歇尔德斯:《德国债法总论》,沈小军、张金海译,中国人民大学出版社2014年版,第120-123页。

⑤ 参见[德]迪尔克·罗歇尔德斯:《德国债法总论》,沈小军、张金海译,中国人民大学出版社2014年版,第123-125页。

⑥ BGH WM 1986, 415; BGHZ 85, 346 (1982); BGH NJW 1976, 1451.

经由交付合意之媒介,原因关系上的事由可以对票据关系产生影响。[①]

然而,交付合意论并非无懈可击。既然票据行为无因性是指票据行为抽象于其法律上原因(交付合意),则票据行为的存在及内容都应与其法律上原因相分离。[②] 那么在理论上,原因关系上的抗辩只有在不当得利抗辩构成的前提下才能被援引,即只有(作为票据行为客观意义上的法律上原因的)交付合意本身无效或欠缺时才有可能产生票据抗辩的问题。[③] 由此可见,无论是通过交付合意间接援引原因关系上的抗辩,还是通过票据外特约援引票据外法律关系上存在的抗辩,都无法与票据行为无因性兼容。[④] 对此,德国学者 Schnauder 认为,回归票据行为无因性的本意旨在只有不当得利抗辩才得以发挥调整票据抗辩的功能,但这并非意味着原因关系上的一时性抗辩在任何情形下都无法构成票据抗辩,相反,当事人可以将原因关系上的交换目的(Der Austauschzweck)(即无瑕疵对待给付的获取)纳入交付合意,使之构成票据行为给付目的之一部分。由此,在票据债权人没有履行对待给付的场合,债务人可以拒绝付款,其理论依据并非《德国民法典》第 320 条第 1 款规定的同时履行抗辩权,而是《德国民法典》第 812 条第 2 句以及第 812 条第 2 款,因为此时票据交付的给付目的(主观意义上的法律上原因)已经落空。[⑤]

---

① 德国学者 Prantl 认为,原因关系上的抗辩并非直接,而是间接地及于票据关系,因此,这是一种不违反票据行为无因性的理论。Prantl, Die Abstraktheit des Wechsels, 1. Aufl., Verlag Recht und Wirtschaft, 1989, S. 64。

② 换言之,票据行为无因性至少具有以下两方面的意义:第一,法律上原因的独立性(Rechtsgrundunabhängigkeit);第二,抗辩上的独立性(Einwendungsunabhängigkeit)。Franz Schnauder, Einreden aus dem Grundverhältnis gegen den ersten Wechsel - und Scheckgläubiger, JZ 1990, S. 1047。

③ 德国学者 Canaris 认为,票据授受的法律上原因(Rechtsgrund der Wechselhingabe)并非买卖合同或借贷合同,而是与之相区别的“交付合意”(Begebungsabrede)。例如,在票据系为担保原因债务而被交付的场合,若原因债务本身不存在瑕疵而债务人交付票据的意思表示却存在瑕疵的(例如,被胁迫交付票据),他可以通过撤销为其设定票据交付义务的意思表示从而请求票据的返还。由此可见,不当得利返还请求权的成立系基于交付合意之无效或消灭而非被担保债权的无效或消灭。在这个意义上,票据行为或票据授受的法律上原因非票据交付合意莫属。Canaris, Der Einwendungsausschluß im Wertpapierrecht, JuS 1971, S. 441, S. 446; Heuck/Canaris, Recht der Wertpapiere, 12. Aufl., Verlag Franz Vahlen, 1986, S. 166 (Fn. 4)。

④ 福瀧博之「手形授受(交付)の合意に関する覚書」関西大学法学論集 46 巻 4 - 6 号 334 页以下参照。

⑤ Franz Schnauder, Einreden aus dem Grundverhältnis gegen den ersten Wechsel - und Scheckgläubiger, JZ 1990, S. 1053.

要而论之,保全票据行为无因性的思考方法意味着,原因关系上的抗辩只有经由不当得利抗辩之媒介才得以构成票据抗辩。在这个意义上,与原因关系上抗辩同属人的抗辩之范畴的票据预约上的抗辩要想在票据关系中被援引,同样必须经由不当得利抗辩之媒介。

诚如前述,在保兑仓交易中,承兑人作出债务约束的意思表示(承兑)一方面是在对出票人的关系上追求特定目的(资金关系上义务的履行),另一方面也是在对收款人的关系上追求特定目的(取得针对收款人的保证债权)。两种"特定目的"之追求,在票据预约中形成了收款人主张票据权利之边界。换言之,在不当得利法的视角下,两种"特定目的"之追求,事实上构成了承兑这一票据行为(给予行为)的主观法律上原因——给付目的。那么,在收款人未承担保证责任即请求付款时,承兑人的给付目的落空,由此引发不当得利的返还与抗辩(《民法典》第九百八十五条)。

五、结论

在保兑仓交易所涉变形汇票交易模式中,若买方(出票人)不履行资金关系上的义务,在卖方(收款人)未承担保证责任之前,银行(承兑人)可以拒绝付款。卖方的信用捆绑,即收款人与承兑人之间的保证合同,构成了二者之间的原因关系。但承兑人并非以原因关系上的事由对抗收款人,而是通过在票据预约中设定保证债务与票款支付义务的牵连关系,从而在牵连关系被破坏时,以票据预约上的事由对抗收款人。值得注意的是,票据预约上的事由并非直接对票据关系产生影响,为保全票据行为之无因性,票据预约上的事由只有经由不当得利抗辩才得以在票据关系被援引。[①] 具体而言,在保兑仓交易中,承兑人作出债务约束的意思表示(承兑)一方面是在对出票人的关系上追求特定目的(资金关系上义务的履行),另一方面也是在对收款人的关系

① 在现代(邯郸)物流港开发有限公司、现代(邯郸)置业有限公司票据追索权纠纷案中,最高人民法院一反常态地指出,"……该条(《票据法》第十三条)规定的目的在于,当票据债务和原因债务并存时,如果原因债务因不存在、无效、撤销或因清偿而消灭,则票据债权人从票据债务人处取得票据金额将属于不当得利,故基于民法公平原则,有必要认可票据债务人的抗辩权,以阻却票据债权人行使票据权利。但如票据债权人并没有不当得利之可能时,则不应将该条扩大解释为票据债务人仍有权要求将票据关系与票据基础关系合并审理,此无疑会损害票据的流通性和支付之确定性"。参见最高人民法院"(2017)最高法民终718号"民事判决。

上追求特定目的(取得针对收款人的保证债权),在不当得利法的视角下,两种"特定目的"之追求,构成了承兑这一票据行为(给予行为)的主观法律上原因(给付目的)。在收款人未承担保证责任即请求付款时,承兑人的给付目的落空,由此引发不当得利的返还与抗辩。

在青岛澳柯玛集团销售公司与中国银行利津支行票据兑付纠纷上诉案中,最高人民法院认为收款人澳柯玛公司未承担保证责任该当《票据法》第十三条第二款规定的人的抗辩。但本文对此持否定意见。一方面,收款人澳柯玛公司未承担保证责任并不构成与承兑人利津支行之间保证合同(原因关系)上的抗辩事由。相反,保证债务与票款支付义务之间的牵连关系之设定需要经由第三个法律行为——票据预约得以实现。换言之,利津支行实际上是以澳柯玛公司违反票据预约为由拒绝付款。另一方面,票据行为的无因性意味着票据行为抽象于其法律上原因——票据行为的存在及内容都应与其法律上原因相分离。由此,无论是原因关系上的事由还是票据预约上的事由都无法直接对票据关系产生影响,只能在满足不当得利返还请求权之构成要件时,才有发生票据抗辩之可能。本案中,取得针对澳柯玛公司的保证债权构成了利津支行作出承兑之给付目的,澳柯玛公司未承担保证责任即凭票祈付会导致利津支行的给付目的落空。由此可见,利津支行主张的票据抗辩实际上属于不当得利抗辩,其实证法依据并非《票据法》第十三条第二款,而是《民法典》第九百八十五条。

(责任编辑:邹建华)

商事交易中"沉默"的独立性及其规范意义

王旭升*

摘要:相比《最高人民法院关于贯彻执行〈中华人民共和国民法通则〉若干问题的意见(试行)》(以下简称《民通意见》)第66条,《民法典》第一百四十条第二款将"当事人之间的交易习惯"纳入沉默视为意思表示的情形之一,一定程度上扩展了沉默的适用范围,使之商事特征渐显。但是,遗憾的是,受制于我国民商合一的立法理念,立法者并未充分认识到商事沉默不同于民事沉默的理论基础、适用范围及具体规则。未来,商事沉默应在外观主义和加重责任原则的基础上,采三层次的结构规范,即按照商事主体交易能力的弱、中、强,分别对应"当事人之间的交易习惯""交易习惯"和"交易联系",依此赋予沉默以意思表示的法律效力。与此同时,借助"商法通则"对此予以肯认,以统摄整个商事交易行为。

关键词:商事沉默　民商分立　交易习惯　商法通则

从历史的角度看,沉默的法学进程发轫于等级社会中低位者对高位者的承诺之意思表示,即形成"沉默即是同意"的古老法谚。① 近现代以来,随着私法自治与交易安全理念的相继崛起,各国立法渐次完成了对沉默从"绝对不构成意思表示"到"原则上不构成但例外情形构成意思表示"的修正。同时,对沉默在民商事交往中法律适用及意义的差异也有所关注。就我国而言,沉默的商法品格已不再局限于理论探讨,即其部分情形被《民法典》明文化、规

---

* 上海交通大学凯原法学院博士研究生。

① 杨代雄:《意思表示理论中的沉默与拟制》,载《比较法研究》2016年第6期。

范化。当然,在《民法典》统领民商规范的整个体系和进程中,商事沉默的理论地位无疑是不突出的,但这也许是我国学者对“商事沉默”的研究推向更全面的一个契机。[①]

无独有偶,在实质区分民商法律规范的认识下,商法中的代理、留置权、民间借贷等制度先后被学者接龙式地一一发掘,并有专文阐明。[②] 遗憾的是,商法学者对商事沉默似乎只是“圈了地”,之后便一直将其“闲置”。质言之,已有研究仅注意到了沉默在民商事交往中的差异化意义,但对商事沉默的理论基础和适用条件(如主体和范围等)的研究仍停留在仅仅百字篇幅的“设想”阶段,未曾对其展开具体讨论,这无疑是学术研究上的一大缺憾。职是之故,本文以《民法典》第一百四十条中的商事性沉默为研究对象,解构其入典的理论、实践必要性和现有规范设计的不足,继而探寻商事沉默所蕴含的商法外观主义和商事主体加重责任的法理,并在此基础上提出修补之法。

一、商事交易中“沉默”的实践意义与独立性共识

我国民商法中沉默构成有效意思表示的情形初始有法律规定和当事人约定两类。[③] 在此基础上,《民法典》第一百四十条第二款增加了“符合当事人之间的交易习惯”之情形。[④] 这一方面是无法定或约定情形下的商事性沉默首次为立法所明文肯认,另一方面也是我国《民法典》民商合一立法体例下对民、商事规范提取共通性规范的一个缩影,其立法的必要性殊值研判。

(一)商事沉默的司法分歧和民法化裁判

《民法典》实行时间较短,与本文主题的相关判例并不是很多。因此,此处举《民法典》颁行前的两则案例展开剖析。

---

① 本文所研究的“商事沉默”是否构成承诺的意思表示,聚焦于商事交易行为(不包括商事组织行为),且为法律无规定、当事人双方未约定之情形。

② 参见曾大鹏:《民法典编纂中商事代理的制度构造》,载《法学》2017年第8期;熊丙万:《论商事留置权》,载《法学家》2011年第4期;王建文:《论我国民间借贷合同法律适用的民商区分》,载《现代法学》2020年第1期。

③ 1998年印发的《最高人民法院关于贯彻执行〈中华人民共和国民法通则〉若干问题的意见(试行)》第六十六条:“不作为的默示只有在法律有规定或者当事人双方有约定的情况下,才可以视为意思表示。”

④ 《民法典》第一百四十条第二款:“沉默只有在有法律规定、当事人约定或者符合当事人之间的交易习惯时,才可以视为意思表示。”

案例一:宝田公司与国龙公司建设工程施工合同纠纷案(以下简称"宝田国龙案")。2008年,宝田公司(发包方)与国龙公司(承包方)签订《建设工程施工合同》。在承包方完成部分工程后,双方同意终止合同,并达成《工程结算协议书》。后来,发包方向承包方出具《联系函》,请求确认《工程结算协议书》已自动失效,且表明承包方若有异议应在2日内提出意见,否则视为失效。承包方收到该《联系函》后未作任何表示或回复。争议焦点是承包方的沉默是否代表其同意解除《工程结算协议书》。法院认为,双方是一般意义上的民事主体,且依照《民通意见》第六十六条之规定,在无法定或约定情形下,通过单方函件为对方设定义务是无效的。[①]

案例二:华鹏公司和泰宇公司合同纠纷案(以下简称"铝锭案")。2014年,华鹏公司(供方)和泰宇公司(需方)签订《铝锭购销合同》,约定"先下单,再供货",定金150万元,需方若在2014年2月28日前未能提完约定货物,其支付的定金将不予退还。2014年2月27日、3月3日,供方先后要求需方出具延期收货的申请书,需方也向其两次出具,但供方收到后未作任何表示。争议焦点是供方对延期收货申请书的沉默是否代表其同意延期交货。法院对此未直接回应,而是从过错责任的角度指出,供方未及时答复,在一定程度上造成了需方损失的扩大(此时需方仍具备继续履行下单提货义务之可能性),因此,供方存在一定过错,酌定供方向需方退还79.35万元。[②]

由上可见,对于无法定或约定情形下沉默的法律意义,两案法官的态度截然不同。具体来说,"宝田国龙案"法官以民事主体不能单独对相对方设定义务和沉默只在法律规定或合同约定情形下才具有法律意义为由,否定了案涉沉默的法律效果;"铝锭案"法官则是通过绕道"过错责任"侧面回答了"沉默是否构成承诺"的疑问。两者孰对孰错,暂且不表。但是,两案法官均忽视了案涉双方实际为商事主体,案涉沉默也属商事沉默,法律关系的调整应优先遵从商法思维、商法逻辑和商法方法。当然,这种现象也不能全部归咎于

① 参见宝田工艺品(赣州)有限公司与江西国龙建筑工程有限公司等建设工程施工合同纠纷案,江西省赣州市中级人民法院(2012)赣中民一终字第234号民事判决书。

② 参见佛山市顺德区华鹏贸易有限公司与深圳市泰宇铝业有限公司与买卖合同纠纷案,广东省佛山市中级人民法院(2014)佛中法民二终字第753号民事判决书。

裁判者。因为裁判者之所以舍商法而求民法的裁判逻辑,一定程度上是我国商事沉默"规范短缺"所导致的。故而,商事沉默民法化裁判的转变急需商事沉默的制度供给。也许有人会反驳说,前述案例在实践中不具有普遍性,无须专门立法。笔者对此不敢苟同,因为商事沉默的案件并非不多,而是囿于"大民事格局"的裁判隐而不显罢了。

(二)商事沉默的学理共识和比较法考察

1. 学理上:商事沉默的独立性共识。沉默在民商事交往中的差异抑或说沉默的商法品格已取得了理论界的共识:相比民事沉默,商事沉默作为意思表示的方式应得到更为广泛的确认,从而有利于维护商事交易的效率与效益。① 商法学者在此共识的基础上,分别对商事沉默独立于民事沉默的理论基础、适用范围、立法进路等提出了设想,具体如下:

在理论基础上,王建文提出,商事沉默独立于民事沉默的理论基础在于商法中的加重责任理念,即商主体的营利目的决定了其理应负担较之一般民事行为实施主体更加严格的义务与责任;②刘凯湘对此补充道,沉默在商行为意思表示中更广泛地得到确认与商事交易中的迅捷、便利原则以及商事外观主义原则密切相关。③ 在适用范围上,杨代雄认为应限于"交易习惯",即一方当事人曾不止一次以沉默方式作出承诺并且履行了据此订立的合同,则此后一方当事人对要约再次沉默的,可以视为作出承诺。④ 在立法进路上,夏庆锋提出了合同编总则部分应明确沉默的意思表示,且应允许沉默在商事合同中的扩大适用;⑤吕来明、郝春峥提出可在"商事通则"的制定中,在一定范围和条件下,承认沉默的承诺效力;⑥张保红提出了具体条文,即"法律行为双方均为商组织的,一方向与其保持有商业联系的另一方提出要约,另一方必须毫

① 王建文:《商法教程》,中国人民大学出版社2019年版,第51页。

② 王建文:《论商法理念的内涵及其适用价值》,载《南京大学学报(哲学·人文科学·社会科学)》2009年第1期。

③ 刘凯湘:《商事行为理论在商法中的意义与规则建构》,载《法治研究》2020年第3期。

④ 杨代雄:《意思表示理论中的沉默与拟制》,载《比较法研究》2016年第6期。

⑤ 夏庆锋:《民法典合同法编之商事条文规范设计——以总则条文的修改与完善为视角》,载《江淮论坛》2018年第2期。

⑥ 吕来明、郝春峥:《商事合同制度适用初探——兼谈商事通则中商行为一般规则的建立》,载《中国商法年刊》2007年第1期。

不迟疑地对要约予以回答;另一方的缄默视为要约之承诺”。①

2. 比较法:商事沉默的法律规定与裁判实践。在实在法层面,德国、日本、韩国已有具体规定。《德国商法典》第362条第1款规定了事务处理型沉默,即事务处理合同的人一旦收到要约,负有及时答复的义务,否则其沉默视为同意;②《日本商法典》第509条规定了经常交易型沉默,即商人接受经常性交易对象且属于经营范围内的要约时,负有速发承诺与否的通知义务,怠于通知或完全沉默的,视为承诺;③《韩国商法典》第53条之规定与《日本商法典》第509条基本一致。④

在习惯法和案例层面,德国、法国、美国也有对应裁判。详言之,在德国,联邦法院的诸多判例依商事交易习惯确认了商人确认函(Bestätigungsscheiben)型沉默,即受领人对相对方发出了确认函未及时提出异议的,视为同意确认函的内容,合同即告成立;⑤法国最高法商事法庭曾在1956年依据商事习惯作出一则判决,即代理商在收到正式的订货通知单后24小时未予回复的,则该沉默视为承诺。⑥ 在美国,霍布斯诉马萨索伊特搅拌器公司案也确认了交易习惯型的商事沉默。⑦

(三)小结

综上所述,商事沉默的法律效力广受肯定,学者观点、裁判实践及各国立法均可为此背书抑或注解。但是,各学者对其适用范围的观点或各国立法却

① 张保红:《中国商事立法研究》,法律出版社2019年版,第300页。

② 《德国商法典》第362条第1款规定:“由商人的营业经营产生为他人处理事务,并且在于处理此种事务的要约从某人到达该商人,而该商人与此人有交易关系的,该商人有义务不迟延地予以答复;其缄默视为对该要约的沉默。”参见杜景林、卢湛:《德国商法典》,中国政法大学出版社1999年版,第172页。

③ 刘成杰:《日本最新商法典译注》,中国政法大学出版社2012年版,第98、99页。

④ 《韩国商法》,吴日焕译,中国政法大学出版社1999年版,第14页。

⑤ Staudinger/Knothe, Vor §§116-144, Rn. 73; Erman/Armbrüster, §147, Rn. 5-6.

⑥ 尹田:《法国现代合同法:契约自由与社会公正的冲突与平衡》,法律出版社2009年版,第66页。

⑦ 该案中,被告为鳄鱼皮收购者,原告为出售者,双方经常交易。某次,原告将一批鳄鱼皮运送至被告处,被告对此未作任何表示,结果鳄鱼皮因未及时处理而腐坏,原告要求被告支付价金,被告拒绝,故诉至法院。对此,霍姆斯法官认为基于先前的交易所形成的彼此都知悉的交易习惯,被告负有提出异议的义务,在未提出异议时,原告有理由期待被告是同意购买鳄鱼皮的。*Hobbs v. Massasoit Whip Co.*, 158 Mass. 194, 33 N. E. 495(Mass. 1893)。

不尽一致,即或是商事主体有联系,或是需形成交易习惯,或是限于事务处理和商事确认函类型,等等。反观我国《民法典》第一百四十条“当事人交易习惯型沉默”的规定,其肯认商事性沉默法律效果的立法精神,无疑是颇为必要和值得称赞的,但是,这一适用范围是否妥当?是否符合商事实践和商事法理?尚待讨论。

二、《民法典》“当事人交易习惯型沉默”的双重困境

立法论上,相比《民通意见》第六十六条,《民法典》第一百四十条第二款有诸多进步之处。在效力层级上,前者为“司法解释”位阶,后者则为“法律”;在具体内容上,后者将前者“不作为的默示”之表述改为“沉默”,并补充了商事沉默的内容,使之概念更为严谨、科学,适用情形也更加周延。但是,值得进一步讨论的是,“当事人交易习惯型沉默”是否使得民事沉默商法化?是否与民法严格诉求权利人内心真意的理念相悖?商事沉默的情形是否已完整、妥当地被《民法典》第一百四十条所囊括、所表达呢?下文将回答这些问题。

(一)《民法典》沉默制度的立法技术乃“妥协”而非“提取公因式”

我国《民法典》的立法进程大致可概括为:在补充完善既有民法规范的基础上,吸纳商法规范入典,以统一适用于所有的民商事关系。这一理想图景的实现很大程度上仰赖于“提取公因式”(“潘德克顿”立法模式的俗称)的立法技术是否完全贯穿于《民法典》编纂的始终。易言之,提取民商法“公因式”,并将之抽象为《民法典》的具体条款,其规范内容自与民法、商法均无抵牾之处,反之,或构成“民法规范过度商法化”抑或“商事关注不足”。

以沉默制度来看,《民法总则(草案)》第一百一十八条第二款使用的是“习惯”这一法律术语,直到通过之时,才将其限定为“当事人之间的交易习惯”。至于其背后的具体缘由,对此无专门的立法说明,故我们不得而知。不过,从学理的角度分析,或可窥得一二。首先,“习惯”既包括生活习惯,也包括交易习惯,或可表述为民间习惯和商业惯例。以民商区分视角看,生活习惯显然存在于民事领域,交易习惯虽皆有商事色彩,但无论是从商法理论还

是商事司法实务上,交易习惯大多仍存在于商事领域。① 于此,《民法总则(草案)》的“习惯”表述可理解为是立法者提取民商法“公因式”的结果。

现行法“当事人之间的交易习惯”表述的提出可划分为三个阶段,第一阶段,是民商法共同术语的“习惯”;第二阶段,是民商法领域均有的“交易习惯”;第三阶段,是限缩之后的“当事人之间的交易习惯”。第一阶段到第二阶段的演变大概是《民法典》吸收商法规范、实行民商合体的政治任务使然。很快,立法者盖认识到若沉默视为意思表示的情形过于宽泛,则每个人需对铺天盖地而来的各种要约负有回复义务,这无疑是不经济的。更重要的是,与民法严格诉求当事人内心真意的理念相悖。故而,才有了第三阶段“当事人之间的交易习惯”的表述。

由此可见,《民法典》第一百四十条第一款是立法者踌躇于民事沉默与商事沉默之间的产物。或言之,就沉默而言,与其说立法者是在抽象民法和商法的“共性规则”,毋宁说其有意忽略民法、商法两端之特性,仅寻求两者间的“中间领域”罢了。诚如有学者所批判的,《民法典》只是举起了“民商合一”的旗帜,并未设计出妥当的合一规范。② 沉默制度便是其明证之一。这种“妥协”型立法技术的产物,从出生那刻起就注定了它无法反映沉默在民商价值诉求上的分殊。

(二)《民法典》沉默制度“妥协”模式的双重困境

1. 民事主体:从“习惯型沉默”到“当事人交易习惯型沉默”的不当扩展。一般而言,沉默因不具有表示行为因素而不属意思表示。③ 但是,在如今广泛的市场交易情形下,为保护交易安全与效率,即使是民事主体间的沉默,在例外情形下也完全可能具有法律效力。至于“例外情形”是“习惯”还是“当事人之间的交易习惯”,则需逐个讨论。

首先,“习惯”属“例外情形”当无争议。一则,从我国的社会文化考察,十里不同风,百里不同俗,我国有数量庞大的特定区域内被社会公众所普遍遵

① 陈彦晶:《商事习惯之司法功能》,载《清华法学》2018年第1期。

② 蒋大兴:《〈商法通则〉/〈商法典〉的可能空间?——再论商法与民法规范内容的差异性》,载《比较法研究》2018年第5期。

③ 王利明:《民法》,中国人民大学出版社2018年版,第109页。

守的生活习惯,经年累月,这些习惯一定程度上已经成为“熟人社会”中人们日常生活的行为准则。二则,从法律效力考察,我国《民法典》第十条首次将“习惯”的法律地位明确上升到正式的法律渊源之一,同时规定法院可以以“习惯”为裁判依据。显然,“习惯型沉默”在《民法典》第十条“习惯”的射程范围内,其法律效力自不待言。

其次,“当事人交易习惯型沉默”是否对民事主体具有约束力?为回答该问题,需先就“交易习惯”是否只在商事主体之间存在这一前提问题进行讨论。具体来看,第一,交易习惯既存在于民事合同,也存在于商事合同中。我国《合同法》是以商事合同为常态、以民事合同为例外的立法格局,[①]但这也表明了《合同法》兼具民商两大属性。依此论,“交易习惯”对民事和商事行为均有效力。第二,民事主体可以订立商事合同。因为民事合同和商事合同一般是以当事人签订合同的主观目的而区分,而非主体性质所决定,意即民事主体若以投资获利的目的订立的合同,则为商事合同。需要明确的是,这种以签订合同的主观目的区分民事合同与商事合同在特定情形下会发生结论对立的情况。例如,合同一方的目的是个人生活使用,另一方则是投资经营目的,如此,依照前者是民事合同,后者则是商事合同。对此,笔者认为,此时应跳出合同整体属性的认定逻辑,而将民事合同、商事合同作为合同双方的预期描述。本文以下对民事合同、商事合同的表述也是基于前述观点。

此时,可能有人质疑,订立商事合同的民事主体是否因行为的商事性而自动成为商事主体呢?以法理论之,商事主体的认定条件是需具备“持续性营业”,而从事商事活动的主体若不符合“营业”和“持续性”任一要件的,则仍是民事主体。故而,主体性质和合同性质并不完全对应。综上所述,交易习惯既可以存在于民事主体签订的民事合同中,也可以存在于民事主体签订的商事合同中,绝非商事主体所“专属”。进一步而言,以“举重明轻”的法理看,“当事人之间的交易习惯”作为“交易习惯”的一种,自然也符合上述结论。

就沉默而言,若符合民事主体商事合同中的“当事人间的交易习惯”,自

---

① 赵万一:《论民法的商法化与商法的民法化——兼谈我国民法典编纂的基本理念和思路》,载《法学论坛》2005 年第 4 期。

有效力。因为,此时的民事主体因订立商事合同而具有了商事活动的特征,而商事活动追求交易效率,只要交易主体的沉默符合“交易习惯”,便会产生承诺的法律效果。但是,符合民事主体民事合同中“当事人间的交易习惯”的沉默是否对民事主体具有法律效力呢?答案无疑是否定的,因为此时若肯认其效力,则意味着使未表达内心真意的权利人承担沉默构成意思表示之法律后果,这一方面与民法强调保护实质性权利的精神相悖,[①]另一方面对民事活动中的当事人显然过于苛刻,毕竟从事民事活动的权利人区别于谙于交易、富有经验、追求效率的商人。[②]

2. 商事主体:从“交易习惯”到“当事人交易习惯型沉默”的不当限缩。“当事人交易习惯型沉默”是对民事“习惯型沉默”的不当扩展,同时也构成对商事“交易习惯型沉默”的不当限缩。理由在于:依据原《合同法解释(二)》第七条,交易习惯主要包括两种情形:一是在交易行为当地或者某一领域、某一行业通常采用并为交易对方订立合同时所知道或者应当知道的做法;二是当事人双方经常使用的习惯做法。有学者将其进一步细分为:(1)流行于全国的一般交易习惯;(2)在某特定区域为人们遵守的地区习惯;(3)在同类行业中通行的特殊行业习惯;(4)当事人之间长期从事某种交易所形成的习惯。[③] 由此可见,“当事人之间的交易习惯”只是“交易习惯”诸多情形中的一种。相应地,《民法典》第一百四十条所规定的“当事人交易习惯型沉默”是对“交易习惯型沉默”的限缩。

这一限缩是否有充足的法理支撑,暂且不论。但其是否符合现实需求,通过梳理商事实务和司法实践便可见一斑。在商事实务层面,譬如建设工程领域,发包人对承包人提交的结算文件久拖不复已成为发包人拖欠工程款的一种重要方式。[④] 若双方未在合同约定“沉默视为认可”条款,也未形成“当事人之间的交易习惯”,则发包人的沉默便因不符合《民法典》第一百四十条所

---

① 钱玉林:《商法的价值、功能及其定位——兼与史际春、陈岳琴商榷》,载《中国法学》2001年第5期。

② 施鸿鹏:《民法与商法二元格局的演变与形成》,载《法学研究》2017年第2期。

③ 王利明:《我国民法典重大疑难问题之研究》,法律出版社2006年版,第486页。

④ 参见高印立、石伟:《“沉默”在建设工程结算中的法律责任的类型化分析——兼论〈民法总则〉第140条》,载《北京仲裁》2019年第2期。

规定的三种情形而无任何法律意义。[①] 进而,发包人便可"合法拖欠"承包人的工程款。显然,这一法律结果是不正义的。然而,若将"当事人交易习惯型沉默"扩展为"交易习惯型沉默",发包人对承包人结算文件的沉默因符合"行业惯例"而可理所当然地具有"认可"之效力,[②]这一难题也可迎刃而解。

司法裁判层面也显现出这种限缩的不合理性。在鸿兴公司与中威公司合同纠纷案(以下简称"石材案")中,主审法官在判决书中提出沉默被认定为承诺的情形之一是"交易习惯",而非表述为"当事人间的交易习惯"。[③] 故而,"当事人交易习惯型沉默"既不能满足商事主体的交易需求,也与部分司法裁判者的观点相左。值得一提的是,无论是建设工程中的发包方、承包方,还是"石材案"中的买卖双方,均是商事组织而非商事自然人。[④] 申言之,于商事主体而言,"当事人交易习惯型沉默"的不妥恰是否都发生在交易主体均为商事组织的情形呢?这无疑是一个大胆的猜测,准确与否,需下文精细论证。

三、制度修正:商事沉默的理论基础、整体框架与具体规则

《民法典》第一百四十条所规定的"当事人交易习惯型沉默"似民非民,似商又非商,有着"剪不断理还乱"的参差之感,一时难以厘清。但是,从《民法典》统领民商规范的立法圈囿中跳脱出来,而以民商"各扫门前雪"的小格局

① 《建设工程价款结算暂行办法》(财建〔2004〕369 号)第十四条,《建筑工程施工发包与承包计价管理办法》(住房和城乡建设部令第 16 号)第十八条,《建设工程工程量清单计价规范》(GB50500－2013)第 11.3.4 项等均规定了发包人在规定的时间内不答复竣工结算文件的法律后果,即赋予沉默以认可的意思表示。但是,《建设工程价款结算暂行办法》是部门规章,《建筑工程施工发包与承包计价管理办法》是部门规范性文件,《建设工程工程量清单计价规范》是国家标准(行业规范),都不属于《民法总则》第一百四十条项下的"法律"(依体系解释,此处的"法律"仅包括全国人民代表大会及其常委会制定的"法律"),也就无法通过"法律规定"这一情形赋予"沉默"以法律意义了。

② 2013 版和 2017 版《建设工程施工合同(示范文本)》通用条款第 14.2 款第(1)项载明:"……发包人在收到承包人提交竣工结算申请书后 28 天内未完成审批且未提出异议的,视为发包人认可承包人提交的竣工结算申请单,并自发包人收到承包人提交的竣工结算申请单后第 29 天起视为已签发竣工付款证书。"因为《建设工程施工合同(示范文本)》是由原住房和城乡建设部与原国家工商行政管理总局联合组织制定并颁布的,其在某种程度上可视为一种行业惯例,或至少是一种业内认可并通行的惯常规则。

③ 参见东莞市鸿兴石业有限公司与湖北中威建筑装饰工程有限公司、湖北中威建筑装饰工程有限公司海南分公司买卖合同纠纷案,湖北省武汉市武昌区人民法院(2015)鄂武昌民初字第 00371 号民事判决书。

④ 依据《合同法》关于建筑合同的规定,其并无绝对商事标签,民事主体也能成为建筑合同的主体,但是,依据《建筑法》第二十六条"承包建筑工程的单位应当持有依法取得的资质证书,并在其资质等级许可的业务范围内承揽工程"之规定,建筑合同发包方、承包方均为商事组织。

剥丝抽茧,或可妥洽区别、整合民事沉默与商事沉默。况且,立法者只有在明晰民事沉默与商事沉默的共性、特性后,制定出的沉默规则方可统摄民商沉默。需说明的是,当前沉默制度对民事主体的“不利”可通过《民法典》第十条的“习惯”规范和司法裁判对“交易习惯”的商事限定所缓解,尽管其法理不甚完善。但是,其对商事主体交易安全、交易效率的“不利”却是现实而又紧迫的,亟待释明法理、重构规则。

(一)商事沉默的法理释明与整体框架

第一,外观主义决定了商事沉默独立于民事沉默。首先,从历史演进和适用范围看,外观主义肇始于民法,但以“信赖”为基础的民法外观主义仅为意思主义的配套制度,而以“营利”为核心的商法体系让外观主义取得了长足发展。进言之,外观主义于民法仅为“例外适用”,而于商法则是“广泛适用”,甚至是始终贯穿于商法总则及分则之中。① 其次,从规范目的看,商法外观主义旨在迅速确定法律效力不明之状况,以确保交易效率和安全,而民法外观主义只在一些特殊情形下对私人自治作一种利益衡量的平衡。

就沉默而言,民事沉默是对民法私人自治的平衡,即纠正或补充单纯意思主义思维方式的不足,②而商事沉默则是商法外观主义的产物之一。私人自治的平衡与商法外观主义虽均有“外观信赖”的沉默,但“同名不同义”。诚如前文所述,两者的适用范围和规范目的显然不同。有鉴于此,我们可以得出:商事沉默有着完全不同于民事沉默的法理基础,也就是说,两者从诞生之日起就注定了不同的发展路径和规则构成,故对两者需分别对待、分类论证,不可混淆。

第二,加重责任原则决定了商事沉默的适用范围广于民事沉默,也决定了商事沉默制度的多层次结构。通常,加重责任原则是指商事主体相对于民事主体应负担更严谨的义务和承担更严格的责任及风险,其内部正当性是商人的营利属性、组织体、专业性等特征,外部正当性是商业社会有别于传统民

---

① 张雅辉:《论商法外观主义对其民法理论基础的超越》,载《中国政法大学学报》2019年第6期。

② 石一峰:《沉默在民商事交往中的意义——私人自治的多层次平衡》,载《法学家》2017第6期。

法人伦本位的高风险性,以及由此所产生的商事实践需求。[①] 不过,此观点实际上只考虑到了加重责任原则的第一层意涵,忽略了商事主体之间加重责任的程度强弱以及由此产生的第二层意涵。即如仍按照前文的内部正当性原理分析,商事组织的营利属性和专业性显然有别于商自然人(个工商户、流动摊贩等),相应地,在注意义务和责任内容上,两者也应有所区别。

就沉默而言,加重责任原则的第一层意涵决定了商事沉默构成同意的概率要远高于民事沉默,换言之,商事沉默较之民事沉默,其适用空间更广,即被解释为意思表示的情形更多。正如梅迪库斯所言:“商人即使一直在睡觉,也能够订立合同。”[②]毕竟商法假定商人是精明的、理性的。依此论,其理应对收到的要约需尽更高的注意义务。加重责任原则的第二层意涵决定了商事沉默制度的多层次结构。相比商自然人,商事组织具有完善的治理结构、专业的管理和技术团队、财力强大、资源丰富。按加重责任原则,对商事组织所设定的行为标准应更高,义务和责任也更严格,[③]相对应地,商事组织的沉默视为承诺之意思表示的认定标准应宽松于商自然人沉默。

(二)商事沉默的具体规则

1. 商事沉默的三层次结构。商事形态的难以计数和不断更新决定了商事主体本就不可能是一个有明确边界的群体。从中世纪的商人法到《法国商法典》(1807)、《德国商法典》(1897)和《日本商法典》(1899),商事主体的界定一直是一个棘手的难题。具体而言,法国、德国、日本等国立法者对商事主体的定义存在商人与商行为循环定义的逻辑缺陷,[④]而我国有学者提出了临时性经营者和固定经营者的商事主体二分法,前者主要是指偶尔从事商事行为的民事主体,后者是指持续从事商行为的商自然人和商事组织。[⑤]

首先,这一观点将偶尔从事商事行为的民事主体纳入商法的调整范畴,值得肯定。因为当民事主体所为的行为具有营利目的,其自愿将自身置身于“高收益、高风险”的、具有某种“投机性”的商业社会与市场环境,理应受商法

① 李建伟、李亚超:《商事加重责任理念及其制度建构》,载《社会科学》2021 年第 2 期。

② Dieter Medicus, Bürgerliches Recht,19. Aufl. ,2002, Rdn. 129.

③ 施天涛:《商事法律行为初论》,载《法律科学》2021 年第 1 期。

④ 王建文:《论我国民间借贷合同法律适用的民商区分》,载《现代法学》2020 年第 1 期。

⑤ 参见王建文:《我国商法体系缺陷的补救:民商区分》,载《环球法律评论》2016 年第 6 期。

权利义务关系规则之调整,[①]此时,若将民事主体仍然绝对排除于商法调整范畴之外,显然是不合理的。其次,这一观点仍有偏颇之处。即临时性经营者和固定经营者的分类虽然可囊括所有的传统和新型商事主体,但还是稍显粗疏。一则表现为对商自然人和商事组织混为一谈。不可否认,原本建立在商自然人基础上的商事主体,如今已越来越多地表现为商法人、商合伙,但即便如此,规模庞大的个体工商户、流动摊贩的存在,使得商事组织"收编"商自然人的合理性仍然存疑。二则这种观点无法回答如今商业实践中广泛存在的微商、代购、网店、滴滴快车等灵活多样的"新面孔"究竟应归属于何者。

事实上,在本文看来,这一观点所讨论的商事组织、商自然人和偶尔从事商事行为的民事主体的原始表述本就有不妥之处。一是将偶尔从事商事行为的民事主体归入"商事主体"的范畴,在语义上并不统一,即一方面坚持民事主体与商事主体的界分,另一方面又将部分民事主体划入商事主体的范畴,却不给其商事主体的身份。二是其只符合当前商事实践,封闭式的规定无法给未来新型商事主体留有必要的入法空间。三是,在"无业不商"、"无人不商"和"营业自由"的现代社会,没有永恒的民事主体,也没有永恒的商事主体。是故,有必要跳出民事主体与商事主体形式层面区分的"窠臼",以实质主义的视角在个案中具体判断,即将商事组织、商自然人和偶尔从事商事行为的民事主体三者的经验、财力、谈判能力等指标总结为"交易能力"(议价缔约的谈判能力、评估风险和承担后果的能力),进而将三者分别修正为强交易能力、中交易能力和弱交易能力者更为妥当。

或许有人会反驳说,经营时间长短、专业能力高下等原因都会导致较大的个体差异,"交易能力"的划分方式与实践背离。笔者对此并不完全否认,商事组织的交易能力不一定绝对强于商自然人,商自然人的交易能力也不一定强于偶尔从事商事行为的民事主体。但是,就立法的基准而言,各国立法通例似乎均在高于消费者等弱势"民事主体"的基准线上对商人课以义务、追究责任。[②] 再者,相比商自然人的个体化交易,商事组织多是集团性、大规模、反复性交易,整体上,后者交易能力明显高于前者。如此,强交易能力、中交

① 刘凯湘:《商事行为理论在商法中的意义与规则建构》,载《法治研究》2020年第3期。

② 李建伟、李亚超:《商事加重责任理念及其制度建构》,载《社会科学》2021年第2期。

易能力、弱交易能力的划分方式并无不妥。

行文至此，商事沉默的三层次结构已然明朗，即不同交易能力的主体对应着不同的商事沉默适用规则。具言之，弱交易能力者的沉默规则，应在民事主体沉默规则的基础上从宽，即“习惯”到“当事人间的交易习惯”。同理，中、高交易能力者的沉默规则分别对应“交易习惯”和“交易联系”。对于高交易能力者沉默的“交易联系”规则，《德国商法典》事务处理类沉默要求“两名商人间必须存在交易联系”和我国学者提出的“缄默视为要约之承诺”的立法方案也从侧面证明了此方案的合理性。①

2. 商事沉默的入法路径。就商事沉默的入法路径而言，主要有民法典模式与商法单独立法模式。需说明的是，商法体系区别于民法体系的相对稳定性，其表现出鲜明的开放性与扩充性，适时而变不断创新是其典型特征，从这个意义上而言，制定一部囊括所有商法规范的统一商法典并无可能。② 但是，在一定数量商法单行法的基础上，制定一部总纲性规范的商法通则，无论是技术难度还是理论基础，都更具有可行性。是故，商事沉默的商法单独立法模式可进一步限定为商法通则模式。

民法典模式的总括图景纵然美好，但对民事沉默与商事沉默的本质性差异置若罔闻，一味追求法典之形式统一，这样的立法路径注定是虚幻的。并且，即使民法典对民事沉默和商事沉默区分规定，势必会堆放冗长的但书条款，弊端甚多。一是显得“臃肿”，有碍观瞻；二是民法典的简洁制度优势将不复存在；三是《民法典》在很长的一段时期内不会修改，商法沉默的民法典模式不具有现实可能性。

商法通则作为商事单行法以外的一般性、共通性问题的规范总和，本就担负着商事沉默的立法使命，这既非我国在国际经济交往中“守住脸面”的需要，也非商法学者为抢夺学术地盘、实现商法理论完整性的刻意需求，③而是

---

① 第X条：法律行为双方均为商组织的，一方向与其保持有商业联系的另一方提出要约，另一方必须毫不迟疑地对要约予以回答；另一方的缄默视为要约之承诺。张保红：《中国商事立法研究》，法律出版社2019年版，第300页。

② 赵旭东：《商法通则立法必要性和可行性研究》，载《地方立法研究》2018年第2期。

③ 参见蒋大兴：《〈商法通则〉/〈商法典〉的可能空间？——再论商法与民法规范内容的差异性》，载《比较法研究》2018年第5期。

商事沉默的自身性质和实践需求使然。

四、结语

综上所述,基于外观主义和加重责任原则的商事沉默与平衡私人自治的民事沉默之间有着本质上的不同,《民法典》将二者合一的立法模式是不科学的。道不同,不相为谋,商事沉默的制度规范不应被民事沉默所“收编”。是以,笔者提出商事沉默的三层次结构和商法通则的入法路径。

第一,弱交易能力主体的沉默规则,即偶尔从事商事行为的民事主体,可基于“当事人间的交易习惯”而赋予其沉默以承诺之意义;

第二,中交易能力主体的沉默规则,即个工商户、流动摊贩、微商等不具有完备组织体系和良好治理能力的商事主体,可基于“交易习惯”赋予其沉默以承诺之意义;

第三,强交易能力主体的沉默规则,即商法人、商合伙,可基于“交易联系”赋予沉默之法律意义。

此外,在更广阔的视野下,诸多商事规范与民事规范仅是“形似”,寄希望于《民法典》将其“大一统”的方案本就“理想化”,又何必要一直寄民法篱下,受其“揶揄”。借此,我们应从商法自身出发,不懈研究,未来定会筑起商法的大厦!①

(责任编辑:王琦)

---

① 李建伟、帅雅文:《民法典合同编分则“二审稿”民商事规范的区分设置检讨》,载《法律适用》2019年第21期。

非破产情形下股东出资加速到期之理由与时点

——从股东出资契约角度出发

赵亮亮*　徐　美**

摘要:在注册资本认缴制框架内,基于风险均衡分担和降低制度成本,非破产情形下股东出资加速到期具有必要性。现有“非破产加速”学说,在正当性论证和制度构想方面均存在不少争议和欠缺。究其原因,一是无法突破股东出资“期限利益”原则的限制,二是“公司不能清偿到期债务”的讨论前提过于模糊和主观。股东出资义务是一种约定义务。认缴制下股东享有的出资期限利益源自其契约自由,期限约定过长并非权利滥用,但期限利益应被解释为一种“附条件”的利益而非“附期限”的利益。一方面,基于有限责任制度的规范目的,股东应在公司资本不足以应对其商业风险时提前实缴出资;另一方面,当公司不能保持其持续经营能力时,股东出资期限应予加速到期。从制度层面看,公司催缴加速制度应优先于债权人直接请求权等制度得到适用。

关键词:非破产　加速到期　出资契约　期限利益　公司催缴

一、问题的提出:公司商业风险分担之不均衡

“法学研究及制度设计经常面临的困难在于,如何确立正义的标准,并以

* 北京德恒律师事务所律师。

** 北京大学法学院民商法学博士。

此为基础完成权利义务的配置?”[①]商事法律制度追求交易的秩序、效率与安全,而该目标的达成前提在于合理安排相互关联的市场主体之间的权益关系。从某种意义上讲,公司是一项关于风险和收益的事业,公司法律制度的主要功能是在公司股东、董事和管理层以及公司债权人等主体之间妥当分配公司经营风险和收益,[②]规范和调整各方基于公司营业产生的权益关系,最大化地实现交易各方的目的。

在注册资本认缴制的框架下,公司法基于法人人格独立和股东有限责任制度实现的公司商业失败风险,在股东和公司债权人之间的分配态势发生了重大变化,股东承担的有限责任与公司债权人承担的交易风险之间严重失衡。这体现在,当公司不能清偿到期债务但同时并未进入破产程序时,认缴制赋予股东的出资期限利益又阻却了股东有限责任的承担。由于实缴出资期限可以任意约定或延长,实践中股东动辄约定三五十年甚至更久的情形屡见不鲜。畸长的期限约定,既不符合商业逻辑,也背离了认缴制的初衷,更严重的后果是纵容了不诚信股东的机会主义行为,造成了公司债权人利益保护的困难。

有鉴于此,不少学者在《企业破产法》规定的破产情形下股东出资加速到期制度之外,[③]提出了在公司“非破产情形下”的股东出资加速到期主张,用以应对公司尚不具备破产原因或尚未进入破产程序时的债务处理。然而,由于现有制度供给不足,“非破产加速”学说无论从理论上还是操作上均争议重重。根本上讲,现有学说及主张面临的困难在于,难以突破股东出资“期限利益”原则的限制,也未能确立出资加速到期的适当评判标准,因此只能以必要性论证替代正当性论证,而在制度构想上也颇多局限。

2019年11月发布的《全国法院民商事审判工作会议纪要》(以下简称“九民纪要”)就该问题提出了如下裁判规则:原则上保护股东期限利益、否认非破产情形下的股东出资加速,另以执行不能、被执行公司已具备破产原因

① 罗培新、张建伟:《公司法的科斯定理》,载弗兰克·伊斯特布鲁克、丹尼尔·费希尔著:《公司法的经济结构》(代译序),罗培新、张建伟译,北京大学出版社2014年版,第9页。

② 公司债权人一般被分类为自愿债权人和非自愿债权人,本文讨论范围限于前者。

③ 《企业破产法》第三十五条规定,人民法院受理破产申请后,债务人的出资人尚未完全履行出资义务的,管理人应当要求该出资人缴纳所认缴的出资,而不受出资期限的限制。

和股东恶意延长出资期限作为例外。[①] 不过,由于该规定缺乏操作性,且违反了破产公平受偿原则,因而被认为无法有效回应现有制度缺失。[②] 2021 年 12 月发布的《公司法(修订草案)》(以下简称《修订草案》)正式提出了“非破产加速”制度。该《修订草案》第四十八条规定:公司不能清偿到期债务,且明显缺乏清偿能力的,公司或者债权人有权要求已认缴出资但未届缴资期限的股东提前缴纳出资。可见,立法者已充分认识到了认缴制改革带来的遗留问题。[③]

事实上,如何通过公司资本制度平衡股东与公司债权人之间的权益,是我国公司法资本制度和债权人保护制度改革面临的重要问题。过往围绕“非破产加速”的激烈争论表明,唯有得到充足的正当性论证并建立起行之有效的制度设计之后,“非破产加速”方有可能真正确立。

因此,出于保护债权人利益之考量,非破产情形下股东出资是否应当加速到期?何时加速到期?如何加速到期?《修订草案》能否发挥应有的效用?仍待进一步探讨。本文试图从股东出资契约角度出发,通过检讨过往学说主张并考察出资义务的法律属性,探究出资期限利益的节制标准和出资“非破产加速”的适当时点,并确立公司催缴加速制度的优先性。此外,对《修订草案》作出简要评述。

二、“非破产加速”学说及其检讨

注册资本认缴制在降低市场主体设立门槛、带来交易市场活跃的同时,也赋予了股东基于出资契约(而非基于公司实际经营状况)实缴出资的自由,这大幅降低了股东实际承担公司经营风险之可能,而显著加重了债权人对公

① 最高人民法院于 2019 年 11 月 8 日发布的《全国法院民商事审判工作会议纪要》第 6 条规定,在注册资本认缴制下,股东依法享有期限利益。债权人以公司不能清偿到期债务为由,请求未届出资期限的股东在未出资范围内对公司不能清偿的债务承担补充赔偿责任的,人民法院不予支持。但是,下列情形除外:(1)公司作为被执行人的案件,人民法院穷尽执行措施无财产可供执行,已具备破产原因,但不申请破产的;(2)在公司债务产生后,公司股东(大)会决议或以其他方式延长股东出资期限的。

② 参见肖雄:《资本认缴制:与其补丁,毋宁废除》,《商法界论集》2018 年第 1 期;朱慈蕴:《中国公司资本制度体系化再造之思考》,载《法律科学(西北政法大学学报)》2021 年第 3 期。

③ 事实上,早在认缴制改革之初,就有学者提出批评,这一改革将导致债权人保护制度之缺口、法定资本制之紊乱和交易环境之恶化等后果。参见甘培忠:《企业与公司法学》(第七版序言),北京大学出版社 2014 年版,第 1 -4 页。

司的监督成本。对于单个公司债权人来说,仅通过审核交易对手的工商登记事项远不足以充分获取交易信息、有效规避交易风险,而通过设置担保等措施又往往有损交易效率。从公司商业风险分配的角度看,相比较股东,债权人承担了过重的交易风险。

债权人的不利交易地位更为典型的体现是,其通过破产制度获得债权清偿往往代价过重。这主要是因为破产程序发起难度较大、破产过程复杂不可控、程序周期过长且清偿结果具有不确定性等。这与商事交易所推崇的便捷、高效原则明显相悖。如此高昂的制度成本,使得破产制度只能作为一种兜底清偿方式,而不能作为平衡股东和公司债权人之间权益的常规手段。一方面是不诚信股东的机会主义行为,另一方面是债权人的高昂监督成本,而破产制度只能作为最后清偿手段,这便是"非破产加速"学说的产生背景。

(一)"非破产加速"学说的基本主张和制度构想

"非破产加速"学说旨在弥补注册资本认缴制的不良后果,实现债权人利益在公司尚未破产时的有效保护。这一学说虽然已有不少讨论,但仍然纷争不断。

1."非破产加速"学说的基本主张。所谓"非破产加速",指在公司尚未进入破产程序时未届出资期限的股东以出资加速到期的方式为公司债务承担补充责任。从操作层面上看,"非破产加速"学说最主要(并非唯一)的制度构想为债权人直接请求权制度,即当公司资产不足以清偿负债时,公司债权人有权请求未届出资期限的股东在其认缴出资范围内对公司债务承担补充清偿责任。[①] 与"非破产加速"相关的规范,在我国公司法律制度上有迹可循者,仅体现在《公司法司法解释三》第十三条第二款。该款规定,公司债权人请求未履行或者未全面履行出资义务的股东在未出资本息范围内对公司债务不能清偿的部分承担补充赔偿责任的,人民法院应予支持。该款中"未履行或者未全面履行出资义务"是否包括未到期的出资义务,是争论的焦点。自2013年我国《公司法》确立注册资本认缴制以来,关于"非破产加速"之正当性的论辩,已经形成了几种不同的学说,即否定说、肯定说、折中说。

① 参见蒋大兴:《论股东出资义务之"加速到期"——认可"非破产加速"之功能价值》,载《社会科学》2019年第2期。

否定意见认为,出资期限尚未到期的股东不应为公司债务承担补充赔偿责任,即当公司面临不能清偿到期债务时,股东出资加速到期不可行。理由主要有:其一,缺乏法律依据,出资加速制度应以公司破产为条件;其二,对法律应严格解释,《公司法司法解释三》第十三条第二款规定的股东承担补充赔偿责任的前提是股东出资期限已经到期;其三,股东出资期限业经公示,债权人在明知该期限信息时的交易风险应自行承担;其四,存在其他诸如行使撤销权、法人人格否认等救济途径;其五,"非破产加速"损害股东期限利益,有违认缴制的初衷;其六,"非破产加速"破坏了债的平等性,不符合企业破产法的立法目的。[①]

肯定意见认为,股东承担以上补充赔偿责任具有正当性。理由主要有:其一,对出资期限的约定不得对抗履行出资之法定义务,该等约定对外部债权人不具有约束力;其二,对债权人之债权实现而言,股东出资加速到期制度具有成本低、效益高的优势;其三,股东认缴是一种担保认诺,其出资对公司债务具有担保功能,因此应在认缴范围内替代清偿;其四,关于出资期限的过长约定是对股东权利之滥用,因违反公平原则而无效;其五,非破产情形下出资加速符合股东出资之目的,即公司之生存与发展。[②] 除了以上意见外,其他学者还提出了如下肯定理由。李建伟认为,股东权利义务应对等,其在享有出资期限利益的同时也应承担相应义务;资本维持原则要求公司正常营业时应避免出现无法偿债的情况;可参照域外公司法理论将股东出资解释为一种法定债务,如此,债权人可直接追索。[③] 蒋大兴认为,合同法上的情势变更和代位权打破规则,公司法上的有限责任、法人人格否认等制度,以及强制执行法上关于民事执行中变更、追加当事人的有关规则,均可作为股东出资"非破

---

① 参见李建伟:《认缴制下股东出资责任加速到期研究》,载《人民司法·应用》2015年第9期;张磊:《认缴制下公司存续中股东出资加速到期责任研究》,载《政治与法律》2018年第5期。

② 参见李建伟:《认缴制下股东出资责任加速到期研究》,载《人民司法·应用》2015年第9期;张磊:《认缴制下公司存续中股东出资加速到期责任研究》,载《政治与法律》2018年第5期。

③ 同时,李建伟反对将出资期限的过长约定视为股东权利滥用,理由是法无禁止即自由、禁止过长约定有违立法精神,且关于出资期限并不存在合适的标准。参见李建伟:《认缴制下股东出资责任加速到期研究》,载《人民司法·应用》2015年第9期。

产加速”之理据。[①]

折中意见认为,股东是否应承担以上责任需视具体情况而定。所谓“具体情况”主要有:其一,当公司已面临经营严重困难、任其发展将面临破产时,应予适用出资加速到期制度,反之则不应适用;其二,对于外部非自愿债权人而言,因其对加入与公司的债权债务关系无法预见或拒绝,因此应予适用出资加速到期制度,反之则不应适用。[②]

可见,学界虽然就此问题已经进行了比较充分的论辩,但是迄今并未达成共识。尽管理论上多倾向于支持特定情形下的出资加速到期,但对《公司法司法解释三》第十三条第二款进行扩大解释(将“未履行或者未全面履行出资义务”扩大至未到期的出资义务)的主张并未得到主流认可,对于出资加速之“特定情形”的判定标准更缺少一致意见。

2.“非破产加速”学说的制度构想。关于“非破产加速”学说的制度构想,以往讨论中主要提及以下六种:公司债权人直接请求权制度、破产倒逼加速制度、董事催缴制度、成立公司出资管理委员会、强制执行出资债权制度和公司催缴制度等。

这些制度主张具体如下:其一,公司债权人直接请求权制度,即由公司债权人直接请求出资期限未到期之股东承担补充赔偿责任。其二,破产倒逼加速制度,即在公司被受理破产后、进入实质性破产程序前增加法院的询问程序,通过该询问程序警示和倒逼股东放弃期限利益、提前出资,避免公司走向破产。[③] 其三,董事催缴制度,即认为董事对出资期限未届期股东之催缴是董事所负之勤勉义务的内容,因此应由董事催缴实现“非破产加速”。其四,成立公司出资管理委员会,即主张公司内部应成立一个由股东代表、独立董事组成的机构,负责股东出资管理,并通过该机构督促未出资股东在特定情形

① 参见蒋大兴:《论股东出资义务之“加速到期”——认可“非破产加速”之功能价值》,载《社会科学》2019年第2期。

② 参见李建伟:《认缴制下股东出资责任加速到期研究》,载《人民司法·应用》2015年第9期;张磊:《认缴制下公司存续中股东出资加速到期责任研究》,载《政治与法律》2018年第5期。

③ 参见吴迎晖:《股东未届期出资义务问题探究》,载《淮海工学院学报(人文社会科学版)》2018年第7期。

下履行出资义务。[①] 其五,强制执行出资债权制度,即认为出资债权是公司资产的一部分,债权人可以在执行程序中请求强制执行公司享有的出资债权,从而获得收取该债权的权利,而无论该出资债权是否已到期。[②] 其六,公司催缴制度,指将公司作为决定股东出资期限是否加速到期之主体,以公司董事会决议以及通知等程序实现股东出资加速到期。

在以上制度设计中,最主要的是公司债权人直接请求权制度。这是一种与"非破产加速"学说联系最为紧密的制度设计,在许多学者看来,二者互相等同。[③]

(二)"非破产加速"学说之检讨

一项制度的创设大体需完成以下几个方面的证成,即价值上的重要性、逻辑上的合理性、操作上的可行性及不违反整体制度体系的自洽性。如前所述,无论是从风险分担的原则出发,还是考虑到破产制度的高昂成本现实,"非破产加速"均有其价值上的重要性。然而,从其他方面看,现有"非破产加速"学说存在不少问题。

首先,逻辑上的合理性方面。如何论证"非破产加速"的合理性?前述提及的"肯定意见"大体呈现出三个特点。一是原则性论证多于具体论证。比如,认为股东认缴是一种对公司债务的担保认诺、非破产情形下出资加速符合股东出资的目的、股东在享有出资期限利益的同时也应承担相应义务、减少公司滥设并提高公司品质、维护交易安全并保障债权人利益等。二是反面论证多于正面论证。比如,认为关于出资期限的约定不得对抗公司债权人、关于出资期限的过长约定是对股东权利之滥用因而约定无效、公司资本维持原则要求公司正常营业时应避免出现无法偿债的情况。三是侧面论证的说服力有限。比如,认为"非破产加速"制度具有成本低而效益高的优势,域外公司法理论将股东出资解释为一种法定债务等。换言之,绝大多数意见所论

---

① 参见房国宾、周代顺:《认缴制下股东出资义务加速到期机制研究——基于公司资本制度改革视角的分析》,载《时代法学》2019 年第 5 期。

② 参见丁勇:《认缴制后公司法资本规则的革新》,载《法学研究》2018 年第 2 期。

③ 参见李建伟:《认缴制下股东出资责任加速到期研究》,载《人民司法·应用》2015 年第 9 期;蒋大兴:《论股东出资义务之"加速到期"——认可"非破产加速"之功能价值》,载《社会科学》2019 年第 2 期。

证的仅是股东应当对公司债务承担补充赔偿责任,而未能论及股东为何应当在特定时刻(公司不能清偿到期债务时)承担责任。在这些意见中,股东承担义务的特殊时点要求与承担义务本身被混淆了。

其次,操作上的可行性方面。"非破产加速"学说的制度主张存在诸多困难。第一,就公司债权人直接请求权制度而言,该制度下债权人的请求权基础在于债权人代位权的行使逻辑。然而,债权人行使代位权的前提在于次债务人所负债务已到期,且债务人怠于行使。该制度未重视债务人(公司)的"合同"地位,而是直接假定了债务人(公司)怠于向次债务人(股东)主张债权。第二,就破产倒逼加速制度而言,其体现出一种理想化特征。因为法院的询问程序并不具有强制性,这一假想的程序对股东的督促意义不大。第三,就董事催缴制度而言,该制度立基于董事对公司所负之勤勉义务。然而,一方面,所谓勤勉义务的概念并不明确。[①] 另一方面,董事基于履行勤勉义务而催缴适宜被限定在股东出资期限已经届满的情形。[②] 第四,就成立公司出资管理委员会而言,如同破产倒逼加速制度一般,该制度具有空想性。因为,由股东(以及独立董事)设置一个专门机构来督促自身缴纳出资不符合一般理性,更何况多数封闭公司并不设置独立董事席位。第五,就强制执行出资债权方案而言,该制度突破了司法裁判所尊重的公司法人人格独立原则和债的相对性原则,在正当性论证上存在巨大困难。第六,就公司催缴制度而言,现有学说并未建立起充分的催缴理由。

最后,体系上的自洽性方面。"非破产加速"的制度构想(最主要的构想是债权人直接请求股东承担补充赔偿责任)会引起法律体系的紊乱和制度之间的冲突,这主要体现在两个方面。第一,与公司法人人格否认制度之间。公司债权人直接请求权制度的本质在于请求股东提前承担其有限责任,而公司法人人格否认制度的本质在于请求股东承担无限责任。对于公司债权人而言,这两种制度的区别仅是程度上而非实质上的。但问题是,触发公司法

---

① 《公司法》第一百四十七条第一款规定,董事、监事、高级管理人员应当遵守法律、行政法规和公司章程,对公司负有忠实义务和勤勉义务。但该条并未列示前述两种义务的具体内容。

② 参见斯曼特微显示科技(深圳)有限公司与胡秋生等损害公司利益责任纠纷再审案,案号:(2018)最高法民再366号。在该案中,公司股东未全面履行(已到期)出资义务,董事因未及时催缴而被法院认定为:以消极不作为方式违反了勤勉义务,应对公司股东所欠出资承担连带赔偿责任。

人人格否认的前提是股东滥用公司独立人格致使公司债权人利益受损,[①]而公司债权人直接请求权制度无须具备这一前提,其针对的仅仅是公司出现了不能清偿债务的客观状况。因此,当公司出现不能清偿债务时,单个的公司债权人径直请求股东承担责任破坏了制度本身的秩序和层次性,易引起公司债权人群起滥诉。第二,与公司破产制度之间。如前所述,破产制度是一种兜底式的清偿手段。破产制度的结果是破产人法人人格的消灭,与之连带的是破产人之股东、债务人以及债权人资格的一并消灭。因此,破产发生时股东享有期限利益的基础不复存在,出资加速到期是自然之理。相应地,破产人所享有的债权(如有)也照此处理,[②]破产人之债权人享有的未到期债权也在破产申请受理日"视为到期"。[③] 换言之,破产制度旨在通过同时"冻结"公司所享有的债权(含"出资债权")和债务,并一次性地完成公司财产在股东和债权人之间的分配。与破产制度相比,债权人直接请求权制度的缺陷有二:一是以单笔债权的到期强求全部股东出资加速到期,有违股东和债权人利益之均衡;二是破坏了债的平等性,易导致破产前的个别清偿。尽管有学者提出可以在公司陷入破产时以破产撤销权制度应对,[④]但这加重了破产程序本身的负担。因此,在股东出资加速到期具体制度构想方面,仍需更多探讨。

综上所述,现有"非破产加速"学说既未能在理论上重新划定股东和债权人之间的权益边界,又未能建立起切实可行的股东出资加速制度,公司商业失败风险分担不均衡的问题并未得到解决。究其原因,主要有以下两点。

第一,"非破产加速"学说无法突破出资"期限利益"原则的限制。出资期限利益对股东的意义在于:一是公司不得随意请求履行义务,二是股东对公司享有履行期尚未届满的抗辩。[⑤] 事实上,除了企业破产制度以外,基于契约自由和契约严守原则,股东经自由约定而享有的期限利益并不存在制度性的

---

① 参见陈群峰:《"资本显著不足"情形下公司法人格否认制度完善研究》,载《法学杂志》2020年第11期。

② 《企业破产法》第十七条第一款规定,人民法院受理破产申请后,债务人的债务人或者财产持有人应当向管理人清偿债务或者交付财产。

③ 《企业破产法》第四十六条第一款规定,未到期的债权,在破产申请受理时视为到期。

④ 参见蒋大兴:《论股东出资义务之"加速到期"——认可"非破产加速"之功能价值》,载《社会科学》2019年第2期。

⑤ 参见钱玉林:《股东出资加速到期的理论证成》,载《法学研究》2020年第6期。

约束。这构成了论证“非破产加速”制度之正当性的巨大障碍。现有肯定“非破产加速”学说的理论更多只是围绕出资加速的必要性展开,未能从正面解析其合理性以及可行性。正是由于“期限利益”原则的存在,“非破产加速”学说无法通过代位权理论构建自身的正当性基础,只好转而向其他方向寻求理由。目前来看,这种学术努力并未取得成功。

第二,“非破产加速”学说的讨论基础具有模糊性。“非破产加速”学说的主要讨论均基于“公司不能清偿到期债务”这一前提,然而却少有人解释这一前提的准确含义。问题在于,这一前提很难被客观化为一个司法衡量标准。首先,这一表述不能确切传达相关公司的资产和负债状况。该用语过于日常化,不能像“资不抵债”“明显缺乏偿债能力”等词语那样,成为一个具有明确指向的法律概念。其次,该判断过于主观且判断主体不明。这是出自公司债权人的判断,还是公司自身的判断,或者司法判断,并不明确,以至于肯定“非破产加速”的学者实际是不自觉地对相关公司的财务状况持悲观态度,反之亦然。

由于“不能清偿到期债务”之讨论基础的模糊性和出资期限利益来自股东契约自由的事实,现有“非破产加速”学说难以深入到出资加速到期的可行性论证。事实上,前述关于“非破产加速”的折中意见表明,学者已经意识到了讨论前提模糊性的问题,如前文提及的“经营困难”理论。该理论实际是直接修改了“公司不能清偿到期债务”标准。进而言之,该理论并不能被视为一种折中意见,因为它已暗中替换了讨论的前提。也有学者提出了“经营发生重大变化”的标准,认为在发生此种变化时公司有权对股东出资期限行使解除权。[①] 要建立股东出资“非破产加速”制度的正当性,须先明确出资义务的法律属性。

三、股东出资义务的约定性质与出资契约的可“穿透”性

时至今日,注册资本认缴制本身的优劣已不再是一个重要问题,我国公司法资本制度改革的方向之一在于以新的制度设计弥合认缴制引起的债权

---

① 该标准认为,当以下三者占其一时,可被认定为“经营发生重大变化”:公司债务不能清偿、资本不足以清偿全部债务、明显缺乏清偿能力。参见陈妮:《非破产下股东出资期限利益保护限度实证研究》,载《法学评论》2020年第6期。

人利益保护缺口。从功能上看，认缴制的弊端在于，理论上股东可利用该制度随意更改或无限期延长出资实缴期限。如果说从平衡风险分担和降低制度成本角度出发，“非破产加速”是平衡股东和公司债权人之间权益的必要手段的话，那么如何从理论上构建其正当性？如何看待出资义务的法律性质和股东关于期限利益的约定？如何解释股东期限利益与公司到期债务之间的关系？

（一）股东出资义务的约定性质

资本是公司“最重要的要素”，这体现在四个方面，其一，公司的运营无法离开资本，公司自设立至清算全程均围绕资本进行；其二，资本是公司法人人格的物质基础，可以说无财产则无人格；其三，资本是公司产生和存续的目的；其四，资本在一定程度上代表着公司的信用。[①] 就其法律功能而言，公司资本除确立了公司独立人格之外，还是联结股东和公司债权人的核心纽带，其前端衔接着股东有限责任，后端衔接着公司债权人的交易风险。基于此，公司资本制度承担着平衡股东和公司债权人之间权益的重要作用，[②]而股东出资处于该制度的核心位置。

关于股东出资的法律性质，主要有约定义务说、法定义务说、约定义务与法定义务结合说。约定义务说认为，股东与公司之间成立一种基于股东认购公司发行的股份并加入公司的契约关系，因此，违反出资义务应按照债的不履行的一般原则处理；法定义务说认为，股东出资义务受到法律明文规定，公司法严禁撤回出资，这意味着出资约定不可废止且出资义务不可以协议免除；结合说认为，出资义务既是约定义务又是法定义务，原因是这一义务受到发起人协议或设立协议、公司章程和公司法等规范的共同约束。[③]

尽管结合说得到了广泛认可，但是，任何性质对立的意见相折中都有进一步模糊问题焦点之虞。寻根究底，约定义务说更符合出资义务的本质属

---

① 参见朱慈蕴：《中国公司资本制度体系化再造之思考》，载《法律科学（西北政法大学学报）》2021 年第 3 期。

② 陈景善：《类别股之组织法规范与资本制度衔接》，载《北京理工大学学报（社会科学版）》2022 年第 4 期。

③ 参见朱慈蕴：《股东违反出资义务应向谁承担违约责任》，载《北方法学》2014 年第 1 期；钱玉林：《股东出资加速到期的理论证成》，载《法学研究》2020 年第 6 期。

性。即便股东履行出资义务受到法律的严格管控,其属性也宜被认定为一种约定义务。这是因为,其一,在界定出资义务的法律性质时,应区别债的发生与债的履行,出资义务的发生来源于约定而非法定。如学者所言,认缴制的法律本质在于,“股东在初始章程或增资合同中作出的认缴意思表示属于民法上为自己设定负担的行为,本质上是债权债务关系的建立。通过认缴,股东成为出资关系中的债务人,公司则成为出资关系中的债权人。从债权角度看,认缴和实缴实际上就是债权成立与债权到期(实现)的区别”。[①] 其二,认缴制下出资缴纳事宜属于股东自治事项。[②] 所谓出资法定义务说实际是法律对出资义务在履行层面设定的规范。公司法规定的股东之出资义务,如按期缴纳出资、禁止抽逃出资等规则均是在规范既有出资义务,而非设定新的出资义务。民法中有关赠与合同的规范与之类似。即对于经过公证的或具有公益、道德义务性质的赠与合同而言,赠与义务本是一种约定义务,但该义务的履行却受到法律的严格约束,如财产权利转移前不得撤销。[③] 股东基于协议或章程对出资义务的履行与赠与人对经过公证的赠与合同义务的履行,在结构上颇有相通之处,因此,不能仅以法律对义务履行层面的规制而得出合同义务的性质属于法定义务的结论。其三,即便在出资义务的履行层面,法律的规范力度也十分有限。实践中,股东如果合意更改出资的期限、数额(如增资或减资)和形式等,并不会遭遇公司法上的障碍。换言之,即使出资义务不能被随意免除,履行该义务的方式、程度和期限往往也可以进行大幅调整。如此,出资义务应被认定为一种约定之债,其履行应参照合同法一般原理和制度规制。

从公司法条文看,股东出资义务的约定性质体现为两个方面,一是股东

---

① 丁勇:《认缴制后公司法资本规则的革新》,载《法学研究》2018年第2期。

② 参见卢宁:《公司资本缴纳制度评析——兼议认缴制下股东出资义务加速到期的困境与出路》,载《中国政法大学学报》2017年第6期。

③ 《民法典》第六百五十八条规定,赠与人在赠与财产的权利转移之前可以撤销赠与。经过公证的赠与合同或者依法不得撤销的具有救灾、扶贫、助残等公益、道德义务性质的赠与合同,不适用前款规定。

内部基于公司设立协议互负义务，二是股东基于出资协议对公司负有义务。[①] 这遭到了不少学者的反对。学者认为，《公司法》第二十八条中关于未按期出资股东应向其他已出资股东承担违约责任的规范属于立法漏洞，股东出资违约指向的对象应仅为公司，[②]公司对自身出资债权享有专门处分权，将出资契约的债权人扩大至其他股东，侵犯了公司的独立人格。[③] 这些说法极富洞见，尽管仍待深究。[④] 这些意见更大的价值在于突出了公司基于出资契约的主体地位。实务中，股东在出资问题上往往共同进退，而股东与公司之间就出资契约的履行才是问题的核心。

（二）股东出资契约的可“穿透”性

在确定了股东出资义务是一种约定义务之后，有必要进一步探究出资契约的属性。首先需要明确的是，产生出资义务的“约定”并非来自现实的纸面协议，而是仅存于逻辑之中。[⑤] 因为，无论是就发起人协议（或设立协议）还是章程而言，其中出资条款的约束力仅及于股东。[⑥] 但是，在公司设立之后，股东与公司之间显然建立起了某种合同关系，在这一关系中，股东有义务向公司缴纳出资、维持公司之存续、确保公司具备营业之条件、以其出资范围为限承担公司对外债务等，公司有义务执行股东（会）之重大决策、接受股东（会）重大人事任命、出于最大化股东收益而进行商业活动、向股东分红等。

股东出资契约的以上内容体现出，该契约并非普通的民事合同，而是一种商事合同。[⑦] 一般认为，商事行为具有以下特征：其一，以营利为目的，营利

---

① 《公司法》第二十八条规定：“股东应当按期足额缴纳公司章程中规定的各自所认缴的出资额。……股东不按照前款规定缴纳出资的，除应当向公司足额缴纳外，还应当向已按期足额缴纳出资的股东承担违约责任。”

② 参见朱慈蕴：《股东违反出资义务应向谁承担违约责任》，载《北方法学》2014 年第 1 期。

③ 参见丁勇：《认缴制后公司法资本规则的革新》，载《法学研究》2018 年第 2 期。

④ 因为，一般认为，在公司设立阶段，股东通过发起人协议或类似性质的协议对出资期限、方式和数额等的约定属于合伙协议性质，该协议在公司成立之后并不被章程所替代，因而对股东持续具有约束力。即便在公司存续阶段，股东经协议也可对出资义务作出其他安排。

⑤ “在公司实践中，无论公司股东是否与公司签订书面出资协议，在观念上，必须承认公司与股东存在某种出资协议。按照这种观念上的出资协议，公司股东是承诺出资的当事人，公司是承诺收受出资的当事人。”朱慈蕴：《股东违反出资义务应向谁承担违约责任》，载《北方法学》2014 年第 1 期。

⑥ 有观点认为，章程中关于出资期限的记载也可被解释为股东与公司之间的“约定”。然而，考虑到公司不能参与章程的修改这一事实，前述观点难以成立。

⑦ 参见朱慈蕴：《股东违反出资义务应向谁承担违约责任》，载《北方法学》2014 年第 1 期。

是商事行为的核心构成要件;其二,主要由商主体实施,同时,即便不是商主体,民事主体以营利为目的实施的行为也可被归入商事行为;其三,以营业为主要表现形式,即连续、反复、不间断地从事某类商业活动。[①] 商事行为的以上特征导致了商事合同具有和民事合同迥然不同的特征。

商事合同的典型特征是交易结构的复杂化。比较而言,民事合同的法律构造一般较为简单,多为"双方当事人之间的单一法律结构",而"商事关系常由系列合同、单方允诺连接而成,各个合同环环相扣,密切衔接"。[②] 比如,融资租赁合同、保理合同以及建设工程施工承包合同中的分包合同等,都显著体现了商事合同关系的复杂性。这导致了以下两种后果:其一,由于商事关系往往来自多个合同的累积和叠加,因而对于后一商事合同效力的判断往往依赖前一合同的效力;[③]其二,商事合同的法律效果往往会溢出合同当事人,而对其他主体产生影响。如学者所言,"商事法律行为的集体作业方式导致交易结构复杂化、法律关系多元化、法律效果公众化,其无效和撤销的负面作用不仅会影响到行为当事人的私人利益,而且会影响到社会安定。这是现代工商业大规模生产与服务集体行动的必然结果"。[④]

基于此,在进行商事法律适用时,往往(甚至优先)需要考虑的是整体的交易秩序、效率和安全价值,而非在特定当事人之间进行权利和义务的公平分割,这势必突破合同的相对性原则。该原则所传递的观念在于,将因合同这一法律行为所产生的权利和义务限制在特定当事人之间,防止扩散至第三人。历史地看,合同相对性原则适于传统社会里的简单交易关系。在当今工业时代,债权已经成为主要的财产形式,[⑤]交易活动日益复杂、多元和迅捷,此时严守合同相对性原则反而成为商业活动的障碍。[⑥] 尤其是在因第三人原因

① 参见刘凯湘:《商事行为理论在商法中的意义与规则建构》,载《法治研究》2020年第3期。

② 参见崔建远:《民事合同与商事合同之辨》,载《政法论坛》2022年第1期。该文梳理了民事合同与商事合同之间的8种不同特征。

③ 参见李志刚等:《民事合同与商事合同:学理、实务与立法期待》,载《人民司法·应用》2020年第1期。在该文中,学者陈醇梳理了12种不同特征。

④ 施天涛:《商事法律行为初论》,载《法律科学(西北政法大学学报)》2021年第1期。

⑤ 参见[日]我妻荣:《债权在近代法中的优越地位》,王书江、张雷译,中国大百科全书出版社1999年版,第15页。

⑥ 参见崔建远:《论合同相对性原则》,载《清华法学》2022年第2期。

导致违约的场合,如果一味遵循合同相对性原则,显然不利于债务人利益保护,进而会损害整体的交易秩序和安全。[①] 因此,在解释商事合同或条款时,“不宜局限于某单个的合同或其条款,而应放眼全部合同、单方允诺,运用交易的整体解释原则及方法,方可得出较为符合客观实际、公正合理的结论”。[②] 这被称为合同关系之“穿透”。[③]

股东出资契约正体现了商事关系之复杂和多元。无论是关于公司设立失败时由出资人承担设立中债务的规定、公司法人人格否认制度,还是公司破产时股东出资加速到期、执行中追加抽逃出资股东作为被执行人等制度,[④] 均反映了股东、公司、债权人三方围绕公司营业而产生的紧密关联,[⑤]均体现了某些合同关系被“穿透”的情形。在股东出资面临“非破产加速”的场合,商事交易秩序、效率、安全价值与股东期限利益之间发生了严重冲突。此时,如果不能“穿透”股东出资契约,则难以保护善意相对人之权益,不利于合理分配商业风险。

四、股东出资“期限利益”的节制标准

如前所述,构建“非破产加速”制度的最大理论困难在于如何突破出资“期限利益”原则的限制。在股东出资契约中,期限利益是股东享有的正当合同权益。然而,在非破产情形下,期限利益制度能否无条件地阻却股东对出资义务的履行,令人生疑。有必要重新审视期限利益的本质,并借此建立起出资加速到期的适当标准。

---

① 参见李永军、李伟平:《因第三人原因造成的违约与责任承担》,载《山东大学学报(哲学社会科学版)》2017 年第 5 期。

② 参见崔建远:《民事合同与商事合同之辨》,载《政法论坛》2022 年第 1 期。

③ “按照事物的实质、真实的合同关系确定法律效果,俗称‘穿透’。例如,‘透过名义当事人之表象,发现背后的实质当事人,并将适用于名义当事人的相关规则,一并适用于实质当事人。’把‘隐藏很深’的控制股东、实际控制人作为衡量合同效力、权益调整的因素,甚至由其承受合同项下的权利义务。”崔建远:《民事合同与商事合同之辨》,载《政法论坛》2022 年第 1 期。

④ 《最高人民法院关于民事执行中变更、追加当事人若干问题的规定(2020 修正)》第 18 条:作为被执行人的营利法人,财产不足以清偿生效法律文书确定的债务,申请执行人申请变更、追加抽逃出资的股东、出资人为被执行人,在抽逃出资的范围内承担责任的,人民法院应予支持。

⑤ 陈景善、李魏:《上市公司破产重整中出资人权益调整机制之完善》,载《上海政法学院学报(法治论丛)》2021 年第 4 期。

(一)股东有限责任与出资期限利益

关于认缴制下股东享有之期限利益,主要有两种评价意见。一种认为,出资事宜属股东自治事项,期限利益来源于出资期限自由约定的权利,股东各方的真实意思表示并不违反缔约公平原则,因此不应对出资期限设限,更何况不存在限制标准,且即便设定了限制,该限制的效力也不及于公司债权人。[①] 另一种认为,尽管期限利益是基于出资期限自由约定的权利,但是基于出资契约具有组织性契约的特点,出资期限约定应受到较一般民事契约更多的限制,期限过长的约定有违缔约诚信原则,属于权利滥用,因此应设置一定的期限上限,如类推适用租赁合同最长不超过20年的规定。[②]

本文以为,其一,从性质上讲,关于出资期限的约定是股东出资约定自由的自然延伸,期限利益属于股东权利的一部分。因此,关于出资期限的约定并不违反相关缔约原则,股东期限利益不应被设置制度性的限制,除非该等设置有利于出资契约的履行。正如前文所言,在特定情形下,股东出资期限利益应当劣后于某些公共价值。其二,出资期限的长短是一个程度问题,而权利是否被滥用是一个性质问题,以后者衡量前者是评判标准的误用。这便是在出资期限约定过长是否属于股东权利滥用的问题上,现有观点针锋相对不存在缓和余地的原因。其三,对出资期限设置上限(如最长不超过20年)的目的在于保护公司债权人利益,然而,对出资期限设长度限制与公司债权人保护之间的关系并不清晰,甚至可以说二者之间的逻辑链条存在脱节。因为,设置期限上限这一僵硬的手段不足以应对公司债权人随时可能承担的交易风险。总而言之,即便股东之期限利益并不绝对,对它的限制也不应该就出资期限的长度做文章,即期限利益不应被理解为一种"附期限"的利益。

出资期限利益应被理解为一种"附条件"的利益。从股东角度讲,这一条件便是股东应负担的有限责任。股东关于出资期限的过长约定尽管并非权利滥用,但是,如股东在公司不能清偿到期债务时仍执意保有其出资期限利益而置公司经营风险于不顾,则显然违背了股东有限责任的规范目的。

---

① 参见李建伟:《认缴制下股东出资责任加速到期研究》,载《人民司法·应用》2015年第9期。

② 参见蒋大兴:《论股东出资义务之"加速到期"——认可"非破产加速"之功能价值》,载《社会科学》2019年第2期。

有限责任的基本内涵是,股东以其投资额为限承担风险。有限责任制度对于公司的内部激励作用毋庸赘言。[①] 同时,有限责任制度存在天然的社会成本,即允许公司将一定的经营成本和风险外部化到第三方。[②] 在弗兰克·伊斯特布鲁克、丹尼尔·费希尔看来,有限责任制度实际上是对股东向专业化的保险机构购买"经营失败保险"之替代手段,如此替代的效果是,"公司从债权人处购买保险……债权人无论是作为'承保人'还是债权人本身,都承担了企业经营失败的风险。有限责任的法律规则,是实现这一目的的捷径,因为它避免了单独交易的成本"。[③] 换言之,有限责任制度实际上在股东、公司和债权人之间建立了一个三方"合同"框架,合同内容为公司经营失败风险之分配。这也印证了前文所提及的商事合同的复杂结构及其可"穿透"性。有限责任的功能表明,它不过是一项关于风险交易的缺省规则,是"股东和债权人在假设性协商中达成的合同条款"。[④] 即便公司法没有对此作出规定,股东和债权人也会在频繁、多边的商事交易中将其创造出来。

有限责任制度是围绕公司进行的交易成本最低的风险分配制度,但在其制造的三方"合同"框架内,相比较股东,债权人承担了更多风险。此时,对股东而言,其实现投资利益最大化的最优手段是,向公司注入资本,分担公司债权人承担的风险,以此最大可能地实现公司的营业目的,这也说明,"公司资本制度的功能并不只是为了保护债权人的利益。就投入资本而言,企业家有独立于法律的激励,哪怕企业家只考虑其自身的利益,市场的压力(而非法律的强制)也会迫使他们这么做。与有限责任制度一样,公司资本制度在逻辑上同样是起源于约定而不是法定,且其性质属于默认规则而非强行法"。[⑤]

---

① 主要体现在:降低监督代理人的成本;降低监督其他股东的成本;促进经理人高效经营;以股票价格更准确地体现公司价值;提高股东多元化投资的效率;有利于实现最优投资决策。参见[美]弗兰克·伊斯特布鲁克、丹尼尔·费希尔:《公司法的经济结构》,罗培新、张建伟译,北京大学出版社2014年版,第41-44页。

② [美]斯蒂芬·M.班布里奇、M.托德·亨德森:《有限责任:法律与经济分析》,李诗鸿译,上海人民出版社2019年版,第13页。

③ [美]弗兰克·伊斯特布鲁克、丹尼尔·费希尔:《公司法的经济结构》,罗培新、张建伟译,北京大学出版社2014年版,第47页。

④ [美]斯蒂芬·M.班布里奇、M.托德·亨德森:《有限责任:法律与经济分析》,李诗鸿译,上海人民出版社2019年版,第3页。

⑤ 桑本谦:《缺省规则与法律背后的合约》,载《现代法学》2020年第5期。

至此不难得出,有限责任制度对于股东这一角色的基础假定是一个诚实守信(承担自身有限责任)而积极逐利(追求公司营业目的之实现)的理性人。显然,股东在公司不能清偿到期债务时,仍执意保有其出资期限利益而置公司经营风险于不顾的行为,完全背离了这一角色假定。换言之,股东承担有限责任是其享有出资期限利益的节制标准之一,股东出资期限利益应当服从于有限责任制度确立的风险分配机制。

《九民纪要》在探讨公司资本显著不足时也释明了这一点,该文件指出,"公司设立后在经营过程中,股东实际投入公司的资本数额与公司经营所隐含的风险相比明显不匹配。股东利用较少资本从事力所不及的经营,表明其没有从事公司经营的诚意,实质是恶意利用公司独立人格和股东有限责任把投资风险转嫁给债权人"。[①] 可以说,股东享有的出资期限利益应受到有限责任制度和股东出资契约的节制,这直接体现在公司资本与公司经营风险的匹配程度上,当二者出现明显背离时,法律推定股东恶意转嫁了投资风险。因此,当发生公司不能清偿到期债务或类似情形时,有限责任制度和股东出资契约要求股东放弃出资期限利益,提前实缴出资,充实公司资本,以此提高公司抵抗商业风险的能力,平衡股东与债权人之间的风险分担。

(二)公司存续能力与股东出资期限利益

如前所述,现有的股东出资"非破产加速"学说存在的一个重大疏漏在于,"公司不能清偿到期债务"作为讨论前提过于模糊和主观,以至于产生了许多不同层面的对立意见。将股东出资期限利益视为一种"附条件"的利益,从公司角度看,要求公司保持"持续经营能力"。[②] "持续经营能力"标准优于"不能清偿到期债务""经营困难""经营发生重大变化"等,应被作为节制出资期限利益的标准,主要是基于以下原因。

其一,这一标准更为清晰和客观、易于识别和把握。"公司不能清偿到期债务"这一标准过于模糊和主观,它不能体现股东出资应予加速到期的紧迫

---

① 参见最高人民法院于2019年11月8日发布的《全国法院民商事审判工作会议纪要》第十二条。

② "具有持续经营能力"在我国《证券法》上体现为对企业首次公开发行新股设置的基本条件。《证券法》第十二条规定:"公司首次公开发行新股,应当符合下列条件:……(二)具有持续经营能力。"

性和必要性。当公司只是暂时不能清偿个别债务时,适用股东加速到期制度显然有失公平。而当公司已经陷入资不抵债,则应当适用破产制度而非“非破产加速”制度。“经营困难”标准存在判定难度巨大、无法适用于实践中拒不承担债务的“无赖公司”等缺点。[①] 就“经营发生重大变化”标准(指公司债务不能清偿、资本不足以清偿全部债务以及明显缺乏清偿能力三者至少占其一时)而言,其与企业破产原因难以作有效区分,即缺乏操作性。比较之下,“持续经营能力”是一个正面的评判标准,更加客观和易于识别。如果一家公司仅是暂时地或零星地面临不能清偿到期债务的状况,但仍具备持续经营能力,那么要求股东放弃期限利益、出资加速到期显然过于苛刻。相反,如果一家公司已经或即将丧失持续经营能力,即便其未进入破产程序,股东出资期限利益也已成为无本之木,此时要求股东出资加速到期并无不妥。此外,明确该标准的判断主体。董事会掌握公司经营和决策,公司是否具备持续经营能力应来自董事会的商业判断。这避免了其他标准判断主体不明的弊端。

其二,该标准更契合于股东与公司债权人之间的风险和权益分担。“公司不能清偿到期债务”是一种单纯的财务状况评价。由于公司的财务状况无时无刻不在变动之中,仅以公司一时的财务状况来判定股东期限利益的得失显然不具有足够的说服力。其他标准与之类似。根本上讲,与股东的权益、债权人的交易风险直接相关的,并非公司的财务状况,而是其持续经营能力。相比静态的、片面的财务数据,一种动态的、整体性的“持续经营能力”更能体现一家公司的商业信用,这关乎其盈利的可能、清偿能力和抗风险水平。当一家陷入不能清偿到期债务的公司仍具备持续经营能力时,股东出资加速到期并不具有紧迫性和必要性,此时债权人可以通过和解、重整等制度保全其利益。[②] 相反,当公司已不具备持续经营能力但又未进入破产程序时,债权人可以通过股东出资加速到期制度,从而以更低的成本保护自身利益。因此,较单纯的财务状况评价相比,如不能清偿到期债务、经营困难或资不抵债等,“持续经营能力”更为紧密地联系着风险和权益在各方之间的分担。

事实上,在一些学者的前期讨论中,已经意识到了公司的存续能力是限

① 参见李建伟:《认缴制下股东出资责任加速到期研究》,载《人民司法·应用》2015 年第 9 期。
② 陈景善:《重整融资之超级优先权模式:功能与构造》,载《政治与法律》2021 年第 9 期。

制股东出资期限利益的可能标准,只是未形成明确和统一的意见。如李建伟认为,“资本维持原则应体现为,在股东认缴资本额全部实缴之前,公司在正常开展营业的同时应避免出现无法清偿对外债务的境况。一旦公司丧失这种偿付能力,法律应向股东宣告:请向公司补充缴付你所未缴的财产,以保持公司的债务清结。否则,公司资本制度的设计则纵容了股东、伤害了债权人,最终损害了整体性的社会交易安全”。[①] 蒋大兴认为,股东出资契约可类推适用情势变更原理,当公司经营状况发生显著变化,出现偿债危机,则可适用情势变更制度,解除出资契约中的期限限制。[②] 朱慈蕴认为,“公司只有在处理好对外债务的前提下,才能确保出资人的期限利益;反之当公司不能偿付对外债务时,其应当用全部资产偿债,其中就包括股东尚未缴纳的资本金。在公司不能清偿到期债务时,如果还允许股东以期限利益对抗债权人,则有违《公司法》第三条关于公司本质的规定”。[③] 这些观点无疑可总结为,公司的持续经营(既作为一种状态又作为一种能力)是股东享有出资期限利益的前提。

综上所述,认缴制下股东享有的出资期限利益,是其基于出资契约自由而来的合同利益,并非股东权利滥用。另外,出资期限利益应被理解为一种“附条件”的利益,而非“附期限”的利益。从股东角度看,当公司资本不足以应对其经营风险时,有限责任制度和股东出资契约要求其提前出资,以缓和债权人承担的交易风险。从公司角度看,是否具备“持续经营能力”是在非破产情形下判定公司商业风险分担的核心标准,该标准优于其他纯财务状况评价标准,应以此出发判断股东出资提前到期、承担公司经营风险的适当时点。

至此,或可对《修订草案》第四十八条拟确立的股东出资加速到期制度作出如下评介:其一,其加速“前提”过于模糊,该条所言之“公司不能清偿到期债务,且明显缺乏清偿能力”与企业破产的法定原因难以区分,[④]会导致法律

① 李建伟:《认缴制下股东出资责任加速到期研究》,载《人民司法·应用》2015年第9期。

② 参见蒋大兴:《论股东出资义务之“加速到期”——认可“非破产加速”之功能价值》,载《社会科学》2019年第2期。

③ 朱慈蕴:《中国公司资本制度体系化再造之思考》,载《法律科学(西北政法大学学报)》2021年第3期。

④ 《企业破产法》第二条第一款:企业法人不能清偿到期债务,并且资产不足以清偿全部债务或者明显缺乏清偿能力的,依照本法规定清理债务。

适用的混乱;其二,未遵守债权人代位权行使的逻辑,该条文授予“公司或者债权人”向股东催缴出资的权利,但未说明二者之权利顺序,按照债权人代位权规则,债权人仅在公司怠于催缴时方有权行使催缴之权;其三,该条文能否真正发挥功能存在疑问,这是因为,该条文仅为授予催缴之权,对被催缴之股东并未设置相应的制约措施,未规定相应的责任承担方式,如此,出资是否加速到期仍由股东决定,该条文之功能能否实际发挥全赖于股东的诚信和能力。总之,《修订草案》第四十八条对于弥补认缴制之制度漏洞的作用可能是较为有限的。

五、股东出资契约与公司催缴加速制度

在明确股东出资期限利益是一种“附条件”的利益之后,非破产情形下股东有限责任与公司债权人交易风险之间的隔离方被打通,一种不基于破产原因的出资加速到期制度方具备构建的基础。如前文所言,应该重视公司在股东出资契约中的主体地位。基于债的保全的一般原理,非破产情形下股东出资加速到期的理念应首先转化为公司催缴股东出资加速制度,而非债权人直接请求权制度。

公司催缴加速制度包括以下要点。

其一,股东出资“非破产加速”到期的判定标准应当由现有的“不能清偿到期债务”修正为“公司不能保持持续经营能力”。当此状况发生时,意味着公司的使命——营业将无法继续,而股东出资契约的合同目的——营利也将落空。因此,当面临持续经营能力即将丧失(而非“不能清偿到期债务”)的境况时,作为出资契约的当事一方,公司自然有权行使催缴之权,以充实其资本,维持其存续。

其二,是否进行催缴应基于公司董事会的商业判断而非司法判断。董事会掌控着公司的经营决策和管理,具有信息优势,这决定了董事会的商业判断最能体现公司在交易中的风险状况及其在出资契约中的权益状况。因此,对于股东已认缴而未实缴的出资是否应加速到期、何时加速到期以及何种程度上加速到期,应由董事会在评估公司责任财产、公司面临之商业风险和持续经营能力的基础上作出判断。

其三,在具体操作方面,董事会可以决议形式请求股东在合理期限内实缴出资,用于清偿公司已到期债务。如股东未在合理期限内履行实缴义务,公司可依据《公司法司法解释三》第十六条、第十七条规定对股东权利作出合理限制,直至解除股东资格。此外,董事会应评估公司的负债数额,以确定催缴的程度(请求股东全部实缴还是部分实缴),避免出现加速到期之实缴金额与公司债务差距悬殊的情形。如发生全部加速到期之实缴金额仍不足以覆盖现时债务时,说明公司已具备破产原因,此时董事会应启动破产程序对债权人公平偿债。

其四,在公司催缴不能时,债权人可直接请求股东承担补充赔偿责任。此时,即可适用《公司法司法解释三》第十三条第二款。因为,董事会既已发起催缴,意味着公司已濒临丧失持续经营能力之困境,股东出资期限利益的正当基础已不复存在,因此股东出资期限应予加速到期。而债权人可"穿透"股东出资契约,直接请求股东承担债务。

其五,在债权人有理由相信公司已濒临丧失"持续经营能力"、董事会却怠于行使催缴之权时,董事会有义务提出相反证据。董事会不能提出相反证据又不愿行使催缴之权时,应认定公司放弃行使其基于出资契约的合同权利,以消极不作为的方式"维护"股东本不应享有的期限利益,坐视债权人利益受损。此时,债权人也可"穿透"股东出资契约,直接请求股东承担债务。

良好的资本制度应当在相关方之间划定合适的风险和利益边界,进而保障公平合理的交易秩序。注册资本认缴制下,股东享有之期限利益是一种"附条件"的利益。认缴制造成的股东与债权人之间风险分担的失衡,应首先在出资契约的架构内,以股东之有限责任、公司之持续经营能力作为平衡股东出资期限利益的砝码。依据出资义务作为一种约定之债的基本逻辑,在股东出资"非破产加速"的场合,应突出公司的主体性,以公司主动催缴制度而非债权人直接请求权等制度作为节制股东期限利益、平衡风险分担的首要方式。

(责任编辑:王琦)

公司风险管理法律原则的风险*

Christoph Van der Elst 著

沈朝晖** 李凌霜*** 译

摘要:公司治理准则与公司法包含内部控制与风险管理的条款。首先,本文分析西欧五国这些相关条款的前沿状况。五国范围内,监管框架的模式不是单一的,它跨越了德国Frühwarnsystem模式、法国董事会主席的内部控制报告、荷兰董事会的内部控制陈述、欧盟公司治理陈述与英国的稳健风险管理原则。其次,本文分析在过去的十年,房地产投资基金的样本公司是如何把内部控制与风险管理的规则与原则落实到实践中的。分析表明:尽管风险评估,特别是非财务风险的影响评估,与控制行为仍然有很大的提升空间,但是,风险的识别、财务风险的管理与对风险的反应已经发展到一个高级阶段。这些证据表明,监管与立法驱动了风险管理的实践。有一些内部控制的国别特色消弭了,出现融合迹象。最后一节讨论实证研究的法律政策含义:在监管不断完善与公司创新实践的背景下,出现了新的风险。第一,法律的强制要求,加上公司完全遵守最佳实践的渴望,创造了一种张力:是介于(1)风险管理框架的基本假设——(仅仅)提供基本的保障与(2)管理、明显控制所有(实质)风险的(报告的)前沿状况二者之间的张力。第二,存在一种两极分化的风险:在相关公司机关的风险管理责任分配方面,有很大的进展;但在法律

---

* Christoph Van der Elst, The Risks of Corporate Legal Principles of Risk Management, European Corporate Governance Institute (ECGI) Law Working Paper No. 160/2010. 译者注:作者感谢 Marijn van Daelen 协助与合作研究本文的第三部分。

** 清华大学法学院长聘副教授。

*** 清华大学法学院博士研究生。

其他领域,特别是责任机制领域,则止步不前。

关键词:风险管理　内部控制　公司治理　公司法　公司实践　公司报告

本文写作时正是爱尔兰 Eyjafjallajokull 火山爆发之际。在几乎一个星期内,火山灰云使西欧与北欧的大部分航班取消。航空公司不得不花费数百万欧元去重新安排航班、住宿与补偿所有被延误的乘客,而置"不可抗力"(Force Majeure)免责条款于不顾。不可抗力可以定义为:阻止、延迟或阻碍合同当事人履行合同,超出了合同当事人的控制能力。在很多不可抗力的案件中,当事人免于履行合同或者只需要部分履行合同,或者有权中止、延迟履行合同。乍看,欧洲航空公司有权援引不可抗力条款,为自己的航班取消或延迟行为作正当性辩护。然而,欧洲议会与理事会的261/2004号规章保护航空公司的乘客。[①] 乘客有权得到补偿、退款与照顾,包括到酒店的膳食、住宿与交通费用,不一而足。在对乘客友好的监管环境中,如果欧洲航空公司不得不取消航班(如火山爆发迫使他们不得不这样做),他们可能遭受财务上的重大损失。这是欧洲航空公司面临的巨大风险。显然,航空公司必须识别这种风险、评估风险,采取适当的措施,比如保险,否则接受该风险。不久我们将看到,航空公司是否有效地管理了这次的火山风险。风险管理必须嵌入公司的组织结构和公司成员,作为后者的一个组成部分,如董事会、风险管理官、审计委员会与所有相关雇员,换句话说,风险管理是公司治理的一部分。火山爆发确实也有某种好处。根据一些评估报告,取消航班,降低了飞行量,这使得二氧化碳排放量减少了280万吨,这算是对地球健康的短期治疗。在这个意义上,取消航班当然是环境友好的行为。

火山爆发并没有使风险管理在立法者、政策制定者、监管机构、学术界、公司咨询顾问或公司成员的议程占据重要位置。风险管理的重要性很早便已达成共识,尤其是最近金融危机、"9·11"恐怖袭击事件、安然、世通和其他

---

① 2004年2月11日,欧盟议会与理事会的规章(欧盟)第261/2004号,就在无法登机、取消或长时间的航标延误的情况下,赔偿与协助乘客的问题建立了共同的规则,并取消了规章(ECC)第295/91号(与欧洲经济区相关的文本),见委员会文件,OJ L 46 of 17 February 2004,第1页。

公司崩溃的警示。然而,伴随着墨西哥湾的石油泄露、高盛公司涉嫌欺诈的合成型抵押债券、连续暴涨的奖金薪酬计划、希腊的濒临破产等事件,火山爆发出的气体云还是能够持续吸引人们对风险管理的兴趣。

以前,风险管理被认为是一种典型的管理行为,大部分的社会科学,特别是公司法,几乎对它没有什么兴趣。上述事件与事故改变了人们的观念。风险管理与内部控制成为公司法与公司治理的主要关切。多项改革方案引入风险管理方面的监管要求。一般来说,在不同的国家,[①]风险管理的很多方面是类似甚至相同的,比如公司的运营、财务、战略等。因此,对这些方面的监管要求也理应类似。如果不同国家的合规框架有差异的话,那更多的是因为监管要求的其他方面的不同所造成的(由于监管框架在其他方面的差异,导致了不同国家合规框架的不同)。

下文将论述公司治理中的风险管理以及其发展历程。第一部分介绍风险管理框架的识别。第二部分讨论公司组织机构的早期要求,特别是董事会中与风险管理相关的内容。第三部分比较五个西欧国家的新公司法和公司治理对妥当的内部控制和风险管理体制的要求。第四部分报告过去十年间,房地产投资行业风险管理报告的发展情况。它既揭示了风险管理的作用与重要性的显著增长,也说明了平衡企业家精神与风险管理之间的艰难过程。第五部分最后讨论了内部控制和风险管理的最新情况。我们的研究对象是在受监管的证券交易所市场挂牌上市的一般工商业公司的监管框架。本文不分析金融、医药、食品、国防与其他行业特有的规则手册(Rulebooks),这些规则手册中有大量对风险管理具体、详细的限制。此外,本文也不会调查那些可以缓解欺诈的特别要求。

一、整体风险管理框架与负责行为

内部控制与企业风险管理的开创性框架载于 COSO Ⅰ与 COSO Ⅱ报告中。[②] 因此,本研究同样采用1992 年与2004 年报告中对内部控制与企业风险

① 但是,当然这并不包括在不同的行业或公司之间的其他差别。

② M. M. A. van Daelen and A. C. N. van de Ven, "Introducing risk management", in M. M. A. van Daelen and C. F. Van der Elst eds, *Risk management and corporate governance: interconnections in law, accounting and tax*, Cheltenham: Edward Elgar Press, forthcoming 2010, p. 6.

管理的定义。①

内部控制被广泛定义为一个过程,它受到一个实体(比如公司——译者注)的董事会、管理层与其他人员的影响,旨在为实现如下目标提供合理保障:

·有效性

·遵守相应的法律与监管

企业风险管理是一个过程,它受到一个实体的董事会、管理层与其他人员的影响,适用于公司的战略制定并贯彻到整个企业,旨在识别潜在的可能影响公司的事件,把风险管控在企业的风险偏好范围内,为企业目标的实现提供合理保障。

长期以来,公司风险管理与财务管理、具体金融工具的使用(如期权、对冲互换等)紧密相关。"用金融分析员的行话来说,公司风险管理的根本目标可以被看作是购买'虚值看跌期权',在抵消下行风险的同时,尽可能地在市场上行时保值,这种保值的正当性源于比较优势原则",②即风险识别。随后,战略、伦理与声誉评估,连同风险分析,被纳入更加正式的流程,并被嵌入内部控制与风险管理评估。这一发展伴随着对组织行为所造成的社会、环境与伦理影响的意识与管理的兴起。在许多组织行为中,要求增加这些组成部分的压力是很大的,这就导致了一长串需要管理的风险清单。表1为随机选择的不同风险类型。

内部控制框架的不同组成部分,在演化过程中被整合。框架必须为组织正确定调、识别、评估与管理组织面临的风险,同时,旨在达成这些目标,控制这些行为,为组织成员提供通信与通知,监控内控过程。风险的评估包括两项相关的元素。第一,必须评估事件发生的概率。第二,必须分析事件的影响。评估的结果服务于公司的风险管理。考虑到组织的目标,风险可能被接

---

① Committee of Sponsoring Organizations of the Treadway Commission (COSO), *Internal Control – Integrated Framework*, *Executive Summary*, New York: AICPA Inc. Press, 1992, p. 2 (COSO I Report); Committee of Sponsoring Organizations of the Treadway Commission (COSO), *Enterprise Risk Management – Integrated Framework*, Executive Summary, New York: AICPA Inc. Press, 2004, p. 2 (COSO II Report).

② R. Stulz, "Rethinking Risk Management", *Journal of Applied Corporate Finance*, Vol. 9 (1996), p. 8.

受、消除、控制或分流。此后这一框架被进一步发展为风险管理框架。

风险管理框架应有助于公司达成其战略、运营、报告与合规目标。① 本次金融危机凸显了董事会在风险管理过程中战略督导作用的重要性。在 COSO 的思考性论文《有效的企业风险监督：董事会的角色》中，COSO 要求董事会在"监督企业范围内的风险管理方法"方面发挥关键作用，包括理解风险哲学，与企业的风险偏好相吻合，调查风险管理体制的有效性，审查风险组合，并定期了解对关键风险敞口的风险应对措施。② 相伴随的一篇论文《加强企业风险管理，增强企业战略优势》③为高级管理者如何协助董事会发挥监督作用提供了指导。

表 1　　随机选择的不同风险类型

商业	财务	合规
错误的商业战略	流动性风险	违反上市规则
价格/市场份额的竞争压力	市场风险	违反金融监管
全局性经济问题	持续经营问题	违反公司法
区域性经济问题	超资力经营	诉讼风险
政治风险	信用风险	违反竞争法
技术过时	利率风险	增值税问题
替代产品	货币风险	违反其他监管规则与法律
不利的政府政策	高额资本成本	税收处罚
产业衰落	金融交易风险	健康与安全风险
收购目标	金融资源的错误使用	环保问题
没有能力获得进一步的资本	欺诈	
失败的收购	不实披露的风险	
创新过慢	财务体系的崩溃	
	未入账的负债	

① 同上注，第 3 页。

② Committee of Sponsoring Organizations of the Treadway Commission (COSO), *Effective Enterprise Risk Oversight: The Role of the Board of Directors*, New York: AICPA Inc. Press, 2009, pp. 2 – 3.

③ Committee of Sponsoring Organizations of the Treadway Commission (COSO), *Strengthening Enterprise Risk Management for Strategic Advantage*, New York: AICPA Inc. Press, 2009, p. 24.

续表

<table>
<tr><td>商业</td><td colspan="2">财务</td><td>合规</td></tr>
<tr><td></td><td colspan="2">IT 系统被渗透和攻击</td><td></td></tr>
<tr><td></td><td colspan="2">基于不完备信息所作的决定</td><td></td></tr>
<tr><td></td><td colspan="2">未履行对投资者的承诺</td><td></td></tr>
<tr><td colspan="4">运营与其他</td></tr>
<tr><td colspan="2">商业过程没有合理布置</td><td colspan="2">质量问题</td></tr>
<tr><td colspan="2">主要改革提议的失败</td><td colspan="2">缺乏订单</td></tr>
<tr><td colspan="2">企业家精神的丧失</td><td colspan="2">主要项目的失败</td></tr>
<tr><td colspan="2">原材料断货</td><td colspan="2">关键合同的流失</td></tr>
<tr><td colspan="2">技术短缺</td><td colspan="2">IT 不能提供充分支持</td></tr>
<tr><td colspan="2">自然灾害</td><td colspan="2">外包服务的失败</td></tr>
<tr><td colspan="2">未充分利用无形资产</td><td colspan="2">劳工运动</td></tr>
<tr><td colspan="2">无形资产的损失(如商誉——译者注)</td><td colspan="2">技术项目的失败</td></tr>
<tr><td colspan="2">违反保密义务</td><td colspan="2">雇员缺乏奋斗的动力</td></tr>
<tr><td colspan="2">有形资产的损失</td><td colspan="2">雇员缺乏效率</td></tr>
<tr><td colspan="2">缺乏商业连续性</td><td colspan="2">无力实施变革</td></tr>
<tr><td colspan="2">继任者的问题</td><td colspan="2">公司材料的记录无效</td></tr>
<tr><td colspan="2">关键人员的流失</td><td colspan="2">品牌管理不善</td></tr>
<tr><td colspan="2">未能降低成本基数</td><td colspan="2">产品责任</td></tr>
<tr><td colspan="2">严厉的合同义务</td><td colspan="2">无效的管理过程</td></tr>
<tr><td colspan="2">过度依赖</td><td colspan="2">压榨海外人才</td></tr>
<tr><td colspan="2">未能开发新产品/服务</td><td colspan="2">其他商业伦理问题</td></tr>
<tr><td colspan="2">服务水准差</td><td colspan="2">其他声誉问题</td></tr>
<tr><td colspan="2">未能满足客户需求</td><td colspan="2">错失商业机会</td></tr>
</table>

资料来源:ICAEW, Implementing Turnbull – A Boardroom Briefing (London, 1999), p. 15。

立法者与监管者借鉴风险管理的最新发展,要求企业建立风险管理体制,并就此进行报告。接下来的两个部分简略介绍欧盟层面与五个欧盟成员国的立法过程。它为分析商业界正在使用的风险管理体制提供了一个鞭策。

二、监管的风险管理与内部控制

(一)早期的发展

在过去的十年,风险管理逐渐被纳入公司法与公司治理。这种加强随着对大型(上市)公司董事会和管理层义务的解释发展而来。发展过程中有几个节点。

在旧版公司法中,一般规定“公司的业务应由可行使公司所有权力的董事会管理”。① 根据荷兰、比利时、法国的法律,管理公司一直是董事会的义务。② 而在德国,管理董事会必须指导公司,监事会必须监督公司的管理层。③ 关于公司代表权的条款置于该项管理职责之后。④

在一些国家,如荷兰,治理的要求被进一步解释为妥善管理与保护公司财产的义务。⑤ 然而,大多数法律仍保持沉默或指出具体职责,如准备与提供及时(财务)信息,⑥并回答与一般会议议程与报告有关的所有问题。⑦ 关于董事会应该做些什么以满足公司治理的一般职责,缺乏进一步清晰的法律准则。一些公司法学者试图填补法律指令的空白。De Wulf 分析了比利时法律中的隐含义务。董事会有义务评估公司的持续性,这就需要一套像样的内部控制体制。一旦发现不可持续性,董事会必须立即调整估值规则。⑧ 分析表明,内部控制体制必须(仅)为(内部与外部)财务报告的充分性提供合理的保障,但是,公司应当采用哪一个框架,并没有任何要求。

自 20 世纪 90 年代以来,公司治理成为聚光灯下的时髦话题,并一直持续至今。根据 Cadbury 准则,“公司治理是指导与控制公司的体制”与“董事会负责公司治理”。⑨ 许多公司治理准则有助于充实董事会的义务。董事会的

---

① Regulation 70 of the U. K. Table A edition 1985. 1985 年公司法不精确,仅仅强制性的规定董事对公司负责(section 309 (2) CA 1985).

② Book 2:129 Dutch Civil Code, Article 53 Belgian Companies Act 1935 and Article 89 French Companies Code 1966.

③ Article 76 (1) and article 111 (1) German Stock Corporation Act 1965.

④ Book 2:130 Dutch Civil Code, Article 54 Belgian Companies Act 1935; 在法国,董事会主席代表公司(article 113 French Companies Code 1966).

⑤ Book 2: 9 Dutch Civil Code.

⑥ Article 221, 226 and 233 Companies Act 1989, Book 2:141 Dutch Civil Code (向监事会), and article 92 Belgian Companies Code and 341 - 1 French Companies Code 1966 (1984 年修订) (向一般的大会)。

⑦ See for example Article 540 Belgian Companies Code.

⑧ H. De Wulf, *Taak en loyauteitsplicht van het bestuur in de naamloze vennootschap*, Antwerpen: Intersentia Press, 2002, pp. 282 - 284.

⑨ Committee on the Financial Aspects of Corporate Governance, *The Financial Aspects of Corporate Governance* (London, December 2002), Recommendation 2. 5.

这些治理义务过去充其量隐藏在模糊的公司章节或条款中,被置于聚光灯下并得到澄清,首先是一些自愿性建议,随后是强制性的遵守或解释规则,最后是强制性法律义务。随着公司治理规则与框架的发展,内部控制与风险管理的要求也日趋成熟。

Cadbury委员会主张,管理公司的法律义务要求董事会建立"针对公司财务管理的内部控制体制"。[①] 董事会必须报告"内部控制体制的有效性,审计师应就此发表意见"。[②] 审计委员会负有审查义务关于内部控制体制的陈述。但是,公司在落实这些建议的时候遇到很大的困难。1994年,Rutteman报告增加了一项要求,董事会应当报告他们关于内部控制体制的责任,提供描述流程和评估效果,包括确认该项评估与发表一项声明,声明的内容是内部控制仅提供合理保障。[③]

Cadbury准则(与Rutteman报告)是领跑者。在欧洲大陆,类似的第一代公司治理报告在内部控制与风险管理方面都不太发达。在法国,第一份Vienot报告是在1995年,它要求建立审计委员会,该委员会必须核实收集信息与检查信息可靠度的内部控制是否建立。[④] 其范围显然限于提供可靠财务信息的有效性。1998年出版的三份比利时公司治理报告中,其中有两份建议董事会"确保公司建立有效的内部控制体制"和"管理层制定和实施必要的工具,以实现妥当与有效的内部控制"。[⑤] 1997年荷兰Peters报告为管理董事会

① Committee on the Financial Aspects of Corporate Governance, *The Financial Aspects of Corporate Governance*(London, December 2002), Recommendation 4.31.

② Committee on the Financial Aspects of Corporate Governance, *The Financial Aspects of Corporate Governance*(London, December 2002), Recommendation 4.31 – 4.32.

③ L. Spira and M. Page, "Risk Management: The reinvention of internal control and the changing role of internal audit", *Accounting, Auditing & Accountability Journal*, Vol. 16 (1993), p. 649; B. Rayton and S. Cheng, "Corporate Governance in the United Kingdom: Changes to the Regulatory Template and Company Practice from 1998 to 2002", *University of Bath Working Paper*, No. 13 (2004), p. 29 – 30.

④ C. N. P. F. – A. F. E. P., *The Board of Directors of Listed Companies in France*, (Paris, July 2005), p. 20.

⑤ Belgian Commission on Corporate Governance, *Recommendations of the Market Authority of the Brussels Stock Exchange*, (Brussel, December 1998), recommendation 4.4; VBO/FEB, *Corporate Governance Recommendations*(Brussel, December 1998), recommendation 4.5. 比利时银行与财务委员会的第三公司治理报告局限于公司治理要披露的信息。该准则没有包含任何具体的关于内部控制或风险管理的建议。

和监事会提供了更详细的指导。根据建议4.2和4.3,管理董事会必须向监事会报告战略和政策带来的风险,以及财务报告内部控制体制的评估结果。同时,董事会必须建立有效的内部控制体制。监事会必须每年至少讨论一次"公司的风险",以及管理董事会对内部控制体制的评估结果。[①] 在德国,公司治理准则是在内部控制体制的第一次立法变更颁布后才制定的。

总的来说,关于内部控制与风险管理的公司治理要求是一般性,且不成熟的。第一,只有Rutteman报告界定了内部控制。因此,内部控制通常但不完全与内部或外部财务报告过程相关,而财务报告过程被认为是更广义的风险管理的三大(后变更为四大)目标中的一个目标。第二,并没有规定达成这个目标的过程。充其量,与内部控制相关的指导原则确认了一些不同的义务,确保公司建立了适当的内部控制框架,包括风险识别、体制的有效性与向股东或监事会报告。第三,这些建议几乎没有任何清晰的指导,说明哪个公司机构对不同类型的内部控制目标负责。在一些治理准则中,义务被分配给"所有者",这个所有者的概念是从管理的角度进行认定的,而不是从法律的角度。即使今日,执行管理层的地位并不总是清楚的。第四,尽管在不同的行业与国家,风险管理与内部控制的许多方面是相似甚至相同的,但类似的义务由不同的机构负责。荷兰的管理董事会、英国的董事会、法国的审计委员会负责评估财务报告的内部控制体制。第五,一些建议似乎是相互冲突的。荷兰的管理董事会必须就财务报告内部控制体制的评估进行报告,而监事会必须接受内部控制所有不同系统的评估。尽管不同公司治理委员会的一些成员熟悉COSO的发展,但第一代公司治理准则显然选择了最佳实践的正式进路。

在第一代公司治理准则公布后,世纪之交股票市场触发事件爆发之前,德国议会在《德国商业控制与透明度法》(KonTraG)中规定了关于运营内部控制的具体公司立法要求。根据《德国公司法》,管理董事会必须建立早期风险识别系统。该系统必须保证能够识别出或将危及公司持续经营的实质性风

① Committee on Corporate Governance, *Recommendations of corporate governance in the Netherlands*, (Amsterdam, June 1997), Recommendation 3.4.

险,或根据德国文献,损害净值、财务头寸与公司的可持续发展结果。[①] 德国法要求针对早期阶段识别可能造成实质损害的风险,建立一套体制。管理层报告也必须报告公司未来发展的风险。此外,审计师必须控制风险早期识别系统。德国会计准则委员会发布了德国会计准则第5号,协助德国审计师对管理层报告进行控制评估。该准则超越了法律要求,因此,风险报告提供的信息量要大于早期风险识别系统所获得的信息量。[②]

一般认为,KonTraG并不要求管理董事会建立涵盖所有不同领域的风险管理体制。然而,第一部德国公司治理准则强调,管理董事会必须定期向监事会报告"关于公司与主要集团子公司的商业情况、风险暴露与风险管理的所有相关事项";如果风险暴露"实质性地不利于计划推行"时,应立即报告。[③] 应当在监事会层面建立的审计委员会必须处理风险管理问题。[④] 德国的最佳实践拓展了KonTraG的立法范围。

(二)公司法内部控制与风险管理的前沿状况

大西洋两岸的公司丑闻促使政治家采取新的法律提案,如《萨班斯—奥克斯利法案》(*Sarbanes - Oxley Act*)、欧盟指令与欧盟成员国的国家倡议。它们在董事会委员会与董事的类型等内容,均进行了明确规定或者至少认可,在这一点,这些提案是相吻合的。接下来,公司治理为如何实施内部控制的框架提供了详细的建议。COSO的工作被承认或纳入公司治理准则,并提供了进一步的指导,如英国的Turnbull报告,或法国的"Groupe de travail 'de place'"框架。大部分计划的目标是重建信任,并确保公司有充分的控制能力去稀释已经识别的风险。一些议会制定了新的关于风险管理与内部控制的

---

① K. Schmidt and M. Lutter, *Aktiengesetz Kommentar*, Köln: O. Schmidt Verlag Press, 2008, pp. 1035 - 1036.

② M. Dobler, "Auditing Corporate Risk Management - A Critical Analysis of a German Particularity", *LMU paper*, 2001 - 03 (November 2003), pp. 3.

③ German Panel on Corporate Governance, *Corporate Governance Rules for Quoted German Companies*, (2000), pp. 3 - 4.

④ 同上注,第11页。

强制性要求,如法国的 NRE – Act and LSF – Act。[①] 德国、英国与荷兰采取了更平衡的进路,强制要求与最佳实践二者相辅相成。比利时只选择移植欧盟指令,并引入自愿性公司治理准则。自 2010 年来,比利时追随邻国的实践,移植了欧盟的要求,发布了一份公司治理声明,其中包括对财务报告风险管理体制主要特征的描述,以及强制性遵守或解释的公司治理机制。

这些立法与监管的发展不谋而合,因此制度趋同得不到保证。例外是欧洲公司治理论坛。许多公司在落实欧盟与欧洲国家对内部控制和风险管理方面的要求上面临严重的困难,这毫不奇怪。

1. 欧盟的发展。在欧盟层面,2004 年的《透明性指令》(*the* 2004 *Transparency Directive*)要求发行人的年报与临时报告要包括"对公司面临的主要风险与不确定性的描述"。[②] 披露主要风险与不确定性的要求强迫公司至少设置一套风险与不确定性的识别系统。类似的要求还体现在招股说明书指令(2003/71/EC)与委员会规章(809/2004)中,它们要求公司在招股说明书中披露风险因素。[③] 风险因素的罗列必须包含公司具体的风险和/或那些对投资者作出投资决定有实质影响的证券发行风险。[④]

2006 年修正的第四与第七公司法指令,要求上市实体提供一份年度公司治理陈述。这类陈述必须包括"与财务报告流程相关的公司内部控制与风险

---

① Law nr. 2001 – 420 of 15 May 2001 relative aux nouvelles régulations économiques, *Official Gazette* nr. 113 of 16 May 2001, p. 7776; Law nr. 2003 – 706 of 1 August 2003 de sécurité financière, *Official Gazette* nr. 177 of 2 August 2003, p. 13220. The Breton Law of 2005 (Law nr. 2005 – 842 of 26 July 2005, *Offical Gazette* of 27 July 2005)将内部控制报告的要求仅适用于法国的股份公司和 the Law nr. 2008 – 649 of 3 juillet 2008 (*Official Gazette* nr. 155, 4 July 2008, p. 10705) portant diverses dispositions d'adaptation du droit des sociétés au droit communautaire 进一步将要求精确化。

② 欧盟议会与理事会 2004 年 12 月 15 日的指令 2004/109/EG 之 Article 4, paragraph 2, subpart c and article 5, paragraph 4 是关于统一公司信息透明度的要求,针对证券在一个受监管的市场交易的发行人的信息,OJ L 390, p. 38。

③ 对招股说明书中的风险因素部分的分析,参见 M. M. A. van Daelen, "Risk Management Solutions in Business Law: Prospectus Disclosure Requirements"(21 October 2008), available at SSRN: http://ssrn.com/abstract=1287624。

④ Article 2 under (3), 2004 年 4 月 29 日的委事会规章(EC)No. 809/2004 具体实施,欧盟议会与理事会的指令 2003/71/EC,针对招股说明书中包括的信息、格式、注明参考文献、招股书的出版和广告的散发, OJ L 149, p. 1。

管理体制主要特征的描述”。[①] 在报表合并的问题上,必须提供“关于准备合并账目的集团内部控制与风险管理体制主要特征的描述”。[②] 该份陈述可以被整合到管理层报告或单独发布。这两种公开方式有一些法律差异,但是不论哪种方式,审计师都必须对公司财务管理过程中的内部控制与风险管理体制的主要特征的一致性发表意见。至少,审计师要控制公司治理报表中是否有与财务报告过程有关的主要特征的描述,并发表一致性意见。该指令并没有对工作的程度提出任何指导,也没有规定审计师有义务采用辩论式审计。[③]

欧盟2006年法定审计的指令规定,公共利益实体必须建立审计委员会(或替代机构)以监督财务报告过程,并监督公司内部控制、内部审计(如果适用)和风险管理体制的有效性。[④] 根据这一指令的第24条,审计委员会与有效的内部控制体制有助于财务、运作与合规风险的最小化,并提高财务报告的质量。法定审计师还必须“向审计委员会报告法定审计中出现的关键事项,特别是关于财务报告过程内部控制的重大缺陷”。[⑤] 欧盟公司治理论坛在其关于风险管理和内部控制的声明中确认,公司董事会负责监督内部控制体制的有效性,但反驳董事会负有义务核实内部控制的有效性。[⑥] 欧盟委员会关于独立董事与董事会委员会[⑦]的建议推荐审计委员会协助董事会完成如下

① Article 1, paragraph 7, subpart c, 2006年6月14日欧盟议会与理事会的指令2006/46/EC修订了理事会的指令78/660/EEC(关于特定类型公司的年度报表);修订了83/349/EEC(关于合并报表);修订了86/635/EEC(关于银行与其他金融机构的年度报表与合并报表);修订了91/674/EEC(关于保险公司的年度报表与合并报表), OJ L 224 of 16 August 2006, p. 1。

② Article 2, paragraph 2, Directive 2006/46/EC.

③ 对新要求的分析,见FEE,“Discussion Paper for Auditor's Role Regarding Providing Assurance on Corporate Governance Statements”, (Brussel, November 2009) p. 71。

④ Article 41, paragraph 2, sub a and b, 2006年5月17日欧盟议会与理事会的指令2006/43/EC,这关于年度报表与合并报表的年度审计,修订了理事会指令78/660/EEC和83/349/EEC,废止了理事会指令84/253/EEC, OJ L 157 of 9 June 2006, p. 87。

⑤ Article 41, paragraph 4, Directive 2006/43/EC.

⑥ Paragraph 6, European Corporate Governance Forum, “Statement on Risk Management and Internal Control”, (Brussels, June 2006), p. 5. 该声明的全文见http://ec. europa. eu/internal_market/ company/ecgforum/index_en. htm。

⑦ 2005年2月15日委员会的建议(Commission Recommendation)主要针对上市公司中非执行或监督董事的角色,针对(监督)董事会的委员会,OJ L 52 of 25 February 2005, p. 51。

任务。[1]

·至少每年度审查内部控制与风险管理体制,以确保妥当识别、管理与披露主要风险(包括与遵守现行立法与监管相关的风险);

·确保内部审计功能的有效性,特别是建议选择、任命、再任命与罢免内部审计部门的"一把手",建立部门的预算,并监督管理层执行董事会的调查发现与建议的反应力。如果公司没有设内部审计,则董事会至少每年审查一次是否需要设立内部审计。

·审查外部审计过程的有效性,以及管理层对外部审计师在致管理层的信中所做的建议的响应力。

审计指令与其建议均聚焦于审计委员会的监督角色,但二者给审计委员会分配了不同的角色,分别是监督内部控制体制和它的有效性。根据审计指令,委员会负有履行全面监督财务流程的义务,但仅仅监督全局体制的有效性,而建议则强调委员会监督全球内部控制体制的义务,但委员会仅仅评估内部审计功能与外部审计过程的效果。[2]

2. 英国的进路。英国迅速地选择了遵守或解释的公司治理机制。伦敦股票交易所在上市规则中引入了一项新的要求,要求公司在年报或年度财务报告中,增加关于遵守(或不遵守)的声明。[3] 英国或多或少维持了此进路,但是被欧盟要求所阻挠。在1995年的Greenbury报告对薪酬准则进行更新后,Hampel委员会在1998年元月发布了一项报告。[4] 该报告强调董事会应该维持内部控制的稳健体系,以保障股东的投资与公司的资产。Hampel报告主张内控体制不仅要覆盖财务控制,并且要覆盖运营与合规控制,还包括风险管

---

① Commission Recommendation, OJ L 52 of 25 February 2005, Annex I, Committees of the (supervisory) board, p. 61.

② 后一项义务进一步被限定在具体的分任务,即管理层的响应力与内部审计主管的运转。

③ See also Cadbury Committee, "Report on the Financial Aspect of Corporate Governance", (London: Gee, 1992) (Cadbury Report), Section 1.3.

④ Hampel委员会是1995年11月成立,主要任务是提议财务报告理事会的主席(Sir Sydney Lipworth)。

理,以此深化内部控制。① 在 Hampel 委员会的建议之后不久,伦敦股票交易所在 1998 年 6 月发布《公司治理联合准则》。在英国,英格兰与威尔士特许会计师协会 1999 年就 Turnbull 报告的内部控制与风险管理,提供了进一步指导。Turnbull 委员会成立于 1998 年 9 月,就如何适用 1998 年联合准则,特别是内部控制条款提供指导。Turnbull 报告就内部控制与协助上市公司适用前述原则与其配套联合准则的条款,设置了最佳实践。

董事会负责维护内部控制体系,并且确保该体系以董事会许可的方式有效管理风险。② 因此,董事会应当考虑如下因素:③

- 公司面临的风险的性质与范围;
- 公司承受范围内的风险的范围与类型;
- 风险变成现实的可能性;
- 公司降低事故的能力,降低事故对风险成真的影响;
- 相比管理相关风险的收益,特别控制手段的运作成本。

根据 Turnbull 报告,管理层负责实施董事会的风险与控制政策。管理层应当向董事会提供平衡的评估,该评估是关于重大风险与管理那些风险的内部控制体制的效果。④ 董事会自身应当就内部控制作出公开的陈述,它因此必须开展年度评估,评估中要考虑重大风险的性质与范围的变化,还包括公司对这些变化的回应能力。

作为英国公司治理规则不可分割的一部分,风险管理体制经常被审查。2003 年 Higgs 报告表明,非执行人员角色的关键元素之一是风险管理,非执行人员因此必须检查风险管理体制是否稳健与具有防御性。⑤ 根据 Smith 报告,审计委员会(除非承担该功能的是独立风险委员会或董事会自身)应该审查

---

① Hampel Committee, "Committee on Corporate Governance – Final report", (London: Gee, 1998) (Hampel Report), Section D (Accountability and Audit) under II and subsection 2.20, p.21.

② Turnbull Committee, "Internal Control: Guidance for Directors on the Combined Code", [London: The Institute of Chartered Accountants in England & Wales (ICAEW), 1999 (Turnbull I Report)], Section 16.

③ Turnbull I Report 1999, Section 17.

④ Turnbull I Report 1999, Sections 18 and 30.

⑤ Department of Trade and Industry, "Review of the role and effectiveness of non – executive directors", [2003 (Higgs I Report)], Chapters 4 and 6, p.21 and p.27.

公司的内部财务控制与风险管理体制。审计委员会也应该评估这些体制识别、评估、管理与监督财务、非财务风险的范围与效果。此外,审计委员会应该审查与审批年报中包含的内部财务控制与风险管理陈述。[①] 结果,2003 年 7 月,联合准则修订,将上述 Higgs 与 Smith 报告中的建议纳入联合准则。[②] 2003 年,关于内部控制的主要原则呼吁:"董事会应当维系内部控制的稳健系统,以保障股东的投资与公司的资产。"[③]董事会有责任每年审查"集团的内部控制体制的效果,并应当向股东报告他们已经付出努力。这个审查应当覆盖所有实质性的控制,包括财务、运营与合规控制和风险管理体制"。[④] 审计委员会指引确认了该进路。[⑤] 伦敦金融城与会计师行业之前的解释——该要求仅限定在内部财务控制,完全被放到一边。

2004 年,独立财务报告理事会设立了一个以 Douglas Flint 为主席的委员会,在新的全国性(联合准则)与国际性(《萨班斯—奥克斯利法案》)的发展背景中,审查 Turnbull 指引,并进行更新。2005 年 10 月修订的 Turnbull 指引至今仍有效。该指引对联合准则的原则作了提炼,并强调一个稳健的内部控制体制有利于"透过增加公司对重大的商业、运营、财务、合规与其他风险的反应能力,使得公司有效率与有效果的运作,以达成公司的目标。这包括保护资产免于不妥当的使用或免于损失、欺诈,确保责任得到识别和管理"。[⑥] 指引声明,好的内部控制对保障股东的投资是有贡献的,[⑦]但是,指引并不将内部控制仅限定为这一项目标。测试内部控制体制的效果是董事会的责任。

① Financial Reporting Council (FRC), *Audit Committees – Combined Code Guidance*, [2003 (Smith Report)], Chapter 2, Section 2. 1 and Chapter 5, Sections 5. 6 and 5. 8, p. 6 and p. 11.

② Financial Reporting Council (FRC), *The Combined Code on Corporate Governance*, [2003 (Combined Code 2003)], 第 C. 2 原则是关于内部控制(前身是 2000 年联合准则中的第 D. 2 原则)。它只是将"审查应当覆盖所有的控制"改成"审查应当覆盖所有的实质的控制"。Higgs I 报告与 Smith 报告的补充注释,参见 the supporting principles of Principle A. 1 on p. 4 and Code provision C. 3. 2 on p. 16 of the Combined Code 2003。

③ Main Principle C. 2 of the Combined Code 2003.

④ Code provision C. 2. 1. of the Combined Code 2003.

⑤ Financial Reporting Council, *Guidance on Audit Committees*, (London, October 2008), recommendation 4. 6.

⑥ Financial Reporting Council, *Internal Control – Revised Guidance for Directors on the Combined Code*, (London, October 2005), p. 7.

⑦ 同上注,第 3 页。

2009年11月,英国银行业公司治理的Walker审查报告发布,提出了诸多问题,如风险管理体制与其他行业的框架是否也需要一个更加现代化的进路。财务报告理事会承认,内部控制指引与报告要求的进一步改善是有必要的,特别是关于风险承受度评估、容忍度与系统的维护。[①] 2010年实现现代化开始引入理事会日程表,第一步是2010年6月,发布英国公司治理准则。关于内部控制与风险管理的新原则是:"董事会负责决定它愿意承担的重大风险的性质与范围,以获得它的战略目标。董事会应当维护稳健的风险管理与内部控制体制。"[②]最近的发展确认与强调这些已经在前危机时代建立的政策。

与此同时,贸易与工业部已经开始审查整个公司法即公司法审查,从而出台了2006年《公司法》。该法的第172条包含了董事行为的一项重要原则:

> 公司董事应当以其认为最能提升公司成功、为了作为一个整体的所有成员的利益的方式善意行事。在这样做的时候,已经考虑(除其他事项外):
>
> (1)从长期来看,任何决定的可能后果;
>
> (2)公司雇员的利益;
>
> (3)促进与供应商、客户及其他人士的商业关系的需要;
>
> (4)公司运营对社区与环境的影响;
>
> (5)公司维持声誉的商业行为高标准是否值得追求;
>
> (6)公平对待公司成员的需要。

董事必须对每个不同的事项赋予妥当的权重。[③] 可以把这些要求归纳为企业承担社会责任的行为。董事会也必须评估他们行为的风险。然而,还没有一个总的原则,要求考虑所有(外部的)风险。有一项义务是提供业务审

① Financial Reporting Council, frc. org. uk/corporate/combinedcode. cfm, last consulted on 5 May 2010.

② Financial Reporting Council, *UK Corporate Governance Code*, (London, June 2010), main principle C. 2.

③ Rt Hon Lady Justice Arden DBE, "Regulating the Conduct of Directors", *Journal of Corporate Law Studies*, (2010), p. 7.

查,其中董事必须披露主要的风险与不确定性,公司至少必须设立风险识别体制。[①]

3. 法国的替代性进路。法国公司法(在法国《商法典》中)要求董事会在它认为有必要采取非常手段时,执行所有的控制与核查工作。[②] 自2003年起,法国上市公司董事会主席或者若公司采取双层制,监事会的主席应向股东大会报告内部控制的程序与公司建立的风险管理。报告必须重点强调关于收集与处理年度与并表会计和财务信息的程序。与美国《萨班斯—奥克斯利法案》类似,法国的法律要求对公司合规造成了诸多麻烦,特别是由于指令的缺乏。法国金融商事监管机关 Autorité des Marchés Financiers(AMF)在对100多家法国大公司的第一批报告的评估中揭示,许多报告未能明确内部控制体制的应用领域(如果建立了内部控制体制)。AMF也表明,在第一年只有不到一半的报告;在第二年仅仅三分之二的报告,识别出了公司面临的主要风险与应设立哪些程序以减轻这些风险。只有少数的报告表明公司正在应用哪种内部控制框架。此外,第一年只有百分之十,第二年只有四分之一的公司评估了公司设置的内部控制程序的充分性。[③] 基于这些发现,没有一份报告提到内部控制框架的主要缺陷,也就不足为奇了。AMF的分析促使监管者发布了一个补充的内部控制与风险管理框架。*Groupe De Place* 得到了AMF的支持,法国监管机关建议采用 *Groupe De Place* 的参考性框架。该委员会不得不考虑COSO框架,还有欧盟关于内部控制的指令(已经中止)所提议的内容。"Le dispositif de Contrôle Interne: Cadre de référence"报告在2006年发布,为中小规模的上市公司准备的"Cadre de référence du contrôle interne: Guide de mise en oeuvre pour les valeurs moyennes et petites"报告在2008年发布。[④] 两份报告都明确区分关于一般内部控制框架的(报告)要求和关于财务信息报告的内部控制的更精确的具体要求。接下来,这些要求一步步被校准了,但与COSO I报告关于内部控制的要求不同,不同表现在一个合适的组织结

① Section 417 (3) Companies Act 2006.

② Article 225 -35, section 3 of the French Commercial Code.

③ AMF, "Rapport AMF 2005 sur le governenement d' entreprises et le contrôle interne", (Paris, January 2006), p. 22.

④ 两份报告均能从 amf - frace. org 下载。

构、信息的内部交流、识别与管理风险的体制、控制行为和持续的监督等方面。然而,法国《商法典》要求董事会主席不仅要报告内部控制的程序,而且要报告风险管理的情况。与COSO I的三个目标相反,法国的框架明确了四个目标,很像COSO II的四个目标:合规;遵守执行董事会的指导与方向;良好的内部运营,特别是保护公司资产;可靠的财务信息。金融危机尚未改变法国的进路。

4. 荷兰的控制方法。荷兰Peters报告的遵守情况并不令人满意。荷兰的财政部与经济事务部邀请Euronext Amsterdam、雇主联盟与其他几个感兴趣的协会来制定一个新的公司治理准则,即众所周知的Tabaksblat准则。它是2003年发布的,截至2004年底,该准则与它的遵守解释机制得到了法律承认。主要的内部控制与风险管理条款规定在Tabaksblat准则的原则II.1。该原则处理管理董事会的责任,这些责任是关于遵守法律与规章、管理与公司行为相关的风险、为公司融资。进一步地,它规定管理董事会必须向监事会与它的审计委员会报告相关的发展情况,讨论内部风险管理与控制体制。最佳实践条款要求管理董事会:①

II.1.3[—]设有一个适合公司的内部风险管理与控制体制,它应该在任何情况下采用如下列举的元素,作为内部风险管理与控制体制的工具:

(a)公司运作与财务目标的风险分析;

(b)任何情况下都应该在公司网站公布的行为准则;

(c)起草财务报告时,应该遵守的财务报告布局与程序的指导;

(d)监督与报告的体制。

II.1.4[—]在年度报告中,声明内部风险管理与控制体制是充分和有效的,并提供清晰的证据。在年度报告中,管理董事会应当报告相关年度的内部风险管理与控制体制的运作情况。在这样做的时候,它应当描述任何已经发生的显著改变与任何已经计划好的主要改善措施,并应当确认与审计委员

① Tabaksblat Committee (Corporate Governance Committee), *The Dutch corporate governance code: Principles of good corporate governance and best practice provisions*, [2003 (Tabaksblat Code)], 最佳实践条款II.1.3 and II.1.4, p.9.

会与监事会已经讨论过了。

赓续的最佳实践条款,即众所周知的"控制声明"(in control statement)。监事会监督如下事项,这也是最佳实践:[①]

(a)公司目标的达成;

(b)公司战略与商业行为隐藏的风险;

(c)内部风险管理与控制体制的结构与运作;

(d)财务报告过程;

(e)遵守立法与监管。

就像法国的AMF每年评估公司关于公司治理与内部控制的报告,荷兰的监督委员会每年分析公司治理报告。像法国一样,在荷兰,前述的要求并没有配套给公司就效果与充分性提供必要指导的(建议性的)框架。监督委员会首先就遵守财务报告的风险与其他风险(运营、战略与合规)的事项提供指导。它也在"控制声明"中为刻画风险与内部控制风险管理体制提供了好的实践指导。该委员会也强调,在美国证券交易所双重上市的荷兰公司必须遵守SOX法的荷兰公司,也要遵守荷兰的监管框架。[②] 这个解释让人感到奇怪,因为SOX的要求限定在一个充分的财务报告的内部控制结构与程序的维护与效果。该提案已经纳入2008年荷兰公司治理准则(DCGC2008)的新版本。DCGC2008要求公司设有一个适合公司的内部风险管理与控制体制,还要有公司运营与财务目标的风险分极以及监督与报告体制,以此作为该体制的工具。[③] 除了负责遵守所有相关的主要与二级立法、管理与公司行为相关的风险,管理董事会还负责公司的风险描述。与Tabaksblat准则一样,管理董事会

---

① Tabaksblat Committee (Corporate Governance Committee), *The Dutch corporate governance code: Principles of good corporate governance and best practice provisions*, [2003 (Tabaksblat Code)], 最佳实践条款II.1.6, p.16。

② Monitoring Commission Corporate Governance, "Rapport over de evaluatie en actualisering van de Nederlandse corporate governance code", (June 2008), pp. 43-46.

③ Corporate Governance Code Monitoring Committee, *The Dutch Corporate Governance Code - Principles of Good Corporate Governance and Best Practice Provisions*, (2008 DCGC), 最佳实践条款II.1.3。

必须向监事会与审计委员会报告相关的发展与讨论内部风险管理与控制体制。[①] DCGC2008已经修订了“控制声明”,要求管理董事会在年度报告中,声明内控体制提供了合理的保障,保障财务报告不包含任何实质重要性的错误,并且声明该体制运作良好。[②] 因此,管理董事会声明内控体制提供了合理的保障,而不是声明内控体制是充分与有效的,这是一个要求降低的主要表现。2009年以来,声明仅仅必须涉及财务报告——不包括内控体制的其他方面,如战略、运作与合规——仅仅针对实质重要性的错误。然而,DCGC2008增加了一个条款,要求管理董事会在年报中描述:(1)与公司战略相关的主要风险;(2)针对财务年度内的主要风险,内部风险管理与控制体制的设计与效果;(3)内部风险管理与控制体制的主要缺陷,包括对体制的重大改变与计划中的主要改善,并确认这些重大议题已经与审计委员会和监事会讨论过。[③] COSO报告中提到的内控体制被解释性声明所引用作为,内部控制与风险管理的例子。[④] 同样地,DCGC2008规定,监事会对管理董事会的监督须包括商业行为隐藏的风险与内部风险管理与控制体制的有效性。[⑤] 董事会的一个关键委员会——审计委员会,必须监督管理董事会在内部风险管理与控制体制等方面的行为。[⑥]

考虑到金融危机,DCGC不会被强化。然而,就像英国一样,2009年9月发布了一个新的银行准则。[⑦] 它适用于所有荷兰挂牌银行。该准则规定了风险偏好许可与风险监控程序以及产品许可程序。一个风险委员会必须协助监事会在风险监督中的工作。大家普遍预期这些遵守或解释的准则能够上升为法律。同时,有一个监督委员会负责评估银行准则的遵守情况。[⑧]

5. 德国与比利时的跟进。以上曾提到过德国是西欧国家中第一个在法

---

① 同上注,最佳实践条款 II. 1。

② 同上注,最佳实践条款 II. 1. 5。

③ 同上注,最佳实践条款 II. 1. 4。

④ 参见 the “Explanation of and notes to certain terms used in the code” of the DCGC 2008, p. 39 and of the Tabaksblat Code 2003, p. 33。

⑤ 同上注,最佳实践条款 III. 1. 6。

⑥ 同上注,最佳实践条款 III. 5. 4。

⑦ NVB, *Banking Code*, (September 2009), p. 16.

⑧ J. De Jager, “Letter of the Minister of Finance”, (24 March 2010), p. 2.

律上规定具体的风险管理体制即 Frühwarnsystem 的国家。吊诡的是，德国在公司治理准则的发展方面却十分晚。直到 2000 年才成立了一个关于公司治理的政府专家组，它向德国总理报告，后来，德国司法部成立了公司治理委员会。2002 年发布准则，并通过德国《公司法》第 161 条，该准则获得强制性遵守或解释的效力。它对内部控制或风险管理，并没有很多指引。它明确了管理董事会对风险管理的责任，以及对管理董事会主席的要求，要求他与监事会主席讨论风险管理。审计委员会必须“处理财务与风险管理的议题”。① 在 2005 年的版本中，委员会补充规定审计委员会的主席必须对内部控制过程有一定的知识与经验。② 该准则没有规定其他或更多的细节性的治理规制。

2009 年的版本引入了一项新的指导纲要：“管理董事会独立负责企业的管理，目标是公司价值的可持续创造与维护公司利益，因此要考虑股东、雇员与其他利益相关者的利益。”③该指导纲要尽管没有英国《公司法》第 172 条那么严格，但是在这个利益相关者导向的国家，明确承认了公司的社会责任。金融危机仍然没有让该准则中的指导纲要具体化。

最后，比利时追随如上这些国家与其他国家的发展。当德国与荷兰发布并具有新的公司治理准则法律效力的遵守或解释性时，比利时建立了一个公司治理委员会并于 2004 年底发布了其准则。它包括一些内部控制与风险管理的条款与指导纲要。第一，明确承认，董事会负责让公司有能力识别与管理它的风险、界定它的风险承受度。④ 董事会必须确定能有效识别与管理风险，包括合规风险的内部控制体制（其有效性必须由审计委员会控制）执行的管理层必须为所有不同种类的风险建立内部控制。⑤ 如同英国 2003 年的 Smith 报告，比利时的准则有一项指导纲要是为它的审计委员会成员推荐引导方案。该课程必须提供公司内部控制组织与风险管理体制的概要。

---

① Government Commission, *German Corporate Governance Code*, 2002, provisions 4. 1. 4. , 5. 2, and 5. 3. 2.

② Government Commission, *German Corporate Governance Code*, 2005, provision 5. 3. 2.

③ Government Commission, *German Corporate Governance Code*, 2009, provision 4. 1. 1.

④ Belgian Commission Corporate Governance, *The Belgian Code on Corporate Governance*, 2004, provision 1. 1 and provision 1. 2.

⑤ Belgian Commission Corporate Governance, *The Belgian Code on Corporate Governance*, 2004, provision 1. 3. , 6. 5 and 5. 2/7.

根据行业反馈与一些科学研究,比利时的公司治理准则颇受欢迎。然而,在我们看来,这些研究没有分析内部控制体制的功能。因此,2009年对准则的更新几乎没有改变任何关于内部控制与风险管理体制的建议,这就不奇怪了。在2009年的版本中,董事会必须审批与评估内部控制与风险管理框架的实施。① 公司治理声明中必须披露框架的最重要特征,这是最近被新的公司治理法所认可的欧盟披露要求。② 进一步地,不仅对审计委员会的成员,而且对所有董事会的成员,引导方案必须介绍风险管理与内部控制的基础内容。③

三、实践中的风险管理与内部控制

(一)研究设计

为了获得金融危机前后的风险识别、评估、反应与控制以及风险管理体制的情况对比,我们分析2000年、2005年、2009年在五个不同国家的五家房地产公司的风险管理报告。2000年是公司丑闻与会计不规范等爆发前一年,2001年后期与2002年,金融市场全面爆发丑闻。直到2005年,监管者与公司有充分的时间去缓解千禧年开端之际产生的危机所带来的问题。最后,公司在2009年的报告中有机会解决金融危机的糟糕结果。样本公司为荷兰的Wereldhave、比利时的Cofinimmo、英国的British Land、法国的Unibail - Rodamco和德国的IVG Immobilien。这些公司专注于物业管理与开发。其中,Wereldhave、Unibail和Cofinimmo在公司战略上专注于物业管理;几年来,IVG Immobilien以房地产投资产品的开发为业务导向,同时物业管理仍然为它的核心业务;British Land专注于第二类行为,因此,British Land的操作风险管理具有不同的优先安排。

分析的焦点是商业评论或公司治理披露中的风险管理报告或条款,很少

---

① Belgian Commission Corporate Governance, *The Belgian Code on Corporate Governance*, 2009, provision 1.3.

② Law of 6 April 2010 tot versterking van het deugdelijk bestuur bij de genoteerde vennootschappen en de autonome overheidsbedrijven en tot wijziging van de regeling inzake het beroepsverbod in de banken financiële sector, *Official Gazette* 23 April 2010, p. 22709.

③ Belgian Commission Corporate Governance, *The Belgian Code on Corporate Governance*, 2009, provision 4.8.

涉及财务报告的注释中所透露的风险报告。根据 COSO II 框架,风险管理过程应该被分解为如下行为:设置内部环境、目标设置(风险偏好)、事件识别、风险评估、风险反应、控制行动、信息与通信、监督行动的有效性。年度报告并没有透露所有不同行为的信息。我们对年度报告的分析局限在事件识别、风险评估、风险反应与监督。商业评论说明了通过年度报告公开披露的信息水平。年度报告的风险管理部分以叙述性报告的形式提供(Narrative Report)。[①] 毫无疑问,调查的样本太小,不能代表所有的公司。进一步说,本研究有一个不小的风险,即被调查的公司报告仅仅能反映实践中的小部分公司情况,因此,本文报告的结果是有缺陷的。尽管如此,实证分析的结果概括如下。

(二)研究结果

第一,根据第四与第七公司法指令的修正案,公司必须在公司治理陈述中披露公司财务报告风险管理与内部控制体制的主要特点。尽管法律将该要求限于财务报告,一个有效的体制将内部控制体制强制整合为一个更广泛与一般的风险管理体制。在 2009 年所有的公司报告中它们使用一个全国性的内部控制体制。Wereldhave 没有识别任何内控框架,仅仅强调它的内部行政组织的妥当性,不过法国公司 Unibail - Rodamco 采用 AMF 框架,British Land 采用 Turnbull,IVG 开发了一个可调整的财务会计方面的内部控制体制。只有 Cofinimmo 明确采用 COSO。采用哪个框架,也采用相伴随的行为准则或伦理指引和/或合规指导。

对某个框架的明确识别与采用与法律的发展相关。2000 年,只有 British Land 和 IVG 提到采用控制体制,前者参考了 1999 年公布的 Turnbull 报告,后者通过概述风险识别、评估、管理与监督的不同步骤。2005 年,Unibail 提供了一份董事会主席的报告,其中描述了采用一个尚未明确的内部控制体制,Wereldhave 提到了一个尚未识别的内部控制体制,以满足 Tabaksblat 准则的要求。2009 年,所有公司都采用了内部控制框架。

关键是识别营业中面临的各种事件组合。由于监管要求与营业战略年度报告中只描述了负面的事件——风险,因为 2000 年,只有最大的公司与 IVG

① British Land PLC 在一份表格中提供了主要风险、影响与反应。然而,这被识别出的风险又被重新定性,以适应表 2(就像公司将之一分为二的财务市场发展,表 2 将之合并为一项风险)。

被强制要求建立早期预警系统,它们识别并报告一些(财务)风险。21世纪初期发生了重大改变。即使2005年之后一些国家已经建立了关于风险管理(报告)的监管要求,如比利时,公司也在风险管理体制上进行投资。在2006—2010年,这些体制按照监管要求进一步改善、重新配置与整合。从2005年始,公司报告的风险类型平均稳定在15种左右,其中最小值大约是10种,最大值大约是20种。图1对荷兰所有上市不动产投资基金的初步分析也支持该发现:年报平均提到16种风险,其中最小13种,最大20种。①

风险报告的发展,吻合了风险管理的兴趣与要求。长期以来,只强调财务风险管理。2000年,大部分公司仅仅识别货币、利率与流动性风险。直到2005年,所有公司识别了这些财务风险,大多数公司补充了运营与战略风险清单。其他识别出的风险更多是公司异质性的风险,可能不具有普遍性。

根据COSO,风险评估是风险管理过程中的第四个重要步骤。根据它对公司目标的影响与发生的可能性,每一个风险必须归类。风险评估同时采用定性与定量的方法。风险评估报告存在的困难是定性方法的标准化。2000年在年报中难以找到任何的评估报告,而2005年公司很好地报告了财务风险的影响。在2005年与2009年,大部分公司年报量化了货币与利率波动的影响。在2009年的一些报告中,该量化信息还包括运营风险的影响评估,如合同终止与租赁违约的风险。

几乎没有公司报告风险发生的概率。因此,所有的报告都缺乏按照重要性排序对风险类型进行归类。这造成了表面遵守上述框架,与风险管理体制的前沿要求二者之间的张力。

根据COSO,风险应对具有接受、避免、分享与降低四种类型的风险反应。如果准备接受风险,公司必须监控风险;降低风险,则控制是必要的;对于风险分享,保险则是最常用的技术。尽管风险避免方面数据缺失,但大部分公司联合使用四种风险应对类型:当公司消除风险,脱离了困境,那它几乎不提供任何这方面的信息。该规则的例外是货币风险。表2报告了不动产投资公司常见的风险反应。虽然针对战略风险采用监督、针对财务风险采取降低策

① 具体的结果请向笔者索取。

略，不过，其他类型的风险是透过不同的控制技术（风险分享与监督）得到了更积极的管理。一个相对新的现象是对财务风险采取降低技术的监督。大部分公司最近开始提供衍生品对手方信用方面的信息。

不同种类的风险反应并没有排序，投资者与其他利益相关者不得不评估风险应对战略的适当性。一些公司选择固定利率贷款来稀释利率变化的风险，但另一些公司明确选择可变利率贷款，以从中获利。利益相关者必须考察市场的发展，以评估每家公司的风险反应。同样，一些公司采用的策略是将（租户）交易对手方的风险尽可能地分散，而其他公司则将风险集中，以缓解更烦琐的租户合规性行政手续。

控制行为与体制的效果测试方面的信息还不发达。一般来讲，管理层与审计委员会当然要承担起责任，一些公司还设立了内部审计职能岗位。然而，公司并不经常处理风险管理体制可行性的问题，也不披露体制的缺陷。不过，公司经常报告体制的改善，这间接表明了先前体制的缺陷。其中一家公司报告称在 2009 年第一次开展了基于个别风险的清查，这清楚地暗示了先前体制的弱点。

表 2　　房地产公司的风险与风险应对

风险类型	风险	风险应对类型	风险应对					
战略与房地产投资信托状态		接受	董事会监督	每个季度评估财务部门				
运营（与经济）								
	市场发展	接受	监督	开发新房产	出售旧房产	长期合同条款	维护计划	
	租赁价格	接受/降低	开发新房产	卖掉旧房产	长期租赁	维护计划	最佳位置	
	租赁期限	降低	跟进租户	与租户保持联系	积极的租赁营销			
	房地产估值	降低/分享	内部估值（季度或半年）	外部估值（季度或半年）	保险			

续表

风险类型	风险	风险应对类型	风险应对					
	交易对手方(租户)	降低/分享	提前支付	(银行)担保	租赁前的筛选	多样化租户	有声誉的租户	跟进租户
	房地产进展	降低	紧密的供应链关系	完善的项目管理	一流的承包人	兼并中的尽职调查		
财务								
	货币	降低	匹配	对冲	使用金融衍生品	ALM委员会		
	利率	降低	固定利率贷款	可变利率贷款	使用金融衍生品	ALM委员会		
	再融资	降低	多种的银行关系	信贷上安排	有声誉的银行	稳健的偿债能力比率		
	金融工具	降低	监督衍生品的信用风险敞口	信用评级银行				
	流动性风险	降低	到期日应分散在不同的时间段	融资机制	监督协议履行	现金管理		
法律								
	监管与行政程序	接受	监督	本土公司				
其他								
	欺诈与虚假陈述	接受/降低	透明	隔离	良好组织的行政组织			
	对人健康无害、安全与环保的建筑	分享	对承包方的要求	环境准则	节能建筑			

四、结论

长期以来,风险管理被认为是财务、报告问题,或最多充其量是一个运营问题。中层管理人员的任务被视为稀释意外的金融市场发展的影响，特别是透过不同的金融对冲安排，稀释利率或汇率风险。在运营方面，许多公司花费大量的资源，以最大化产出，限制行业事故，改善 IT 支持，等等。欧盟对财务报告的统一性立法，强制公司建立合适的财务管理体制。

然而，在过去的 15 年里，风险管理与内部控制成为好公司治理的关键要素。西欧所有的公司治理准则都把内部控制与风险管理体制的实施与维护作为最佳实践。这个新进展与建立风险管理体制的法律要求的进展是一致的，特别是与财务报告过程相关的体制。它把利益与意识转移到公司高层，包括董事会、审计委员会与外部审计师。

提高风险管理的问责标准的重大努力激发促进了体制与程序的统一。在许多国家，新的风险管理责任紧接着是帮助公司实施这些要求的框架。在英国与法国，Turnbull 委员会与 *Groupe de Place* 委员会在建议翻译可选用的工具方面，提供了诸多洞见。在其他国家，监管者与企业界的互动缩小了监管预期与风险管理商业能力之间的差距。在荷兰，"控制声明"现在必须提供合理的保障，而不是"声明具有一个充分有效的体制"。

在风险管理的公司报告中，监管框架的统一是明显的。2000 年，风险管理报告充其量是片段化的。2009 年，所有公司都纳入了风险管理与细节性，并详细地描述风险与风险应对措施。报告与风险管理体制的实施仍然受困于监管框架的模糊与片段化。财务风险已经定量化，很好地得到了处理；其他类型的风险顶多是定性，一些公司开始使用场景分析（Scenario Analysis）来评估风险发生的影响。后者发展情况必须鼓励，以在风险管理进路中整合不同种类的风险。

在公司法框架中，风险管理与内部控制的监管整合仍然是片段化且不完整的。尽管有诸多协调努力，一些领域必须进行更具体的研究。当下，许多规则预先设置了建立与维护内部控制与风险管理双重体制的义务。然而，COSO II 明确承认将内部控制框架纳入企业风险框架，以向一个成熟的风险管理过程迈进。许多监管机构将 COSO 作为公司遵守法律和/或监管要求的适当框架。为了免责，哪一个 COSO 框架满足最低标准；为了满足这些义务，需何等程度的强制遵守，仍是一个悬而未决的问题。监管目标的体系化也明显缺乏清晰的结果。根据一些监管机构的说法,体制能为财务报告过程的可靠性提供合理保障,就足够了;而另外一些监管机构要求在内控过程中达成所有可实现的目标:战略、运营、合规与报告等。这表明,法律要求,与公司渴望完全遵守(或至少向外报告完全的遵守)所有的最佳实践,共同创造了一个具有张力的领域:风险管理框架(仅)提供合理保障的基本假设,和管理与假定的控制所有重大风险的(报告)前沿状况。

建立与维持内部控制与风险管理体制的强制要求,与确定负责建立与维持该体制的相关公司方一致。欧洲范围内的议会与欧盟层面都确定了审计委员会、董事会(监督与管理)、执行管理层的职责[就像根据英国2009年《金融法》(Finance Act)附表46而识别的高级财务官]与外部审计师。在众多的公司治理准则中,其他机构,如内部审计部门、风险官、合规官与其他官员、雇员对体制的日常运作负有一定的义务。[①] 大部分公司机构的责任或多或少被清晰地界定了,不过,(公司)法的其他方面问题还没有得到完全的解决。在诸多法域,董事与董事会的一个重要特征是独立作出妥当的决定。董事会向股东大会负责,公司法的框架为董事会及其成员提供了管理公司的权力(因采纳的理论不同而有维护所有公司利益相关者的利益与维护股东的利益之区分)。[②] 如果董事被委任以风险管理官或合规官的功能,公司法会提供充分的工具,以缓和内心独立性、外观独立性与事实独立性之间的冲突。然而,经常发生的情况是首席财务官、合规官与风险管理官不是董事,但受制于董事会的权力。作为公司的雇员,他们不得不在董事会的权威、指导与监督下工作。这至少影响了外观独立性,事实独立性也常常得不到保障。如何平衡独立性与问责制,是劳资关系中一项十分困难的工作。

另外一个更重要的议题是,义务与责任之间的关系,这是关于建立与维护内部控制与风险管理体制的新要求。欧盟指令2006/46/EC明确承认不同

① 参见,比如,"所有的雇员对内部控制有某种义务,以作为雇员完成目标的部分义务"Financial Reporting Council, *Internal Control – Revised Guidance for Directors on the Combined Code*, (London, October 2005), p. 6。

② 关于一些国家中的董事会的位置与角色的一个最近的概述,参见B. Sjafjell, "Towards a Sustainable European Company Law", *European Company Law Series*, (Kluwer Law International: Alphen aan den Rijn 2009), pp. 45 – 63。

董事会对于会计、年报与公司声明的集体义务与责任。然而,对于其他义务,没有进一步地明确责任。通行的是全国性与一般责任规则,它归根到底是董事会为管理错误承担责任,而管理层为合同违反承担责任。基于新的义务与公司治理发展情况,董事会比以前更加倾向于设立专门的分委员会与构造出不同层级的董事会。特别是在欧盟成员国,审计委员会被认为是一个重要的分委员会。审计委员会对风险管理体制的有效性承担重要的公司义务。然而,在一些国家,(所有)董事对公司以及第三方因违反公司法而造成的任何损失负有连带责任。[①] 审计委员会的董事与其他董事之间的责任区分条款还不存在。这提出了其他董事是否负有义务监督审计委员会的问题。这些委员会承担的义务已经比较能达成共识了,可这仍与公司责任框架不协调,后者适用于风险管理尚未应起的时代。

管理层行事必须遵守善意、注意义务与公平原则。在若干法域,他们就损害向公司甚至第三方承担赔偿责任。基于新的内部控制与风险管理义务,修改工作条件不仅需要适当的董事会机制来使用"ius variandi",还需要透过发展风险管理,澄清管理层的义务。风险偏好、顶层基调与战略是动态概念,这些概念在官员的义务内容方面,却不得不适应静态的劳动关系。董事会能单方面改变战略或顶层基调,而管理层必须实施、应用与遵守之。董事会的义务是制定政策。该义务同时还有权利(与义务),即在难以妥协、存有异议时,个别董事能反应、回应与单边(这是义务)地提出辞职。退一步说,这些权利与义务对于公司的管理层来说,没有那么明显,公司官员是在董事会的权力与监督下工作的。德国联邦法院 *Bundesgerichtshof* 于 2009 年 7 月 17 日作出一项裁决认为合规官有罪,[②]并提到了该官员的担保义务(Garantenpflicht),[③]这表明法律要求相关方要有所反思。

(责任编辑:山茂峰)

① 参见,例如,article 528 Belgian Companies Code. 没有参与违反行为的董事必须遵守具体的程序行事,以豁免责任。

② S. Mutter and D. Quincke, "Vorstand und Aufsichtsrat – Garantenstellung bei pflichtwidriger Compliance", *Die Aktiengesellschaft*, (2009), R416 – R418.

③ Garantenpflicht 的意思是担保义务。

股东积极主义:冲击与防御*

崔埈璿** 著

栗鹏飞*** 译

摘要:近几十年来,美国资本市场的变化表明股东变动非常迅速,股份持有期缩短,机构投资者成为股份持有的主体。实际上,作为股东的个人投资者成为旁观者,不参与议事决策。特别值得注意的是,股东积极主义的基金表现引人注目。众所周知,股东积极主义者是对企业的长远发展不甚关心的投资者。股东积极主义者控制的企业往往淡化了企业繁荣和员工共同成长的概念,即使公司取得了前所未有的最高业绩和利润,公司也会忽视员工工资的增长。他们只想通过离岸外包业务增加裁员或加速削减工资来谋求额外利益。这种现象不仅存在于美国,现在也出现在了韩国。另外,企业对国家和地区的归属感正在减弱。企业大胆放弃属于国家的利益,利用国家或地区之间的监管差异,以追求利润或节约成本为目的。得到巨额薪酬承诺的最高经营者绞尽脑汁地潜心于满足机构投资者的短期股价上涨的要求,而无视企业其他利害关系人的利益。现代资本市场的典型特征是所有权的分离,即从真正的股东个人投资者到仅仅是真正股东代理人的机构投资者。另一个

* 译者注:韩语原文于2019年9月发表在《企业法研究》第33卷第3号(通卷第78号)。本翻译获得了作者的授权,特此感谢。Shareholder Activism,韩语表达为주주행동주의(股东行动主义),本文按照国内中文的表达习惯,翻译为股东积极主义。本文的韩语标题翻译是"对股东积极主义的应对方案",英文标题翻译为"股东积极主义:冲击与防御"。

** 崔埈璿(Junesun Choi),韩国成均馆大学法学专门大学院教授,韩国企业法研究所理事长。研究方向为商事法和国际交易法。

*** 西北农林科技大学讲师,硕士生导师,韩国成均馆大学法学博士,韩国企业法研究所中国法研究室室长。研究方向为民商法与科技法。

特点可能是作为股东代理人的职业经理人与作为投资者代理人的机构投资者之间的分离。这一特性也可以称为“公司经理代理”和“资金经理代理”两种权力之间的冲突。

本文重新审视了股东积极主义者的积极作用和消极作用,并研究讨论了保护国内公司免受股东积极主义者负面影响的方法。

关键词:机构投资者　对冲基金　股东积极主义　狼群战术积极主义　机构投资人尽职管理守则

一、机构投资者的作用

(一)机构投资者对资本市场的占领

近几十年来,美国资本市场的变化表明,股东变动非常快、股份持有的时间缩短、机构投资者成为持有股份的主体。而作为实际股东的个人投资者成为旁观者,不参与决策。特别是股东积极主义基金的作用尤为突出。股东积极主义(Shareholder Activis,也叫股东行动主义)是指,以改善企业治理结构的名义,作为股东的机构投资者积极对企业的议事决定行使影响力,追求自身投资利益的行为。因此,股东积极主义的存在是“谋求对企业的影响力市场”,而不是“对企业的控制”。[①] 股东积极主义者是在决定对某一目标企业(Target Company)的治理结构改组之后才成为该公司的股东。与其说是根据有效的市场假说对影响股价的信息进行迅速反应的投资;不如说是对那些大股东对企业的支配力弱、企业盈利能力好的优质企业为目标的攻击。众所周知,这些人对企业的长远发展并不感兴趣。股东积极主义者控制的企业对企业的繁荣和员工的共同发展的概念越来越模糊,企业即使有利润,员工的薪酬也不见得增长。只谋求通过离岸外包业务(Off shoring)不断裁员或进一步削减工资获取额外利益。[②] 这种现象存在于美国,现在也出现在了韩国。

另外,在美国,企业对国家和地区归属感正在减弱。利用地区间的规制

---

① Bernard S. Sharfman, “The Tension Between Hedge Fund Activism and Corporate Law”, *J. L. Econ. & Poly*, Vol. 12 (2016), p. 258.

② Leo E. Strine, Jr., “Who Bleeds When the Wolves Bite? A Flesh - and - Blood Perspective on Hedge Fund Activism and Our Strange Corporate Governance System”, *The Yale Law Journal*, (2017), pp. 1871 - 1872, p. 1941.

差异追求利益或以节税为目的可以很容易将公司总部和工厂转移到其他国家,对特定国家的所属没有多大意义。承诺获得巨额薪酬的最高经营者无视企业其他利害关系者的利益,正全力以赴地为了迎合机构投资者对短期股价上涨要求的期望。① 当然,也有与大部分认为长期股东为公司发展作出贡献的主张相反的观点,认为在丰厚的利润等一定条件下短期业绩主义是合理的,能够实现企业价值最大化,是积极的战略。② 强调短期业绩主义,对基金而言是理所当然的。所以,现代资本市场从真正的股份所有者个人投资者所有转移到机构投资者所有的现象可以说是"所有权和所有权的分离"(Separation of Ownership From Ownership),③是作为代理人的专业经营人和同样作为代理人的机构投资者之间的相互冲突(debate),即是"代理人之间的冲突"(corporate - manager agents and money - manager agents)。④ 众所周知,在个人投资者比例只有10%左右的英国,代理人之间的串谋也引发了2008年英国的金融危机,作为对此的应对,英国制定了机构投资人尽职管理守则(Stewardship Code)。⑤ 但是这种特征对所有人体制拥有压倒性优势的韩国来说目前尚不成熟。

(二)韩国对机构投资者作用相关的先行研究

据了解,大体上机构投资者的股份持有比例和企业价值体现了plus(+)的有益关系。⑥ 在外部董事的选举过程中一般投资者很难积极参与,因此可

---

① 同上注,第1873页。

② "… if profitable enough, a short - term strategy can be rational and maximize firm value. The model shows that short - term choices can frequently be the optimal strategy."(……如果盈利足够,短期战略可以是理性的,并使公司价值最大化。模型表明短期选择往往是最优策略。)Robert J. Rhee, "Corporate Short - Termism and Intertemporal Choice", Wash. *U. L. Rev.*, Vol. 96 (2018), p. 498. 根据这些观点积极主义者的干预应该能够得出一个总是积极的结论。

③ Leo E. Strine, Jr., "Toward Common Sense and Common Ground? Reflections on the Shared Interests of Managers and Labor in a More Rational System of Corporate Governance", *J. Corp. L.*, Vol. 33 (2007), pp. 6 - 7.

④ Leo E. Strine, Jr., "Who Bleeds When the Wolves Bite? A Flesh - and - Blood Perspective on Hedge Fund Activism and Our Strange Corporate Governance System", *The Yale Law Journal*, (2017), p. 1873.

⑤ [韩]황인학、최승재:《股东积极主义,国民年金与机构投资者尽职管理守则》,载《企业法研究》2019年第6期(第33卷第2号)。

⑥ [韩]김성우、이기환、이미영:《对允许行使表决权后国内机构投资者所持股份比率和企业价值的研究》,载《企业经营研究》2012年第6期(第19卷第3号)。

以期待机构投资者履行其职责，通过机构投资者行使反对的表决权，实现具有股东积极主义经营者监督效果，并认为存在改善董事会实质的独立性的有益效果。[①] 因此，机构投资者应摒弃消极行使表决权的惯例，为保护客户利益应积极行使表决权，通过表决权公告的联合行使，[②]进一步强调引入机构投资人尽责管理守则等。[③] 有报告称，在日本机构投资者的作用也在增强。[④]

在上述提出“机构投资者的作用非常积极”的相关论文中甚至有些论文带有主观偏向性的态度，作为引入机构投资人尽责管理守则的目标，似乎想要给机构投资者施加根本不存在的义务和责任来强卖产品（机构投资人尽责管理守则）。虽然英国和中国香港机构投资人尽责管理守则规定“（原则5）机构投资者必要时应与其他投资者积极联合”。但韩国与日本一样除了（原则5）积极联合之外，取而代之的是“（原则7）为有效履行（原则7）受托者的责任，将保障能力和专业性”。

（三）日本对机构投资者作用相关的先行研究

在日本，一直有主银行制度，主银行大量持有企业股份。这一点与德国相似。但近年来，随着国内及境外机构投资者持股量大增，取而代之的是主银行制度的退潮。这是日本企业治理结构近年来最重要的变化之一。这种

---

① ［韩］연강흠、김한나：《机构投资者表决权反对行使的经营监督职能》，载《CG 评论》2014年第77期；［韩］이윤아、연강흠、김한나：《依据是否改善董事会的独立性反对机构投资者行使表决权的实效性》，载《韩国证券学会杂志》2017年第46卷第1号；［韩］김은미：《运营公司行使表决权时大部分赞成要求改善环境问题和董事会多样性、经营层报酬》，韩国金融投资者保护财团，KFPF动向调查2017－121，2017年8月。

② ［韩］李秀元：《机构投资者的表决权行使方向和表决权行使详情的公告》，载《CGS Report》2015年第5卷第8号；［韩］金澤洲：《机构投资者的经营干预——以在选任外部董事方面机构投资者的作用为中心》，载《法与企业研究》2014年第4卷第1号；［韩］宋洪善（音译）：《机构投资者尽职管理守则与机构投资者行使股东权》，资本市场研究院2018年第2号，第xvii页。

③ ［韩］鄭允模：《机构投资者的受托人责任和表决权行使》，载《韩国证券学会学术会议系列发表资料》2015年10月28日；［韩］안상희、김인영：《通过机构投资者的表决权看股东价值以及今后的课题》，载大信经济研究所：《ISSUE REPORT》，2016年6月7日；［韩］안상희、강아라：《引入机构投资者尽职管理守则后机构投资者表决权行使明细分析及提案》，载大信治理结构研究所：《Governance Issue》，2018年10月16日。

④ ［韩］권용수：《机构投资者的影响力和表决权行使的方向性——包括围绕日本股东大会主要议案的最新动向》，载《先进商事法律研究》2018年第82号；［韩］이범용：《日本资产运营公司开始独立行使表决权》，载韩国金融投资者保护财团：《KFPF动向调查》2017年第149号。

持股结构的迅速变化呈现出以下特点。①

在项目选择方面,国内外机构投资者有一个共同的定位,那就是不仅从规模、流动性而且更是从盈利性、稳定性、财务健全性等方面选择高质量企业(high quality stock)的股票。与此形成鲜明对比的是银行、保险公司继续选择对质量较差的企业进行投资。其原因是银行、保险公司持有股份的目的不是投资收益最大化,而是维持交易关系。② 与国内机构投资者相比,国外机构投资者越来越倾向于注重外在性治理结构上的特性(董事会规模、外部董事)。

因此,与银行、保险公司持有的股份对企业价值和企业业绩产生的副作用不同,内外机构投资者持有的股份对企业价值和企业业绩产生正效应。这一结果可能是基于一种偏见,即机构投资者持有比例的上升是基于机构投资者投资的项目可靠,或者对股价的影响可能是受需求冲击造成的。一旦内外机构投资者的持有比率上升的话,则通过退出(出售股份)的可能性或通过其他发声来促进日本企业引入执行任员制、引进外部董事制度等促进对内部治理结构进行改革,暗示机构投资者具有实质性的经营监督(monitering)的效果。③ 特别是对于海外机构投资者可以确认其经营监督效果。

总之,在日本存在机构投资者投资的企业是优良企业的普遍性偏见,其结果是投资对象倾向于市价总额大、海外销售比率高的企业。笔者认为,即使如此,至少对日本的领先(leading)企业来说,国内外机构投资者对股份的喜好程度作为赋予日本企业新的经营规律的机制正在得到落实。在高持仓比例机构投资者的退出和发声压力下有可能对业绩和企业价值的提升作出贡献。但是,只有对机构投资者的股份持有规模和股份持有时间进行分析和验证得出这样的结果才是正当的,机构投资者认为在生息基金(Active Fund)、被动基金(Passive Fund)、对冲基金(Hedge Fund)等持有期限不同的情况下各自对治理结构改善的效果可能也不尽相同,明确分析这一点将是今

① [日]宮島英昭、保田隆明:"株式所有構造と企業統治 – 機関投資家の増加は企業パフォーマンスを 改善したのか – ",財務省財務総合政策研究所,「フィナンシャル・レビュー」,平成27年第1号(通巻第121号)2015年3月,第3页。

② 同上注,第33页。

③ 同上注,第3页、第33页。

后的课题。[①]

如上所述,虽然日本也出现了反映机构投资者作用积极面的论文,但他们并没有按照“机构投资者采取积极行动,企业价值就会上升”的框架写论文。一方面,机构投资者持有股份推动日本企业引入执行任员制度、引入社外董事制度等促进内部治理结构改革,使机构投资者具有实质性的经营监督效果;另一方面,最重要的因素是需求冲击、机构投资者的投资对象(以大企业为中心)、股份持有规模和股份持有时间及基于机构投资者属性的必要分析等相近的方法,具有相当的客观性和合理性。大体上这并不是说机构投资者持有大量股份,企业价值就自然上升。

(四)美国的研究动向

美国机构投资者,特别是股东积极主义者以对企业价值和市场价格(股价)之间的不一致的观察研究和分析为基础,从事使价格接近价值的活动,使市场变成有效的代理人。[②] 经验研究还表明,大部分股东积极主义的对冲基金能够增加股东的财富,并证明它还能够提高目标企业的业绩。这一研究证实了积极主义对冲基金可以作为企业治理结构的矫正机制的主张。[③] 对于机构投资者的参与成为企业治理结构的矫正机制这一点在韩国、日本、美国的意见也大部分一致。

二、机构投资者的信义义务与表决权行使义务

(一)机构投资者的信义义务与忠实义务

机构投资者并非直接用自有资金投资的直接投资者,而是用别人的钱投资的“中性投资者”(Intermediary Investor)。因此,对于机构投资者有必要承担与个人股东不同的特殊义务,[④]其义务就是把客户的利益放在首位,忠实地管理客户资产,同时,作为按照信义诚实地管理客户资产使客户受益的义务叫

---

① [日]宮島英昭、保田隆明:“株式所有構造と企業統治 – 機関投資家の増加は企業パフォーマンスを 改善したのか –”,財務省財務総合政策研究所,「フィナンシャル・レビュー」, 平成 27 年第 1 号(通巻第 121 号)2015 年 3 月,第 3、34 页。

② Bernard S. Sharfman, “The Tension Between Hedge Fund Activism and Corporate Law”, *J. L. Econ. & Poly*, Vol. 12 (2016), p. 256.

③ 同上注,第 258 页。

④ [韩]李重基:《国民年金公团和国民年金基金的法律性质和损失转移体系》,载《BFL》2016 年第 77 号。

作“信义义务”(fiducary duty)或“受托人义务”。[①] 事实上,理论上很难证明机构投资者负有这种义务,特别是法定义务。因为,投资者在获得受委托资金时要求以任何方式获得收益,而不是以在细节上必须行使表决权为条件。但是韩国法律却通过强制法确立了这一点。《关于资本市场和金融投资业的法律(以下简称《资本市场法》)第37条(信义诚实义务等)是关于民间机构投资者的信义义务和忠实义务,[②]第79条是关于集合投资者的善管义务和忠实义务,第102条是关于信托业者的善管义务和忠实义务的规定。在韩国,信义义务作为包括善管义务和忠实义务的概念被使用。[③]

(二)法律上机构投资者的表决权行使义务

关于表决权的行使,国民年金[④]、公务员年金及军人年金等公共机构投资者在《国家财政法》第62条(基金管理、运用的原则)、第63条(基金财产运用的原则)、第64条(表决权行使的原则)等中规定了表决权行使及公告义务。此外,在《国民年金基金运用指南》和《国民年金基金表决权行使指南》中都有规定。[⑤] 针对民间机构投资者行使表决权的《资本市场法》第87条(表决权等)、第112条(表决权等)规定了信托业者行使表决权的义务。[⑥] 消极行使股东权是否违反了信义义务存在疑问?但是有学者主张称,如果股东不行使表决权的应当承担损害赔偿责任。该见解的理由是《资本市场法》“明文规定了机构投资者的表决权行使义务,信托法上规定了忠实义务,通过对善管注意

---

① [日]鈴木裕:《スチュワードシップ・コードへの対応と受託者責任,社会的責任投資の関わぃ一重なり合いながらも時に対立する三つの概念》,载《大和總研》2014年第 期;[韩]윤회연:《机构投资者股东权行使的相关法律研究——机构投资者尽职管理守则相关》,成均馆大学2017年硕士学位论文。

② [韩]崔埈璿:《会社法》(第14版),(名字)出版社2019年版,第527页。

③ 同上注。

④ 关于国民年金的股东权行使问题和改善方,参见[韩]장우영:《机构投资者的股东权行使和法律问题——以运营国民年金的机构投资者尽职管理守则为中心》,载《商事法研究》2019年第38卷第1号。

⑤ [韩]윤회연:《机构投资者股东权行使的相关法律研究——机构投资者尽职管理守则相关》,成均馆大学2017年硕士学位论文。参照《国民年金基金运营指南》第17条之2第2项,第3项;《国民年金基金表决权行使指南》第3条。国民年金相当于我国的社保基金,主管部门是政府的保健福祉部(译者注)。

⑥ 参照《资本市场法》第87条第7项、第8项、第9项,第186条第2项,《资本市场法施行令》第91条第2项。

义务的解释承认表决权的行使义务，对于持有的股份行使表决权是受托人的法定义务，因不诚实地行使造成顾客损失的负有法律责任”。[①] 真想知道不诚实的标准是什么。笔者对此不能苟同。无论如何，像这样认为表决权的不行使违反了信义义务，甚至负有损害赔偿责任的观点是惊人的。

虽然从宣示的角度可以让民间机构投资者承担信义义务，但是承担表决权行使的义务是过度干涉。表决权行使的自由已经被认为可以得到信义义务的认可，除此之外，用法律来规定表决权具体行使义务是侵犯民间自由决定权的行为。在国外很难找到让机构投资者承担表决权行使义务的事例。虽然美国1974年《雇员退休收入保障法案》(*Employee Retirement Income Security Act*,ERISA)也规定了忠实义务和善管注意义务，但没有关于表决权行使的直接性规定，“劳动性解释通报”表明运用年金资产相关受让人的行为中包括了持有股份的表决权行使。[②] 大体上英国和日本也承认信义义务，但并没有具体规定行使表决权的义务。无论是否行使表决权都应自由解释。如果将此作为义务和责任的架构加以强化的话，那只能说这不是自由资本主义市场，而是国家主义经济。

三、机构投资者尽责管理守则的施行与表决权咨询服务公司相关的规则

（一）机构投资人尽责管理守则的施行与动向

韩国从2016年末开始实行机构投资人尽责管理守则(Steawardship Code)，从2018年开始国民年金也加入其中。如前所述，韩国法律体系中以强行法的形式充分规定了机构投资者的信义义务、表决权行使义务及各种公告义务。仅此一项就已经可以对机构投资者的所有义务作出完善的规定。更进一步说，主张通过没有强制力的机构投资人尽责管理守则的自律规范试图改善什么，可能会认为是多余的事情。

---

① ［韩］鄭允模：《机构投资者的信托者责任与表决权行使》，载《韩国证券学会学术会议系列发表资料》2015年10月28日。

② ［韩］곽관훈：《机构投资者的信义义务》，载韩国比较私法学会：《比较私法》2015年第22卷第2号；［韩］윤희연：《机构投资者股东权行使的相关法律研究——机构投资者尽职管理守则相关》，成均馆大学2017年硕士学位论文。

机构投资人尽责管理守则的核心意思是“有目的地对话”的约定。[①] 相比之下这一点与传统投资者关系(Investor Relations)活动的主要目的是宣传企业,股东和董事之间的约定主要的目标在于倾听股东的意见、见解和了解股东担忧的事项以此获得洞察力是不同的。[②]

2018—2019年,某私募基金成功攻击了韩进集团,KB资产运营向SM娱乐公司发送了股东书函行使了股东权,要求最大股东的个人公司合并与分红等。据美国普华永道会计师事务所2017年度对公司董事的一项调查显示,在接受调查的848名董事中42%的董事表示他们在过去的一年中与投资者之间有约定。[③] 在欧洲无论是最早制定机构投资人尽责管理守则的英国,还是欧盟、比利时、丹麦、意大利、德国等,都以“遵循或解释”(comply or explain)的方式敦促与机构投资者进行约定。[④]

有评价认为从上述两大洲的情况来看,机构投资人尽责管理守则的实施将引起此前对机构投资者行使表决权漠不关心的企业、机构投资者及普通投资者的注意,同时,意识到这一点的企业在分红率和对内治理结构等方面强化了对股东的服务,因而产生了积极的效果。相反地,同时也赋予了对冲基金等确保自身作为股东积极主义者的活动的依据,从合法、强有力地介入企业的经营权的依据这一点来看也可以评价为与负面效果共存。

(二)海外机构投资者协作机构

在美国,截至2019年6月,为促进周密地履行机构投资人尽责管理,有60多个资产规模达31万亿美元的资产运营公司设有合作机构投资者管理小组(Investor Stewardship Group)[⑤],资产规模达35万亿美元的资产运营公司设有代表机构投资者协商会的机构投资者委员会(Council of Institutional Investors)。[⑥] 另外,进入履行机构投资人尽责管理守则核心清单(Check List)的治

① Giovanni Strampelli, “Knocking at the Boardroom Door: A Transatlantic Overview of Director – Institutional Investor Engagement in Law and Practice”, *Va. L. & Bus. Rev.*, Vol. 12 (2016), pp. 189 – 190.

② 同上注,第194页。

③ 同上注,第197页。

④ 同上注,第200ff页。

⑤ https://isgframework.org/.

⑥ https://www.cii.org/.

理结构相关合作机构有国际公司治理网络(International Corporate Governance Network)。该团体于1995年3月在美国华盛顿创立,是全世界最大的企业治理结构相关的团体,共有42个国家的749个会员,加入的机构包括养老基金、资产运营公司和个人等投资者,最大占比59%。此外,专门咨询机构占比13%、协会占比9%、企业占比8%等,该团体运营的资产规模达34万亿美元,韩国的韩国投资公社(KIC)、韩国交易所(KRX)、韩国企业治理结构院(Korea Corporate Governance,CGS)是其会员。还有亚洲公司治理协会(Asian Corporate Governance Association)是于1999年在亚洲为改善包括企业治理结构在内的金融环境生态系统由投资者、企业、监管机构等一起构成的从事多种活动和研究的独立非营利机构。到2019年6月亚洲公司治理协会共有18个国家的113个会员,资产运营规模约达30万亿美元,由资产运用公司(占比61%)、年金基金(占比15%)、上市公司(占比5%)等构成。韩国加入的机构有韩国交易所、韩国企业治理结构院等。

(三)机构投资人尽责管理守则的副作用

在韩国,机构投资人尽责管理守则是由金融当局主导的,因此机构投资者认为这是负担性的规制。上市企业也担心政府会利用年金基金和资产管理公司等机构投资者对公司经营施加影响力。① 不管是哪个国家原则(Principles),本身都是以抽象性的表述为中心并无太大差异,但是在对各项原则说明的指南(Guidances)中的细节内容却有很大的差异。另外,韩国型守则与其他国家的相比,机构投资者的监督及参与范围更广(例如ESG)、内容也更具体(例如推荐董事)。这与日本型守则的指南中采取尽可能回避具体性有很大差异。

引进机构投资人尽责管理守则预期的副作用在先行研究中已经得到很好的梳理。② 重要的是,当机构说要实施机构投资人尽责管理守则时机构投资者很难准确反映不同性质的投资者的股权激励内容。机构投资者很难询

---

① 全国经济人联合会2016年以上市公司为对象就引进机构投资者尽职管理守则时对公司股东大会案件的政府影响力是否会增大的问卷调查结果显示:回答“是”的人(占比为56.1%)比回答“不是”的人(占比为13.4%)高出3倍多。

② [韩]황인학:《关于机构投资者责任和作用的机构投资者尽职管理守则的本质和争议点》,载韩国经济研究院对外学术会议:《机构投资者尽职管理守则的论点和界限》2016年7月。

问投资者的个别意愿,即使征询也要花费过多的时间成本和费用。对所有议案询问投资者的意愿也不太现实。例如,推定年金加入者监事理所当然地认可了国民年金的经营监督行为,并根据其推定的意愿代理行使表决权等股东权,但那可能不是年金加入者的真正意图。相反,即使年金加入者不赞成时也不能通过出售股票表达反对意见。此外,在"股东平等原则"上对机构投资者在与企业对话过程中获得的未公开信息的使用也存在问题。①

另外,在约定(engagement)的实行过程中机构投资者的内部交易能力也会增强。但即便如此也很难对此制定明确的对策。② 值得注意的是,美国证券交易委员会认为在与客户、供应商、战略合作伙伴及政府监管机构等类似的当事方进行的普通商业相关的对话不是公告的对象,③需要慎重判断的事项如下。④ (1)业绩信息;(2)合并、收购、公开收购、合作投资或者资产的变更;(3)发现或开发客户或供应链有关的新产品;(4)控制或管理的变更;(5)变更监事或者该企业的审计人对审计报告不信任的通知;(6)该企业相关的证券活动;(7)破产或者管理等。所以,这些事由不是约定的对象。

欧洲的内部交易规定在欧盟议会的滥用市场规则(European Parliament's Market Abuse Regulation)中,欧盟的管制比美国更严。⑤ 当然,处理属于非重大信息的董事与股东之间的对话并不违反欧盟法律中股东平等的原则。⑥ 但

① Giovanni Strampelli, "Knocking at the Boardroom Door: A Transatlantic Overview of Director – Institutional Investor Engagement in Law and Practice", *Va. L. & Bus. Rev.*, Vol. 12 (2016), p. 206ff(美国), 211ff(欧洲);[韩]안수현:《表决权行使咨询公司的活用及限制》,载《证券法研究》2015年第16卷第2号;[韩]황인학:《韩国型机构投资者尽职管理守则"机构投资者的受托者责任相关的原则案"的法律争论点和课题》,载《BFL》2016年第77号。

② [韩]김순석:《关于机构投资者责任和作用的机构投资者尽职管理守则的本质和争议点》,载韩国经济研究院对外学术会议:《机构投资者尽职管理守则的论点和界限》2016年7月。

③ Final Rule: Selective Disclosure and Insider Trading, Securities Act Release No. 33 – 7881, Exchange Act Release No. 34 – 43154, Investment Company Act Release No. IC – 24599, 2000 WL 1201556, II(A)(4) (Aug. 15, 2000).

④ SEC, "Written Statement Concerning Regulation Fair Disclosure", (May 17, 2001), www.sec.gov/news/testimony/051701wssec.htm#P7817603.

⑤ Giovanni Strampelli, "Knocking at the Boardroom Door: A Transatlantic Overview of Director – Institutional Investor Engagement in Law and Practice", *Va. L. & Bus. Rev.*, Vol. 12 (2016), p. 213.

⑥ 同上注,第220页。

无论是美国还是欧盟都不存在关于董事和股东之间约定范围的绝对法律限制。[①] 这样的结论最终意味着约定存在内部交易的危险。

存在的问题是对于在韩国股市中占35%的外国投资者来说不能强迫他们引入机构投资人尽责管理守则,并且对于这一问题目前仍没有答案。

(四)表决权咨询服务公司的作用与规制

最为重要的是表决权咨询服务公司(机构股东服务公司)的作用与规制问题。表决权咨询服务公司是指,以机构投资者为对象,主要对股东大会议案进行分析,并提供表决权行使赞成或反对的劝告服务等,且获得报酬的商主体。[②] 表决权咨询服务公司向机构投资者提供的服务主要是分析议案,提出有关行使表决权的建议的服务(劝告)。除此以外,附带性地还根据投资者的指示实际行使表决权,或根据表决权的行使及其记录处理辅助性事务,研究与企业治理结构有关的潜在风险因素。此外,在机构投资者与其受益人存在利益关系的情况下,寻求并提出缓解其利益冲突的应对方案。[③]

在执行机构投资人尽责管理守则方面,多数持有企业股份的机构投资者需要在极短的时间内调查和判断众多企业的实际情况,缺乏行使表决权的余力。另外,即使有可能也要投入大量的人力,费用成本负担很大。而且,执行机构投资人尽责管理守则通过细则指南作出了详细规定,最终企业只能放弃自行分析议案,寻求利用第三方机构即专门的咨询服务公司。与为了自己行使股东权作出议事决定机构投资者分析上市公司股东大会议案相比,接受表决权咨询服务公司已经分析的表决权行使内容的专门咨询服务来行使表决权的可能性更大。该机构就是表决权专门咨询服务机构。服务不是免费获

① 同上注,第225页。

② SEC, Concept Release on the U. S. Proxy System. 17 C. F. R. Parts 240, 270, 274 and 275 [Release Nos. 34 –62495] p. 107 (2010); Stephen M. Bainbridge, *Corporate Governance After the Financial Crisis*, Oxford Press, 2012, pp. 255 –256;[韩]김순석:《表决权行使咨询公司的活用及限制》,载《证券法研究》2015年第16卷第2号。

③ [韩]김순석:《表决权行使咨询公司的活用及限制》,载《证券法研究》2015年第16卷第2号。

取的,必须要付费。至此,机构投资者还必须支付过去未曾支出的额外费用。[①]

问题是表决权专门咨询服务公司不对非股东的公司或客户承担任何义务,对行使表决权所产生的危险也不承担任何责任。那么最终,股东大会可能被非股东的人所左右。这样一来,韩国企业的进路也并不是根据机构投资者的意志,而是根据机构投资人尽责管理守则的主管机关或表决权专门咨询服务公司的意志来决定。

日本仅有两个机构。韩国已有五家表决权专门咨询服务公司在没有任何规制的情况下营业。因此,出现了有必要引入表决权专门咨询服务公司规制的主张。[②] 也就是说,表决权专门咨询服务公司的公正性、客观性和专业性将成为股东权行使水平的决定性因素。表决权专门咨询服务是职业的经济属性上的专业行为,因此,像美国那样引导咨询从业者进行注册等受到咨询业的规制是合理的。也有主张认为,对于没有登记为咨询业者的非营利性表决权咨询机构,其服务属性具有咨询业的法律属性,因此将对咨询业规制适用在议案上是正确的。[③]

那么,对表决权专门咨询服务公司的规制应该以何种方式进行呢?[④] 对此,金承禧国会议员提出了以引入对表决权专门咨询业的申报制为内容的资本市场法修订案。为保证表决权专门咨询公司的专业信赖,建议:(1)引入表决权专门咨询公司实行申报制;(2)金融委员会应公开该相关内容等。

---

① Stephen J. Choi & Jill E. Fisch, "How to Fix Wall Street: A voucher Financing Proposal for Securities Intermediaries", *Yale L. J.*, Vol. 113 (2003), p. 296;[韩]김순석:《表决权行使咨询公司的活用及限制》,载《证券法研究》2015年第16卷第2号。

② [韩]宋洪善(音译):《机构投资者尽职管理守则与机构投资者行使股东权》,资本市场研究院2018年第2号,第xv页。

③ [韩]宋洪善(音译):《机构投资者尽职管理守则与机构投资者行使股东权》,资本市场研究院2018年第2号,第xv页。

④ [韩]최문희:《关于表决权咨询公司的立法课题和法律争议》,载《法学》2016年第57卷第2号;[韩]염미경:《表决权行使咨询专门公司的问题和法律限制动向》,载《江源法学》2014年第14卷;[韩]김순석:《表决权行使咨询公司的活用及限制》,载《证券法研究》2015年第16卷第2号;[日]鈴木裕:《2018年以降の株主総会向け議決権行使基準改定動向》,载《大和總研》2017年11月22日;[日]鈴木裕:《2018年以降の株主総会向け議決権行使基準改定動向(2)》,载《大和總研》2017年12月20日。

如果表决权专门咨询公司的积极性超乎意料,那么企业结构调整等重要企业法务可能会受到影响。因此,表决权专门咨询公司的作用非常重要,到目前为止在韩国就表决权专门咨询公司是否值得信赖的专业机构出现了很多疑问。最典型的例子就是现代汽车集团事件。2018 年 4 月,现代汽车集团制定了以现代摩比斯(Hyundai mobis)为持股公司的集团治理结构改编议案,决定勾销 1 万亿韩元的本公司股票。但是,攻击现代汽车的对冲基金埃利奥特管理公司(Elliot Management)及其同类的专门咨询公司机构股东服务公司(Institutional Shareholder Services)、Glass Lewis、韩国治理结构院(Korea Corporate Governance Service)、Sustinvest、大信治理结构研究所(Daishin Economic Research Institute)等对现代汽车集团的分割合并案提出了反对的劝告意见。[①] 现代 Glovis(Hyundai Glovis)和现代摩比斯的分割合并告吹,股价持续暴跌,持有股份价值减少了 30% 以上。在此过程中埃利奥特(Elliot)的评估损失推定为 5000 亿韩元,对于现代汽车集团来说公正交易委员会要求的结构调整被推迟,以现代摩比斯为中心加强电装事业的计划也被搁浅了。

表 1　　2017 年 12 月议案分析专门咨询机构情况

区域	机构名称	负责人员(人)	顾客数量(人)	股东大会分析的数量(次)	提供有偿服务的日期	占比
国内	韩国企业治理结构研究院	14	11	643	2015	—
	Sustinvest	11	6	185	2013	—
	大信经济研究所	13	7	433	2013	—
外国	ISS	1100	1900	1300	1985	全球 MS:61%
	GL	360	1300	900	2003	全球 MS:37%

注:顾客数 = 机构投资者人数,每位客户需要支付 1 亿韩元左右的费用。

机构投资者不是真正的管事者(steward)。机构投资者的主要义务是保护客户的利益(例如在银行存钱时存款人的利益),没有义务改变企业的治理结构,因此没有必要具备干预投资对象企业一样的能力。[②] 最终只能活用表

① http://news.khan.co.kr/kh_news/khan_art_view.html? art_id = 201805211708001.

② Melvin A. Eisenberg, *The Structure of the Corporation: A Legal Analysis*, 1976, pp. 57 - 58; Helen Garten, "Institutional Investors and the New Financial Order", *Rutgers Law Review*, Vol. 44 (1992), p. 629.

决权咨询公司,而表决权咨询公司的不良咨询报告书对企业来说是致命的打击。为了保障表决权咨询公司发起的报告的可信度,应该采取更加积极的措施。

四、强化股东积极主义者的活动性

(一)股东积极主义者的属性

本来机构投资者也是利益追求群体,相对于对企业事实上机构投资者的确赋予了其更多流动性价值。[①] 机构投资者的股份买卖周转率如实地反映了未能超越短期主义(short - termism)。1990年以前,韩国机构投资者都是根据政府的官治金融政策运营的,因此经营自律性不足,之后虽然稍微恢复了经营自律性,呈现的仍然是与普通小额投资者一样瞄准短期行情差额。将改善企业治理结构的重任交给他们,这本身可能也是天方夜谭。在韩国舆论和政治的影响力很大,摄于政治压力,机构投资者的干预反而会降低投资对象公司的价值,[②]可能还会出现极端情况下政经合一的担忧。[③] 另外,与股价上涨企业价值也会上升相比,因为经营权纷争引起的表决权确保竞争而暂时上升的情形更多。关于是否应当加强机构投资者,特别是股东积极主义机构投资者的活动性,存在两种不同的意见。

(二)股东积极主义者的肯定性功能

有主张认为,股东积极主义的最终目的是积极参与低成果企业的经营活动,削减股东和经营者之间发生的代理问题,通过提高经营成果来提高企业价值。股东积极主义通过履行监督者的职责提高企业价值,进而为股市的发展作出贡献。[④] 如果从积极主义是机构投资者积极履行自身信义务的角度理解的话,应强调其积极的一面。在美国,股东积极主义通过积极参与投资对象企业的经营,最终能提高企业的价值的话视为符合《雇员退休收入保障法

---

① Mark J. Roe, "A Political Theory of American Corporate Finance", *Columbia Law Review*, Vol. 91 (1992), p. 20.

② Roberta Romano, "Public Pension Fund Activism in Corporate Governance Reconsidered", *Columbia Law Review*, Vol. 93 (1993), pp. 799 - 820.

③ [韩]황인학:《关于机构投资者责任和作用的机构投资者尽职管理守则的本质和争议点》,载韩国经济研究院对外学术会议:《机构投资者尽职管理守则的论点和界限》2016年7月。

④ [韩]鄭允模:《机构投资者的受托人责任和表决权行使》,载《韩国证券学会学术会议系列发表资料》2015年10月28日。

案》(*Employee Retirement Income Security Act*,1974)规定的信义义务。① 也有人主张,股东积极主义者介入经营会促进股东财产或企业的长期改善,其实并没有发现他们的介入对股东造成伤害。②

(三)股东积极主义者的否定性功能

1. 短期差价优先主义。虽然很多人认为对冲基金积极主义可以减少股东和管理层之间的代理成本,提高股东价值,但是,对冲基金的短期业绩主义是世界的共同现象,③对冲基金为了获取短期差价会妨碍企业的长期竞争力,会损害公司的可持续性和偏好长期利益的普通股东的利益,这种担忧正在扩散。④ 由于严重的短期业绩主义,希望短期内收回投资资本的对冲基金攻击的企业在研发领域投入的费用支出减少,⑤相反分红及买入本公司股份增加;对工厂和类似设施的投资减少,⑥雇佣也减少。⑦ 最近美国研究开发领域的投资也在持续减少,过分热衷于短期利润上涨的对冲基金的积极主义被认为是原因之一。⑧ 虽然对冲基金积极主义者的介入会引发股价短期上涨,但不可

① [韩]곽관훈:《机构投资者的信义义务》,载《比较私法》2015 年第 22 卷第 2 号。

② Ed deHaan, David Larcker, Charles McClure, "Long – Term Economic Consequences of Hedge Fund Activist Interventions", ecgi, Finance Working Paper N°577/2018 (October 2018).

③ Grace Lee Mead, "Two New Tools for Addressing Activist Hedge Funds – Sunlight Bylaws and Reciprocal Disclosures", *Fordham J. Corp. & Fin. L.*, Vol. 21 (2016), p. 491; Brian Bushee, "The Influence of Institutional Investors on Myopic R&D Investment Behavior", *Acc. Rev.*, Vol. 73 (1998), p. 330;[韩]신석훈:《根据最近强化机构投资者 ESG 要求对公司法的修改与课题》,载《商事法研究》2019 年第 38 卷第 2 号。

④ Wolf – Georg Ringe, *The Deconstruction of Equity: Activist Shareholder, Decoupled Risk, and Corporate Governance*, Oxford University Press, 2016, p. 101; Marcel Kahan, Edward B. Rock, "Hedge funds In Corporate Governance And Corporate Control", *University of Pennsylvania Law Review*, Vol. 155 (2007), p. 1021.

⑤ Yvan Allaire, "Hedge Fund Activism: Preliminary Results and Some New Empirical Evidence", Institute for Governance of Private and Public Organizations (2015); [韩]신석훈:《根据最近强化机构投资者 ESG 要求对公司法的修改与课题》,载《商事法研究》2019 年第 38 卷第 2 号。

⑥ David Webber, "Can America's Companies Survive America's Most Aggressive Investors?" Alana Semuels, (Nov 18, 2016).

⑦ Yvan Allaire, "Hedge Fund Activism: Preliminary Results and Some New Empirical Evidence", Institute for Governance of Private and Public Organizations (2015); John C. Coffee, "The Wolf at the Door: The Impact of Hedge Fund Activism on Corporate Governance", *Annals of Corporate Governance*, Vol. 1, No. 1 (2016), p. 47.

⑧ David Webber, "Can America's Companies Survive America's Most Aggressive Investors?" Alana Semuels, (Nov 18, 2016).

否认的是这种利润是以牺牲公司长期可持续的增长和价值创造为代价获得的。有人批评说,因为对冲基金的攻击而导致短期股价上升并不是真正的企业价值的上升,只不过是以牺牲劳动者为基础的财富转移(Wealth Transfer)。[①] 通过出售公司、追加分红、出售子公司、减少雇佣、减少资本支出和研究开发投资等措施最终只能导致公司长期业绩下降、职工士气低落;从长期来看不仅对对象公司,而且对社会和经济也会造成危害,[②]这一点也是不可否认的。对此,有观点认为有必要制定新的立法和规则,以保护公司免受股东的短期主义要求的压力。[③] 因此,Black Rock 的 CEOL. D. Fin 表示:"企业经营者所承担的信义诚实义务的对象不是特定时间的所有投资者。公司和长期投资者就是其中的对象。"[④]

最近,华盛顿大学埃德·德汉教授(Ed deHan)、斯坦福大学戴维·拉克尔教授(David Larcker)、芝加哥大学查尔斯·麦克卢尔教授(Charles McClure)共同研究,于2018年发表了名为《积极主义对冲基金企业长期经济成果》的论文。[⑤] 该论文仅针对市价总额4000万美元(约454亿韩元)以下的小企业展开分析,认为积极主义对冲基金介入经营对股价和企业的成长毫无帮助,积极主义基金对提高股东价值等产生积极影响。全部1964家接受调查的企业中,虽然占80%的4000万美元以上的中、大企业短期收益率为4.4%,但随着时间的推移收益率逐渐减少,长期收益率为1.6%。占调查对象20%的小企业短期(9.3%)和长期(35.9%)的收益率都很高。最终,积极主义基金对企业的攻击只验证了短期获利有效的事实。

---

① Yvan Allaire, "Hedge Fund Activism: Preliminary Results and Some New Empirical Evidence", Institute for Governance of Private and Public Organizations (2015).

② Robert J. Rhee, "Corporate Short – Termism and Intertemporal Choice", *Wash. U. L. Rev.*, Vol. 96 (2018), p. 499; Martin Lipton, "Do Activist Hedge Funds Really Create Long – Term Value?", *Harvard Law School Forum on Corporate Governance and Financial Regulation*, (July 22, 2014).

③ Martin Lipton, "Will a New Paradigm for Corporate Governance Bring Peace to the Thirty Years' War", *Harvard Law School Forum on Corporate Governance and Financial Regulation*, (Oct. 2 2015); [韩] 신석훈:《根据最近强化机构投资者ESG要求对公司法的修改与课题》,载《商事法研究》2019年第38卷第2号。

④ L. D. Fink, Black Rock CEO 2015年致美国500强企业的一封信中。

⑤ Ed deHaan, David Larcker, Charles McClure, "Long – Term Economic Consequences of Hedge Fund Activist Interventions", ecgi, Finance Working Paper N°577/2018 (October 2018).

积极主义对冲基金把目标指向那些不道德、法律上存在诸多问题的企业这句话很可能是假的。反而是瞄准效益好,但与行业相比分红倾向低、现金持有比重高的企业,这可能是真实的。[①] 事实上,对冲基金迄今为止只针对优良企业作战。[②] 他们在 13D disclosure filing 前以低廉的价格大量获取股票。[③] 他们获取股票并非是追求"公司的可持续成长和价值创造",而是尽情地去炒作,把股价尽可能地拉高然后赚取差价,他们也许是悄然消失的暴徒团伙。[④] 如上所述,对股东积极主义者的评价具有超过肯定性一面的负面。抓住企业的弱点攻击,抢夺企业核心利益后退潮的行为危害是巨大的。对于那些没有弱点且盈利能力较好的企业他们也会死缠烂打,要求高额分红、出售资产等,要求董事会更换自己喜欢的人士。

2. 积极主义对冲基金活动的事例。作为广泛流传的对冲基金攻击企业及干涉经营权事例,在韩国是 *Sovereign Vs. SK*(株式会社)、*Carl Icahn VS. KT&G*、*Elliott VS.* 三星物产和第一毛织等事例。在日本存在 *Seven & iHoldings vs. Third Point*、*SONY vs. Third point*、*GMO vs. Oasis Management Company Ltd.*、*Barnes and Noble vs. Yucaipa* 等著名案例。此外还有 *Sotheby's vs. Third Point*、*Dupont vs. Trian Fund Management*(2015)等也是举世皆知的事件。

在日本发生的 *Seven & iHoldings* vs. *Third Point* 事件中,[⑤]Third Point 的创

---

① Leo E. Strine, Jr., "Who Bleeds When the Wolves Bite? A Flesh - and - Blood Perspective on Hedge Fund Activism and Our Strange Corporate Governance System", *The Yale Law Journal*, (2017), p. 1889ff.

② Leo E. Strine, Jr., "Who Bleeds When the Wolves Bite? A Flesh - and - Blood Perspective on Hedge Fund Activism and Our Strange Corporate Governance System", *The Yale Law Journal*, (2017), p. 1931.

③ 威廉姆斯法案 13(d)规定上市公司实际取得 5% 以上股份的有义务应于 10 日内向 SEC 提交 13D 清单,在 13D 清单中应注明有关申报人的身份、资金来源、投资目的、股份数量及与目标公司关联方的合同、约定、协议等信息。Williams Act 的详细内容见 William R. Tevlin, "The Conscious Parallelism of Wolf Packs: Applying the Antitrust Conspiracy Framework to Section 13(D) Activist Group Formation", *Fordham L. Rev.*, Vol. 84 (2016), p. 2339ff.

④ Leo E. Strine, Jr., "Who Bleeds When the Wolves Bite? A Flesh - and - Blood Perspective on Hedge Fund Activism and Our Strange Corporate Governance System", *The Yale Law Journal*, (2017), p. 1933.

⑤ http://weeklybiz.chosun.com/site/data/html_dir/2016/04/22/2016042201738.html. 하진수记者。

办人丹尼尔—勒布(Daniel Loeb)将包含“日本政府强调以扩散为重点的‘治理结构模范准则’的重要性,我们的目标聚焦于保护股东利益和改善股东的治理结构,这与安倍经济学完全一致。”内容的文书提交给了理事会,以此下了挑战书。“治理结构模范准则”是被股东积极主义者恶意利用的很好的事例。*Seven & iHoldings* 的专业经理人出身的铃木敏文(Toshifumi Suzuki)解雇了现任董事长井阪隆一(Ryuichi Isaka),想任命自己的儿子铃木康弘(Yasuhiro Suzuki)为新的 CEO 来继承经营权,但遭到丹尼尔—勒布的反对。最终丹尼尔—勒布获胜。在 *SONY VS. Third point* 事件中,丹尼尔—勒布一方面主张认为索尼的电子部门和娱乐部门需要进行分拆的结构调整,另一方面采取了同样模式的攻击,但索尼成功地进行了防御。① 取而代之的是 Third point 在2014 年获得了约 20% 的收益后撤离。2018 年,丹尼尔—勒布攻击美国食品公司 Campbell Soop Co. ,成功将两名董事任命为董事会成员。2017 年,Nestle SA 为确保其持股,狂注 75000 万美元。丹尼尔—勒布表示:“对中国和韩国等东亚市场非常感兴趣。”②看起来丹尼尔—勒布可能计划在 2019 年再次攻击索尼。③ 在 *GMO VS. Oasis Management Company Ltd.* 案件中 Oasis 提出了撤销毒丸计划、董事长与 CEO 分离、引入集中投票制度(cumulative voting)、改善董事报酬体系等为主要内容的股东会提案,并获得参加股东大会全体股东45% 的支持,Oasis 攻击获胜。Oasis 是韩国第一个加入机构投资者尽职管理守则的外国对冲基金,最近韩国资本市场正在改变为有利于股东的环境,因此 Oasis 将在韩国正式展开活动。

在 *Barnes and Noble vs. Yucaipa* 案件中 The Yucaipa Companies、Alletheia Research & Management 等其他一致行动人攻击了巴诺公司(Barnes and Noble)的经营层,巴诺公司当时引入了当出现持有 20% 以上本公司股票的攻击

① http://www.newspim.com/news/view/20130618000338. 우동환记者。

② https://news.joins.com/article/14405274. 강남규记者。

③ Japan April 8,2019/11:02 PM, Exclusive: Loeb's Third Point building stake to pressure Sony – sources, Svea Herbst – Bayliss, Liana B. Baker (Reuters) – Daniel Loeb's hedge fund Third Point LLC is building a stake in Sony Corp to push for changes that include shedding some businesses, the second time in six years it has targeted the Japanese electronics maker, people familiar with the matter said on Monday. https://www.reuters.com/article/us – sony – thirdpoint – exclusive/exclusive – loebs – third – point – building – stake – to – pressure – sony – sources – idUSKCN1RK1LS.

者时启动的毒丸计划,巴诺公司正是得益于这个毒丸计划才得以阻止一致行动的对冲基金狼群战术的攻击。[①] 该案件因狼群战术(Wolf Pack)案件而出名。在 *Sotheby's vs. Third Point* 案件中对持有 9.6% 的具有表决权的普通股,并要求更换无能经营层的 Third Point 的攻击行为,Sotheby 规定取得 10% 以上本公司股份的公司出现的话作为应对方案的毒丸计划就会运行。法院也认可这一点。[②] 但是包括 Third Point 在内与其共同行动的多数对冲基金(运用狼群战术)无法确认其是有意识的并行行为(Conscious Carallelism)或合作行为(Concerted Action)。[③] 意识上的并行行为或合作行为大体上表现为"公开或私下交换信息、参加会议、讨论、发出或征求一致或并行动的邀请"。[④] 基金总体虽然持有 Sotheby19% 的股份,但是因为没有取得 10% 以上的个体,因此未能启动毒丸计划。最后,Sotheby 同意让 Third Point 主席丹尼尔—勒布和他提名的两人进入董事会。[⑤] 这是因为 Sotheby 在设计毒丸计划时并没有精确设计以对抗狼群战术。2015 年杜邦与 Trian 基金管理公司[*Dupont vs. Trian Fund Management*(2015)]案件同样也是以 Trian 支持下的富达亚洲风险投资(Fidelity International)等股东积极主义者以狼群战术赶走 CEO 艾伦·库尔曼(Ellen Kullman)的案件。

2018 年 6 月 19 日,积极主义投资者 Carl Icahn 掌握了 Sand Ridge Energy 的董事会。Carl 反对 Sand Ridge 作为扩大投资方案宣布收购 Bonanza Creek Energy,并确保获得 13.6% 的股份,而向 Sand Ridge 发起了攻击。Sand Ridge 董事会规定如果有包括一致行动的(Acting in Concert)股东在内的持有发行

① https://news.joins.com/article/4359649. 엄성원记者。

② Bernard S. Sharfman, "The Tension Between Hedge Fund Activism and Corporate Law", *J. L. Econ. & Poly*, Vol. 12 (2016), p. 273ff.

③ "acting in concert" or working "in conscious parallelism." William R. Tevlin, "The Conscious Parallelism of Wolf Packs: Applying the Antitrust Conspiracy Framework to Section 13(D) Activist Group Formation", *Fordham L. Rev.*, Vol. 84 (2016), p. 2349, 2358.

④ https://ir.serestherapeutics.com/phoenix.zhtml? c = 254006&p = irol - SECText&TEXT = aHR0cDovL2FwaS50ZW5rd2l6YXJkLmNvbS9maWxpbmcueG1sP2lwYWdlPTEwMzYyNDk0JkRTRVE9MyZTRVE9MjAmU1FERVNDPVNFQ1RJT05fUEFHRSZleHA9JnN1YnNpZD01Nw%3D%3D. 宋沃烈:《关于股东参与的随想——以反积极主义毒丸计划为线索》,载《CG 评论》2018 年第 89 期。

⑤ [韩]신석훈:《企业所有结构政策与近期资本市场环境变化——以经营权纠纷事例和防御制度为中心》,企业诉讼研究院发表资料,2018 年。

股份10%以上的受益所有人(Beneficial Owner)就可以启动毒丸计划。但是Carl对此进行游说,提出如果行使毒丸计划就会损害股东价值。最终股东大会决定对此作出判断。Sand Ridge股东在6月19日的股东大会上拒绝了公司提出的毒丸计划和管理层补偿计划,在8名董事总成员中Carl方面的5名人士当选为董事。[①] 因为Carl得到了其他股东的广泛支持,在得到广泛股东支援的情况下,不存在维护经营权的对策。

随着积极主义基金的狼群战术影响力的增大,出现了人为的结构调整。积极主义基金还干预了收购Amazon、有机农食品流通体Wholefood。2019年6月Wholefood被Amazon卖出,这也是积极主义基金Jana Partner不断向Wholefood管理层施加压力的开始,为了寻找股价上涨的方法更换不满意的企业管理层的事情也比比皆是,包括通用电气CEO杰夫·伊梅尔特(Jeffrey Immelt)在内,福特汽车、美国钢铁公司、CSX运输公司、美国国际集团、雅虎集团、雅芳集团等10多家企业的CEO被更换。对宝洁公司、雀巢公司、必和必拓公司等多家跨国企业也虎视眈眈。攻击宝洁公司的也是Trian基金管理公司。21世纪初期对冲基金的目标只是资本实力薄弱的企业,但最近随着大量资金的蜂拥而至他们把目标转向了全球大企业。[②] 杜邦在遭到对冲基金狼群战术攻击后,以通过削减成本推动短期股价上升增加股东利益为由,迅速减少研发投入、关闭技术研究所、数千人失业。[③]

(四)狼群战术积极主义

从以上多个案例中我们可以发现,近期对冲基金在进攻中的倾向。即最近很多对冲基金持有应向证券监督当局申报的比率(美国为10%,韩国为5%)以下的股份,以此来回避公示义务,但是突然采取一起攻击目标公司的

---

① https://www.reuters.com/article/us-sandridge-agm-icahn/activist-icahn-gains-control-of-board-in-proxy-fight-at-sandridge-energy-idUSKBN1JF229.

② http://news.hankyung.com/article/2017091345621. 김현석记者。

③ [韩]신석훈:《企业所有结构政策与近期资本市场环境变化——以经营权纠纷事例和防御制度为中心》,企业诉讼研究院发表资料,2018年。

战术,这被称为“狼群战术积极主义”(wolf pack activism)。[①] 狼群战术是对股东行动主义者一边倡导针对特定公司的共同项目,一边却没有约定合作行动的一个华丽的修饰语。[②] 狼群战术的特点是没有约定的“合作行动”(act in concert)。取而代之的是按照“有意识的协调”(conscious carallelism)进行交流。在前述 Sotheby's 案中法院的判决认为,仅有意识上的并行行为就成立狼群战术,就可以使用毒丸计划。在法律上当两人以上作出集团行动时,根据威廉姆斯法案 13(d)部分(Williams Act Section 13(d))被视为同一人(single person)。Rule13d -5(b)规定“以取得、持有、行使表决权或处分对象公司股份为目的由两人以上联合行动达成协议时”形成集团。第 16 条(b)款也使用与第 13 条(d)款相同的定义。

由于狼群战术可以使资本市场上公平的游戏规则轻易崩溃,[③]所以其是避开毒丸计划特别有效的方法。因为美国标准的毒丸计划条款设计的是在获得 10% ~20% 的股份时才启动的。仅小规模的持股也可以起到强大的作用。[④] 狼群战术将创造比独立的积极主义基金更高的收益。与独立且积极的对冲基金的成功率只有 46% 相比,狼群战术的成功率高达 78% 。独立且积极的对冲基金只获得 6% 的收益,而狼群战术则平均获得 14% 的收益。因此,在过去 15 年中积极主义的活动急剧增加,其运作资产也大幅增加。[⑤]

---

① Leo E. Strine, Jr. , “Who Bleeds When the Wolves Bite? A Flesh - and - Blood Perspective on Hedge Fund Activism and Our Strange Corporate Governance System”, *The Yale Law Journal*, (2017), p. 1871; William R. Tevlin, “The Conscious Parallelism of Wolf Packs: Applying the Antitrust Conspiracy Framework to Section 13(D) Activist Group Formation”, *Fordham L. Rev.* , Vol. 84 (2016), p. 2335. 似乎狼群战术从 2000 年初开始出现。Alon Brav, Amil Dasgupta, Richmond Mathews, “Wolf Pack Activism”, FIRS 2015, the Future of Research on Hedge Fund Activism Conference, (November 2015).

② Wolf pack is a colorful phrase for activist shareholders who advocate a common program for the company, but do not have an agreement to act in concert. : Jack Bodner & Leonard Chazen, “Conscious Parallelism May Justify A Wolf Pack Pill”, *Law* 360, New York, (May 27, 2014) : https://www.cov.com/~/media/files/corporate/publications/2014/05/conscious_parallelism_may_justify_a_wolf_pack_pill.pdf.

③ John C. Coffee, “The Wolf at the Door: The Impact of Hedge Fund Activism on Corporate Governance”, *Annals of Corporate Governance*, Vol. 1, No. 1 (2016), p. 47; [韩] 신 석훈:《根据最近强化机构投资者 ESG 要求对公司法的修改与课题》,载《商事法研究》2019 年第 38 卷第 2 号。

④ Alon Brav, Amil Dasgupta, Richmond Mathews, “Wolf Pack Activism”, FIRS 2015, the Future of Research on Hedge Fund Activism Conference, (November 2015), p. 28.

⑤ William R. Tevlin, “The Conscious Parallelism of Wolf Packs: Applying the Antitrust Conspiracy Framework to Section 13(D) Activist Group Formation”, *Fordham L. Rev.* , Vol. 84 (2016), p. 2344.

法院认为,作为判断是否为狼群战术的标准,比起提出新理论更应该考虑根据共谋(Conspiracy)确认操作价格的行为(Price - fixing Conspiracies),并考虑其他额外追加的因素来适用《谢尔曼反托拉斯法》(*Sherman Antitrust Act*)。① 另外,还有主张认为,对经营层不满的相关意思沟通、为回避发动毒丸计划的讨论、以影响对象企业的方向而采取的措施等相关意思沟通、共谋机会、价格信息的共享、信号,还有被视为阴谋的惯常行为可以被作为狼群战术的证据。②

当然法律规定如果多个对冲基金互相合作以一个集团(Group)行动,那么整个集团持有5%以上的股份就必须进行公示,③但这种规定对狼群战术来说并没有太大问题。它们自己形成的是不能视为集团(Group)的松散的联系(Loose Association),所以很容易回避法律限制。④ 实际上,参与攻击的对冲基金持有的股份虽然超过了5%,但是没有进行公示而突然集合股份进行攻击,企业将无法招架。这种狼群战术战略最近几年在美国正在剧增。2015年财富百强中有9家企业、财富500强中有38家企业面临了对冲基金的攻击。狼群战术的攻击并不局限于大企业,仅2015年美国上市公司中就有343家受到攻击,2016年上半年就有113家公司受到攻击。⑤ 亚洲地区的攻击也在7年内增加了10倍。

(五)ESG风险相关的积极主义⑥

截至目前,很多企业家都相信企业追求可持续性这个主题与股东的愿望背道而驰。事实上,ESG的话题对投资者、资产组合经理以及分析师来说并未成为证券界的主流。但这种认识已经过时。最近,对包括世界三大资产管

① 同上注,第2335、2338、2369ff页。

② 同上注,第2335页。

③ 在美国持有5%以上股份的申报被称为"13D Filing"。受托资产中股份金额在1亿美元以上的机构投资者应按季度向SEC报告股份持有明细,这就被称为"13D Filing"。

④ William R. Tevlin, "The Conscious Parallelism of Wolf Packs: Applying the Antitrust Conspiracy Framework to Section 13(D) Activist Group Formation", *Fordham L. Rev.*, Vol. 84 (2016), p. 2337.

⑤ [韩]신석훈:《根据最近强化机构投资者ESG要求对公司法的修改与课题》,载《商事法研究》2019年第38卷第2号。

⑥ 译者注:ESG,即环境、社会和公司治理(Environment、Social Responsibility、Corporate Governance),包括信息披露、评估评级和投资指引三个方面,是社会责任投资的基础,是绿色金融体系的重要组成部分。

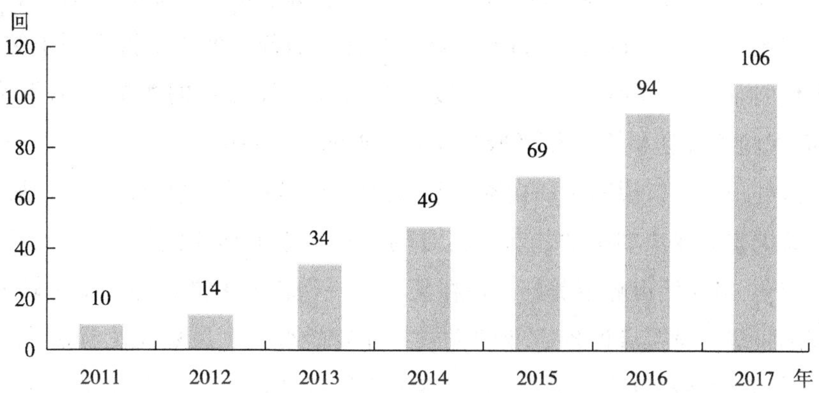

图 1 以亚洲企业为对象的积极主义基金经营介入的现状

理公司(Black Rock、Vanguard、State Street)在内的 43 家全球机构投资公司的 70 多名高层管理人员和加州公职人员退休制度(CalPERS)、加利福尼亚州教师退休制度(CalSTRS)等和日本、瑞典、荷兰养老基金等大资产集团的采访结果显示,超大型投资公司的高层管理人员几乎都非常重视 ESG(ESG was almost universally top of mind for these executives)。State Street 全球顾问公司总裁兼首席执行官 Cyrus Taraporeva 说:"作为长期投资者 ESG 话题对于我们来说已经变得更为重要。"从积极或消极的角度分析诸如全球气候变暖、董事会的品质或网络安全等重要话题是如何影响财务价值的。[①] 随着 2006 年联合国支持的责任投资原则出台后,拥有 6.5 万亿美元总资产管理规模(AUM)的 63 家投资企业(资产所有者、资产经营公司、服务提供企业)承诺将 ESG 话题纳入投资决定因素。[②] 截至 2018 年 4 月,签名人数增至 1715 人,按 AUM 计算为 81.7 万亿美元。FTSE Russell 2018 年全球问卷调查显示:全球一半以上的资产持有者目前正在投资策略上体现或评估 ESG 考虑事项,[③]要求向投资对象公司披露 ESG 风险,并以此为基础确认投资对象公司的董事会是否已经建

① Robert G. Eccles and Svetlana Klimenko, "The Investor Revolution", *Harvard Business Review*, From the May - June 2019 Issue.

② Asset Under Management(AUM)是指总的运营资产,具体是指风险资本运营的风险基金基金资产的总和。

③ Robert G. Eccles and Svetlana Klimenko, "The Investor Revolution", *Harvard Business Review*, From the May - June 2019 Issue.

立了ESG相关风险的确认、评估、监控和管理体系,如果尚未建立的话则股东积极参与(shareholder engagement)要求改善。如若这种要求得不到采纳,比像行使股东提案等那样积极行使股东权的机构投资者的积极主义就称为“ESG风险相关的积极主义”(ESG risk - related activism)。[①]

这种现象不仅说明长期投资盈利能力好,而且反映了将ESG话题纳入投资决策因素是客户期望的趋势。富有的客户希望了解他们的投资是否正在创造变化,以便使世界更美好。现在甚至连一些积极主义对冲基金也转向可持续的投资。投资者评价企业的方式正在发生变化。虽然无法预测准确的时间,但变化是不可避免的,虽然持有大规模资产运营公司和年金基金股份(份额)的大企业将最快感受到变化,但在不久的将来中坚企业也将加入新的倾向。所有企业在创造社会全体的长期价值时投资者都对此予以配合,应该抓住一个甘于补偿的机会。

但是,这种倾向不能被忽视,这可能是基金的营销战术,基金本身不是大规模和恶意性对冲基金,而是通过投资于尊重ESG对外形象较好的基金来吸引那些追求提升自身形象的委托人。与其说慈善基金会、学校基金会、奖学金基金会等非营利基金会将资金委托给恶意对冲基金,不如说这些基金的营销策略是说服那些标榜尊重ESG的基金,通过委托其进行资产运作来保持其伦理优势。

五、股东积极主义相关的应对方案

(一)设置方案的必要性

积极主义对冲基金对企业和整体经济影响的利弊学者们也有不同看法。然而,双方都同意所有积极主义都不具有积极意义。就连Carl Icahn也说:“我们不相信今天所有行为主义都一定会好……存在一些不良行为主义者,我们同意它不好。他们想要做的事全部登上了摇晃的船,然后就是迅速地进

① [韩]신석훈:《根据最近强化机构投资者ESG要求对公司法的修改与课题》,载《商事法研究》2019年第38卷第2号。

行协商。"[1]反对这一观点的人主张有助于挖掉无能的管理层,以提高企业的价值。

股东积极主义对冲基金的危害有以下三点。[2]

第一,如果对冲基金投资失败,其损失将完全由投资者承担。近期也出现了很多失败的对冲基金。[3] 据说达30万亿韩元的韩国型对冲基金2019年有一半出现赤字。[4]

第二,积极主义基金策略对企业的影响导致其出现失业、减薪等风险。

第三,不仅是成为"狼群攻击"目标的企业,其他企业也会为了不成为"猎物"而采取少吃多穿的方式主动改变形象。

事实上,第三点危害是最令人担忧的。从国外的例子来看,将会出现减少研发费用、注重短期成果、增加分红、买入自己公司股票的形式。引入毒丸计划和差别表决权,极端情况下公司会拒绝上市或停牌。[5] 这对企业和国家的未来没有什么帮助。

(二)强化大量持有申告制度的必要

对于企业来说,面临的问题是如何应对对冲基金的攻击。虽然没有多少手段,但是存在强化现行《资本市场法》第147条、第151条规定的股份等的大量持有、变动报告(以下简称5%规则)的方案。该制度是指,投资者如果持

---

① "We definitely do not believe that all activism today is good…There are bad activists, and we agree that it's bad. All they want to do is get in and rock the boat and make a quick trade." William R. Tevlin, "The Conscious Parallelism of Wolf Packs: Applying the Antitrust Conspiracy Framework to Section 13(D) Activist Group Formation", *Fordham L. Rev.*, Vol. 84 (2016), p. 2338.

② Leo E. Strine, Jr., "Who Bleeds When the Wolves Bite? A Flesh - and - Blood Perspective on Hedge Fund Activism and Our Strange Corporate Governance System", *The Yale Law Journal*, (2017), p. 1934.

③ Wachtell, Lipton, Rosen & Katz, "Shareholder Activism: Preparedness and Response", (Fall 2016).

④ 최만수记者:《30兆韩国型对冲基金,今年有一半是亏损的》,载《韩国经济新闻》2019年7月29日A23面。据金融投资界称国内设定的2198个对冲基金的净资产规模为34.2282万亿韩元,2019年的平均收益率为2.42%,而占比31.8%的699个产品2019年的收益率为负数。190家专业私募运营公司中有100多家公司亏损占一半以上。2018年在169家专业私募运营公司中也有80家公司亏损占47.3%。https://www.hankyung.com/finance/article/2019072855481.

⑤ Leo E. Strine, Jr., "Who Bleeds When the Wolves Bite? A Flesh - and - Blood Perspective on Hedge Fund Activism and Our Strange Corporate Governance System", *The Yale Law Journal*, (2017), p. 1938ff.

有5%以上上市公司的股份等,此后若持有比率变动1%以上,或持有目的发生变化时,从当天开始5天内必须向金融委员会和韩国交易所报告其持有情况等的规则。此时大量持有的意思指的是本人和特别关系人(特殊关系人及共同持有人)持有的股份数加在一起合计达到5%以上的情况。对于持股不仅是法定的所有,还包括取得或处分、表决权行使表等拥有实质性权限的情况也需要承担公示义务。此外,对与有表决权的股份有关的证券,不仅包括相关股权,还包括可转换债权等潜在的股份。

该制度不仅使大股东等能够采取防御措施对抗敌对的M&A,而且提高了市场的透明度,也是为了保护投资者和履行对不公平交易监视装置作用的制度。换句话说,与其说是制约经济活动的规则,不如说是支持市场进行公平竞争的制度。

笔者不认为单凭这5%规则就能限制基金的表决权行使。即便如此,至少对上市公司而言,对敌对势力的出现有警示意义。2018年9月27日,金融委员会发表了私募基金改编方案。① 据推测,这正在成为私募基金的指导者。2018年在169家专业私募运营公司中占47.3%的重组推进方向为:②(1)将"专业投资型"和"经营参与型"二元化的运营规制一元化;(2)引入只从机构投资者筹集资金的"机构专用私募基金";(3)为扩大投资者基础重新确立私募基金范围(由49人调整到100人);(4)为了防止系列子公司扩张等维持现行大企业相关规定等内容。

随着私募基金的改编5%规则也需要改善。③ 不是5%而是下调至3%,不是5天以内而是1天内报告。因为在形成狼群的时候股东的构成会在一夜之间发生急剧的变化。④

---

① [韩]崔埈瑃:《摒弃经营权防御措施放宽5%规则》,载《文化日报论坛》2019年9月10日;[韩]崔埈瑃:《放宽5%规则,只有企业感到窒息》,载《韩国经济新闻时事评论》2019年9月20日。

② https://www.fsc.go.kr/info/ntc_news_view.jsp?bbsid=BBS0030&page=1&sch1=subject&sword=사모&r_url=&menu=7210100&no=32688.

③ [韩]김용기:《5%规则公示制度的问题点和完善方向》,载《月刊上市》2007年11月号。

④ Alon Brav, Amil Dasgupta, Richmond Mathews, "Wolf Pack Activism", FIRS 2015, the Future of Research on Hedge Fund Activism Conference, (November 2015), p. 5; Nathan, C., 2009. "Recent Poison Pill Developments and Trends", *Harvard Law School Forum on Corporate Governance and Financial Regulation* (Blog Posting 5/12/2009).

第一，持有比率。韩国从制度引进开始就将大量持有股份等报告义务中要求的持有比率基准定为5%以上（《资本市场法》第147条第1项），除美国和日本以外，其他主要国家都在下调有关大量持有股份报告义务中要求的股份持有比率标准。①

例如，《欧盟透明度指南》（*The European Transparency Directive*，TD）规定，凡有表决权的股权比例达到、超过或未达到3%、5%、10%、15%、20%、30%、50%或75%警戒线的，应在4个交易日内向发行公司报告（TD第9条第1项、第12条第2项）；德国《证券交易法》规定，至少从3%开始取得股份达到一定标准时，必须在4个交易日内向发行公司报告（*Wertpapierhandelsgesetz*：WpHG第23条）；英国也规定当取得至少3%以上一定标准的股份时，引发应当在2个交易日内向发行公司报告的报告义务（Disclosure and Transparency Rules 5.1.3及5.8.3.3）；法国规定至少取得5%以上一定标准的表决权时（Code de Commerce第233－7条）；在美国取得5%股份后必须在10天内向证券交易委员会报告［SEC Rule 13（d）及施行令17 CFR 240.13d－1（b）］。

第二，报告期间。关于报告期间，美国规定必须在10天内报告。在美国有人主张将报告义务变更为1日内，当然也有人对此持反对意见。② 但韩国政府和共同民主党在2019年9月5日通过党政协议，提出《早期公平经济成果创造方案》。③ 其中最引人瞩目的是修改资本市场法施行令，旨在激活机构投资人尽责管理守则而放宽5%规则，④但这与世界趋势背道而驰。

第三，消除对大量持有人的信息不对称。对企业的信息和对大量持有者的信息存在严重的不对称。要完善大量持有人资金配置的内容，严格监管。⑤投资成果、各基金管理人的成果报酬、总报酬、运用成果、各投资者承担的运

---

① ［韩］김병태：《外国股票大量持有报告制度的现状和启示》，载《政策研究》2015年第12期；［韩］김용기：《5%规则公示制度的问题点和完善方向》，载《月刊上市》2007年11月号。

② Grace Lee Mead, "Two New Tools for Addressing Activist Hedge Funds – Sunlight Bylaws and Reciprocal Disclosures", *Fordham J. Corp. & Fin. L.*, Vol. 21 (2016), p. 501.

③ 共同民主党和政府（企财部、法务部、产业部、福利部、雇佣部、中企部、公正委、金融委）8个部门。

④ 由于目前是立法预告的状态，将回避详细地讨论。

⑤ ［韩］김병태：《外国股票大量持有报告制度的现状和启示》，载《政策研究》2015年第12期；［韩］김용기：《5%规则公示制度的问题点和完善方向》，载《月刊上市》2007年11月号。

营报酬明细、持有者资产现状、基金持有的企业股价以及相关的所有金融商品的收购、买入、中立、衍生品寸头(Derivatives position)的现状必须要公告。如果像狼群战术一样聚集取得特定持股率以上时,应立即予以公示。目前,5%规则的公告制度中有关共同持有者的规定缺乏实效性,因此需要加以完善。①

第四,短期差额返还制度。短期交易差价返还制度(单次返还制度)本来是将持股率在10%以上的股东视为"内部人",其目的是阻断不正当地利用未公开信息的诱因而引入的制度,指的是取得股份之日起6个月内将其出售的,应当将该交易差额返还给相关企业的义务。② 称为"10%规则"(资本市场法第172条第1款)。这一制度借鉴了美国1934年《证券交易法》第16条(b)款,在1976年的《证券交易法》中被引入。立法例有中国《证券法》第四十七条,《日本金融商品交易法》第164条。考虑到韩国对内部人交易粗糙的规制,短期买卖差价返还制度作为抑制内部人交易制度发挥着重要作用,鉴于利用未公开信息的行为过于隐秘,揭发其违法行为较为困难,也不得不承认一致性的规制的不可回避性。③

问题是,与普通机关投资者不同,公共性养老基金在"不以影响经营权为目的"的情况下是免除短期差价返还义务的,因此也不存在单次返还义务。但是从前述《早期公正经济成果创造方案》的相关报道来看,即使要求修改章程也不会对经营权产生影响。尽管如此,金融委员会还是决定不修改该制度而是继续维持下去。利用未公开信息的是另外的问题,通过维持现有制度,即使国民年金在行使商法上的股东权、一般相关治理结构、分红等相关股东活动时,也无须对取得的股份持有到6个月,随时可以出售。6个金融委员会等8个部门认为在市场股价波动时只有经过几个月左右就能恢复正常的危险,如果判断是在6个月内达到高点,就可以立即撤出市场。

这一措施只适用于国民年金。因为持有10%以上年金基金的只有国民

① 同上注,第26页。

② [韩]崔埈璿:《放宽5%规则,只有企业感到窒息》,载《韩国经济新闻时事评论》2019年9月20日。

③ [韩]성희활:《<资本市场法>上关于短期买卖差价返还制度的考察——对体系变化的评价和今后改进方向的考察》,载《证券法研究》2011年第12卷第2号。

年金。最终,“商法施行令修改案”被评价为即使很勉强还试图增强国民年金的力量。这正是为了强力施行机构投资人尽责管理守则。因此,作为韩国企业“老大哥”的国民年金将为企业行使强有力的支配权奠定基础。有人批评说这样的措施不仅不会对提倡长期投资的国民年金专注长期投资反而会助长“短打交易”。笔者认为,这是向政府指向的年金社会主义迈进了一大步。

第五,对违反5%规则者采取强制措施。违反5%规则相关公告的不仅限制表决权,还必须采取强有力的制裁措施。现行《资本市场法》第444条第18号规定,有5年以下有期徒刑和罚款条款,据悉实践中没有受到应有的处罚。因为这要通过金融监督院的检查和证券期货委员会的表决,由金融委员会告发,但实际上不仅警告措施多、罚款金额少,而且即使检察机关告发,实际制裁也需要很长时间,没有实效性。在有虚假披露嫌疑时无论是政府及相关部门,还是相关企业,都应赋予其进行调查或要求进行调查的权限或权利。作为政府或监督当局的人员由于缺乏了解持有个别企业股份的股东的公示内容的能力,因此作为该利害关系方的企业应该能够应对有问题公示的内容。[①]

从全球范围来看随着对冲基金的股东积极主义明显显现,如果不对5%规则进行精确的重整,很可能造成对冲基金与国内大股东之间的不公平竞争,并很有可能危害国民经济的稳定与增长。迄今为止,外国基金经常恶意利用金融监督院对违反5%规则作出的注意或警告措施而没有采取刑事措施这一点,违反5%规则。目前,违反5%规则时对超过部分的表决权受到限制,但违反该规定时应当剥夺表决权本身(全部)。

此外,应取消证券交易税,对长期持有者给予税收优惠。[②] 基金管理人薪酬应该与投资者的成果一致,而不是管理公司的成果。

另外,在此间金融委员会和韩国金融研究院举行的“为促进机构投资者的股东活动制度改善方案”听证会上为扩大机构投资者的股东行动,缩小“影

① [韩]김용기:《5%规则公示制度的问题点和完善方向》,载《月刊上市》2007年11月号。

② Leo E. Strine, Jr., “Who Bleeds When the Wolves Bite? A Flesh - and - Blood Perspective on Hedge Fund Activism and Our Strange Corporate Governance System”, *The Yale Law Journal*, (2017), p. 1956ff.

响经营权为目的"(又称经营参与目的)的认定范围,发表了减轻"5%规则"负担的议案,[①]以此来吸引人们的视线。识别是否存在"影响经营权为目的"规定了"影响治理变更的可能事项",并列举如下几个例子。例如,如果"引发管理人员构成重大变更的管理人员的选任、解聘"是"影响治理变更的可能事项"的话,具体来说就是例如"过半数以上董事的选任、解任"。[②] 如果超过半数,就是抢夺经营权的水准。达到这一水准就被认定具有经营参与目的,提出选任或解任1~2名董事或监事的议案被视为不存在"影响经营权为目的"。对此,究竟有多少企业表示同意还是未知数。以讨论者身份出席听证会的韩国上市公司协会专员郑友容表示:"在谈论应加强国民年金积极行使股东权的同时,还提出了对5%规则的改编讨论,不禁让人怀疑其初衷是否是纯粹的"。[③]

此外,前面所说的"早期公平经济成果创造方案"(报道资料)的内容包括:(1)为应对公司或高级管理人员的违法行为行使违法行为留止请求权(injunction)等商法上的保全的权限[商法第385条第2款(解任董事请求权)、第402条(董事违法行为留止请求权)、第424条(违法发行新股留止请求权)];(2)作为努力改善普遍性治理结构的一环欲改变公司章程的情况;(3)认为行使与公司的分红决定相关的事实上的影响力并不是"影响经营权为目的",极大放宽了报告义务。为了影响经营权,这样发表的方案中关于管理人员的选任、解聘或者职务的终止,董事会等公司的机关的章程等不仅违反了《资本市场法》第147条第1项的规定,而且从承认试图改变分红政策和治理结构的参与经营行为这一点来说,也不符合全球标准。[④]

(三)禁止机构投资者的表决权联合行使

机构投资者通过与管理层以书面文书或集会等多种方式参与经营。这

① [韩]이시연、이보미:《为促进机构投资者的股东活动的制度改善方案——以(资本市场法令)对经营权产生影响的目的及大量持有公告规则的改善方案为中心》,韩国金融研究院发表资料,2019年5月20日。

② 同上注,第37页。

③ https://kr.investing.com/news/economy-news/article-183665. 오형주记者。

④ [韩]崔埈璿:《摒弃经营权防御措施放宽5%规则》,载《文化日报论坛》,2019年9月10日;[韩]崔埈璿:《放宽5%规则,只有企业感到窒息》,载《韩国经济新闻时事评论》2019年9月20日。

被称为"具有健全目的的对话—企业经营的互动"。例如,美国加利福尼亚公务员年金基金的重点名单(Focus List)等,可以说是为了改善企业治理结构的积极介入。此外,还有与投资对象公司的对话、投资者通过联合扩大影响力、立法运动等。[①] 通过机构投资者之间的联合对特定的企业可以行使集体表决权,因此存在认为通过机构投资者之间的默示合作干涉企业的经营的担忧。例如,根据机构投资者尽职管理守则的指南机构投资者可以组成集会相互合作行使表决权,且不适用大量持有报告制度的5%规则。[②] 在机构投资者联合的情况下实际上可以产生共同行使表决权的效果。《资本市场法》规定大量持有报告标准的持股比例为5%。[③] 因此,机构投资者之间更易联合起来开展股东活动,对此也有担忧的意见表示这将给企业经营带来压力。

另外,在选任监察委员时对最大股东等不利的3%表决权限制制度不适用于机构投资者联合时,代表机构投资者的监察委员选任更容易实现。如果在商法修改案中分离选任监察委员,并引入集中投票制度的话,机构投资者的经营介入将会更加深化。[④]

机构投资者根据其积极性程度以行使表决权、提出股东提案、通过推荐董事候选人参加董事会、股东诉讼等多种方式行使股东权利。另外,还可以通过这些方式参与企业经营。[⑤] 实际上与股东提案、推荐董事候选人、股东诉

① [韩]김순호:《考虑市场影响力的基金运营方案——以股东权行使为中心》,国民年金研究院2013年。

② 全国经济人联合会、中小企业中央会、KOSDAQ协会、韩国上市公司协议会、韩国中坚企业联合会:《就引入机构管理人尽职管理守则经济团体共同建议——以企业治理结构院改正案(2015.12.2.)为中心》,2016年。

③ 这高于英国的3%。虽然与日本的持股比例相同,但与日本相比缩小了共同持有人及参与经营行为的认定范围,即韩国只有在协议共同行使"表决权"的情况下才能视为共同拥有者,日本规定了"作为股东的表决权和其他权利",只要是行使股东权都是认可的,日本的大量持有报告制度特例的适用例外原因之参与经营行为不包括在我国认定的选任或解任重要使用人,上市、上市失败、受让重要财产的、高额的借贷、分公司或其他重要组织的设立、变更、废止,破产与重组程序的开示等。[韩]김순석:《表决权行使咨询公司的活用及限制》,载《证券法研究》2015年第16卷第2号。

④ [韩]김순석:《表决权行使咨询公司的活用及限制》,载《证券法研究》2015年第16卷第2号;[韩]안수현:《韩国型机构投资者尽职管理守则"机构投资者的受托者责任相关的原则案"的法律争论点和课题》,载《BFL》2016年第77号。

⑤ [韩]이시연、이보미:《为促进机构投资者的股东活动的制度改善方案——以(资本市场法令)对经营权产生影响的目的及大量持有公告规则的改善方案为中心》,韩国金融研究院发表资料,2019年5月20日。

讼相比,大部分情况下是通过行使表决权来介入经营的。因为权利的行使比较容易。

实际上机构投资者积极参与企业经营的事例很多。英国养老金基金协会(National Association of Pension Funds)的调查显示,包括养老金基金或对该运营公司的被投资公司行使表决权等干预企业经营会改变董事会成员、企业战略、社会治理或环境补偿政策。① 特别是出现了美国加利福尼亚公务员年金基金治理以改善对象企业的治理结构来提高企业价值的政策主张。②

除此之外,从前述的很多事例中我们可以看到,对冲基金的经营权攻击不仅当然会对企业的经营权造成巨大威胁,而且即使企业成功地防御了攻击,国家财富的流失也很严重。

作为阻止表决权联合行使的方案如果发现有意识的并行行为(Conscious Parallelism)或合作行为(Concerted Action)就对其进行制裁。③ 意识上的并行行为或合作行为的证据大致如下:"公开或私下交换信息、参加会议、讨论、发出或征求一致或并行行动的邀请。"问题在于证据的搜集。为此,就像美国谢尔曼反托拉斯法上主张引入串谋行为认定条件一样,④韩国也应该考虑活用《公平交易法》中认定串谋行为的条件。

(四)对冲基金的表决权行使限制与经营权防御手段的联系

如前所述,目前国内针对对冲基金的表决权限制在10%。作为私募基金重组方案之一预计这一限制将在近期被取消。但是,尽管私募基金的重组方案已经出台,但对冲基金的表决权10%的限制规定仍应予保留。至少在采用毒丸计划和差别表决权制度之前必须保持这种制度。

在美国,监管当局的方针也表明通常不会介入对冲基金的活动。对违反公告制度的制裁也是非常宽容的,仅仅是命令更正Schedule 13D公告而已。

---

① 参见NAPF,"Pension Funds Engagement with Companies Survey 2010"。

② [韩]이시연、이보미:《为促进机构投资者的股东活动的制度改善方案——以(资本市场法令)对经营权产生影响的目的及大量持有公告规则的改善方案为中心》,韩国金融研究院发表资料,2019年5月20日。

③ Kimberly Goldman, "Theories and Solutions on Wolf Pack Activism", *Michigan Business & Entrepreneurial Law Review*, Volume 7, Issue 2 (2018), p.

④ William R. Tevlin, "The Conscious Parallelism of Wolf Packs: Applying the Antitrust Conspiracy Framework to Section 13(D) Activist Group Formation", *Fordham L. Rev.*, Vol. 84 (2016), p. 2335.

禁止令(injunction)必须证明发行人遭受了无法挽回的损失(Irreparable Harm)才可以,只有存在"可识别的反复违规危险"(Cognizable Danger of Recurrent Violation)才能启动。另外,对表决权争夺(Proxy Contest)必须要公示"股东充分行使表决权的期间"的话,则不适用第13条(d)项下的禁止令。① 在美国,即使没有制裁措施,目标公司的董事会也拥有多种防御手段(defensive maneuvers),因此交给公司自律也没有任何问题。防御手段过度的话,正如 *Third Point LLC v. Ruprecht*② 等很多案例一样必须要通过诉讼解决。③

1. 引入毒丸计划。从短期投机资本的攻击中守护企业的方法来看,想要攻击企业的人确保发行股份总数的20%以上时必须向企业告知,此时企业应迅速利用毒丸计划来防御经营权,即应该迅速引入毒丸计划制度。

也有主张称,若以毒丸计划对对冲基金的市场矫正机制失效为由限制敌对性对冲基金全部以现金收购全部股份的公开收购(all - cash all - shares tender offer)时,就应该修改公司法限制毒丸计划的适用。④ 但是韩国并没有引进毒丸计划制度,从前面所见的许多案例中我们看到,毒丸计划在经营干预方面已成为一个适当的防御手段。更为重要的问题是,比起引进该制度本身,更应该赋予企业自主设计计划的自由,以便能够防御诸如狼群战术等。⑤ 为了那样做就有必要将机构投资者之间的串通协商处理为公平交易法上的串通协商,在把握机构投资者的持股构成后应允许企业启动毒丸计划。

董事会应该以善良管理人的注意根据经营判断原则来判断是否使用毒丸计划。⑥ 被称为M&A黄金四重奏(Golden Quartet)的四个重要的特拉华州

---

① 同上注,第2345页。

② No. 9469 - VCP, 2014 WL 1922029 (Del. Ch. May 2, 2014).

③ William R. Tevlin, "The Conscious Parallelism of Wolf Packs: Applying the Antitrust Conspiracy Framework to Section 13(D) Activist Group Formation", *Fordham L. Rev.*, Vol. 84 (2016), p. 2345.

④ Bernard S. Sharfman, "The Tension Between Hedge Fund Activism and Corporate Law", *J. L. Econ. & Poly*, Vol. 12 (2016), p. 272.

⑤ 分析狼群战略形成的机制的论文参见 Yu Ting Forester Wong, "Wolves at the Door: A Closer Look at Hedge Fund Activism", *Theses Doctoral*, *Ph. D.*, *Columbia University*, (2016). 毒丸计划和短期买卖差价返还制度限制了积极主义者聚集的股票量。

⑥ Bernard S. Sharfman, "The Tension Between Hedge Fund Activism and Corporate Law", *J. L. Econ. & Poly*, Vol. 12 (2016), p. 253.

判决:*Revlon v. Mac Andrews & Forbes Holding*,*Inc.* (*Revlon*);[①]*Unocal Corp. v. Mesa Petroleum Co.* (*Unocal*);*Weinberger v. UOP*, *Inc.* (*Weinberger*);[②]*and Blasius Indus.*, *Inc. v. Atlas Corp.* (*Blasius*)[③]是很好的参考,[④]其中,判断对敌对性经营威胁行使毒丸计划正当与否的标准是 Unocal 测试(Unocaltest)。[⑤]

2. 引入差别表决权制度。对差别表决权制度效果优劣的争论正在进行。众所周知,法国采用的是股东持有2年以上股份时赋予2倍表决权的所谓终身投票(tenured voting)制度;美国在上市规定中允许已采用差别表决权的公司上市,或在采用差别表决权制度的情况下公司上市后允许增发差别表决权股份。但是,对已上市的公司引入新规定将会以侵犯原股东权益为由予以禁止。[⑥] 日本允许作为种类股之一的否决权股和多重表决权股的形式,承认所谓的"黄金股"。但是,对于采用多重表决权制的企业则不允许拥有较多表决权的股份上市,禁止已经上市的公司发行否决权股或者采用多重表决权制度,发行该股时可作为退市理由。[⑦] 英国想要溢价上市的话,[⑧]要求应维持对公司的拥有和支配的比例关系。但如果采用差别表决权则无法充分满足溢价上市的条件,因此,事实上上市公司很难发行差别表决权股票。

如上所述,主要发达国家都允许实行差别表决权制度,事实上对已上市股份公司很难加以使用。而且,以违反企业民主主义、一股一票原则和选择

---

① Revlon 案的内容是友好公开收购时董事会应向报价最高者出售股份,以谋求股东短期利益最大化。

② Weinberger 案件的内容是虽然可以驱逐少数股东,但过程必须公正。

③ Blasius 案的内容是为了捍卫经营权董事会在限制股东的权利时必须存在正当理由。

④ James D. Cox, Randall S. Thomas, "Delaware's Retreat: Exploring Developing Fissures and Tectonic Shifts in the Delaware Corporate Law", *Del. J. Corp. L.*, Vol. 42 (2018), p. 324 ff. (2018).

⑤ *Unocal v. Mesa Petroleum Co.*, 493A. 2d946 (Del. 1985) 案件中确立的 test 旨在应对敌对性 M&A 企图等,公司的董事会在采取(经营权)防御措施时(没有立即获得经营判断规则的保护)必须通过 Unocal test 才能获得经营判断规则的保护。Unocal test 是指(1)有可靠且合理的依据相信存在侵犯公司政策和效率的危险;(2)作为比例性研究要求采取的防御措施应与风险程度相匹配(由董事承担证明责任)。Bernard S. Sharfman, "The Tension Between Hedge Fund Activism and Corporate Law", *J. L. Econ. & Poly*, Vol. 12 (2016), p. 269 ff.

⑥ 纽约证券交易所上市规定第313条,纳斯达克股市规则第5640条。

⑦ 陈景善:《授权资本制下股份发行规制的重构》,载《华东政法大学学报》2022年第2期。

⑧ 伦敦证券交易所上市规定7. 2. A. 规定溢价上市(Premium listing)是指遵守比欧盟规定更严格的英国治理结构相关规定的企业的上市期权。满足欧盟最低规定的公司可以溢价上市。

采用的企业数量也在减少等为由已经引入的国家也开始明确地反对差别表决权。[①] 截至2019年6月,资产规模达31万亿美元的60多个资产运营公司的联合体美国ISG(Investor Stewardship Group)要求废除差别表决权制度,[②]35万亿美元规模的资产运营公司代表机构——机构投资者协会CII(Council of Institutional Investors)要求某些公司在7年内终止(落日条款)差别表决权。[③]在加拿大多伦多交易所上市的企业中引入差别表决权的企业从1993年的163家(占比为14%)减少到2010年的83家(占比为6%)。已经引进的企业也经常设置落日条款,很多情况下只允许第一代创业者适用差别表决权。有人担忧美国对于差别表决权的禁止将会成为更多技术企业选择非上市,或上市企业也可以转换为非公开企业的诱因。

但是学者们普遍认为,美国废除差别表决权制度得不偿失。[④] 2017年在美国证券交易所上市的企业中五分之一拥有差别表决权股票。50%的IT企业发行了差别表决权股票。虽然沃伦·巴菲特对差别表决权股票持强烈反对态度,但他本人作为大股东的伯克希尔·哈撒韦公司(Berkshire Hathaway)也发行了差别表决权股票。从MSCI的分析结果来看,在2007年11月至2017年8月期间持有差别表决权股票的企业业绩远远超过了没有这些股票的公司的业绩。[⑤] 如果禁止发行差别表决权股票,很多公司将难以上市。落日条款(sunset clause)也存在问题,不能保证5年或10年后公司会稳定下来。过去数十年间Ford、Caterpillar、Walmart、Macy's、Sears、Boeing、General Electric、John Deere、Duke Energy、Thompson Reuters经历了重大的结构调整。Amazon、IBM、Apple、Alphabet创业后经历了数次变身才走到今天。

---

① Vijay Govindarajan, Shivaram Rajgopal, Anup Srivastava, Luminita Enache, "Should Dual - Class Shares = Be Banned?", *Harvard Business Review*, (December 03, 2018).

② https://isgframework.org/.

③ https://www.cii.org/.

④ Vijay Govindarajan, Shivaram Rajgopal, Anup Srivastava, Luminita Enache, "Should Dual - Class Shares = Be Banned?", *Harvard Business Review*, (December 03, 2018).

⑤ 译者注:Morgan Stanley Capital International,简称MSCI,是一家美国指数编制公司提供全球指数及相关衍生金融产品标的国际公司,其推出的MSCI指数广为投资人参考,全球的投资专业人士,包括投资组合经理、经纪交易商、交易所、投资顾问、学者及金融媒体均会使用MSCI指数。MSCI指数是全球投资组合经理中最多采用的投资标的。

笔者认为,应允许经全体股东过半数同意发行差别表决权股份。同时,也应大胆扩大到现有上市公司。① 与全面禁止双重国籍股份,甚至到强制义务化落日条款相比更应提倡灵活的持股结构。②

(五)强化对普通基金的公示

要消除公示的不对称。韩国资本市场法上规定企业需要公示的事项包括大股东相关事项、系列公司(affiliated company)、治理结构、买入自己股份的情况、经营层的补偿结构等大部分信息都要公开,其分量是巨大的。但是对这些企业发起攻击的积极主义基金却几乎无人知晓。

这一点在美国也一样,在美国有最多 5% 以上的股份持有申报为 13D Filing(报告文件);受托资产中股票金额在 1 亿美元以上的机构投资者每季度必须向 SEC 报告股票持有明细的 13F Filing 的制度。③ 相反地,积极主义基金可以很容易抓住代理问题等企业的软肋,而作为企业却无法了解基金的实质,无法有效地采取应对基金的战略。④ 消减信息不对称现象迫在眉睫。

Grace Lee Mead 作为基金的阳光细则(sunlight bylaw)及相互披露(Reciprocal Disclosures),倡导公示丰富多样的内容。⑤ 下面介绍其中重要的几点。特别是针对狼群战术,设计出很多方案。持有公司财务权益(financial interest)5% 以上的投资者代表那些与自己积极一致的投资者,须在 1 个工作日内在网上披露持股份额明细和持有目的。这里所谓的财务权益包括从公司发行的证券价值增长或减少中直接或间接获得利润的一切形式的金融工具。对与公司股份相关的卖远期货、衍生产品、易货等以间接形式持有的财务性持股份额另行公告。与该投资者一致积极的当事人(those parties with which

① [韩]崔埈睿:《给予长期投资者更多的投票》,载《韩国经济新闻时事评论》2018 年 10 月 18 日。

② 同上注。

③ 译者注:13F Filing 是一份季度报告,由管理着至少 1 亿美元的股权资产机构向美国证券交易委员会(SEC)披露其机构持有的美国股权,并提供有关资金的去向。需要提交 13F 季度报告的投资机构包括共同基金(投资基金 mutual fund)、对冲基金、信托公司、养老基金、保险公司等。这些投资机构必须在每个季度(三个月)结束后的 45 天内提交 13F 季度报告。

④ Grace Lee Mead, "Two New Tools for Addressing Activist Hedge Funds – Sunlight Bylaws and Reciprocal Disclosures", *Fordham J. Corp. & Fin. L.*, Vol. 21 (2016), p. 489.

⑤ Grace Lee Mead, "Two New Tools for Addressing Activist Hedge Funds – Sunlight Bylaws and Reciprocal Disclosures", *Fordham J. Corp. & Fin. L.*, Vol. 21 (2016), p. 503ff.

the stockholder is coordinating)也应予以披露,包括与投资者共享非公开重要信息(投资者的股东提案内容、13D Filing、表决权行使战略)的人员。虽然没有直接持有股份,但与该相关投资者共享非公开重要信息(投资者的股东提案内容、13D Filing、表决权行使战略)的当事人的信息也应予以公开。与该投资者一致积极的当事人,即使单独持有未到 5% 以上的股份也应在获取非公开信息后 1 个工作日内公布相关事项。还应当公布对目标公司的投资金额应以占该投资者(例如对冲基金)全部投资金额的比重。

还应对该公司的投资战略或股东提案作出议事决定的人的报酬信息(全部金额、资产运用受托人与资产托管人之间的比例、实现或未实现利润与绩效报酬的比例等)进行公布。

投资者最近五年投资的所有资产、上市股份的季度收益率,以及至少持有 3 年以上的所有投资及上市股份均应予以公告。投资者近 5 年投资的所有资产和上市股份,及相关的年度交易周转率应予以公告。投资者此前的 13D Filing、阳光细则、章程细则下的信息披露详情、持有投资对象公司股份的期限等也应予以公告。有关 13D Filing 的所有其他信息也应予以公布。包含以上内容的陈述书的副本和网络链接应发送到投资对象公司的电子邮箱。

上述内容中如发生重要变更应在一个工作日内修改,履行同样的程序。如果违反上述规定,该投资者(积极主义对冲基金)提出的商业提案或候选人不得在股东大会上行使表决权。

在韩国即使达不到这种程度也有必要强化对攻击企业的基金的公示义务,具有里程碑式的意义。

六、结论

在 2018 年 7 月,某调查公司对 20 大集团实施的问卷调查中,认为威胁经营权的因素有"商法修订案"(9 处)"对冲基金的攻击"(7 处)"引进机构投资人尽职管理守则"(4 处)。[①] 雪上加霜的是,最近对冲基金的主要活动舞台正在重新调整为以韩国为首的亚洲市场,这是不祥的征兆。美国投资银行 JP 摩根 2017 年在亚洲介入经营的事例剧增到 2011 年的 10 倍以上。这比全球平

① http://biz. chosun. com/site/data/html_dir/2018/07/09/2018070900196. html.

均值高出2倍。国内企业尤其容易受到对冲基金的攻击。三星电子、现代汽车、SK海力士等4大集团55家上市公司中有19家(占比为35%)的外国人持股比例高于大股东持股比例。[①] 可以肯定的是,机构投资者的表决权行使对改善企业治理结构和确保企业经营透明度有所帮助。但机构投资者行使表决权带来的副作用太大,问题就不一样了。

最重要的副作用有以下两点。

第一,从2002年上市企业直接收购自己的股份达3500亿韩元(约折合18.2亿元人民币)的净交易额的纪录来看,SK和Sovereign之间经营权争夺发生的2003年纯买入额达到6.5万亿韩元(约折合386.6亿元人民币)的纪录,进入2018年仅到6月就创下了超过2万亿韩元(约折合120亿元人民币)的净买入纪录。企业不仅直接回购自己的股份,还包括通过自己股份信托的方式间接性地回购自己的股份,企业用于回购自己公司股份的资金继2017年为8.1万亿韩元(约折合485.4亿元人民币)之后进入2018年后仅上半年就达到了3.6万亿韩元(约折合216亿元人民币)。内需不振和企业的设备投资者萧条成为国内经济状况恢复迟缓的主要原因,在目前的情况下企业将赚取的利润大量用于回购自家股份的现况令人担忧。

第二,最近企业的分红大幅度增加也与来自外部的经营权威胁增加的状况密切相关。以有价证券市场12月结算法人为对象进行分析的结果显示,分红倾向(企业赚取的当期净利润中以红利的形式返还给股东金额的比例)从2000会计年度的20.1%上升到2003会计年度的24.6%。这一数字在2018年大幅提高到34.88%(见表2)。

表2　　年平均分红倾向　　单位:%

年度	2014年	2015年	2016年	2017年	2018年
分红倾向	34.18	34.39	34.46	33.81	34.88

资料来源:2019年4月11日金融研究院报道材料。

注:①12月结算法人中不包括外国股份上市公司、房地产投资公司、船舶投资公司。

②平均分红倾向:分红倾向为负数或者超过200%的企业除外。

① http://biz.chosun.com/site/data/html_dir/2018/07/09/2018070900196.html.

特别是对外国人的红利支付额大幅增加，从2000年的1.2万亿韩元(约折合72亿元人民币)到2003年的2.7万亿韩元(约折合162亿元人民币)，再到2019年达到了7.8万亿韩元(约折合468亿元人民币)。当然，从促进稳定长期股份投资的角度考虑提高企业分红水平也是可取的。但是，令人担忧的是在企业投资极度低迷的情况下，为了满足股东的期望而将所赚取的利润大量分给股东可能会降低企业长期的发展潜力。在这种情况下，鼓励机构投资者行使表决权对企业和国家有何好处存在疑问。

虽然对于一个运营健全的企业来说股东积极主义者只是个麻烦的存在，但对于有问题的企业来说这反而成了良药。股东积极主义者的活动在企业治理结构中起到了矫正作用，在能够提高股东价值和目标企业成果的前提下，如果董事会无视其活动，那么将丧失其作为矫正机制的价值。因此，对冲基金的活动自由和由此带来的副作用之间的平衡将非常重要。对此，笔者提出以下几点建议。

(1)机构投资者尽职管理守则的实施应交由机构投资者自律。作为国内最大的机构投资者国民养老金不得给实行机构投资者尽职管理守则的委托运营公司加分。因为那样的话国民年金实际上将起到支配韩国主要大企业的效果。[①] 并且提案禁止机构投资者连带行使表决权。对此，金承希议员提议以引入对表决权咨询业的申报制等为内容的资本市场法修改案，并赞同该法案。

(2)应该维持现行的资本市场法将对冲基金的表决权限制在10%以内的规定，反对资本市场法修订案中对这一部分的修改。

(3)在股份大量持有申报制度中5%规则变更为3%规则，1日内应当申报，对违反者要剥夺其表决权。修改资本市场法施行令放宽5%的限制，应该取消对公共基金维持10%限制的尝试。

(4)迅速引入差别表决权制度和毒丸制度。

(5)消除公示的不对称。

(责任编辑：王琦)

---

① 批判通过国民年金表决权的行使对大企业牵制论的观点，[韩]황인학、최승재：《股东积极主义，国民年金与机构投资者尽职管理守则》，载《企业法研究》2019年第6期(第33卷第2号)。

内幕交易与投资分析师:德克斯诉美国证券交易委员会案的经济学分析*

Daniel R. Fischel** 著

张 磊*** 译

引言

德克斯(Dirks)是一名投资分析师,在其从衡平基金公司(Equity Funding of America,EFA)内部职员处获悉该公司存在重大欺诈致使公司估值虚高后,劝说其客户出售持有的EFA股票。由于该行为,Dirks被美国证券交易委员会(the Securities and Exchange Commission,SEC)谴责(Censure),理由是违反了证券法中反欺诈一般条款,即1934年《证券交易法》第10条(b)款①和根据其颁布的规则10b-5。② 该谴责也被哥伦比亚地区上诉法院维持。③ 但在*Dirks v. SEC*一案④中,联邦最高法院(the Supreme Court)推翻了对Dirks的谴责。联邦最高法院认为,Dirks于EFA而言是外部人(Stranger),对公司股东无预先存在的受信义务(Fiduciary Duty)。⑤ 由于提供欺诈信息的内部人(the

---

* 原文Daniel R. Fischel,"Insider Trading and Investment Analysts: An Economic Analysis of Dirks v. Securities and Exchange Commission", 13 Hofstra L. Rev. 127-146 (1984)。

** 芝加哥大学法学院法学教授。作者感谢Peter Aranson, Walter Blum以及Geoffrey Miller对本文初稿的帮助意见。

*** 华融华侨资产管理股份有限公司,中央财经大学企业合规与风险防控法律研究中心研究人员。

① 15 U.S.C. § 78(b) (1976).

② 17 C.F.R. § 240.10b-5 (1984).

③ *Dirks v. SEC*, 681 F.2d 824 (D.C. Cir. 1982), *rev'd*, 463 U.S. 646 (1983).

④ 463 U.S. 646 (1983).

⑤ *Id.* at 665.

Insiders)既没有获得金钱或其他个人利益,也未打算将该有价值信息作为礼物送给 Dirks,因此 Dirks 也不能被认为是有公开披露信息义务的消息受领人(Tippee)。① 相反,他们的动机是"想要揭露公司欺诈"。② 因此,联邦最高法院认定,Dirks 不是内部人违反受信义务的事后参与者,③没有义务戒绝使用已获得的内部信息。

Blackmun 法官与 Brennan、Marshall 法官均对此存有异议。在他们看来,无论动机是什么,泄密的内部人违反了对 EFA 股东的受信义务。未从违反受信义务中获益的内部人无法消除对公司股东的损害。④ 而且,反对意见强调,作为受信义务受托人的内部人,不能基于告诉 Dirks 的信息进行交易。与此同样明确的是,作为受信义务受托人,他们也不应间接做他们被禁止亲自做的事情。⑤ 反对意见认为,Dirks 选择性散播从内部人处获得的信息的影响是"Dirks 的客户能够将由于 EFA 欺诈造成且无法避免的损失从他们自己转移给未知的市场参与主体"。⑥ 相较于向他的客户透露内部信息,Dirks 作为市民,应该将欺诈向 SEC 或其他监管机构举报。⑦ 由于他没有这样做,反对意见认定 Dirks 帮助和支持了 EFA 内部人违反受信义务。

乍一看,似乎多数意见与反对意见对占有有价值信息的内部人和分析师的可允行为认同的理念根本不同。多数意见强烈反对从拥有有价值的信息中获取私人利益是非法或存有异议的观点(相关异议意见支持)。但正如多数意见指出,否定那些获得有价值信息的人有从中获利的能力"将对市场分析师的作用产生抑制影响,而 SEC 自己也认为这对维护市场健康是必要的"。⑧ 更一般意义上,市场参与者必须有动机去收集和分析资本市场存在的信息。与反对意见不同,多数意见认为这是首要原则。

除了前述基本区别外,多数意见和反对意见有很多共通之处。例如,双

① *Id.* at 667.

② *Id.* at 667.

③ *Id.* (quoting Chiarella v. United States, 445 U. S. 222, 230 n. 12 (1980)).

④ 463 U. S. 673 (1983). (Blackmun, J., dissenting) (footnote omitted).

⑤ *Id.* at 671 (Blackmun, J., dissenting).

⑥ *Id.* at 670 (Blackmun, J., dissenting).

⑦ *Id.* at 677 (Blackmun, J., dissenting).

⑧ *Id.* at 658 (footnote omitted).

方都认为内部人基于有价值信息进行交易违反了受信义务。而且两种观点都假定,如果将有价值信息传达给分析师,之后分析师又将这些信息传播给客户,在大多数情况下分析师和内部人都是违法的。内部人向分析师透露信息违反了自身的受信义务;没有戒绝使用该信息的分析师即是内部人违反受信义务的事后参与者。

两种观点的另一个共同点是都忽视了经济学原理。虽然多数观点涉及了投资分析师在资本市场运行中的有益作用,但很多分析反映了其对经济学原理含义理解的不足。两种意见也都未讨论其他相关概念,例如代理成本和内幕交易的补偿机制作用。实际上,唯一被明确提及的经济学原理是在Blackmun法官的反对意见中,而且只是指出他们与此无关、"激进"(Extreme)以及与"市场参与者之间存在的一切强制性公平原则"相矛盾。①

尽管这忽视了经济学原理,但诸如内幕交易对公司投资者的影响及分析师在向市场参与者传达信息方面中的作用属于经济学问题,而非法律问题。如果对不同行为的经济后果缺乏一定理解,就不可能制定出合理的法律规则对这类情形进行监管。没有这种理解,法律分析就会沦为空洞的陈词滥调和缺乏分析内容的辟邪咒语。例如,如果内幕交易因为增加了投资者福利而对投资者有利,那么将投资者(受信义务假定的受益人)负担的受信义务解释为禁止内幕交易便不合理。

本文补充了Dirks案中现有意见中的不足,即依据相关经济学原理展示对前述问题的分析。第一部分论述了公司经理的受信义务与内幕交易之间的关系。因为没有证据表明内部人的交易会系统性地(Systematically)危害股东,因此笔者认为不应将现有的受信义务等同于禁止内幕交易。第一部分用泄露造成公司价值减少的信息行为来分析EFA内部人是否违反了他们对公司当前投资者的受信义务。

第二部分关注投资分析师的作用。这些市场专业人士通过减少证券竞争卖家面临的信息不对称问题和监管公司经理的行为创造社会效益。他们

① *Id.* at 677 n. 14 [citing H. MANNE, INSIDER TRADING AND THE STOCK MARKET 59 - 76, 111 - 46 (1966); Manne, *Insider Trading and the Law Professors*, 23 VAND. L. REV. 547, 565 - 76 (1970)(下文简称Manne, *Law Professors*)].

还可能为那些试图获取正向超额收益(abnormal positive returns)而依赖他们建议的投资者提供私人利益。正因为这些社会效益和私人利益,笔者认为法律规则应该采取行动提高信息获取的私人收益;而且分析师应当不适用限制使用内部信息的法律规则。

一、内幕交易与受信义务

在 Dirks 案中,联邦最高法院重申了先前在 *Chiarella v. United States* 案中确立的规则,①即在未公开披露情况下,戒绝使用有价值信息义务取决于使用该信息一方与公司股东间存在的受信关系。如果内部人的泄露构成了违反受信义务,诸如 Dirks 之类从内部人处获得信息的一方,即消息受领人(tippee),也有义务戒绝使用,然而联邦最高法院未能讨论为何内幕交易与公司经理的受信义务相矛盾。对该问题的分析需要理解受信义务内涵以及根据内部信息进行交易的影响。

(一)受信义务的含义

公司经理是负有最大化公司价值职能的代理人。由于他们是代理人,他们的利益与投资者财富最大化的预定目标之间不可避免地存在一些利益分歧。竞争性劳动力市场(Competitive Labor Markets)、产品与资本市场(Product and Capital Markets)以及企业控制权市场(the Market for Corporate Control)起到了限制这种利益分歧的作用。但由于这些市场并非免费运行(均需要成本昂贵的监管),所以它们限制却不能消除代理成本。② 订立管理这种雇佣关系的精细合同可能也会降低代理成本。但同样地,此类合同的类别和执行成本很高,代理成本将可能继续保持正向。通过股东自身或诸如独立董事等专业监管者直接监管经理行为是其他降低代理成本的方法,这种办法同样也不完美。

法律规定的受信义务是降低代理成本的另一种方法。③ 这些法律规定作为代理协议的默示合同条款,使当事人避免了起草冗长精细合同的成本,进

① 445 U. S. 222 (1980).

② 关于公司背景下代理成本的一般讨论,参见 Jensen & Mackling, "Theory of the Firm: Managerial Behavior, Agency Costs & Ownership Structure", *J. FIN. ECON.*, Vol. 3 (1976), p. 305。

③ 关于控制权转移背景下受信义务功能的讨论,参见 Easterbrook & Fischel, "Corporate Control Transactions", *YALE L. J.*, Vol. 91 (1982), p. 698。

而降低了缔约成本。但与所有默示合同条款一样,受信义务的功效取决于默示条款是否与当事人目的保持一致。换言之,如果合同成本为零,法律所暗含的条款是否会因议价而产生。

公司背景下,人们创造代理关系以提高公司价值。其他所有条件不变,如果仅希望降低代理成本,那么对公司经理强加受信义务将有助于实现这一目标。但其他所有条件并非一直不变。例如,一项受信义务的效果是每降低50美元代理成本即会阻止100美元的收益行为,那么其不是一项可取的规则。投资者不会为这样的规则订立合同,因为这会使结果更糟。换言之,假如某种行为的收益大于任何增加的代理成本,那么解释受信义务去禁止这种行为将很荒谬,因为受信义务的受益者(投资者)将会成为输家。

(二)内幕交易与受信义务

前述分析表明,我们应当参考此类交易对投资者财富的影响,以此来分析公司经理基于内部信息进行的交易与他们负担的受信义务是否一致的问题。如果内幕交易增加了投资者财富,那么投资者既不会愿意订立合同去禁止这种行为,也不会从法律隐含的禁令中获得任何收益。

如果公司经理被允许基于内部信息进行交易,有两个原因会增加股东财富。首先,如果允许经理通过交易获利,他们可能会有更多动机去创造有价值的信息,从而增加企业价值。其次,内幕交易可以向公司提供一种有益的额外机制向市场传达信息。①

在所有委托—代理关系中,不可避免的问题是设计一个最小化利益分歧的补偿方案。如果能够无成本地观察单个经理的努力与产出(the Effort and Output),那么就有可能通过不断重新谈判薪酬方案来限制代理成本。那些工作努力、表现良好的经理会得到奖励;而偷懒和表现不佳的经理则会受到处罚。

然而对努力与产出的精确监管十分困难。原因在于,经理通常在团队中工作,所以很难割裂任何一位经理的效率与贡献。理性的经理有理由认为团队其他成员会分享良好业绩的收益以及承担不良业绩的一些成本。个别经

① 关于为什么内幕交易可能是有益的,相关两个解释原因更全面的讨论,参见 Carlton & Fischel, "The Regulation of Insider Trading", *STAN. L. REV.*, Vol. 35 (1983), p. 857。

理认识到,他们既不会捕获所有优良业绩的收益,也不会承担所有不良业绩的成本,而这降低了他们努力工作的动机。另外,重新谈判(Renegotiations)本身成本高昂,所以公司有动机继续对其使用;令人遗憾的是,减少谈判的次数增加了经理偷懒的动机,进而加剧了委托—代理问题。

基于有价值信息交易的能力(Ability)是这种委托—代理问题的部分解决方案。试想这种情况,即某经理想到一个好创意会增加公司价值,如果内幕交易被禁止,他推进该创意和说服其他人加入的动机是希望他自己而非团队其他成员在下次评薪时获得奖励。相反,如果内幕交易被允许,该经理通过购买股票可以立即"重新谈判"(Renegotiate)其薪酬。由于这种奖励更确定,所以如果内幕交易被允许,经理发展(Develop)有价值信息和提高公司价值的动机会更大。[①] 实际上,内幕交易仅是一种补偿机制,即不论何时只要经理认为他们有机会发展有价值信息,就可以及时和无成本地再议价(Renegotiate)。[②]

投资者可以从内幕交易中获益的第二个原因是其为企业提供了一种传递信息的额外方法。公司本身是成本最低的信息产生者,有着让其股价反映公司信息的强烈动机。[③] 例如,公司股价信息越丰富,投资者试图识别错误定价的股票而耗费资源用于无用调查上的动机就会越低。投资者降低调查成本会提高投资的净收益,并且使股票能在一个更高的价格上交易。

公司向市场提供信息的一种方法就是将其简单地披露。然而,由于劣质公司可以抄袭披露策略,所以与披露相关的道德风险严重,因此投资者可能不会对披露的信息给予任何关注。[④] 此外,如果一家公司向竞争对手披露了

---

① 类似地,利用内幕交易建构薪酬方案可以使公司吸引那些会努力工作且在选择投资项目时不会过分厌恶风险的经理。参见 Carlton & Fischel, "The Regulation of Insider Trading", *STAN. L. REV.*, Vol. 35 (1983), pp. 871 – 872。

② 关于高管薪酬方案经济学,参见 Smith & Watts, "Incentive and Tax Effect of Executive Compensation Plans", *AUSTL J.*, Vol. 7 (1982), p. 139。

③ 公司没有完全的动机披露自身信息。例如,一家公司的信息披露对不必承担披露成本的其他公司投资者有利。因此,信息生产可能不足。这就是强制披露制度的基本原理。参见 Easterbrook & Fisehel, "Mandatory Disclosure and the Protection of Investors", *VA. L. REV.*, Vol. 70 (1984), p. 669。

④ 反欺诈规则正当有效的理由是其降低了这种道德风险问题。参见 Easterbrook & Fisehel, "Mandatory Disclosure and the Protection of Investors", *VA. L. REV.*, Vol. 70 (1984), p. 669。

某种有前景的新技术细节,那么该信息的披露可能会导致其丧失价值。在信息披露可能无效的情况下,内幕交易为企业提供了额外的传递信息方法。因为其他市场参与者可以观察内部人的交易,尽管这并不完美,但股价将会朝新信息所暗示的方向发展。因此,相较于禁止内幕交易的股票市场,允许内幕交易的股票市场的股价将会反映更多信息。

内幕交易增加制造有价值信息的动机以及作为传递信息额外机制的这两个方面作用,是法院不应解释受信义务禁止这种行为的有力理由。当然,这些不是内幕交易的仅有影响。批评者们已经发现,内幕交易作为补偿机制可能产生一系列潜在的不正当动机。例如,他们认为内幕交易会促使经理产生降低公司价值、从事风险项目、延迟信息公开披露以及减缓与公司有关信息的传播的动机。批评意见以及对批评意见的回应已经在其他地方得到了广泛讨论,①故不在此总结这些文献,但应指出两点。

第一,批评者对于内幕交易提出的许多论点,都存在同样合理的反驳论点。由于内幕交易使经理接受风险项目所以内幕交易行为有害,对该观点可以通过相反观点回应:内幕交易可能是一种有效的补偿机制,即内幕交易有利于降低与厌恶风险的公司经理的投资策略相关的代理成本,因为这类公司经理不愿进入新领域。② 这类风险厌恶的公司经理也解释了为何内部人可以同好消息一样从坏消息中获益时,增加股东福利。如果内部人能从事前是理想的投资决定中获益,哪怕事后证明糟糕,那么他们为提高公司价值这一目的而非避免糟糕后果作出投资决定的动机就会增加。与此类似,只有股价反映新信息后经理才能够获益,所以内幕交易可能会促进信息披露。当直接披露不可能时,内幕交易可能会导致信息反映(impounded)在股价上,但其他方式则不能。同时如果高级管理人员能够在信息可以公开前通过获取的有价值信息获益,内幕交易可能也会促进企业内部的信息流动。

第二,假设批评观点是正确的,内幕交易确实会产生一些不正当激励。

---

① 最全面的讨论参见 Manne, *Law Professors*; Carlton & Fischel, "The Regulation of Insider Trading", *STAN. L. REV.*, Vol. 35 (1983), pp. 871 – 872。

② 更多关于代理人风险规避的基本问题,参见 Scharell, "Risk Sharing and Incentives in the Principal and Agent Relationship", *BELL J. ECON.*, Vol. 10 (1979), p. 55。

会得出什么结论？可以肯定的是，这并不意味着内幕交易对投资者不利。存在成本并不能证明效益不存在，或者成本超过收益。诚然，这最终是一个实证问题，对此没有明确结论。但企业行为和普通法规则的发展的确对内幕交易是否会减少股东福利有所启示。

公司和经理有着将有价值信息中的所有权(the property right)分配给其最高价值的使用者的强烈动机。这是科斯定理的简单应用。① 如果内幕交易是一种导致公司价值降低的无效薪酬机制(Compensation Scheme)，那么经理和公司(投资者)都将通过禁止它获益。相反，如果由于内幕交易给予经理提升公司价值的动机使其成为一种有效补偿机制以及为公司提供了传递有价值信息的额外方式，那么经理和公司(投资者)都将通过允许它获益。反之，如果因其能够激励经理增加公司价值进而是一种有效的薪酬机制，并/或为公司提供额外方法传递有价值信息，那么经理和公司(投资者)将通过允许内幕交易获取收益。因此，关于内幕交易对投资者福利的影响，公司行为可以提供宝贵线索。

虽然该问题还未被深入细致研究过，但企业似乎并没有试着禁止内幕交易。② 尚无公司在公司章程中宣布禁止内幕交易。无论是在联邦内幕交易法规颁布之前还是之后，内部人都进行过股票交易并获得了正向超额收益。③简言之，公司似乎并没有像许多学者和监管机构一样认为内幕交易会给投资者带来严重风险。相反，公司的这种行为表明内幕交易可能是有益的。

像公司一样，各州也有动机通过公司法中的效率规则吸引设立公司。④因此，随着时间推移继续使用的州法和普通法规则可以推定为是有效率的。至少在有组织的交易所交易方面，普通法规则是允许内幕交易的。⑤ 前述普通法规倾向于支持内幕交易是有益的论点。

---

① 参见 Coase, “The Problem Of Social Cost”, *J. LAW & ECON.*, Vol. 3 (1960), p. 1。

② 参见 Manne, Law Professors。

③ 多个研究收集在 Carlton & Fischel, “The Regulation of Insider Trading”, *STAN. L. REV.*, Vol. 35 (1983), pp. 303。

④ 参见 R. Winter, “Government And The Corporation” (1978). 详细阐述了各州间的竞争在公司法中的作用。

⑤ 参见 Goodwin V. Agassiz, 283 Mass. 358, 186 N. E. 659 (1933); Manne, Law Professors。

在某些情况下,内幕交易可能有益,但并不意味着总是如此。如果内部人对信息的使用降低了信息对公司的价值,那么这种交易可能构成对公司机会的篡夺,例如内部人利用公司打算购买某只股票的信息购买相同股票并导致股价上涨。① 这种情况下购买股票与利用公司打算买地的信息购买相同土地的行为毫无区别。此外,在某些情况下,允许内幕交易可能产生的激励效应将不存在。那些没有发展有价值信息的人进行的内幕交易可能毫无效益,因此公司可能希望禁止那些被告知即将有并购的政府人士、律师、会计师和印刷公司等利用内部信息进行交易。但是公司想禁止这些人进行交易的同时,并不意味它也想禁止发展并购想法或识别潜在合作伙伴的经理或雇员。换言之,公司可能希望禁止某些个别人而非其他所有人以相同的信息进行交易。

因此,正确理解应该是,内幕交易与受信义务之间的关系取决于交易是否是双方一致同意的。在非一致同意的情况下,我们应解释受信义务(规范代理关系的标准形式条款)去禁止这种行为。但并非所有基于有价值信息进行的交易都属于这个类别。公司允许内部人持有并交易股票,甚至是在内部人有组织地获取正向超额收益的情况下。在双方一致同意交易的情况下,公司已将有价值信息中的所有权分配给公司经理,因此法院不应解释受信义务禁止内幕交易,也不应解释受信义务去禁止经理薪酬中的这类报酬及其他方面补偿。

然而,法院在很大程度上忽视了这个关键问题,即内幕交易是否是双方一致同意的。② 现行法律下,内幕交易被股东起诉的内部人无法援引多数无利益关系的董事批准了该笔交易或者其可能作为薪酬方案的一部分被明确协商过等事实进行抗辩。③ 相反,很多情况下从公司盗窃的信息进行交易却

---

① *Cf. Brophy v. Cities Serv. Co.*, 31 Del. Ch. 241, 70 A. 2d 5 (1949),公司内部人利用公司将要购买股票的信息购买相同股票被认为违反了受信义务。

② 尽管联邦最高法院没有明确说明检验了一致同意基础下的内幕交易,但一些评论者认为联邦最高法院实际上已经使用了这种分析。参见 Macey, "From Fairness to Contract: The New Direction of the Rules Against Insider Trading", *HOFSTRA L. REV.*, Vol. 13 (1984), p. 9. 假设这种观点是正确的,那么对内幕交易的"禁止"可能是反盗窃法的特例,因此是有益的。

③ 参见 *SEC v. Pearson*, 426 F. 2d 1339 (10th Cir. 1970); *SEC v. Kalvex*, Inc., 425 F. Supp, 310, 315 (S. D. N. Y. 1975)。

可能不构成内幕交易。[①] 这些结果恰恰与经济学理论预测的相反。

（三）联邦最高法院对受信义务的解释

在建立了受信义务与内幕交易之间的关系之后，我们现在可以有效和更严谨地聚焦联邦最高法院对该问题的分析。依据 SEC 在 In re Cady, Roberts & Co. 案[②]中的著名决定，联邦最高法院指出内部人不得基于有价值信息进行交易的受信义务取决于两个要素：（1）"可以获取内部信息这种关系的存在是为了公司利益"而不是为了其他任何人的个人利益；（2）允许公司内部人不披露而利用有价值信息进行交易的内在不公平。[③] 这两个要素都没有提供前后一致的逻辑来解释公司经理的受信义务去禁止内幕交易。

第一个理由（内部人员不应基于仅用于公司目的的有价值信息进行交易）存在逻辑悖论。如果有价值信息的所有权被分配给公司，那么内部人就不应被允许进行交易。但是，如果有价值信息的所有权没有被分配给公司，那么就不应禁止内部人的交易。在双方一致同意的情况下，经理的受信义务中没有任何内容是禁止他们进行交易的。

第二个理由（允许经理通过独家渠道优势获取有价值信息进行获利存在的固有不公平）认为这种不公平要求经理与投资者被同等对待。但经理和投资者之间明显的差异使他们待遇自然不同。例如，经理获取薪酬而非股东是否公平？这大概不是，因为股东意识到经理获取薪酬时的企业价值将大于其没有获得薪酬时。蛋糕越大，股东获益就越大，经理也是如此。内幕交易并非先天不公平恰恰是基于同样的理由。如果由于内幕交易的有利动机和信息效应使其成为经理薪酬中的一部分，那么股东和经理将从允许此行为中获益。法院未能理解的是，比起其他种类薪酬，内幕交易不需要投资者任何支出。由于股东和经理可以从这种增加公司价值的薪酬方案中获益，因此也就不存在禁止内幕交易的理由。相反，否定股东与其代理人订立这种可以增加股东福利的合同权利才是内在不公平。

---

① 参见 *Chiarella v. United States*, 445 U. S. 222 (1980). 印刷工盗窃信息之后利用将来要约收购的信息进行交易不是非法的内幕交易。

② 40 S. E. C. 907 (1961).

③ *Dirks v. SEC*, 463 U. S. 646, 653 – 54 (1983) (quoting *Chiarella v. United States*, 445 U. S. 222, 227 (1980)).

(四)EFA的内部人违背了他们的受信义务吗?

联邦最高法院在Dirks案结论中认为,EFA的内部人向Dirks提供公司欺诈信息的行为并未违反其受信义务。法院的理由是他们“没有从泄露EFA内部信息中获得任何金钱或其他个人利益,也没有将有价值信息作为礼物送给Dirks的目的”。[①] 相反,“泄密者的动机是曝光欺诈。”[②]因为内部人提供内幕信息的行为没有不正当目的,从而Dirks劝说其客户卖出股票的行为也没有违法。

联邦最高法院分析的不足在于忽视了信息对公司投资者福利的影响。笔者已经强调过应将受信义务视为监管代理关系的标准形式合同条款。因此,公司经理的行为是否违反受信义务,取决于该行为是否促进或挫害投资者提高公司价值这一预定目的。

法院强调了内部人在揭露欺诈行为方面的作用,而没有依据前述标准分析EFA内部人的行为。但曝光欺诈行为是一种公共产品,消费者和社会作为整体受益,但公司投资者却没有。而且这种行为对投资者福利的影响决定着违反受信义务的事实是否产生。在这种前提下,应被讨论的是EFA内部人的这种行为与公司的最终破产及其对当前投资者明显损害间的因果关系。虽然欺诈消息可能会在某个时间被发现,但该公司当下的一些投资者本会在虚高的价格上将股票卖给新的投资者。曝光行为导致当前投资者无法在较高价格上卖出股票。

换句话说,这可能颠覆了联邦最高法院的分析。毫无疑问,如果Dirks涉及的是内部人向分析师泄露公司即将公告创收的内部信息,导致客户在公告前购买了股票,联邦最高法院将会认定内部人违反了自身的受信义务,同时分析师是事后参与者。[③] 然而披露欺诈完全合法。因此为投资者利益增加公司价值的披露非法,而导致公司破产的披露则完全合法。原因在于联邦最高法院将揭露欺诈行为的社会利益与受信义务同等对待,而没有意识到两者间的对立关系。

---

① *Dirks*, 463 U. S. at 667.

② *Id.*

③ *See id.*

然而,事前规则与事后规则效果之间存在根本区别。在公司设立时,如果公司欺诈投资者的能力被降低,股票可以较高价格出售。欺诈可能性越低,投资者必须耗费在监管上的资源就越少,同时投资者评估股票价值时的折价就越少。[①] 即使欺诈发生在未来投资者身上,这种关系依然成立。由于当前投资者认为他们可能在一个较低价格向担心股票市场价格因欺诈而虚高的后续投资者出售了股票,因此在限制公司欺诈未来投资者能力规则下,当前投资者为公司股票付出了更多代价。因此,EFA 内部人的行为可能与公司的设立原则相一致,因此也与其受信义务相一致,即使从事后来看公司投资者更倾向于不披露。

前述讨论的重要含义是:联邦最高法院用来确定内部人的披露是否违反受信义务的个人利益测试与此完全无关。例如,假设向 Dirks 提供信息的内部人接受了某种利益,可能是直接或间接形式的报酬,他们的行为动机并非仅是出于揭露欺诈(笔者假定"利益"可以定义。毕竟揭露欺诈产生的效用本身也是一种利益)。这种补偿的存在是否会有所不同?

显然不会。与对交易本身的探究一样,对向分析师披露信息行为适当性的相关探究应是这种行为是否与治理公司的明示和默示合同条款相一致。事前看,由于 EFA 内部人行为可能与最大化公司价值条款相一致,所以不存在违反受信义务行为发生。正如笔者在下一部分讨论的,正确的理解应是,其他向分析师披露信息的形式也可能与受信义务一致。当然也可能发生相反情况。想象一下:公司内部人站在街角向路人随机泄露有价值的公司信息,这些路人又基于该信息进行交易。即使没有明显的个人利益,这种行为也显然与受信义务不符。无论什么情况,个人利益是否存在都与泄露信息行为正当性的判断无关。

二、信息中介:投资分析师的角色

严重欺诈是罕见事件,因此 Dirks 案是个非常案件。更常见的情况是分析师向他们的客户提供有价值而非这种戏剧性的信息。在这些更常规的情况下,Dirks 案对分析师适用内幕交易法律规则的影响将取决于未来司法的解

---

① 这是反欺诈法律规则的经济学原理。Easterbrook & Fisehel, "Mandatory Disclosure and the Protection of Investors", *VA. L. REV.*, Vol. 70 (1984), p. 669。

释。但似乎可以确定禁止内幕交易规则将会继续适用于分析师。实际上,法院在强调分析师从直接或间接获得“个人利益”的内部人处接收和使用信息时表达了同样的看法,认为这违反了内部人和分析师都应遵守的法律规则。[①]但对投资分析师作用的研究表明,让其遵循内幕交易规则几乎毫无逻辑。

(一)信息不对称下的证券交易

无论是公司与投资者之间还是当前投资者与未来投资者之间的证券交易,都可以被看作信息不对称背景下不同品质商品的竞争卖家(competing sellers)所面临的常见问题。除非投资者存在某些方法区分股票质量高低,否则他们往往会视所有股票在质量上处于平均水平。相较于股票质量信息被无成本传递情形下,优质股票会在一个较低的价格出售;劣质股票则相反。这种过程将产生“柠檬市场”,即由于公司缺乏动机提供优质股票使劣质股票占有市场。[②]

提供优质股票的公司区分自身的一个方法是披露支持自己股票优质的信息。正如早前讨论过的,由于提供劣质股票的公司可以通过披露相同信息模仿优质股票公司,使信息披露伴随着严重的道德风险。通过这种方式,提供劣质股票的公司会侵蚀信息披露的作用,导致投资者再次平均评估所有股票价值。

而且,信息披露并非总是可能的。最明显的情况是信息披露会导致信息价值损失。例如,由于预期的技术突破而准备以高价出售股票的公司,必须有某种方法说服投资者购买其股票但又不必直接披露技术突破的信息。在没有这种方法时,投资者会以平均水平看待这些股票,同时据此评估他们愿意支付的价格。

公司已经发展了一系列工具来克服这种信息不对称问题。股息政策、资本结构以及内部人的持股比例等都是优质公司可以尝试的将自己与劣质公司区分开来的机制。通过投资银行出售股票和依靠独立会计师核查财务报

---

① *Dirks*, 463 U. S. at 662 – 663.

② 参见 Akerlof, “The Market for ‘Lemons’. Quality Uncertainty and the Market Mechanism”, *Q. J. ECON.*, Vol. 84 (1970), p. 488。

表是其他可以达到这一目标的方法。[①] 允许内部人交易也能使公司间接地向投资者传递信息,同时内幕交易也可以使直接的信息披露更可信。例如,如果加上内部人增持公司股票的信息,公司预期增收的公告可能会更可信。

然而向投资分析师传递信息是另一种降低信息不对称问题的方法。相较于公开信息披露,这种选择性传递具有如下优势。第一,由于在分析核查信息时可能的经济规模,这种方式可能比公开披露成本低。第二,降低道德风险。与很多可能很少借助资本市场的公司不同,投资分析师们是职业玩家,因此他们有很强的去维护自身诚信声誉的利益需求。由于投资者意识到分析师有这种名誉利益,所以相较于公司的单独披露他们更看重分析师的建议。此外,向分析师的选择性披露也能使公司传递那些他们自身无法公开披露的有价值信息。回顾之前那家预期技术突破进而希望高价出售股票,但又不会向竞争者披露细节的公司,通过向分析师选择性披露,然后他们再向其客户推荐购买,公司可以传递有实质内容的信息而又不会将有价值信息泄露给竞争对手。第三,相较于信息被公开披露,对分析师的选择性披露可使公司以较低的诉讼风险传递有质量的信息。

对分析师的选择性披露并不是解决信息不对称问题的完美方法。例如,分析师可能向投资者披露基础信息(the Underlying Information)或者将其出售给公司的竞争对手。由于这些原因,公司可能拒绝向分析师披露某些信息,或者将其披露限制在具有良好声誉的分析师。尽管存在这些限制,但可以推定利用分析师将有助于信息传播。

与提供信息传播渠道一样,分析师也具有监督功能。由于经理可能会传播有关公司的虚假信息,或者试图隐藏消极信息,所以分析师在向客户推荐前会有动机亲自进行一些调查。在向投资者传递公司信息过程中,这种监督行为是分析师功能角色的天然组成部分。

分析师的利用对公司和投资者同样有利。相较于所有信息被公开披露,他们可以使公司传递信息成本更低,同时相较投资者,分析师在解读、核查和搜索信息方面具有比较优势,所以如果投资者能依据他们的推荐,其进行的

① 这些信息传播机制更多细节的讨论,参见 Easterbrook & Fisehel, "Mandatory Disclosure and the Protection of Investors", *VA. L. REV.*, Vol. 70 (1984), p. 669。

无用调查就会更少。

(二)投资者为何雇佣分析师

扣除交易成本后,相比通过简单买入持有策略获取的收益,通过分析师以及其他专业投资者占有信息是否可以产生更好的风险调整投资组合收益(Risk - Adjusted Portfolio Returns),该问题一直困扰着金融学家们。早期有效市场理论对该问题给予了否定答案。[①] 正是由于专业投资者识别错价股票(Mispriced Securities)的努力,这一早期理论认为资本市场十分有效以至于这些同样专业的投资者不能系统性地掌握未完全反映在股票价格上的信息。但这种理论也引起了一个令人不解的悖论。假如市场中的专业人士不能获取更好的投资组合收益,那么他们就没有任何动机去耗费资源发现错价股票。并且如果接受分析师的推荐和投资者买入持有策略一样,依据该理论假设为何他们会愿意为这种毫无价值的意见付费?总而言之,在解释市场有效性问题上早期有效市场理论非常重视市场专业人员的角色功能,但却没有解释为何这些专业人士及其客户愿意付诸这种努力。[②]

有效市场理论的最新发展已经解决了前述看似矛盾的问题。Sanford Grossman 在一系列重要的论文中指出,在价格完全反映所有信息这一意义上,市场可能不是“有效的”。[③] 相反,某些信息不必反映在股价中,以确保知情交易者从掌握高级信息中获得具有竞争力的搜索回报,即交易利润。换言之,在 Grossman 的理论模型下,效率悖论不存在了,即分析师有意愿进行调查,投资者也愿意为分析师的推荐付费。

专业投资者能否像格罗斯曼模型(the Grossman model)预测的那样获取更好的收益或者是否像早期有效市场理论预测的那样是个实证问题。尽管

① 参见 Fama, “Efficient Capital Markets: A Review of Theory and Empirical Work”, *J. FIN.*, Vol. 25 (1970), p. 383; Jensen, Risk, “The Pricing of Capital Assets, and the Evaluation of Investment Portfolios”, *J. BUS.*, Vol. 42 (1969), p. 167。

② 关于市场参与者为何愿意为信息付费,即使他们的投资组合收益并未增加,一种可能解释是搜索(Search)具有重要的消费元素。在这一理论下,聘请分析师类似于去拉斯维加斯:预期财富未增加,但通过消费增加了这种效果。

③ 参见 Grossman, “On the Efficiency of Competitive Stock Markets Where Trades Have Diverse Information”, *J. FIN.*, Vol. 31 (1976), p. 73; Grossman & Stiglitz, “Information and Competitive Price Systems”, *AM. ECON. REV.*, Vol. 66 (1976), p. 246。

目前还不存在明确的答案,最新的实证研究也常常没有明确的结论,但倾向于支持格罗斯曼模型。① 依据这一理论,雇佣分析师的原因很简单,即得到更优质的信息和挣取正向超额收益。

(三)对分析师适用内幕交易法律的影响

将内幕交易法律规则适用于投资分析师明显提高了公司和投资者利用分析师传递有价值信息的成本。这一后果对公司、分析师和投资者的行为都具有重要意义。如果法律规则对分析师的使用征“税”,那么企业就会使用其他方式传递信息。但很难准确知道他们会使用什么方法。可能会增加公开信息披露的次数。又或者,增加资本结构中的负债总额或提高内部人的持股比例。

强制公司使用其他方式传递信息的弊端是那些方式的成本可能更高。公司主动向分析师传递信息表明对分析师的利用是一种有效的信息传递方式。相反,增加公开信息披露会使公司承受可能的法律责任以及引起公共投资者承受不必要的解读核查成本。与此类似,增加公司资本结构中的债务总额帮助区分优质公司的同时也增加了潜在的破产风险;提高内部人的持股比例也可以传递公司质量信息,但代价是需要内部人承受更多风险,有鉴于此,内部人必须被补偿。让公司更难使用一种信息传递机制将会导致其依赖成本更高的替代品。

从分析师角度而言,结论类似。根据当前法律规则,分析师可以自行搜索信息和分析可公开获得的信息,但除非公开披露否则不得接受“内部”信息。当然,由于公开披露将会导致内部信息丧失价值,所以公开披露不具备现实可行性。在向客户出售内部信息前,没有人会愿意为分析师必须公开披露的信息支付对价。而且,如果分析师必须披露,公司可能不会向其传递信息,原因在于避免披露的欲求才是公司使用中介机构的原因。

因此,这种法律规则实际上试图禁止分析师接近最有效的信息来源:公

① 参见 Bjerring, Lakonishok & Vermaelen, “Stock Prices and Financial Analysts´ Recommendations”, *J. FIN.*, Vol. 38 (1983), p. 187; Givaly & Lakonishok, “The Information Content of Financial Analysts´Forecasts: Some Evidence on Semi - Strong Inefficiency”, *J. ACCT. & ECON.*, Vol. 1 (1979), p. 165(两者都认为遵循分析师的推荐可能会获取超额收益)。

司本身。而公司是否希望分析师获取信息则与此无关。法律要求分析师耗费成本开展调查以期复制(Duplicate)公司本应主动提供的信息。正如内幕交易法律规则具有强制公司使用成本更高的信息传递方式的效果一样,其也具有强制分析师使用耗费更高成本的方法获取信息的效果。

这种使信息传递过程成本更高的效果于投资者不利,但投资者却是内幕交易法律规则的假定受益人。这类法律规则的应用并没有消除信息不对称问题;相反,其效果是使降低信息不对称的难度更大(代价更高)。投资者获得同样信息将会付出更多代价,或者亲自开展毫无意义的调查区分公司优劣。这些真金白银的流出会降低投资净回报。

前述影响的重要性难以预测。其取决于诸如内幕交易法律规则在阻止信息传递效率以及分析师使用其他替代信息传递方法的接近程度等变量。例如,可能由于重要性要件(the Materiality Requirement),这些法律规则只有最小的阻止效果。[①] 与之类似,承担使用其他信息传递方法带来的增加成本可能微不足道。然而,与之相关的结论却是在获取公司信息时,投资者承受的任何增加成本都使他们自己的境遇更糟。

(四)公平

内幕交易法律规则的支持者可能承认目前为止的一切讨论,但认为这一切都与此无关。毕竟,关于禁止内幕交易的法律讨论从未聚焦过公司经理补偿以及向投资者传递信息的有效方法。相反,焦点一直放在对公平的思考上,尤其部分投资者可以先于他人获取信息这种直观不公平。

然而,至少在投资分析师背景下,这种公平概念十分奇怪。我们可以将雇佣分析师视作购买更好的信息产品。其他市场参与者可以拒绝购买更好的信息,同时单纯接受给定的市场价格。其收益更少,但也节省了获取信息的成本。两类投资者谁也不一定比对方好。[②]

这两类投资者(一类为优质信息付费,另一类没有)根据什么公平理论有

① 这类重要性要件禁止基于诸如即将进行并购之类的重要信息进行交易。但对一直都存在信息不对称背景下的交易并不禁止。同样地,无论多么“重要”,也不禁止基于不对称信息的不交易决定。

② 关于这两类投资者更全面的讨论以及证券监管的意义,参见 Fischel,“Use of Modern Finance Theory in Securities Fraud Cases Involving Actively Traded Securities”,*BUS. L.*, Vol. 38 (1982), p. 1。

权获得平等待遇? 更直观和有说服力的公平理论是区分对待这两类投资者,而不是让那些搭便车者与为信息支付对价的投资者一样从信息中获得相同收益。如果利用分析师是公司传递信息的有效方式,也就不存在什么似是而非的公平理论禁止他们使用。

结语

联邦最高法院在 *Dirks v. SEC* 案中的裁决,即如果认可分析师必须公开披露有价值信息,那么像 Raymond Dirks 一样的分析师就无法发挥作用,是向前迈了一小步。但令人遗憾的是,联邦最高法院并没有意识到这一原理的全部含义。该决定表明分析师没有揭露欺诈的动机而向其客户传递有价值信息的行为违法。这类法律规则反映出对投资分析师作为信息中介的有益作用的理解不足。

(责任编辑:邹建华)

学位论文

“原油宝”事件的法律分析

李锦思昱*
指导教师：缪因知**

摘要：本文通过解析“原油宝”产品的法律要素、业务的法律性质和交易的法律结构，探讨“原油宝”事件的法律争点与适当性义务的内涵，为“原油宝”产品损失的责任分配提供类型化的划分思路，以期加深对“原油宝”类商业银行账户商品业务及其风险的认识，缓解投资者在特殊风险事件出现时的恐慌情绪。“原油宝”类商业银行账户商品业务是一种远期合约且为三层标的之构造，其中适当性义务的内涵和强行平仓的法律性质为责任分配的关键。具言之，当产品风险骤升时，中国银行有再次进行适当性匹配的义务；当穿仓发生后，强行平仓的法律性质由权利转变为义务。在此基础上，根据投资者个性化的投资要素，提出三条责任分配路径。最后，结合衍生品领域的最新立法动态，从风险防范的层面展望“原油宝”类账户商品业务。

关键词：“原油宝”　账户商品业务　期货　适当性义务　负结算价

引言

金融市场的逐步有序开放一直是近年来我国政策的主旋律之一，一方面体现在对于外资的接纳程度上；另一方面则体现为金融产品和概念的创新上。“原油宝”产品也不例外，作为价格挂钩得州轻质原油（WTI）期货和布伦特原油（BRENT）期货的纸原油，在人们认为国际市场原油价格已经跌无可跌

* 中央财经大学法学院2022届硕士毕业生，法律（非法学）专业，金融服务法方向。
** 中央财经大学法学院教授。

的情况下,似乎成为致富法宝——看多一个价格已经到底的资产不正是所谓的抄底。

2018年3月,原油期货作为国内首个国际化交易的大宗商品,在上海期货交易所上海国际能源交易中心正式挂牌上市交易,这意味着我国的原油期货正式由幕后走向台前,开始面向全球的投资者。而“原油宝”产品则是借着这股东风,自2018年4月开始正式推出并平稳运转。2020年,在新冠肺炎疫情和石油减产谈判局势不明的双重影响下,国际油价屡创历史新低,抱着油价终将会均值复归心态的投资者纷纷下场,参与了这次原油价格的博弈游戏,而其中的一部分投资者则以-37.63美元/桶的结算价了结头寸而离场。

金融交易中的黑天鹅事件往往会招致受亏损一方提起诉讼,从而将案涉金融产品放在法律的框架下逐一解析。对于标的资产出现史无前例负价格的“原油宝”产品同样如此,投资者诉讼裹挟着市场舆论对中国银行以及旗下的“原油宝”产品不断发出质疑。一时间,对于合同条款安排的公平性,中行在交易中的角色定位,“原油宝”产品的性质究竟为何,各界争议不休。最终的和解方案或是诉讼判决结果多为中国银行承担负价亏损和20%的保证金。

从更广义的层面看,金融衍生品设计之初是用于风险转移,而后逐渐进化为集风险管理与融资为一体的结构化票据,市场参与者也会将之用于纯粹投机。在这当中出现的种种纠纷,究竟是金融机构凭借其信息不对称和技术优势精心设计的金融衍生品骗局,还是风险控制以及监管措施的缺位,又或是在市场演进过程中的自然异化,不可一概而论。万亿级规模的场外衍生品市场虽不及传统金融板块根基深厚,但是在经济全球化的背景下,金融创新一方面标志着资本市场的健全与活力,另一方面也意味着具体私法规范的调整。

本文旨在通过对“原油宝”产品的解构,厘清“原油宝”类商业银行账户商品业务的法律架构、与投资者的角色关系、银行与投资者的权利义务等,一方面对同类型的商业银行账户商品业务的产品设计作一个系统性的梳理,另一方面从产品的性质出发,围绕销售者的适当性义务、信息披露义务、告知说明义务的实质内涵展开研究,以期给损失的责任分担提供一个较为客观的划分思路，强化投资者的风险意识。

一、“原油宝”产品的业务类型与风险分析

（一）“原油宝”产品与商业银行账户商品业务

1. 中国银行账户原油业务。2018 年 3 月 13 日，中国银行推出一款个人账户原油业务——“原油宝”。该产品分为美国原油产品和英国原油产品，前者挂钩的是得州轻质原油（WTI）期货首行合约，[①]后者挂钩的是布伦特原油（BRENT）期货首行合约，均支持美元和人民币同时交易（见表 1）。

表 1　“原油宝”产品信息

产品名称	“原油宝”
产品描述	为境内个人客户提供挂钩境外原油期货的交易服务，客户自主进行交易决策
交易方向	支持双向选择，做多（看涨）或卖空（看跌）
T+0 交易	交易时间为北京时间周一至周五 8:00—次日 2:00，T+0 到账 最后交易日为 8:00—22:00
交易起点	起点为 1 桶，交易最小递增单位为 0.1 桶
交易币种	支持双币种，以美元和人民币计价（按实时汇率折算）
无杠杆交易	存入 100% 保证金
平仓约定	保证金比例降至 20%（含）以下时，银行将进行强制平仓
结算价	由中国银行公布，参考期货交易所公布的相应期货合约当日结算价。期货交易所按照北京时间凌晨 2 点 28 分至 2 点 30 分的均价计算当日结算价
到期处理	于合约到期日依照客户事先指定的方式，进行按月移仓或到期轧差处理
命名方式	交易品种 + 交易货币 + 年份两位数字 + 月份两位数字

资料来源：中国银行官网，中国银行“原油宝”产品介绍。

中国银行将“原油宝”业务归为账户商品业务这一概念。根据业内的一般认识，商业银行账户商品业务是指银行依托自身业务处理系统，为投资者提供的以账户商品为标的的交易产品。[②] 其中，“商品”主要包括贵金属、外汇、能源、基本金属、农产品五种基本类型，无论银行对旗下的业务的具体

---

① 在交易系统中，通常显示最近 12 个月的合约相关信息，首行合约即最近一个月的期货合约，超过该合约的最后交易日，首行合约则换成下一个月的期货合约。

② 建设银行账户商品业务交易业务协议书，http://gold1.ccb.com/cn/gold3v/account_commodity/241811.html，最后访问日期 2021 年 9 月 24 日。

命名为何,都离不开上述商品的范畴。“账户”的含义则更为丰富,一是从交易过程中的交易标的来看,账户意味着投资者交易的对象是商业银行业务系统中特定化、标准化的商品份额而非商品实物,计量单位依商品性质和商业银行而定,可能是桶、盎司、克、磅等;二是从交易结果来看,该业务均采取现金交割的交割方式,投资者最终的盈亏都直接通过账户进行划转,并不会转化为实物商品进行交割。质言之,账户商品业务并不会涉及商品实物,投资者购买的标的仅为银行系统中的商品份额,虽然投资者的盈亏与底层商品实物的当前市场价格密切相关,但投资者最终并不能直接获得底层商品。

中国银行“原油宝”业务的运作原理也是如此。投资者购买的是中国银行系统中的原油份额,原油份额报价的涨跌与原油实物的价格涨跌密切相关,但投资者最终并不能直接获得原油实物,而是获得根据原油份额涨跌计算得出的最终收益或亏损。因此,“原油宝”的确属于账户商品业务的一种,可以谓之账户原油业务。需要注意的是,此处的原油是特指纽约商业交易所(The New York Mercantile Exchange, NYMEX)交易的得州轻质原油(WTI)或者洲际交易所集团(Intercontinental Exchange, ICE)交易的北海布伦特原油(Brent),其市场价格通过交易所挂牌的期货合约反映。因而“原油宝”投资者的盈亏一定程度上取决于该类原油的期货合约价格,命名方式也和期货合约类似。举例来说:“原油宝”2005 挂钩的则是交易所 WTI 原油 2005 合约,即交割期在 2020 年 5 月的 WTI 原油期货合约。

中国银行与其他银行的账户原油业务大体类似,多是挂钩 WTI 原油期货价格或 Brent 原油期货价格,且通常以期次(按月)合约为主要产品类型。与其他银行同类业务的差别之处在于,每期的最终交易日设定不同,具体时间由银行自行提前设定并公布,[①]但它们都会早于 NYMEX 交易的 WTI 期货合

① 中国银行在 2020 年 1 月 14 日发布了《关于 2020 年原油宝产品各期次合约最后交易日的公告》,公布了自 2020 年 2 月合约及之后连续 11 个月的合约最后交易日。

约或 ICE 交易的 Brent 期货合约的最后交易日。[①] 此外，关于缴纳的初始保证金以及追加保证金、强行平仓保证金标准也是由银行根据其风控要求自行设定。

囿于本文的篇幅，在此没有针对其他类型的账户商品业务展开具体解析。实质上账户原油业务同账户贵金属业务、账户农产品业务的核心差别在于基础资产的类型不同，而这些业务在交易结构、法律地位、投资者与银行的权利义务等方面均存在相通性。"原油宝"产品的负结算价风波是因为交易标的（WTI 期货合约）的供需大幅、急剧失衡导致的国际结算规则发生变化，在理论上不能排除其他商品也可能会陷入类似情境。因此本文针对"原油宝"产品的法律分析同样适用于其他账户商品，同样地，关于"原油宝"事件争议的解决方法也可为之后的商业银行账户商品业务的产品合同设计提供一些思路。

2. 商业银行账户商品业务现状。

如图 1 所示，截至 2020 年 12 月 31 日，中国银行的衍生金融工具存量在国有银行中规模最大，名义金额达 9.028955 万亿元，其后依次是工商银行、交通银行、建设银行、农业银行。中国银行 2020 年度衍生金融资产与衍生金融负债之差最大为 -317.26 亿元，一定程度说明中国银行衍生金融工具的公允价值总体为负。

如图 2 所示，中行衍生金融工具的名义金额在 2016 年达到近年峰值，之后总体规模呈现先下降后增长的趋势。"原油宝"产品作为 2018 年中国银行推出的商品衍生工具的一种，一定程度推动了中国银行商品衍生工具的规模增长，但风险也在积聚。2019 年衍生金融负债超资产 2.591 万亿元，尽管有受银行套期工具部分影响的可能，但非套期工具在其中也发挥着一定的作用。

① WTI 合约约定最后交易日：当前交割月交易应在交割月前一个月的第二十五个日历日之前的第三个交易日停止。若第二十五个日历日不是交易日，交易应在第二十五个日历日前最后一个交易日之前的第三个交易日停止。例如，2005 合约原则上应在 4 月 25 日前的第三个交易日即 4 月 22 日停止，但由于 4 月 25 日为周六，因此交易应在 4 月 24 日（周五）前的第三个交易日停止，即 4 月 21 日。Brent 合约约定最后交易日：合约月份前第二个月的最后一个工作日。例如，2005 合约将在 3 月的最后一个工作日到期，即 3 月 31 日。

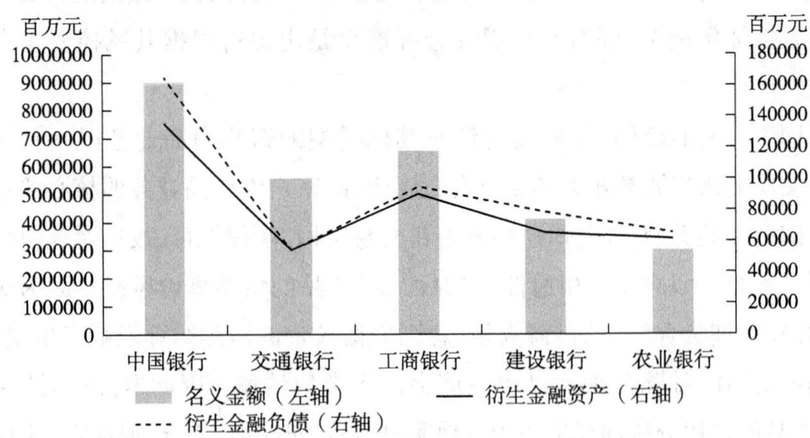

图1 2020年国有银行衍生金融工具明细

(数据来源:Wind,各国有商业银行2020年年报)

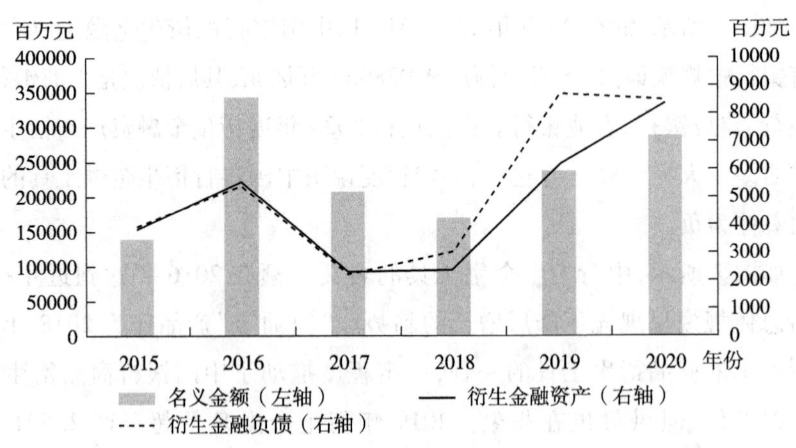

图2 2015—2020年中国银行商品衍生金融工具及其他规模

(数据来源:Wind,中国银行2016—2020年年报)

除表2所示外,浦发银行、民生银行等大型银行均开设了账户商品业务。从商品类型看,能源类商品和贵金属类商品居多,其中又以账户原油、账户黄金、账户白银最为常见。

表 2 商业银行账户商品业务概览

银行名称	商品种类	参考报价	产品类型
中国银行(已停售)	能源	NYMEX 的 WTI 原油、ICE 的 Brent 原油	期次
工商银行	能源	NYMEX 的 WTI 原油、NYMEX 或 ICE 的 Brent 原油	期次/连续
	基本金属	COMEX 的铜	期次/连续
	农产品	CBOT 的大豆	期次/连续
	贵金属	黄金、白银、铂金、钯金	连续
建设银行	能源	NYMEX 的 WTI 原油;ICE 或 NYMEX 的 Brent 原油	期次
	基本金属	COMEX 的铜	期次
	农产品	CBOT 的大豆	期次
	贵金属	黄金、白银、铂金	期次
交通银行	能源	NYMEX 的 WTI 报价	期次
	贵金属	白银	连续
农业银行	贵金属	黄金、白银	连续

资料来源:中国银行官网、工商银行官网、建设银行官网、交通银行官网、农业银行官网。

(二)“原油宝”产品中投资者面临的风险

1.“原油宝”产品中投资者面临的一般风险。商业银行开展的账户商品业务不仅受到本国金融市场的影响,同时也会受到国际金融市场的影响。中国银行在风险提示方面称“原油宝交易面临包括政策风险、市场风险、流动性风险、操作风险在内的各种风险。”①诚然,兜底式的风险提示并不能说明中国银行在风险提示上有所缺漏,但这样的表述并不能体现账户商品业务的特殊风险之所在。首先,“原油宝”作为挂钩 WTI 期货合约的产品,原油期货市场上的多数风险都可能通过期货合约价格反映到“原油宝”产品价格之上。其次,“原油宝”以美元和人民币计价,基于衍生品合约“当前订约,未来履行”的特征,②买入卖出的时间必然不同,因此投资者也将面临汇率风险。最后,由

① 中国银行股份有限公司金融市场个人产品协议,https://v.qq.com/x/page/a09555lrd4a.html,最后访问日期 2022 年 3 月 20 日。

② 刘燕、楼建波:《金融衍生交易法律问题的分析框架:跨越金融部门法的界限》,载《金融服务法评论》2012 年第 3 期。

于投资者并未直接在期货市场上交易,而是与中国银行作合约对手方,因而中国银行在展仓条件、最后交易日、风险控制标准等方面都面临着管理风险。

(1)基础资产的市场风险。最为主要的期货市场风险是指期货价格发生的不利变动给投资者带来损失的风险,即价格风险。价格变化方向与投资者的预期判断和下单期望可能相同也可能背道而驰,但这恰好也是该类市场得以繁荣发展的原因。基于对未来原油价格走势的不同判断进而产生多空双方并相互博弈,无论是WTI期货合约投资者还是"原油宝"投资者博弈的标的从本质上来说就是原油价格的走势。根据价格博弈中存在的一种普遍现象——萨缪尔森效应(Samuelson Effect),越是临近到期日,投资者的心理波动会越大,价格的博弈就越明显。[①] 简言之,期货合约的波动会随着合约到期日的临近而上升。除此之外,临近到期日时合约的流动性也会急剧下降,其背后的原因是多样的,但到期日效应所呈现的流动性骤降和波动率上升无疑是投资者需要特别关注的风险。

期货合约的到期处理也可能受市场风险影响,到期处理方式分为两种:一是到期轧差结算或实物交割,[②]按照合约最后交易日的结算价计算投资者最终持仓的盈亏或直接按照合约约定的方式进行交割。二是展仓,期货合约均是以月为时间结构,展期即是将投资者的所有仓位延至下一月份期货合约。关键在于展期并不意味着无成本的同类合约更替,其本质是将当前合约全部平仓并按照当前持仓合约的相同持仓方向和相同数量以新的合约价格和到期月份重新开仓。从这个层面出发,展期的风险可以解释为相邻期货合约价格差异的风险,结果可能是持仓成本的大幅上升或下降。

(2)汇率风险。并非所有原油价格博弈的参与者都会面临汇率风险,但在"原油宝"产品的交易中,投资者多面临汇率风险。"原油宝"采取的是双币种交易,投资者可以选择以美元计价或以人民币计价合约进行交易。投资者的浮动收益主要受到两方面汇率波动的影响,一部分是交易保证金,原油宝合约中规定"当基础货币为非美货币时,按照该货币兑美元的实时价格计算

① 王悦:《中国期货市场的到期日效应研究》,东北财经大学2019年硕士学位论文,第31页。

② 轧差是指将两个或多个机构之间的债务进行抵销,由此减少一系列结算的支付资金或交割金融产品。

折美元的冻结保证金金额”，这意味着在触发追加保证金通知(Margin Call)时的保证金数额受到即时汇率的影响。另一部分，鉴于投资者多为中国居民，在合约开仓与平仓时，交易以美元计价的合约需将人民币换成美元后进行买卖；交易以人民币计价的合约需通过中国银行以当前汇率将“美元/桶”换算为“元人民币/桶”再报给投资者。在开仓之时，若美元兑人民币汇率走高，美元升值人民币贬值，投资者的成本则会提升；反之，若美元兑人民币汇率走低，美元贬值人民币升值，投资者的成本则会降低。在平仓之时，由于交易方向相反，受汇率的影响也相反。买卖操作通常不会在同一时点完成，因而投资者在持仓期间会存在汇率风险敞口，也即面临汇率风险。

(3)管理风险。在“原油宝”产品的大背景之下，管理风险是指在产品管理运作过程中因专业水平不足、管理不善、信息不对称、制度不健全等因素，发生决策失误、业务缺乏合理性或者不能进行有效的法律保护等。从而使投资者亏损或银行资产受损的风险。银行业金融机构开办衍生产品交易业务，应当经中国银行保险监督管理委员会(以下简称银保监会)批准并从事与其自身风险管理能力相适应的业务活动。① 此外，银行业金融机构不得自主持有或向客户销售可能出现无限损失的裸卖空衍生产品，以及以衍生产品为基础资产或挂钩指标的再衍生产品。在芝加哥商品交易所(Chicago Mercantile Exchange，CME)发布负价格提示时，该类业务是否仍合规有效、是否需要提前展仓或平仓、是否需要对投资者作特别提示、是否应在头寸管理上进行调整，此时针对市场风险、操作风险、法律合规风险等的管理体系和制度所发挥的效用成为检测管理风险的试金石。

2.“原油宝”负结算价事件中的特殊风险。

(1)负结算价的形成原因。2020 年初受新冠肺炎疫情和 OPEC + 会议(OPEC and non - OPEC Ministerial Meeting)减产谈判受阻的双重影响，国际原油价格呈剧烈波动的态势，一场以原油价格为中心的风暴开始酝酿。2020 年 4 月 8 日，CME 预告称，为了防止能源价格跌至负数，CME 清算所计划调整期

① 《银行业金融机构衍生产品交易业务管理暂行办法》第六条：银行业金融机构开办衍生产品交易业务，应当经中国银监会批准，接受中国银监会的监督与检查。获得衍生产品交易业务资格的银行业金融机构，应当从事与其自身风险管理能力相适应的业务活动。

权定价模型以作为应对。当月15日,CME进一步宣布已经完成了负价格的测试准备工作。在此期间,工商银行、建设银行的纸原油业务基本完成了换月工作,[①]中国银行则在4月16日至20日期间于对客渠道入口进行精准弹窗提示和公告提醒。[②] 4月19日和20日,中国银行表示已向"原油宝"投资者发送短信,提示"05美元原油"产品将于4月20日22:00停止交易和启动移仓(见图3)。也就是说,中国银行05美元原油的最后交易日为4月20日,存在差别的是其挂钩的WTI原油2005期货合约最后交易日持续到4月21日,引发了后续银行与投资者就该产品实际亏损的争论。

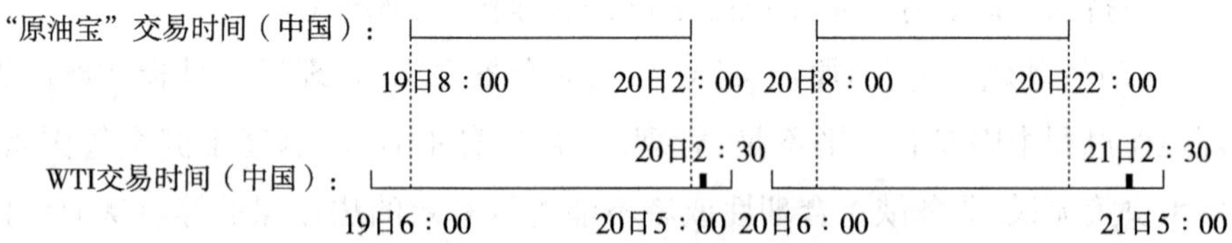

图3 "原油宝"/WTI期货合约交易时间

2020年4月20日晚WTI原油期货5月合约价格开始急剧下跌,而4月20日22:00,投资者"原油宝"账号停止交易,当时油价为11.7美元/桶。预料之外的是,第二天油价并未发生触底反弹而是开始第二波下跌,21日凌晨从11美元/桶跌至0美元/桶附近,当日凌晨2点开始第三波下跌,从0美元/桶暴跌至史无前例的-40.32美元/桶。凌晨2:30,当日结算价报-37.63美元/桶,跌幅约为305%。这是芝加哥商品交易所集团WTI原油期货合约上市以来第一个也是目前为止最后一个负值结算价。

4月21日,中国银行发布《关于原油宝产品美国原油合约4月21日暂停交易的公告》,暂停"原油宝"产品"美油/美元""美油/人民币"两张美国原油合约4月21日交易一天,英国原油合约正常交易。4月22日,中国银行发布

① 换月工作也称移仓换月,即投资者自行在临近期货最后交易日的时候,将持有的期货头寸进行平仓,然后再到远月开立相同方向的头寸,操作方法就是一平一开,平到期月合约,开远月合约,或投资者指定银行在最后交易日时代其移仓换月。

② 中国银行"原油宝"《产品协议》:渠道指所有前端接入渠道,包括但不限于柜台、网银、手机银行、E融汇、电话银行、PC客户端、智能柜台等。

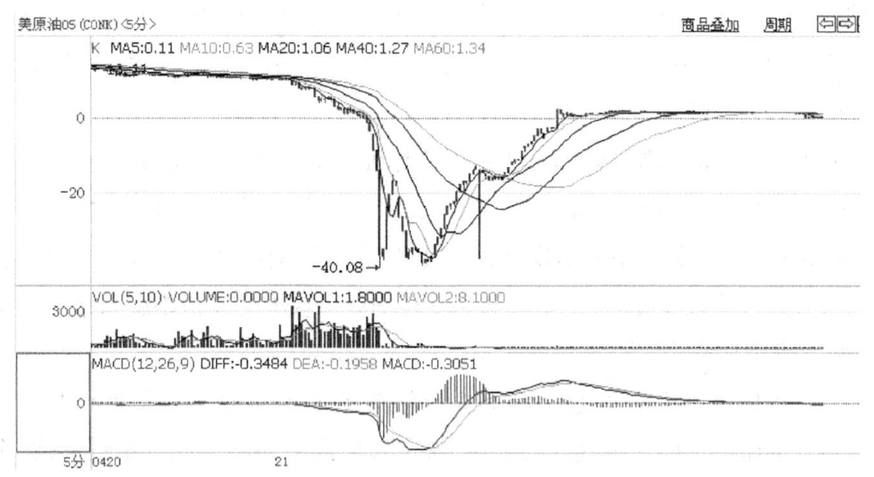

图4 WTI2005 合约 20—21 日价格走势

公告称，美国时间 4 月 20 日，①WTI 原油 5 月期货合约 CME 官方结算价 -37.63美元/桶。根据客户与其签署的相关协议，中国银行“原油宝”产品的美国原油合约将以 -37.63 美元/桶进行结算或移仓。人民币美国原油 2005 合约的多头与空头平仓结算价为 -266.12 元/桶。同时，4 月 22 日起，暂停客户“原油宝”新开仓交易。

自此，以“原油宝”产品 -37.63 美元/桶结算价为引线拉开了探讨关于银行提供金融衍生品服务合法性与合规性问题的大幕。中国银行的态度也由强转弱，从最开始的要求投资者填补平仓损失并且不允许转出自由资金，否则将向人民银行申请将欠款记录纳入其征信，逐渐转变为自行承担穿仓损失，并按照和解协议约定的 20% 平仓比例赔付投资者相同数额的保证金，此中转折不可谓不大。

中国银行“原油宝”事件的成因可以从两个方面分析，一方面是 CME 负价结算的成因；另一方面是中国银行在此次黑天鹅事件中的响应。5 月 WTI 期货合约负价结算的原因主要有以下几点：(1)需求端方面受全球经济疲软及新冠肺炎疫情的影响，全球停工潮导致原油消费不断走低；(2)供给端方面

① 需要说明的是，尽管 WTI 原油 2005 合约最后交易时间为 21 日 5 时，但该合约的最终结算价为 21 日 2:28—2:30 成交合约的加权平均价格，即 4 月 20 日结算价。

前期 OPEC + 减产谈判久拖未果,原油库存持续上升临近满负荷,尽管5月1日 OPEC 正式开始执行减产,仍然不能完全平衡市场供需;(3)物流端接近饱和,库存消化困难,而 WTI 合约的交割方式又为现货交割且为离岸价(Free on Board,FOB)管道交割;(4)市场大幅抛售原油期货合约的多头头寸,存在空方逼多方导致多方强制违约/爆仓的可能;(5)最为关键的是在法律层面上,CME 系统允许了负价格的出现、清算所已经修改了交易规则并进行了预告及正式公告,这就意味着 CME 未限制期货合约以负或零交易价格交易结算的可能性。

自2020年1月开始,新冠肺炎疫情急剧蔓延,全球性的封锁使得非必要的旅游、工作按下停止键,航空、工业、航运等原油消耗型领域订单量骤减,全球原油需求量快速下降,与此同时,OPEC + 在与墨西哥的减产谈判中几经周折,导致全球产油国的减产进度不断推后,库存压力不断增大。WTI 原油期货的交割方式设定为现货交割——FOB 管道交割,且通常交割地都位于俄克拉荷马州库欣(Cushing, Oklahom),截至2020年4月24日,美国库存使用率已经高达81%,在排除掉罐底、罐顶以及调度所需空间之后已所剩无几。① 这意味着在库容供需关系极度不平衡时,往后每一单位的边际储油成本将会被不断放大,加之 WTI 原油合约与 Brent 原油合约不同,前者采用 FOB 管道交割而后者采用海上运输,陆上库容对 WTI 合约价格有着绝对的影响力。② 此外,由于陆上库容的告罄,海上浮仓也被调动起来,以 VLCC(Very Large Crude Carrier)为主的超大型油船多被用于储油,运价也直线攀升,自2月已增加超过一倍。③ 这样一来,对于原本运力的挤压使原油库存消耗面临更大的压力,原油运费也随之连续上涨。当原油库容逼近于0时,每一单位储油的边际成本都呈指数化的上升态势且远远高于买入石油的成本价格。也就是说,此时

① 天风证券:《石油化工 - 行业专题研究:原油:胀库悖论》,载《东方财富网》,http://data.eastmoney.com/report/zw_industry.jshtml? encodeUrl =/G2Z/fUvMTFJOb4vxRutoa6ooG7Qdg8nQtX/S + lfn6U =,最后访问日期2021年10月10日。

② 吴郑思:《全球储油库容告急 布伦特油价亦存跌至零的风险》,载《新华财经网》,http://futures.xinhua08.com/a/20200423/1932067.shtml,最后访问日期2021年10月10日。

③ 曹旭特、刘少卿:《原油减产短期难抵物流链饱和压力》,载《东方财富网》,http://data.eastmoney.com/report/zw_strategy.jshtml? encodeUrl = + mCOeq9VFYOOucxYJOK0A87za9D4Z3bzHF1S908EHQ4 =,最后访问日期2021年10月10日。

买入或持有原油期货合约不但不会赚钱，理论上由于运输和仓储成本的无限高，所承担的费用也无限增高，亏损也就无限扩大。因此，无论是出于何种目的买入合约的多方最为理智的做法往往是先平仓，再根据情况买入之后月份的期货合约，或者就此承受可控的损失。空方恰恰相反，尤其是持有现货的空方，往往会加大其做空的力度，由此带来的则是多空双方力量严重不平衡，在允许负结算价的情况下，价格难以维持直至击穿。至此，导致原油宝穿仓的风险并不是特殊的新兴的风险，而是最为传统的价格风险，归根结底可以说是供求关系极度失衡的结果，在期货交易越临近交割日时，期货价格无限接近现货价格，基础资产（原油）决定着期货合同的价值，但是当面临极端高昂的运输和存储费用的情况下，原油的期货价格可能会跌破成本价甚至变得一文不值。负结算价并非不可预测，事实上 CME 在两次预告中已经充分提示了负结算价的可能性。

在价格影响之外，造成“原油宝”事件的另一个视角就是中国银行对于该产品的风险控制的缺位。产品设计层面，中国银行是众多开展账户原油业务的银行中合约最后交易日最接近 WTI 期货合约的，这意味着该产品能相对全面地跟踪 WTI 价格，同时也意味着风险相对更高，①但这并没有引起中国银行足够的重视。事件响应层面，中国银行在 CME 发布负价格提示之后针对投资者的告知说明也是迟缓的。② 当然，最后交易日最接近或是告知说明最迟缓的事实并不能证明中国银行存在过错进而应当承担全部责任，但是中国银行与其他银行不同的产品设计对应着更强的风控能力和更大的注意义务，以及可能面临的新增附随义务会成为责任划分的突破口，这正是本文所要研究的问题。

（2）负结算价导致的合约收益变化。作为挂钩 WTI 期货合约价格的账户原油，该类产品投资者的盈亏与 WTI 期货合约的投资者并无二致，在合约月份相同的情况下，多空双方的收益与基础资产（原油）价格之间的关系可以抽象地表示为图 5。

---

① 萨缪尔森效应：期货合约的价格波动会随着合约到期日的临近而上升。这在后文“原油宝”投资者的特有风险部分会进一步展开。

② 中国银行从 4 月 16 日开始进行弹窗提醒和公告，从 19 日开始针对投资者进行短信提示，直至 20 日仍有投资者表示未收到短信。但是，工商银行和建设银行分别在 14 日、15 日已经完成了移仓工作。

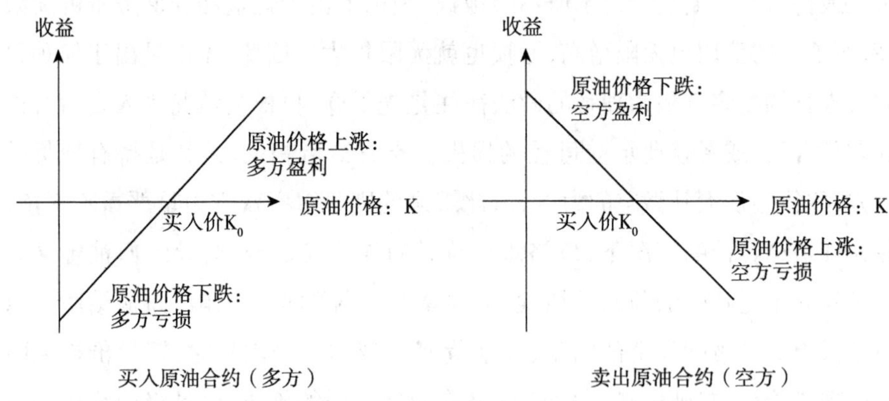

图5 买入/卖出WTI合约/原油宝合约收益情况

一般情形下,买入原油合约(多方,认为原油价格会上涨)的预期收益为无限大,而损失被锁定为买入价 K_0,相反地,卖出原油合约(空方,认为原油价格会下跌)的预期损失为无限大,而收益被限制在 K_0。这背后的逻辑在于原油价格理论上可能会无限大,而作为实物商品其价格不可能为负值。但是,当理论被实践打破,标的资产价格突破0时,多空双方的盈亏都不再被限制,理论上无论是收益端或是亏损端都可以无限大(见图6)。

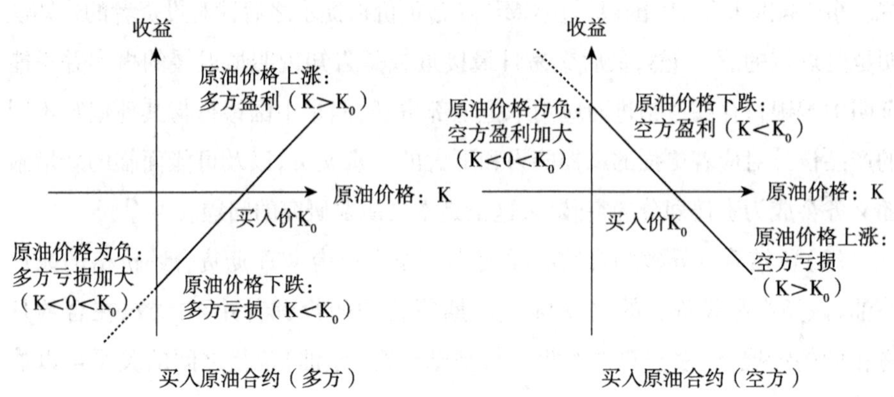

图6 买入/卖出WTI合约/原油宝合约收益情况(负价格)

这也是让许多投资者无法理解在100%保证金的情况下,反而还倒欠银行一笔巨款的原因。试举一例说明,倘若一个多方投资者的买入价为20美元/桶,买入1桶,他需要向银行缴纳20美元的保证金,也就是说当原油价格高于20美元时,其获利为超出20美元的部分;当原油价格下跌时,其亏损为与20美元的差额部分。但是,当原油价格为负,除了亏损于银行处的全部20美元保证金之外,还需要向银行缴纳价格为负的部分,如果价格为-37.63美元/桶,则需向银行再缴纳37.63美元,此时该投资者的损失率为288.15%。从这个例子可以很明显地看出,原油价格通过合约的安排对投资者的盈亏造成影响,在原油价格为正时,多方投资者的最大损失率为100%;当原油价格为负时,多方投资者的最大损失率理论上可以到无限大。

从前述分析可以看出,"原油宝"事件中投资者的损失与汇率风险无关,主要是基础资产的市场风险所导致。因此,投资者损失的责任分担从本质上说是市场风险如何分配的问题。至于投资者损失中的部分是否为管理风险的发生所致,后文将通过对中国银行及投资者权利义务的梳理,推导出面临市场风险时各方的义务,进而得出是否需要中国银行承担管理不善所致投资者损失的赔偿责任的结论。

二、"原油宝"产品的法律关系定性

(一)"原油宝"交易法律关系之要素

1."原油宝"业务的交易架构。总的来看,"原油宝"产品本身的交易结构和中国银行运作原油宝产品的交易结构通过图7予以解释。

中国银行的整个交易结构安排可以分为两部分:一部分是境内的"原油宝"市场(场外市场),另一部分就是境外的WTI原油期货市场(场内市场),中国银行的做市商报价系统参考CME的报价系统进行买、卖双边报价,并按其报价与其他市场参与者进行做市交易。需要指出的是,银行是单一法人,虽然投资者购买"原油宝"产品多是在中国银行支行/分行进行,但是实际产生合同关系的是中国银行总行与投资者,银行支行/分行仅作为被授权分支机构办理相关业务。① 此时形成债权债务关系的是中国银行总行与投资者。中国银行作为做市商、保证金存管机构和清算机构,集开仓、平仓、轧差结算、

① 《银行业金融机构衍生产品交易业务管理暂行办法》第十七条:银行业金融机构法人授权其分支机构办理衍生产品交易业务,须对其风险管理能力进行严格审核,并出具有关交易品种和限额等方面的正式书面授权文件;境内分支机构办理衍生产品交易业务须统一通过其总行(部)系统进行实时平盘,并由总行(部)统一进行平盘、敞口管理和风险控制。

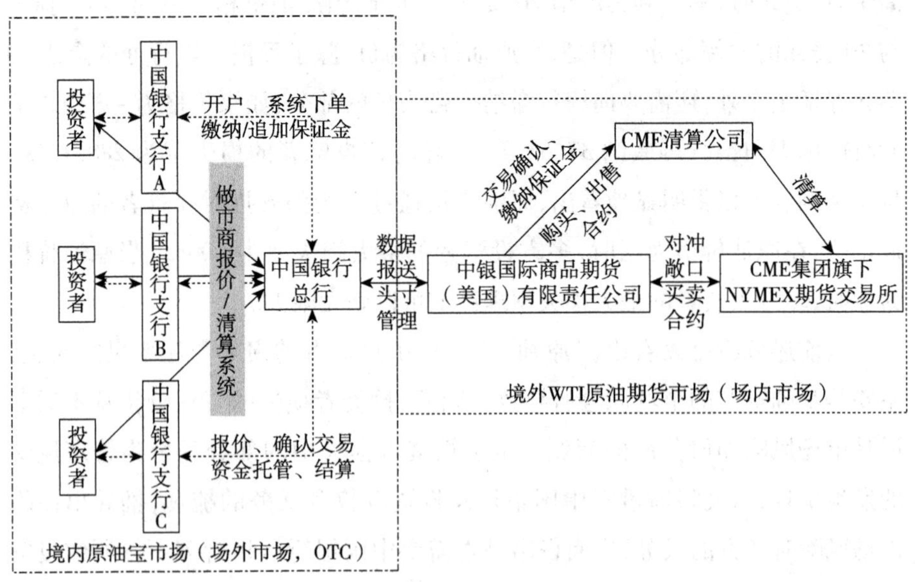

图 7　原油宝业务交易架构

(资料来源:公开资料整理)

监管交易保证金等功能于一体。与此同时,在境外原油期货市场中,中国银行借助其间接控制的境外公司中银国际商品期货有限责任公司(以下简称中银国际期货)参与 WTI 期货交易,①但并非每一笔与投资者的交易都会到期货市场购买方向相反的合约,通常而言中国银行会先轧差再将净头寸用以对冲,当然在对冲操作层面还有很多需要考虑的问题,这直接影响了中国银行在风险敞口管理部分的收益乃至整个业务的收益。中国银行参与期货交易首先是通过中银国际期货在 NYMEX 交易所的交易平台上交易,撮合形成数个合约。接着,由于中银国际期货是 CME 的结算会员,可直接在 CME 清算机构处出售或购买合约成为新的交易对手方,从而与 CME 清算机构形成单一的债权债务关系。两个市场之间相对独立,各主体之间并不存在跨市场的情形。在盈亏方面,单独来看是中国银行与投资者之间的零和

① 中银国际控股有限公司(中国银行的全资附属公司)全资拥有及管理中银国际证券,中银国际证券是香港主要的证券经纪商之一,其控股子公司中银国际商品期货(美国)(BOCI commodities and futures(USA))为 CME 会员。

游戏，实质上中国银行通过对冲交易已经把头寸风险转移到了期货市场，将投资者当作一个整体，投资者赚钱时中国银行作为对手方即亏钱，但同时中国银行也在期货市场赚钱，两个市场的持仓收益相互联动但方向相反，反之同理。

2.“原油宝”交易的主客体及权利义务。

(1)“原油宝”交易的主体与客体。不难看出，在“原油宝”交易环节中，所涉及的主体仅为“原油宝”投资者和中国银行两方，其后中国银行在境外的交易环节为中国银行的风险控制措施，中国银行并非单纯地将投资者的合约以相反的方向放入境外期货市场，而是经过了一系列的轧差处理和头寸测算。退一步说，就算中国银行不作任何处理，直接将每份合约以相反方向在境外市场上作对冲，扮演一个单纯的低买高卖的中介方，也不会使 CME 突破双方合约，成为“原油宝”交易主体之一，更不会将投资者带到境外期货市场当中，这在后文“原油宝”产品的法律性质部分会进一步阐释。

在“原油宝”交易的主体确定为投资者和中国银行双方时，交易的客体或者说买卖的标的则是以月份为区分的合约，如人民币美国原油 2004 合约，可以解释为以 2020 年 4 月人民币计价的美国原油为交易标的的合约。尽管对于合约的性质存在很多的争论，但这都是在金融衍生品概念下具体分类的讨论。从更为宏观的视角来解读，“原油宝”交易的客体并非原油商品本身，也不是交易 CME 市场上的标准期货合约，而是交易中国银行制作并报价的合约，即一种金融衍生品合约。无论其被冠以“账户商品”还是“原油期货合约的权益资产”等名称，“原油宝”交易的客体还是合约，并且中国银行是该合约的制作和缔结主体。

(2)银行的权利与义务分析。投资者根据中国银行提供的买卖报价(Bid - Ask Price)，通过中国银行的各类渠道进行合约的买卖，实现做多与做空的双向选择。在交易过程中，投资者的资金账户(保证金账户)、交易专户、签约账户均在中国银行开立，交易所必需的保证金存放于中国银行的资金账户内，中国银行每日会不定时地对投资者交易专户的保证金充足率进行估算，当保证金充足率低于中国银行的要求时，中国银行则会提示投资者追加保证金或强制平仓。据此，中国银行在“原油宝”业务中既充当做市商，又承担着作为清算机构和保证金存管机构的责任。

基于做市商角色而产生的权利与义务。

做市商制度在美国证券领域得到发展。一开始做市商作为经纪商仅对订单进行撮合成交,而后演变为在多空力量不一致导致撮合成交失败时,通过自营交易为市场提供流动性以稳定市场价格,最终以纳斯达克为代表的市场取消了通过做市商来人工撮合成交的制度,做市商义务转变为持续双向的报价发挥了定价者的功能,由此分化出报价驱动机制(quote - driven)和指令驱动机制(order - driven)。[①] 现如今做市商最大的特征在于其双向报价义务,即连续不断地向市场报出特定证券的买卖价格和数量,并在该量价范围内接受投资者的买卖要求。[②] 在法律意义上,对于做市商的关注终归会落到权利义务上。首先,中国银行作为做市商主要享有以下两种权利:获取收益与适度扩大买卖价差的权利或者全面掌握信息的权利。[③] 中国银行提供双向报价服务,虽然不需要像证券市场做市商一样动用自有资金先行买入股票以应对卖空订单,但仍然需要负担人员成本、设备系统成本、监管成本以及风控成本等。为了弥补上述交易成本,做市商可以通过适度扩大买卖价差获取相应收益。此外,做市商制度下投资者所有的交易订单信息都会汇集到做市商系统中,能够实时获取投资者对于产品的需求量和期望使做市商有绝对的信息优势。

首先,做市商制度的核心内容还是其负有的义务,其中最为核心的就是——连续地双边报价义务。通常而言,为了保证做市商的积极报价义务,会规定报价的时间间隔或者是双向报价的总体时间下线,如新三板规定双向报价时间不少于撮合时间的75%。[④] 但是中国银行在产品协议中约定的"其有权根据实际情况调整或停止交易报价"实质上有减轻其责任之嫌,尽管这

---

① 萧鑫:《证券做市交易与市场操纵的界分》,载《比较法研究》2019年第1期。

② 邢会强:《新三板市场建设法律问题研究》,中国法制出版社2015年版,第99页。

③ 梁俊杰:《金融衍生市场做市商法律制度研究》,中国政法大学2007年硕士学位论文,第18-19页;杨晓瑜:《新三板做市商制度现状问题研究》,华东政法大学2016年硕士学位论文,第17-18页。

④ 《全国中小企业股份转让系统做市商评价指引(试行)(2020修改)》附录2做市商评价减分项指标说明:做市商提供双向报价的时间未达到该股票当日做市交易撮合时间的75%,评价期内,做市商该行为发生次数每达到该季度日均做市股票数量的10%,扣1分;不足10%的不扣分。

种责任并非来源于法律的规定。

其次,中国银行还负有强制成交的义务。出于做市商制度的根本目的——提升流动性的考虑,传统做市商负有不可撤销的报价义务。该义务特指做市商在接到其他会员的买入或者卖出的要求后,至少应按接收到要求时市场上公开显示的报价和正常的交易单位来执行这一交易。如果做市商显示的报价规模大于正常的交易单位,它在接收到其他协会会员的买入或者卖出的要求后,至少应该按照显示的报价规模来执行这一交易。[①] 因此,在传统的做市商制度中,尽管做市商是作为受要约人而存在,但其不享有民法确立的"要约—承诺"规则中受要约人所享有的权利——选择权。[②] 而在"原油宝"业务中,中国银行作为"原油宝"产品流动性的唯一提供者,并不存在市场上公开显示的报价,那么,中国银行是否并不负有不可撤销报价的义务呢?中国银行在其交易系统中进行报价,此时合同的标的、价款、履行期限等内容已经具体确定,投资者如果按照市价成交只能在中国银行的报价下选择接受或者不接受,投资者如果选择挂单成交,其设置的交易价格也只有在低于做市商报价时才会成交。另外,与证券交易不同之处在于,金融衍生交易并不要求做市商以自有资金持有一定的库存股,因为衍生品市场并非以现货为交易标的,不受市场存量所制约,理论上卖空的数量可以是无限的,因此衍生品市场的做市商也就不享有当库存股数量过多或过少时的豁免其买入或卖出报价的权利。综上所述,"原油宝"产品的买卖报价既不存在市场的公开报价,也不存在可以豁免的情形。此时中国银行作为唯一的做市商,其报价应当视作要约而非要约邀请,无相对人的要约一经作出即生效,投资者的承诺则通过在中国银行的系统中下单作出,当下单指令进入系统时即生效,根据《中华人民共和国民法典》(以下简称《民法典》)中的"要约—承诺"制度,中国银行负有强制成交的义务。

最后,中国银行作为做市商还有信息披露的义务,[③]应按照银保监会关于

① 隆武华、陈炜、吴林祥:《海外做市商双向报价规则及其借鉴》,载《证券市场导报》2005年7月号。

② 闫梓睿:《做市商民事法律制度分析》,载《北方法学》2012年第3期。

③ 《银行业金融机构衍生产品交易业务管理暂行办法》第四十一条第二款:银行业金融机构应当按照中国银监会关于信息披露的规定,对外披露从事衍生产品交易的风险状况、损失状况、利润变化及异常情况。

信息披露的规定,对外披露其从事衍生产品交易的风险状况、损失状况、利润变化及异常情况。

基于清算机构而产生的权利与义务。

衍生品交易都离不开清算和结算,“清算”是为实现债权债务作准备,包括合约确认、厘清债权债务、担保品交收等;“结算”是指金融基础设施或其参与者根据合约完成的、不可撤销的且无条件的资产或金融产品转移,或者债务清偿,清算环节是介于交易成交与结算之间的环节,[①]不过由于“Clearing”一词的翻译,造成了国内语境下混用的局面,甚至结算的外延逐渐扩大至包含清算。[②] 所有的金融衍生品都是围绕未来的交易,当下的合约价值均为0(期权类产品除外),基础资产价格走势的单向性以及交易对手方之间的零和游戏,决定了未来每一时刻的合约价值都可能会发生变化。因此,需要一个角色来负责对投资者交易指令的确认、指令的净额结算、最终结算的头寸等,在过程中实时计算并调整权利义务,确保合同最终目的的实现。总之,在达成交易之后、权责履行之前的所有活动均可视为清算。[③] 在此基础上又有狭义的清算与广义的清算之分,前者仅指债权债务的计算,后者还包括对结算资源的查验。

基于保证金存管机构而产生的权利与义务。

在“原油宝”业务中,清算的职责由中国银行自行承担,在产品协议中还约定了实际监管保证金等权利。中国银行在这一角色中的主要权利有以下几种:第一,基于质权人地位应享有的权利;第二,到期轧差结算或移仓的权利;第三,提前终止合约的权利;第四,扣划投资者在中国银行开立的所有本外币账户中的相应金额。

---

① 余滔:《场外衍生产品中央对手清算违约处理制度研究》,上海财经大学2020年博士学位论文,第36-37页。

② 中国证券监督管理委员会公告〔2013〕8号——关于公布金融行业推荐性标准《期货经纪合同要素》的公告中关于结算的定义为:根据期货交易所公布的结算价格对买卖双方的交易结果进行的资金清算和划转。《期货法(草案)》第98条:期货结算机构作为中央对手方,是结算参与人共同对手方,进行净额结算,为期货交易提供集中履约保障。

③ 2010年IMF发布 *Global Financial Stability Report*:*Meeting New Challenges to Stability and Building a Safer System*, https://www.imf.org/en/Publications/GFSR/Issues/2016/12/31/Meeting-New-Challenges-to-Stability-and-Building-a-Safer-System,最后访问日期2022年3月5日。

目前，理论界对衍生品保证金的法律性质并没有形成完全统一的意见，但是大部分的观点仍然承认其质押的法律属性。[①] 中国银行在产品协议写明，银行作为质权人对交易专户中全部资金享有质权，为所有需要缴纳保证金的交易提供担保。据此，中国银行有权就交易专户内的保证金优先受偿、收取保证金所产生的孳息（活期存款利息），并有权在保证金不足的情况下请求投资者追加保证金。由于"原油宝"产品类型属于期次产品，因此每一类（按月）合约都存在最后交易日，若投资者在最后交易日前并未完全平仓，中国银行则有权根据投资者在系统中事先指定的方式了结头寸，有移仓交易[②]或者到期轧差结算两种方式。[③]

提前终止权的行使的情形可以归纳为两大类：一是交易对手方未能按期履行清算义务；二是交易任何一方涉及或涉嫌洗钱、恐怖融资。第二类终止情形并不存在争议，围绕第一类终止情形，具体来说强行平仓并撤销投资者的所有委托的法律属性尚存争议，权利说[④]、义务说[⑤]、权利义务并存说[⑥]、权

① 余滔：《场外衍生产品中央对手清算违约处理制度研究》，上海财经大学 2020 年博士学位论文，第 26－29 页。

② 中国银行"原油宝"《产品协议》：合约到期时，若甲方账户中（投资者）仍有未平仓合约余额，则参考乙方公布的合约结算价进行到期移仓交易，即参考当期合约结算价平仓甲方持有的全部当期合约，释放的保证金连同可用保证金开仓相同数量的下期合约。若释放的保证金连同可用保证金不足以开仓相同数量的下期合约，则以最大可开仓数量开仓。

③ 中国银行"原油宝"《产品协议》：合约到期时，若甲方账户中（投资者）仍有未平仓合约余额，则按照一方公布的合约结算价办理结算。

④ 刘敏：《强行平仓的法律属性及其条件探讨》，载《法律适用》2002 年第 11 期。权利说认为，会员或客户不按规定及时追加保证金，会出现期货交易所或期货公司为其垫资交易的情况，此种行为实际上是将原应由自己承担的风险转嫁到期货交易所或期货公司身上，构成对期货交易所或期货经纪公司的侵权，因此强行平仓实际上是期货交易所或期货公司为保障自身资金安全的一种权利。

⑤ 袁国际：《期货结算法律问题研究》，法律出版社 2011 年版，第 144－149 页。义务说认为，强行平仓是一种义务，因此，在出现强行平仓事由时，期货交易所或期货公司必须及时实施强行平仓。

⑥ 江苏省南京市中级人民法院经一庭：《因强行平仓引起的期货经纪纠纷案件的审理》，载《人民司法》1997 年第 5 期。权利义务并存说认为，权利说从强行平仓的实施上揭示了强行平仓由经纪机构单方面决定和操作的权利属性，义务说则从强行平仓的功能上揭示了强行平仓必须及时进行的义务属性，因此强行平仓既是权利也是义务。

利转义务说各据一方①。

针对每一种学说的优劣,笔者在此不展开探讨。较为认同的是,由于法律上赋予的风险控制义务,当保证金余额低于法定限额时,强行平仓应是一种义务;当保证金余额高于法定限额、低于意定限额时,此时强行平仓的法律属性依据当事人之间的约定来确立。

在"原油宝"产品协议中,中国银行有三处相关表述:在估值、警告与强制平仓部分约定"乙方将按照'单笔亏损额从大到小'的顺序进行逐笔强制平仓";在其后的违约、终止事件的处理部分又约定"乙方有权视具体情形分别或同时采取下列措施……(4)按照市场即期价格将甲方全部或部分交易强制平仓";最后的名词解释部分"强制平仓指甲方未平仓合约、交易的浮动亏损导致其交易专户保证金充足率低于乙方规定比例或由其他任何原因引起的乙方有权主动代客平仓的行为"。笔者以为,由于目前对于银行业金融机构场外衍生品的监管规则未存在关于保证金比例的最低要求,更多的是以内部管理规章制度的文件形式向监管部门报送,等待批复意见即可。因此,银行关于强制平仓的法律属性应当依据产品协议来确定,而在"原油宝"产品协议中将强制平仓确立为中国银行的权利的结论不难得出。

中国银行对于保证金的划扣分为两个层次。按照账户的名称及功能分为三类账户,首先是签约账户,即投资者开展各类交易的资金来源账户;其次是交易专户,即投资者用于开展各类交易的专用保证金账户;最后是资金账户,即投资者用于交易本金、损益、税后利息等资金结算的个人银行结算账户。投资者以交易专户内全部资金为所有需缴纳保证金的交易提供担保,当交易专户内的保证金充足率不足时,银行首先会从签约账户中进行扣划,这是第一层次的划扣。这两类账户本身都用于银行产品的投资,区别于普通的存储账户,至于交易专户的设置多是出于将金钱特定化的考量,以确立质押

① 最高人民法院民事审判第二庭:《〈最高人民法院关于审理期货纠纷案件若干问题的规定〉的理解与适用》,载江必新主编,人民法院出版社2003年版,第164-168页;沈志先:《金融商事审判精要》,法律出版社2012年版,第247-248页;钟维:《期货强行平仓的法律属性及规则解释》,载《河南财经政法大学学报》,2017年第6期。权利转义务说认为,强行平仓在不同阶段具有不同的法律属性,当保证金余额低于期货经纪合同约定的最低限额但高于期货交易所确定的法定最低限额时,强行平仓是一种权利,而当保证金余额低于法定最低限额时,强行平仓则转化为一种义务。

财产的范围。第二层次划扣的前提是签约账户中的余额不足,但资金账户并不专门服务于此类交易,仅用于最终结算。此时的划扣的法律基础为《民法典》规定的抵销规则,到期债务是投资者对银行负担,银行的主动划扣行为并不成立法定抵销,而是《民法典》第五百六十九条规定的意定抵销。这也是中国银行在负结算价之后能够立即冻结并扣划投资者交易专户中所有保证金(包括其他产品的保证金)的合同依据。至于签约账户和资金账户中的金额,中国银行基于数额确定的债权及"原油宝"产品协议的确有权进行划扣,但由于负结算价风波,中国银行对投资者所享有的债权数额存在争议,两账户中的资金并没有被冻结或者划扣。

综上所述,中国银行在做市商、清算机构和保证金存管机构三重角色之下,承担的义务主要是连续的双边报价义务、强制成交义务、信息披露义务;享有的权利主要有基于质权人地位应享有的权利、到期轧差结算或移仓的权利、提前终止合约的权利、扣划投资者在中国银行开立的所有本外币账户中的相应金额的权利。除此之外,中国银行还有依据合同约定所享有或负担的其他权利或义务,如根据投资者的指定办理轧差结算或移仓交易的义务,结算前的清算义务等。

(3)投资者的权利与义务分析。

"原油宝"投资者的核心权利。

如前所述,中国银行负有强制成交义务,其一,由于中国银行是市场中的唯一做市商,投资者并不存在以市场上其他做市商报价成交的可能性;其二,由于衍生品交易的特殊性,并不存在任何因库存数量限制而豁免报价的情形出现;其三,中国银行在系统中的报价也符合要约的构成要件。因此,中国银行的报价应当视作要约,要约的形式拘束力使报价一经生效,要约人即受到要约的拘束,不得撤回、撤销或者变更。而无相对人的要约一经系统发布即生效,此时投资者作为受要约人具有作出单方意思表示即可使合同成立的权利。投资者作出的单方意思表示即承诺,该承诺一经系统确认即生效,此为形成权。当然,投资者也可以选择不接受中国银行的即时报价而自行委托交易,委托交易主要为获利委托[①]和止损委托两类,[②]前者为客户指定优于银行即时报价的价格,后者为客户指定低于银行即时报价的价格。一般而言委托有效期默认为挂单日起7个自然日内,投资者在指定价格的同时指定金额和买卖方向,等待委托有效期内成交,否则委托指令失效。由于投资者对交易价格作出实质性变更,新的交易价量形成了一个新的要约,当指令发送到中国银行的交易系统中即生效。中国银行此刻并不负有强制成交的义务,是否针对投资者的特定要约作出承诺取决于此后即时报价的变化,若在委托有效期内即时报价在某一时刻满足投资者的委托要求,中国银行系统则会以投资者指定价达成交易。此时中国银行的承诺以通知的方式作出,委托交易成交的通知通过中国银行系统发送给投资者,通知发出即到达,承诺生效合同成立。在这种情形下,投资者享有在委托交易成交前撤销要约的权利。

此外,"原油宝"产品协议中约定,投资者可以在合约最后交易日最晚交易时间前对合约发起交易并修改到期处理方式,也就是说,投资者可以在最后交易日前自主选择平仓时点或到期处理方式,此为投资者享有的选择权。另外,投资者可以在购买渠道上查阅其仓位明细、保证金余额等,此为投资者享有的知情权。

"原油宝"投资者的核心义务。

在金融衍生品市场中,交易通常以杠杆或信用交易为特征,而信用风险则是杠杆交易所需要面临的最大风险。保证金则是降低衍生交易中信用风险的核心手段之一,对手方通过设定保证金的比例控制杠杆的高低,进而降低发生违约事件的损失率。尽管"原油宝"交易以"无杠杆交易"为特征,但是在100%保证金比例的标准之下,当合约价格不跌破0时,空方投资者仍存在保证金不足的情形,此时投资者的核心义务仍然是保证交易保证金的充足。当收到中国银行的追加保证金电话(Margin Call)或以其他方式进行的提示

① 中国银行"原油宝"《产品协议》:获利委托指甲方(投资者)以指定价进行挂单,若甲方买,指定价要低于市场卖价,当市场卖价跌至低于等于甲方指定价时,挂单以甲方价成交;若甲方卖,指定价要高于市场买价,若市场买价升至高于等于甲方价,挂单以甲方价成交。

② 中国银行"原油宝"《产品协议》:止损委托指甲方(投资者)以指定价进行挂单,若甲方买,指定价要高于市场卖价,当市场卖价升至高于等于甲方指定价时,挂单以甲方价成交;若甲方卖,指定价要低于市场买价,若市场买价跌至低于等于甲方价,挂单以甲方价成交。

时，其负有及时补足保证金缺口的义务，以维持交易的持续性。当投资者因不及时追加保证金导致保证金比率跌破约定的预警线时，中国银行则因此享有强制平仓的权利，以控制信用风险。可见，为了保证交易的正常进行，投资者还负有及时查询并妥善处理持仓的义务。此外，依据合同的约定、民法下的诚实信用原则以及《反洗钱法》中的相关规定，投资者还负有保证所提供的信息真实、准确、妥善保管交易账号密码、保证资金来源合法、反洗钱义务等。

3.“原油宝”产品协议定性：远期合约①。由于远期交易更为贴近现货交易，加之长期以来对远期交易理论的路径依赖，产生了一种远期交易的标的只能是商品、其目的仅在于商品所有权转移的刻板印象。② 传统意义上，远期交易定义为：买卖双方为将来的交易签订一个合约，合约规定双方在未来一个时间点按照合约规定的价格、数量交易某项资产。③ 其特征可以概括为以下四点：合约关系由特定对象一对一达成、买卖双方围绕商品产生债权债务关系、此种法律关系原则上一直持续到约定的未来某个时点、最终交割的是某项实物资产。被忽略的是，正是由于合约是经特定对象经一对一谈判而达成这一特点，远期合约完全可以通过个性化的约定而摆脱商品买卖和现货交割的桎梏。

由此再来观察“原油宝”产品，它是以 WTI 期货合约价格为标的的远期合约，主要理由有四点：一是“原油宝”产品本质上是一种价值由 WTI 期货合约

---

① 赵英敏：《金融衍生产品法律与实务》，中国法制出版社 2020 年版，第 4－5 页[远期交易是交易双方当事人在交易日(合同成立之日)达成一项协议，约定在未来的某一日期，交易双方按照约定的基础资产种类、金额、数量、价格等基本合同要素进行履约]。冯博、张杰：《金融衍生品法教程》，中国财富出版社 2014 年版，第 51 页(远期合约是一种交易双方约定在未来某一确定时间、以确定的价格买卖一定数量的某种实物商品或者金融资产的合约)。王旸：《衍生金融工具基础法律问题研究》，载《法学家》2008 年第 5 期(金融远期是指双方当事人约定于未来特定时间互负依约定价格交换约定数量金融标的物的合同，金融期货是指在特定交易场所进行交易的标准化金融远期)。

② 何文杰：《现货中远期网络交易平台交易的法律规制研究》，载《社会科学研究》2018 年第 2 期。商品远期交易的目的在于实现商品价格风险的转移以及商品所有权的流转，即通过风险管理的手段实现所有权转移，最终目的仍应在于现货交割，不同于场内期货交易的套期保值、投机获利、价格发现等目的。

③ [日]木原大辅：《期货入门与技巧》，胡岳岷等译，科学出版社 2008 年版，第 34 页。

价格所决定的金融工具,这完全符合金融衍生品定义;①二是“原油宝”产品未经过中央对手方系统进行清算,也未与期货交易所产生任何的法律关系,更未在期货交易所内交易,它并不属于原油期货或者境外期货代理业务;三是“原油宝”产品的投资决策完全由投资者自主决定,中国银行并没有主动管理的权利与义务,它并非中国银行以其名义销售的理财产品;四是在合约关系上是由特定对象构成的特别关系,其债权债务关系必须一直持续到结算完成,但双方当事人约定合约可以进行对冲交易,这打破了远期合约在交割期前卖方的回购、买方的转卖必须得到对方的许可的常见模式,②但这并不影响其仍然属于远期合约,因远期合约的特别之处就在于其可以作出任何个性化的约定,尽管这样的约定可能同时针对无数个不同的投资者。在此基础上,远期合约的买方负有到期按照事先约定的价格履行买入义务,远期合约的卖方负有到期按照事先约定的价格履行卖出义务,此时的“到期”有两种情形,一种是由投资者决定的平仓时机,另一种是投资者一直持有头寸至最后交易日,而最终的“合约”买卖则是以现金轧差的方式进行。由于远期合约和其他金融衍生品一样在任何一个时点均可以确定当事人的权利义务净值以及保证金充足率,随着合同价值随标的资产的变动而变化,买方或者卖方投资者均负有及时补足保证金的义务。

在银行个人理财的业务体系之下,“原油宝”业务类属商业银行账户商品业务的范畴,如前所述,账户与商品各自有不同的内涵,组合起来则成为此类业务特有的交易标的,诸如账户原油、账户铜、账户大豆、账户黄金等。这些账户商品业务的运作模式和“原油宝”业务几乎一致,银行作为做市商,参考

① [美]罗伯特·L. 麦克唐纳:《衍生品市场基础》,任婕節、戴晓彬译,机械工业出版社2009年版,第1页(衍生品是一种价值由其他一些事物的价格所决定的金融工具)。[美]迈克尔·德宾:《金融衍生品入门》,崔明香译,中国青年出版社2008年版,第15页(衍生品的价值与其标的资产的当前市场价格密切相关)。我国《金融机构衍生产品交易业务管理暂行办法》第三条对衍生品的定义也是如此:“衍生产品是一种金融合约,其价值取决于一种或多种基础资产或指数,合约的基本种类包括远期、期货、掉期(互换)和期权。衍生产品还包括具有远期、期货、掉期(互换)和期权中一种或多种特征的结构化金融工具。”

② [日]木原大辅:《期货入门与技巧》,胡岳岷等译,科学出版社2008年版,第34页(在合约关系上是由特定对象构成的个别关系,因而其债权债务关系必须一直持续到结算完成,在交货期前卖方的回购、买方的转卖都必须得到对方的许可)。

国际市场上同类商品的报价为投资者提供双向交易，投资者与银行成为交易对手方并事先约定合约可以进行对冲。差别在于产品细节的设定，主要有交易时间、到期处理方式、保证金水平、产品种类（期次/连续）等，但这并不影响此类业务的交易架构。而所谓账户原油是一种宏观抽象的表达，具体到“原油宝”产品中，由中国银行参考 WTI 或 Brent 期货合约价格报出的“原油宝”合约的买入及卖出价格构成其实质内容。限于资料的有限性，事实可能会有偏差，但是基于目前掌握的资料，“原油宝”交易过程中中国银行主要承担着做市商的角色，中国银行和投资者之间存在远期合约交易产生的法律关系。

“原油宝”产品法律解构除了对于合同性质的确定，还需要对“原油宝”产品类属的远期交易（账户商品业务）的交易标的进行界定，尤其是与期货交易双层标的之差异。

4. “原油宝”产品为三层标的构造。从微观层面的法律性质来看，“原油宝”产品协议属于一种远期合约。远期合约与期货合约、[①]期权合约、互换合约共同构成了衍生品的基本合约类型，是一种价值由其他事物的价格所决定的金融工具。[②] 关于期货的交易标的存在商品买卖说[③]、合约买卖说[④]、将来债权说[⑤]，主流的也是笔者所认同的是合约买卖说下的双层标的理论，第一层次是就期货交易合同而言，它的标的是期货合约；第二层次是就期货合约而言，它的标的是依合约安排能够决定合约价值的基础资产。[⑥] 具体到原油期

---

① 由期货交易所统一制定的、规定在将来某一特定的时间和地点交割一定数量标的物的标准化合约。期货合约包括商品期货合约和金融期货合约及其他期货合约。

② ［美］罗伯特·L. 麦克唐纳：《衍生品市场基础》，任婕節、戴晓彬译，机械工业出版社 2009 年版，第 1 页。

③ 文海兴：《期货交易法律关系研究》，法律出版社 1995 年版，第 7 – 13、19 页。李明良：《期货法》，人民法院出版社 1999 年版，第 6 页。

④ 狭义合约买卖说认为期货交易就是期货合约的买卖，是期货合约权利义务的概括转让。杨永清：《期货交易法律制度研究》，法律出版社 1998 年版，第 46 – 52 页；唐波主编：《期货法论》，上海世界图书出版公司 1998 年版，第 3 页；彭真明：《期货法论》，华中师范大学出版社 1998 年版，第 76 页；杨振强主编：《期货法》，法律出版社 1999 年版，第 33 页。广义合约买卖说：期货交易的标的是标准合约，期货交易中的标准合约作为一个系统的期货交易法律体系中的交易对象，由一系列的合约构成，包括期货合约、选择权合约、期货选择权合约和杠杆保证金合约。李明良：《期货法》，人民法院出版社 1999 年版，第 7 – 8 页；黄永庆主编：《期货法律实务》，法律出版社 1998 年版，第 293 – 297 页。

⑤ 毛初颖：《期货合同性质探讨》，载《法学研究》2000 年第 1 期。

⑥ 钟维：《期货交易双层标的法律结构论》，载《清华法学》2015 年第 9 期。

货交易,其期货交易合同的交易标的是WTI期货合约,而该期货合约的标的则是原油。因而原油的价格与WTI期货合约的价格密切相关,WTI期货合约的价格又与期货交易的盈亏(期货合约价值)密切相关,这表明期货合约价值决定于基础资产价格(原油)的特性,将期货合约的衍生性体现得淋漓尽致。

与期货交易标的众说纷纭相反的是,远期合约的交易标的并不存在过多争议,从前述概念不难看出,如果说期货合约持有者通过合约安排获得了合约背后所代表的商流(资金流)的支配能力,①合约持有者关心的是单纯的价值变化;那么远期合约持有者则是通过合约安排获得了对合约背后物流(商品)的支配能力,合约持有者关注的是标的资产的实际交割。这是基于传统远期交易理论的范式,那么远期合约可否支配商流而非物流呢?答案是肯定的,特定对象一对一地达成以非实物资产为交易标的的合约,约定在将来某一时点根据非实物资产的价值变化计算盈亏并进行交割,相对应的交割方式约定为现金交割,此种约定显然没有脱离远期合约进入期货合约的范畴。在此基础上,从传统远期合约以商品为标的,转变成以某种非实物资产为标的,这种非实物资产可能是利率、汇率、有价证券等金融资产,也可能是某种以商品为基础资产的合约。前者只是交易标的范围的扩大,横向上将传统商品以外的金融资产纳入交易标的的序列;后者则是将远期合约的衍生链条拉长,通过合约安排达到通过商品价格影响合约价格进而影响远期合约价值的效果。这似乎又回到了期货合约的双层标的的理论之下,的确,远期交易完全可以通过合约安排达到类似"远期之名,期货之实"的效果。区别在于,期货的双层标的交易结构是由期货交易所设计并标准化的结果,而远期的交易结构取决于特定对手方之间的合意,在双方达成一致的情况下甚至可以将衍生的链条不断拉长,当然这意味着交易对手方面临的风险也越大,因为每一层都会受到其他因素的影响,从而削弱基础资产对于最终合约价值的影响。

并且,"账户"一词也是解析"原油宝"法律结构需要厘清的概念。银行存款的账户化使存款人对其现金的所有权转化为对银行的债权,证券的账户化

① [美]阿兰·N. 查理特斯查芬:《资本市场、衍生金融产品与法律》,高汉译,化学工业出版社2013年版,第124页。

使投资人对证券的所有权主张不再绝对,[①]那么账户原油是否也意味着某种权利的转化或者式微呢?中国银行产品说明书中对原油宝的界定为:"面向个人客户发行的挂钩境内外大宗商品期货合约的权益资产,个人客户实现做多与做空双向选择的大宗商品交易工具。""原油宝"是投资者的一种权益资产,权益既可以与负债相对指向资产的所有权,也可以放在期货语境下理解成投资者真正具有的资金数量,由交易保证金 + 浮动盈亏 + 结算准备金 - 手续费计算得出,[②]其中由于交易保证金系质押资金而无法随时结算提现。结合"原油宝"产品 100% 的保证金交易模式,投资者对在中国银行开立的个人交易专户中资金的所有权和其在银行的存款账户类似,由于货币的种类物属性,在移转占有的情形下,转化为投资者对中国银行的债权。

从这两个方面来看,"原油宝"产品这类远期合约的法律结构获得了合理的解释。中国银行有权根据实际情况(包括但不限于市场价格走势、市场流动性、自身交易头寸情况、市场突发情况、系统异常等)调整或停止交易报价,并有权对报价价差进行调整,也就是说,中国银行以 WTI 期货合约的价格为标的,设计出了一份新的合约,"原油宝"产品协议下的交易标的是这份新合约而非 WTI 期货合约。从衍生性的链条来看,原油价格一定程度决定了 WTI 期货合约的价格,而 WTI 期货合约的价格又决定了中国银行"原油宝"合约(新合约)的价值,最终原油仍然通过层层合约安排决定着"原油宝"合约的价值。由于"原油宝"比原油期货交易多了一层合约,为三层标的之构造,衍生链条的拉长意味着影响合约价格的因素增多,相应的投资者面临的风险也就越大。同时也解释了投资者并未实际参与期货交易却面临期货市场风险的原因。

与期货类似,"原油宝"产品交易第一层法律关系的标的也是合约,其实质是对合约一方交易地位及其所形成的权利义务的转让。原油宝交易中买入合约的投资者(多方)因此获得了合约中买方的权利,卖出合约的投资者

---

① 楼建波:《金融商法的逻辑:现代金融交易对商法的冲击与改造》,中国法制出版社 2017 年版,第 135 - 137 页。

② 参考期货当前权益 = 当前的交易保证金 + 浮动盈亏 - 手续费 + 可用资金(未用于建仓的资金)。

(空方)获得了合约中卖方的权利,但这种权利的行使是不确定的,它不同于一般合同所约定的期限与条件,而是取决于投资者对于市场的认知;权益的大小也是不确定的,在任何一个时点当事人的权益可能会随着基础资产的价格波动而变动,甚至可能会体现为净义务。前者的核心权利义务是在某一时点以特定价格买入合约,后者则是在某一时点以特定价格卖出合约,这里的“某一时点”取决于投资者对于市场的判断。“原油宝”合约采取的是现金交割的方式,因此最终是以现金差价结算的方式进行。若结算时的合约价格高于多方开仓时的合约买入价格,高出部分则是多方的利润,此时的多方对其对手方(中行)享有货币债权;若结算时的合约价格低于空方开仓时的卖出价格,减少部分则是空方的利润,此时的空方对其对手方(中行)享有货币债权,反之同理。特别地,某些银行的账户贵金属约定可以以现货交割的方式进行结算,如工商银行的账户黄金支持投资者在柜面按照相关报价转换为品牌黄金等业务并提取实物,此时交易双方通过合约所载标的物所有权转移的方式了结到期未平仓合约,再次体现了远期合约的个性化设置。

(二)“原油宝”业务法律关系与类似法律关系的界分

从法律的角度看,当金融资产从具体的实物形态转向账户化状态时,其法律性质就发生了变化,前者是基于实物占有而产生的一套物权法问题,后者则形成一组复杂的、以银行的账户为中心的法律关系。[①] 早期的商品交易始于现货交易,买卖双方一对一磋商并达成合意后分别将商品和货币转移占有以完成交易,随着商品市场的发展、交易者需求多样化以及套期保值理论的出现,远期合约得到运用并发展起来,但囿于交易效率与交易安全难以大规模地参与,再后来期货合约被贴上效率与安全的标签,将商品交易推上了一个新的台阶。自此,商品市场的参与者类型才有了套期保值者、套利者、投机者之分。

“原油宝”业务在产品协议、产品说明书及其他相关资料中并未就“原油宝”业务的法律本质进行阐释,而是采用“产品”“提供挂钩境外原油期货的交易服务”“类似期货交易”等容易与理财产品、经纪业务、场内市场产生直接联

① 楼建波:《金融商法的逻辑:现代金融交易对商法的冲击与改造》,中国法制出版社2017年版,第73页。

系的字眼,以至于在事件发生之后存在大量的媒体和投资者分析“原油宝”产品是否是理财产品,或是否在国外有真实的期货仓位等。

1.“原油宝”业务与商品及金融衍生品类理财业务之界分。中国人民银行、中国银行保险监督管理委员会、中国证券监督管理委员会、国家外汇管理局发布的《关于规范金融机构资产管理业务的指导意见》(银发〔2018〕106号)将资产管理业务界定为:银行、信托、证券、基金、期货、保险资产管理机构、金融资产投资公司等金融机构接受投资者委托,对受托的投资者财产进行投资和管理的金融服务。中国银行保险监督管理委员会发布的《商业银行理财业务监督管理办法》(2018 年第 6 号)将银行理财业务定义为:商业银行接受投资者委托,按照与投资者事先约定的投资策略、风险承担和收益分配方式,对受托的投资者财产进行投资和管理的金融服务。可见,银行理财业务是一类资产管理业务,银行接受投资者的委托,为受托的投资者财产履行诚实信用、勤勉尽责义务并收取相应的管理费用。中国银行现存的商品及金融衍生品类理财产品,①如“汇聚宝”(外币理财产品)将理财产品类型分成了保证收益理财产品和非保证收益理财产品,非保证收益理财产品又进一步细化为保本浮动收益理财产品和非保本浮动收益理财产品。

从法律关系上看,银行理财产品的多样性决定了在保本、非保本等不同类型的理财产品中,投资者与管理人之间的法律关系存在差别。② 将非保本理财合同与“原油宝”产品协议相对比,前者的特殊之处在于其是由委托合同与信托合同的部分特征耦合而成的无名合同,③后者一定程度上而言是纯粹的买卖合同。质言之,在理财产品募集管理的整个流程中,投资者将资产转

---

① 《银行业金融机构衍生产品交易业务管理暂行办法(2011 修订)》第三条:本办法所称衍生产品是一种金融合约,其价值取决于一种或多种基础资产或指数,合约的基本种类包括远期、期货、掉期(互换)和期权。衍生产品还包括具有远期、期货、掉期(互换)和期权中一种或多种特征的混合金融工具。

② 宋禹君:《银行理财产品的法律规制》,西南政法大学 2018 年博士学位论文,第 23 – 25 页。

③ 《商业银行理财业务监督管理办法》仅以《中华人民共和国银行业监督管理法》《中华人民共和国商业银行法》作为上位法,而未将《信托法》作为上位法。并且对理财业务的定义以“商业银行接受投资者委托”为基础,商业银行履行“代人理财职责”。但是,《理财办法》第四条、第五条也规定了与《信托法》第十五条、十六条、十八条相似的理财产品财产独立、管理人和托管机构破产隔离、禁止理财产品债权与管理人、托管机构债务抵销的原则。

移至受托人处并由其独立进行运作和管理,管理人对受托资金享有较高的自主决定权和管理权,并不需要依照投资者的指示行事。而在“原油宝”业务中,完全由投资者自主进行交易决策,并不存在管理人和托管人,每一次开仓与平仓都是由投资者下达指令,并与中国银行成为交易对手方。

从交易形式来看,公募理财产品的交易是通过份额的形式进行认购和赎回,最终的盈亏取决于理财产品份额净值的大小和投资者持有的份额数,份额净值的单位多为“人民币元”;而“原油宝”产品虽然同样存在份额一说,但是依据商品的性质以“美元/桶”或“人民币元/桶”为交易单位,开仓和平仓时的交易桶数与交易价格共同决定了投资者盈亏。

投资风险承担方面,银保监会发布的部门规章《商业银行理财业务监督管理办法》第四条第一款规定,商业银行理财产品财产独立于管理人、托管机构的自有资产,因理财产品财产的管理、运用、处分或者其他情形而取得的财产,均归入银行理财产品财产。其中,商品及金融衍生品类理财产品的投资标的与“原油宝”的基础资产存在交叉,多是国际衍生品市场上的主流产品或者合约价格,如原油商品期货价格、黄金期权、汇率等。差别在于,商品及金融衍生品类理财产品的盈亏由整个理财产品财产来负担,即所有该理财产品投资者共同负担;而“原油宝”投资者则是自主决策,自负盈亏。特别地,如保本理财产品的本金风险由银行承担,其他非保本理财产品或是“原油宝”产品原则上均由投资者自行负担投资风险带来的所有损失。

因此,“原油宝”产品并非中国银行的理财产品,其与商品及金融衍生品类理财业务最核心的差别在于“原油宝”产品中银行并不需要主动地进行投资管理,中国银行系统中的原油合约买卖报价也是挂钩 NYMEX 市场中的 WTI 期货合约价格。在交易操作层面来说只需要接受投资人下达的交易指令并成为其对手方即可,当然这并不意味着中国银行并不存在任何的主动管理行为,在保证金监管方面中国银行仍然需要发挥其主动性。然而这种主动管理并非资产管理或银行理财层面上的“勤勉尽责”之义务内涵,而是中国银行所享有的监督权利、原油宝业务的风险控制措施,为的是中国银行利益最大化。

2.“原油宝”业务与原油期货之界分。2017 年国务院修订的《期货交易管理条例》第二条,将期货交易界定为采用公开的集中交易方式或者国务院期货监督管理机构批准的其他方式进行的以期货合约或者期权合约为交易标的的交易活动,从交易方式与交易标的两类特征出发限定期货交易。第四条规定,禁止在期货交易所之外进行期货交易,将期货交易场所限定在了交易所内,即期货交易就是所谓的场内交易,这里的"场"指代的是交易所。实际上,期货交易的特征在理论界与实务界存在各种看法,包括集中竞价、集中清算、场内交易、合约标准化、保证金交易、对冲交易机制等。[①] 通常而言,人们认为集中交易与合约标准化是期货交易与远期交易的重要区别。[②] 也有观点认为,期货交易的可对冲性可以吸收合约标准化、集中交易、杠杆交易等特征,因为它们都是为期货交易追求的流动性和价值性目标而服务。[③] 但是,随着电子交易的兴起,交易效率与安全在交易过程中的地位愈发重要,远期交易也逐步向期货交易的模式靠拢。一方面,为了更有效率地发展,一些常见的远期合约除合约的价格外,其余合约要素早已标准化而脱离传统的一对一的磋商环节;另一方面,为了交割方便,从传统的以现货为交割方式逐渐转向利用合同相互抵消的方式来结束交易。可见,由于远期合约的灵活性与可塑造性,期货交易与远期交易已经很难从标准化合约、可对冲特征、交割方式等出发予以分辨。

"原油宝"与原油期货存在众多相似点,"原油宝"在合约标准化、对冲交易、交割方式等都与期货特征存在重叠。具体来说,原油宝的交易单位虽然是"美元/桶"或是"人民币元/桶"(最小交易额 1 桶原油,递增是 0.1 桶原油),而非期货交易中的合约张数,但是在交易标的、交易时间、交割方式、标的产品质量等方面都是标准化的约定,体现在合约上则是针对不同投资者的格式合同,交割方式更是选择了期货市场中更为常见的现金交割而非现货交

① 崔恒力、周寅:《非法期货交易的认定标准探究》,载《中国市场》2019 年第 32 期;綦敏:《场外商品衍生品监管制度研究》,华东政法大学 2020 年硕士学位论文,第 11 页。

② [美]迈克尔·德宾:《金融衍生品入门》,崔明香译,中国青年出版社 2008 年版,第 14、37 页。这一点在我国《商品现货市场交易特别规定(试行)》第十条也有所体现,市场经营者不得开展法律法规以及《国务院关于清理整顿各类交易场所切实防范金融风险的决定》禁止的交易活动,不得以集中交易方式进行标准化合约交易。

③ 钟维:《期货交易双层标的法律结构论》,载《清华法学》2015 年第 9 期。

割。至于交易的可对冲性,由于中国银行是所有投资者的交易对手方,在主体一致的情况下,完全可以通过协议约定达到无须达成合意或经对手方许可,即可选择在交割期履行合约或是在交割期到来之前进行对冲平仓操作以了结头寸的效果。那么期货交易与“原油宝”交易的关键区别是什么呢?

(1)交易场所与监管主体的差异。期货交易在追求效率的同时通过一系列风险管理制度的安排将风险降到最低,无论是保证金制度以及围绕其建立的当日无负债结算与强行平仓制度,还是依托标准化合约进行的集中竞价安排都是在期货交易所内进行。中央对手方(期货清算机构)独立于各期货交易所,通过合约更替介入期货合约,成为所有期货投资者的交易对手方,[①]并负有有效结算义务以降低金融市场系统性风险和信用风险。[②] 从国际衍生品市场的视角出发,自2008年国际金融危机之后,“场外交易,场内清算”也开始实施,[③]中央对手方作为期货交易的核心特征也被弱化。因此,在考虑到远期合约可能的类期货交易的个性化约定下,期货交易区别于远期交易的关键特征还是要回到“场内”一词,即期货只不过是在特定交易所进行交易的标准化远期合约。[④] 具体来看,“原油宝”是在中国银行的报价系统中交易,WTI原油期货是在CME的Globex电子交易平台进行或NYMEX期货交易所公开喊价。也正是由于交易场所的不同导致监管主体的差异,在我国,期货交易的监管主体主要是国务院期货监督管理机构,而“原油宝”类商业银行账户商品业务的监管主体则是银保监会。

“原油宝”和原油期货在交易结构安排上除了远期和期货的关键区别——交易场所,在此基础上延伸出另外两个交易细节上的重要差别:一是

---

① CPSS和IOSCO发布的《金融市场基础设施原则》(*Principles for financial market infrastructures*)中对“中央对手”(Central Counterparty)所作的定义是,中央对手自身介入一个或多个市场中已成交合约的交易双方之间,成为每个卖方的买方和每个买方的卖方,并据此确保履行所有敞口合约。中央对手通过合约替代、公开报价或具有法律约束力的类似安排成为市场参与者的交易对手。

② “Committee on Payment and Settlement System & Technical Committee of the International Organization of Securities Commissions”, *Recommendations for Central Counterparties*, pp. 13.

③ 美国商品期货委员会2012年11月公布首个强制清算决定,要求对特定的利率互换(固定到浮动、基差互换、远期利率协议和隔夜指数互换)和信用违约互换(US CDX北美企业指数和欧洲iTraxx企业指数)实施强制清算。《期货法(草案)》第39条:其他衍生品交易,按照国务院授权部门的规定应当集中结算的,由其他衍生品交易的结算机构作为中央对手方参照本法的有关规定进行集中结算。

④ 王旸:《衍生金融工具基础法律问题研究》,载《法学家》2008年第5期。

“原油宝”在清算环节并不存在独立的清算机构，采双边净额结算机制；二是“原油宝”采取的100%保证金交易使多空双方投资者的保证金充足率变动方式并非完全反向一致，这在第四部分第二点中会进一步详细阐述。

(2)结算机制的差异。WTI原油期货的交易结构中存在一个相对独立的清算机构(中央对手方)(CME)清算公司，在法律上承接原交易双方的权利义务，提供统一的履约担保服务。在这个过程中，存在一个特殊的合约更替环节，由系统撮合成交的买卖双方之间的合约被替换为两份新的合约，清算公司成为卖方的买方、买方的卖方而加入交易，有其中一方发生违约时，违约的后果并不会影响到原来的匿名交易对手方，而是由中央对手方(清算机构)以其名义承担后果并主张权利，也就是说清算机构替代原交易对手成为交收对手。更进一步，依托中央对手方清算机制下的多边净额结算可以使结算会员和结算机构之间约定基于金钱之债的同质性而部分抵销，每日只进行一次净额结算即可。[①]

“原油宝”产品的结算方式并非中央对手方结算而是双边结算，中国银行的做市商身份要求其与“原油宝”产品的投资者签订产品协议，成为其交易对手方，此种结算方式下交易对手就是交收对手，并且合约对手方并不存在更换。双边结算只得对特定交易双方之间达成的全部交易余额进行轧差结算，这种两两相对结算的方式一定程度上可以提高结算效率，如投资者一天内对于同一产品进行了开仓和平仓的操作，那么其并不需要像全额结算模式一样先后逐笔结算。但是这样的轧差仅局限于交易双方之间，即某一特定投资者与中国银行之间，倘若该投资者在其他银行购买了一模一样的产品，并不能基于结算金额方向相反而主张抵销。在这种不透明的清算模式下，交易双方之间的持仓信息并不能被第三人知晓，交易限额的规定不能真正起到约束投资者以防范合约持仓过度集中的作用，投资者完全可以通过更换购买平台的方式来规避这类规定，同时也更容易引发连续的信用风险。

(3)合约价格的形成机制的差异。在价格形成机制方面，原油期货多采

---

① 净额结算机制有以下两种：净额结算收付是指机构能够对同一天发生的同一种金融资产(货币、证券等)进行净额结算处理，以降低结算的流动性风险。净额结算持仓又称轧差，是指交易当事方对它们之间的持仓进行合意冲抵。

取电子化的集中竞价交易方式,在多个买主与多个卖主的报价中,按照一定的竞价规则由系统撮合卖价最低的卖主与买价最高的卖主达成交易,交易实际上是匿名的;非电子化的公开喊价交易在能源期货市场中也被保留了下来,买卖双方在交易所同时报价,通过手势来下达投资者的订单并确认交易,两种方式下的交易价格均由参与者的买入卖出指令决定,没有中间人参与报价(价格是竞价形成的),因此称为指令驱动制度。

"原油宝"产品采取的是做市商双边报价,市场中的报价首先由做市商报出,投资者只有在该价格下决定是否进行交易,由于这时的价格并非完全由多空力量博弈形成,而是做市商综合市场因素直接报出,因此又称为报价驱动制度。尽管中国银行针对"原油宝"产品的报价本质上仍然是参考 NYMEX 和 ICE 交易所交易系统中集中竞价报出,但中国银行拥有根据实际情况调整报价价差进的权利,这并不影响"原油宝"产品的价格形成机制。

总之,"原油宝"尽管并非期货交易所交易的标准化合约,但也是类标准化的合约。期货交易中市场交易者之间系反向博弈,整体来看风险是内化的、零和的,交易是匿名化的,交易主体是不确定的。"原油宝"产品虽然类似于期货交易,但实质上只截取了期货关系的一半,因"原油宝"产品的风险并不内化,交易也是实名化,一方主体确定,且并不在特定的期货交易场所内进行、不存在独立的清算机构(中央对手方)、价格的形成也并非集中竞价得出,因而该业务的交易标的不是期货合约,"原油宝"业务并非期货交易。

3."原油宝"业务与境外期货代理业务之界分。境外期货代理业务是指金融机构或期货公司接受境内机构或居民个人委托为其在境外期货市场上进行交易提供服务。期货经纪合同的内涵广于中介合同和委托合同,期货公司提供的经纪服务包括为客户提供中介服务和委托代理服务,甚至还有咨询服务等,因而其与客户之间以经纪关系予以概括。根据客户的授权,代理人在代理权限内以客户的名义实施民事法律行为,代理人向客户负责,由客户对代理行为承担一切责任。[①] 期货公司的角色是经纪商,不动用自有资金、不实际参与期货交易、不承担价格风险,仅从中赚取佣金或者手续费,投资者

① 中国期货业协会:《〈期货经纪合同〉指引》(2021年1月25日),第9页。

(客户)此时直接持有国际市场上的期货合约,交易结果也由投资者自行承担。实践中,境内投资者想要在国际市场进行交易主要有两个渠道:借助境外期货机构或是内地期货公司的香港子公司。

根据我国目前的相关规定,银行并没有境外期货代理业务的资格。在"原油宝"业务中,银行实际参与交易成为投资者的交易对手方,银行的角色并非经纪商而是做市商,其不存在根据投资者事先的委托进行交易,而是根据合同约定的特殊地位直接进行双向的买入卖出报价,投资者根据报价自主选择与银行进行交易。与传统做市商稍有不同之处在于,传统做市商的利润主要来源于买卖价差(Bid - Ask Spread),本质为做市商低价格买入(Bid Price)高价格卖出(Ask Price),而中国银行的"原油宝"业务由于挂钩原油期货合约价格,中国银行直接按照 WTI 期货合约的价格进行报价,并在期货市场上对冲风险敞口。[①] 因此银行的主要利润来源除了基于 WTI 原油合约报价下的买卖价差收入,还有手续费收入、汇率差价收入和保证金收益等,在风险敞口的管理部分需要依托银行自身的技术与能力,否则也可能面临亏损。因此,"原油宝"业务不是境外期货代理业务,首先银行没有此类业务的资格,其次境外期货代理业务的投资人实际持有境外期货合约,而"原油宝"投资者仅持有境内中国银行"原油宝"账户合约,这在后文"原油宝"交易标的部分会进一步解释。

三、"原油宝"事件的法律争议焦点分析

(一)"原油宝"产品合法性与合约有效性分析

1. 业务合法性与合约有效性质疑。与"原油宝"合约无效相关的法律依据主要来自两个方面:一是账户原油业务的合法性;二是《民法典》中有关格式条款的规定。

期货交易应当在批准的交易场所进行,未经批准的任何单位或者个人不得设立期货交易所或者以任何形式组织期货交易及其相关活动,否则此类交

---

① 风险敞口是指未得到保护的风险,即因交易违约可能需要承担风险的应收金额,也就是处于风险中的资产(净权利)范围。

易即因违反效力性强制性规定而无效。[①] 中国银行在交易中的权利与义务比期货交易所更多且更为全面。根据产品协议,中国银行有权调整双边报价,设定交易警示线并向投资者发出警示信息,以标准化合约的方式约定了开仓、平仓、轧差结算与移仓等规则,要求投资者提供交易保证金并进行冻结和实际监管,进行交易的清算与结算,等等。那么中国银行的做市商角色是否定位有误或是杂糅了期货交易所的身份与作用?是否属于变相期货交易?此外,《银行业金融机构衍生产品交易业务管理暂行办法(2011修订)》(以下简称《暂行办法》)第十八条规定,银行业金融机构不得自主持有或向客户销售可能出现无限损失的裸卖空衍生产品,以及以衍生产品为基础资产或挂钩指标的再衍生产品,那么"原油宝"是否属于本条所指的再衍生产品?是否理论上出现了无限损失的可能?甚至有观点认为,"原油宝"产品实际上是一种赌博,它具有赌博合同的双务特性、以客观不确定性为基础并制造额外的风险、参与者也有通过客观不确定性获利的动机,[②]而赌博合同的效力在现行法律体系之下并不被认可。

在业务合法的基础上,产品协议约定"在市场波动时,乙方向甲方发出的任何警示信息均视为乙方增值服务而非约定义务",这可能涉及是否由于"提供格式条款的一方不合理的免除或者减轻责任"从而否定该格式条款的效力。诚然,部分格式条款的无效并不会影响产品协议的效力,但在责任分配上则存在是否应当对中国银行科以更重的责任承担比例等争议。

2. "原油宝"产品合规且协议有效。《民法典》中规定的合同无效的情形有五类,围绕"原油宝"产品,主要集中于两类讨论:"原油宝"产品是否违反法律、行政法规的强制性规定以及是否违背公序良俗。《全国法院民商事审判工作会议纪要》(以下简称《九民纪要》)中对于效力性强制性规定作了列举,指出交易场所违法的,如在批准的交易场所之外进行期货交易的应当认定合同无效,而关于经营范围等行政管理性质的强制性规定,被认定为管理性强

---

① 《期货交易管理条例》(国务院令第676号)第四条、第六条;《全国法院民商事审判工作会议纪要》(法〔2019〕254号)第30条;《中华人民共和国民法典》(中华人民共和国主席令(第四十五号))第一百五十三条。

② 许德风:《赌博的法律规制》,载《中国社会科学》2016年第3期。

制性规定,并不必然导致合同无效。尽管"原油宝"产品采取标准化合约、做市商制度、对冲平仓设计、现金交割等近乎期货交易的产品设计,使远期合约与期货合约的界线变得日渐模糊。但是从我国的监管实践来看,对于违法交易场所的认定,通常集中在从事权益类交易、大宗商品中远期交易以及其他标准化合约交易的非金融机构,《国务院办公厅关于清理整顿各类交易场所的实施意见》明确将商业银行、证券公司、期货公司等金融机构排除在外。① 商业银行的场外衍生品交易受到银保监会的监管,适用《暂行办法》。该办法第七条明确指出,银行业金融机构可以从事商品有关的衍生产品交易,某种意义上而言这种形式得到了法律的认可,因此以变相期货交易为由主张合同无效的路径并不可行。

关于《暂行办法》第十八条提及的无限损失与再衍生产品的限制,②从前述"原油宝"产品的交易标的及盈亏分析的确可以得出,"原油宝"在负结算价预告出现时,买入"原油宝"产品的投资者在没有任何风控措施的前提下,理论上的确可能出现无限损失,且"原油宝"是以 WTI 期货合约价格为交易标的的衍生产品的结论。但是此处的无限损失和再衍生产品应当结合《中国银监会办公厅关于〈银行业金融机构衍生产品交易业务管理暂行办法〉实施中有关问题的通知》进行限缩解释,该通知第三条第五款将无限风险的产品以及再衍生产品归类为高杠杆业务,③析言之,监管机构关注的是高杠杆设定下的无限风险产品给投资者带来的可能完全超出其承受能力的损失,基于衍生链条的拉长而产生放大杠杆的作用或复杂性、透明度明显递增的效果,诸如远期互换、期货期权、互换期货、互换期货期权等数类衍生品之集合。"原油宝"

① 《国务院办公厅关于清理整顿各类交易场所的实施意见》:商业银行、证券公司、期货公司、保险公司、信托投资公司等金融机构不得为违反上述规定的交易场所提供承销、开户、托管、资产划转、代理买卖、投资咨询、保险等服务;已提供服务的金融机构,要按照相关金融管理部门的要求开展自查自清,并做好善后工作。

② 2011 年 1 月 5 日,《银行业金融机构衍生产品交易业务管理暂行办法(2011 修订)》(银监会令 2011 年第 1 号)第十八条:银行业金融机构不得自主持有或向客户销售可能出现无限损失的裸卖空衍生产品,以及以衍生产品为基础资产或挂钩指标的再衍生产品。

③ 2011 年 3 月 18 日,《中国银监会办公厅关于〈银行业金融机构衍生产品交易业务管理暂行办法〉实施中有关问题的通知》(银监办发〔2011〕70 号)第三条:(五)已经从事无限风险的产品以及再衍生产品等高杠杆业务的银行业金融机构,应立即停止此类新增业务,并在过渡期内将存续交易平盘或终止合约。

产品并不属于杠杆类产品更谈不上高杠杆,100%保证金以及强行平仓保证金比例理论上将该产品的多空双方的损失控制在本金范围内,不存在任何放大杠杆或者损失无限的效果,尽管事后出现损失超过本金的情形,但这属于突发事件,很难直接以产品的不合法为由认定合同无效。

金融衍生品不可避免地具有赌博的属性,尤其是并非以套期保值为目的的投资者参与以现金结算方式进行的衍生品合约,其完全符合赌博合同的特性,在比较法上也曾一度被认定为赌博。[①] 但是后来衍生品交易多以效率为导向开始大面积地采用现金结算使这种观点逐渐被否定,而后有学者提出应当以买卖交易围绕的标的是客观可控的标的物价值还是客观不确定的外部条件来认定是否存在赌博,[②]这是一个认定思路,标的物的走势或结果是否可以用一套理论予以合理解释。另外一个路径,就像买彩票同样具有赌博属性,但在官方平台买彩票和在地下赌场赌大小,前者是在有序市场中的约定,后者是私下的约定,而前者合法的原因在于监管机构对于此类交易市场进行了有效监管。商品衍生品市场也是如此。在我国商品市场可以分为场内市场和场外市场,期货市场属于场内市场的范畴,[③]由国务院期货监督管理机构集中统一监管,期货业协会、期货交易所被赋予一部分自律管理职能;场外市场分为大宗商品电子交易市场、金融机构柜台市场、机构间的报价系统,场外商品衍生品交易原则上遵循的机构监管模式,即银行类、证券期货类金融机构分别由银保监会和中国证券监督管理委员会(以下简称证监会)直接监管,较为特殊的大宗商品电子交易市场主要由商务部及地方政府监管。因此,在银保监会监管之下的商业银行衍生品交易并不具有违法性,不存在因该业务违法而合同无效的可能。

(二)“原油宝”投资者的撤销权探讨

1. 合同欺诈与适当性义务的违反。适当性义务被广泛地规定于金融市场销售法律法规体系之中,“了解产品—了解你的客户(KYC)—适当性匹配”

---

① 在英国1896年的 *The Universal Stock Exchange Limited v. Strachan* (1896) AC 166 一案中,原告和被告虽然表面上进行了一系列远期交付股票的交易,但实际上在交付时双方并没有真正履行,而只支付了差价,法院认定仅支付差价的交易并非真实交易股票,故构成赌博。

② 许德风:《赌博的法律规制》,载《中国社会科学》2016年第3期。

③ 黄运成、王海东:《我国多层次商品市场发展蓝图》,载《清华金融评论》2014第3期。

是必不可少的三个步骤，也是“卖者尽责”的主要内容、“买者自负”的必要前提。根据《民法典》第一百四十七条、第一百四十八条规定，投资者可以存在欺骗或者具有重大误解为由撤销产品合同。《九民纪要》第72条的适当性义务规定：当金融产品发行人未尽适当性义务致消费者遭受损失的，金融消费者可请求发行人承担赔偿责任，包括本金与利息。但是在缔约过程中中国银行是否履行其适当性义务或是存在欺诈行为、投资者是否存在重大误解，这实际上是一个事实判断问题。

银保监会对中国银行的行政处罚书（银保监罚决字〔2020〕60号）中载明，中国银行存在销售管理不合规的情况，包括个别客户年龄不满足准入要求、部分宣传销售文本内容存在夸大或者片面宣传、采取赠送实物等方式销售产品等。[①] 这之中，最为关键的是在“原油比水还便宜，中行带你去交易”“收益率超过37%，仅仅用了5天”等片面宣传之下，投资者是否对自己在合约下的可得利益或损失以及如何操作有合理认知。金融机构的告知说明义务是投资者了解产品的关键，同样也是“买者自负”的前提。在投资者主张金融机构未尽适当性义务时，还需要中国银行个案化地针对不同投资者承担已经履行适当性义务的举证责任。并且，投资者的既往投资经验、信息提供的真实性与否、学历及工作经验等也可能会成为中国银行免责的事由。毕竟投资者是被银行网点的不当营销诱导而交易本不符合其风险等级的场外（OTC）衍生品，还是清楚地知道风险仍然选择进场“抄底”，只能通过诉讼来查明证实。

2. 基于重大误解和欺诈而撤销合同应结合具体案情。《民法典》第一百四十七条、一百四十八条规定，受欺诈方有权以在重要事项上存在重大误解、存在欺诈为由请求人民法院撤销合同。但在缔约过程中是否存在欺诈或者重大误解，主要是一个事实上的判断，如果要做到个案公平，还需要诉诸法院从而调查清楚每一单交易的具体情形。在无法获知每个投资者签约情形的情况下，列示一些较为普适的观点：首先，虽然从法律角度探究“原油宝”产品

---

① 中国银行保险监督管理委员会行政处罚信息公开表（银保监罚决字〔2020〕60号），中国银行保险监督管理委员会网站，http://www.cbirc.gov.cn/cn/view/pages/ItemDetail.html?docId=947267&itemId=4113&generaltype=9，最后访问日期2021年9月24日。

的性质、法律关系存在争议,但从投资者交易的角度而言,其不需要了解“原油宝”产品在法律和金融层面的诸多定性,“原油宝”的操作本身并不复杂、在没有突发的负价格情形时的交易及获利规则也简单易懂。其次,投资者从产品名称、产品简介甚至是宣传语中都能够很直接地认识到该产品的价值在一定程度上取决于原油价格。换句话说,尽管只有少数投资者认为原油价格可能会继续下行,但是无法否认多数投资者都能够认识到价格的走势是双向性的、不确定的,只不过是基于认为原油价格会上涨的假定而买入,忽视价格下行的可能并不代表在产品的定性上有理由认定其为保本产品,不可避免地也需要承担事实并非如此的风险,当事人对于物的根本特征很难发生错误认识。[①] 就算投资人能够证明其对于行为性质认识错误,比如以为自己参与的是期货交易;或对标的物的错误认识,比如误以为纸原油为原油,此时还需要证明的是按照通常理解如果不发生该错误认识行为人就不会作出相应意思表示。[②] 需要区分的是,此处所指的重大误解不包括一种情形:投资者误认为最大损失为100%,实际上按照负结算价计算的多方损失超过100%,其在重大性方面的认定不存在疑虑,中国银行甚至可能有同样的错误的认识,但无法以共同错误为由认为双方均享有撤销权,原因在于在合同签订时就当时的客观基础环境而言双方并不存在认识错误,负结算价所导致的穿仓损失只是一次突发事件。

当投资者的认识错误是由卖方机构故意提供不确定的信息所引起时,则可能构成欺诈。在证明卖方机构存在欺诈的部分,现行法律体系下依据《民法典》总则部分关于民事欺诈的规定来进行举证。因此,投资者需要举证证明中国银行存在欺诈的故意,即使投资者陷入错误认识并基于错误认识作出不真实的意思表示的故意,这在证明上具有较大的难度,如前所述,从投资者

---

① 韩世远:《重大误解解释论纲》,载《中外法学》2017年第3期。

② 2022年2月24日,《最高人民法院关于适用 < 中华人民共和国民法典 > 总则编若干问题的解释》(法释〔2022〕6号)第十九条:行为人对行为的性质、对方当事人或者标的物的品种、质量、规格、价格、数量等产生错误认识,按照通常理解如果不发生该错误认识行为人就不会作出相应意思表示的,人民法院可以认定为民法典第一百四十七条规定的重大误解。行为人能够证明自己实施民事法律行为时存在重大误解,并请求撤销该民事法律行为的,人民法院依法予以支持;但是,根据交易习惯等认定行为人无权请求撤销的除外。

的层面来看，此类产品需要其理解的基本逻辑并不复杂。

（三）情势变更原则的可适用性探讨

1. 原油期货的负结算价与情势变更原则。根据《民法典》第五百二十三条的规定，情势变更原则的适用取决于两个因素：一是合同的基础条件发生重大变化，该变化是合同订立时无法预见的且不属于商业风险；二是合同属于可持续履行的合同，继续履行合同对于当事人一方明显不公平。继续性合同是总给付内容随着时间的延展才能逐步确定的合同，其本质是一种不确定性契约。[①] 在这个意义上而言，“原油宝”产品投资者和中国银行之间博弈的最终盈亏在平仓之前无人知晓，平仓时点在签订合同时也尚未可知，因而后一个条件的满足不存在争议。但是，负结算价是否属于商业风险却充满争议，认为可以适用情势变更原则的理由主要有以下几点：首先，自 CME 1983 年开设 WTI 期货交易以来从未出现过负价格，在 CME 发布负价格提示之前也没有任何机构预测到了原油期货存在负结算价的可能，符合情势变更原则所要求的无法预见性；其次，产品协议仅说明存在损失投资本金的可能性，因此投资者遭受的损失超出了签订合约时预测到的范围；最后，合约中缺乏对于此类极端事件的应对安排，如调整合同条件或提前终止合同等，导致投资者无法对意料之外的负油价做出恰当的回应。

但是，“原油宝”合约的负结算价是否在合同订立时无法预见且合约下的基础条件为何，与基础资产价格变动之间的关系，该合约下的商业风险的范围是否包含了基础资产价格的变动仍需讨论。普通的情势变更是在零和游戏前提之下，由于外部环境的突变让得利方少获得一些好处以彰显合约公平的原则。在“原油宝”事件当中，中国银行整体上并没有获得利益，中国银行作为多方投资者的直接对手方，多方投资者的亏损的确就是中国银行的盈利，但是一方面空方投资者也在“原油宝”事件中盈利，另一方面中国银行的风控措施也使中国银行将所有的市场风险转嫁到境外市场，其收益实质上并不受基础资产价格涨跌的影响。可见，合约是否能够适用情势变更原则而解除仍存在讨论的空间。

---

① 屈茂辉、张红：《继续性合同：基于合同法理与立法技术的多重考量》，载《中国法学》2010 年第 5 期。

2. 负结算价的出现不适用情势变更。一般认为,情势泛指作为法律行为成立基础或环境的一切客观事实,[①]变更是指"合同赖以成立的环境或基础发生异常变动"。[②] 但显然,情势变更原则与金融衍生品交易有天然的不相容性,在商事交易中外部环境的不确定性可能导致原来生效的合约需要变更或解除,而衍生品交易恰恰就是以外部环境的不确定性为交易对象。[③] 市场中各种要素的相互作用导致商品价格的波动,也正是由于存在这些不确定性极强的波动才会导致套期保值者参与以锁定利润、投机者或套利者参与从波动中获得收益,后者甚至可以说是主动将自身置于市场风险(价格风险)这种外部不确定性中,合约所交易的对象正是这种"情势"。本文图5和图6所示的多方盈亏线非常清晰地表明了当原油期货价格一路下行直至为负时,多方投资者的亏损敞口由原来的100%变动为无限大。

这与著名的"韩国KIKO外汇期权交易合约案"不同之处在于,后者当事人在签订合约时,出口型企业(空方,看跌美元汇率)的亏损敞口一直是无限大的,美元汇率的上限并不存在一个明确的界线,因此就算美元汇率上行至历史新高,也是签订合约时蕴含在内的当事人在经济活动中可能遇到并应当承担的市场风险,如同"原油宝"产品的空方投资者,无权因为原油价格上涨至100美元/桶甚至更高,就主张依据情势变更原则予以解除。对于看涨原油价格的投资者而言,合同基础的确发生了根本变化,但这并不意味着就一定适用情势变更原则,在满足合同基础条件发生重大变化的前提下,还需要判断该重大变化是否在签订合同时无法预见以及是否在商业风险的范围之外。

如果"原油宝"2005合约的多方投资者在CME发出负价格预告或者中国银行发送提示信息之前买入合约,的确很难预见负结算价的出现。在这之后才买入的投资者很难再用无法预测进行抗辩,甚至可以认为是其自愿陷入此种风险之下,穿仓损失当然由其自行承担。在商业风险的判断上,不能单从价格的涨落程度进行量化而予以界定,而应当对引起价格涨落的原因加以判

① 王家福主编:《中国民法学·民法债权》,法律出版社1999年版,第399页。

② 王利明:《具有国际化视野的<民法典>合同编立法》,载《经贸法律评论》2021年第4期。

③ 楼建波、刘燕:《情势变更原则对金融衍生品交易法律基础的冲击——以韩国法院对KIKO合约纠纷案的裁决为例》,载《法商研究》2009第5期。

断——正常的价值规律运行是否受外力因素的破坏,是否存在异常的社会巨变,如果没有异常的巨变,就是正常的商业风险。[1] 如前述分析,原油期货的价格下跌与供求关系的极度失衡有关,在供求之外并不存在异常的外力因素和社会巨变,诸如战争、重大政治事变、全球突发性公共卫生事件等。因此,在"原油宝"合约中,原油期货合约价格的急剧下跌属于一种商业风险。新冠肺炎疫情的影响并没有给2005合约创造出一个新的风险,对于4月份的投资者而言,早已不是一个异常的外力因素。[2] 它只不过是持续性地通过影响全球原油和原油仓储的需求量和供给量,进而影响了市场中投资者对于未来的预期,加快了原油期货价格下跌的速度和幅度。因此,投资者不能援用情势变更原则以解除合同。

从另一个法经济学的角度来看情势变更原则的应用,对于正义的追求,不能无视代价,谁是"成本最低防范者"(the least cost avoider),就必须承担起防范意外的责任。[3] 在"原油宝"产品设置可对冲的背景下,在负价格由不可能转变为可能时,代价最小的做法无疑是提前平仓离场,可对冲性使合约并不像传统的商事合同一样必须无可变更地直至履行,可以说投资者此时掌握着一种权利能够达到合同提前终止的效果。也就是说,遭遇负结算价并非完全无法避免,甚至不需要达成双方的合意都可避免,留下来的多方投资者究竟是"别人恐惧我贪婪"还是被诱导进场暂无法获知,仍需进一步探究此间中国银行的责任,但这并不影响情势变更原则不能适用的结论。否则中国银行还可以同样的理由向持有至最后结算日的空方投资者追回其所获利益,这显然缺乏合理的法律依据,也不具备可行性。此外,中国银行在国际市场中进行的对冲交易完全取决于国内"原油宝"合约的多空双方力量强弱,可以说投资者的持仓决定了中国银行在国际市场中的持仓,中国银行在负结算价事件中并未获得任何的好处,将其自身的交易损失转嫁给"原油宝"投资者更是无稽之谈,此时如果适用情势变更原则解除中国银行与投资者之间的合约,只

---

① 韩强:《情势变更原则的类型化研究》,载《法学研究》2010第4期。

② 彼时全球新冠疫情已经持续了四个多月,对于投资者而言要么已将其纳入价格波动的因素,要么有充足的时间平仓离场。

③ 乔岳、熊秉元:《望远镜里的法经济学:理论架构和分析工具》,载《法律科学(西北政法大学学报)》2014年第4期。

不过是让中国银行承担投资者的亏损,而非让中国银行让渡其获得的一部分利益。若中国银行同样基于情势变更原则要求解除其在国际市场中的合约,可能引发连锁反应,甚至导致系统性风险。在回头看思考如何善后的同时还要往前看琢磨如何兴利,在衍生品市场轻易地以“公平”为由推翻已经达成的交易,对未来衍生交易稳定与安全而言并非是一个积极影响。

总体上看,由于“原油宝”产品的性质与法律关系的不清晰,导致在发生纠纷时产品的合法性、可撤销性等问题众说纷纭,致使责任划分的路径和方案也相去甚远。下文的分析将结合前文对于“原油宝”产品的法律性质、交易双方的法律关系、角色定位及相应的权利义务,探究穿仓发生时适当性义务的内涵与强行平仓的法律性质,进而为损失的责任划分提供类型化分析思路。

四、“原油宝”事件中产品损失的责任认定

中国银行“原油宝”事件随着2020年底银保监会行政处罚决定书的发布和2021年初江苏省南京市中院的二审判决逐渐平息。无论是诉讼外的自行和解或是诉讼途径,最后的责任配置方案多是以中国银行承担负价亏损并补偿20%持仓本金而告终。“原油宝”事件虽暂告一段落,但笔者仍然希望基于前述的法律分析细化“原油宝”产品损失的责任认定,以期在未来发生类似事件时为商业银行账户商品业务的损失责任分担提供一个更为清晰的认定思路。

“原油宝”产品协议约定:“甲方叙做原油宝产品时,可以在合约最后交易日最晚交易时间前对合约发起交易,并修改到期处理方式。合约到期时,乙方将按照甲方指定的方式进行到期处理。若到期处理日因市场异常波动引起无法交易的情形,导致乙方不能办理正常轧差结算和移仓交易的,则顺延至下一个交易日进行到期处理,以此类推。”争议之处在于,中国银行的操作系统是20日晚10点关闭,此时的原油价格尚未跌破0美元/桶,而WTI期货市场上合约的最后交易时间为21日凌晨5点,WTI期货合约20日结算价为21日凌晨2:28—2:30成交合约的加权平均价格。

据此,中国银行称按照合约规定已过交易时间不强制平仓,将按照投资者指定的方式进行到期处理。在中国银行发布的公告当中,约54%的中国银行客户未提前平仓离场而是选择移仓或到期轧差处理。而且对于“原油宝”

产品，市场价格不为负值时，多头头寸不会触发强制平仓。

投资者基于两类理由，认为穿仓损失及部分本金损失应当由中国银行承担：一类是依据协议约定的强行平仓的保证金标准，假设投资者的买入价格为20美元/桶，那么在中国银行报价低于4美元/桶（20美元/桶×20%）时，中国银行应当按照合约规定的强行平仓比例20%进行强行平仓，这是中国银行的义务而非权利；另一类则是依据《民法典》中关于格式合同解释的规定，对协议中的“风险及损失”应当作出不利于提供格式条款一方的解释，即认定风险仅在全部本金范围之内，不包含本金之外的损失。

（一）适当性义务的内涵与本金损失的责任承担

我国关于适当性义务的规定通常包括“了解产品—了解客户—适当性匹配”三个环节，具体到实践中则形式化为“产品风险等级设定—投资者风险承受能力评估—风险等级匹配”。尽管结构化的《客户风险承受能力评估问卷》并不绝对科学有效，但在一定程度上仍然起到了筛选投资者的作用，将某些毫无投资经验、无法承受任何本金亏损、高龄的投资者排除在外。当然，如果存在代为填写或故意引导填写问卷以符合产品风险等级、怂恿本身不符合的投资者以各种手段逃避风险等级限制等明显地不当销售行为，则会进入适当性义务的规制范围，依据《九民纪要》赔偿投资者全部损失的本金及利息。应当注意区分的是，若投资者基于自身的判断自主地看涨原油而坚持买入“原油宝”，此时就算中国银行违反适当性义务也不承担任何的赔偿责任，任何的产品在销售过程中都会存在推介的现象，不能仅因为银行的宣传而让具有完全行为能力的投资者获得了逃脱“买者自负”的借口。至于那些在销售环节不存在适当性义务违反的投资者情形中，还需要讨论的问题有两个：一是当负价格预告发布时合同基础发生变化，中国银行是否有义务重新评估风险并再次进行适当性匹配；二是并未被告知保证金充足率不适用的多方投资者是否能够主张其对损失不超过本金的80%存在信赖。

1. 中国银行有再次进行适当性匹配的义务。关于非杠杆产品的设定，银行作为合同的提供者，事先并未预见会出现负结算价的局面，在合同的表述上采取了“存在损失本金的可能”“不具备杠杆效应”“风险等级为R3平衡型”。无论是基于格式条款的解释规则或是风险等级的具体描述，投资者都有充分的理由信赖其损失不会超过本金。但是当负结算价预告出现之时,这些表述的基础均被打破,此时的产品风险显著上升。CME在4月8日和4月15日的公告都意味着负价格出现已有可能,中国银行此时是否有义务依据未来价格的可能情形重新进行适当性匹配,换言之,适当性义务是否不局限于销售阶段而是贯穿整个交易始末?

在理论界和实务界对于适当性义务的理论来源存在先合同义务(私法上之法定义务)[①]与公法上之法定义务两种思路。[②]《九民纪要》倾向于将适当性义务认定为诚信原则在金融产品销售环节的具体化,即将此先合同义务框定在缔约阶段。但是,适当性义务的法律基础其实并不用拘泥于二选一的过程,从投资者保护立场出发,两种路径的顺序适用更能达到其制度目的。当金融立法存在相关的适当性义务规则时,适当性义务宜认定为公法上之法定义务;当不存在相关的适当性规范或是相关规范只存在于监管部门规章、其他规范性文件,甚至自律组织规则之中时,此时宜基于诚信原则来解释适当性义务,即认定为私法上之法定义务。[③] 此外,否认履约阶段适当性义务存在的必要性无法在真正意义上从适当性的角度出发保护投资者。正如"原油宝"事件所呈现的,中国银行与投资者在缔约阶段均无法合理预见原油期货存在负价格的可能,在销售过程中很难认定中国银行因此有违适当性义务,然而在合同履行阶段仍可能发生不适合投资者的交易情形。[④] 但由于缔约阶段与履约阶段在合同法上存在不同的法律意义及义务群,当事人之间的信赖关系也不尽相同,因而需要分阶段对适当性义务的内涵予以进一步阐述。

---

① 山西省太原市中级人民法院(2020)晋01民终2816号。张付标、李玫:《论证券投资者适当性的法律性质》,载《法学》2013年第10期。王锐:《金融机构适当性义务司法适用的实证分析》,载《法律适用(司法案例)》2017年第20期。曹兴权、凌文君:《金融机构适当性义务的司法适用》,载《湖北社会科学》2019第8期。

② 北京市第二中级人民法院(2019)京02民终15312号。

③ 蔡晓倩:《适当性义务司法适用评析——以金融消费权益保护为视角》,载《南方金融》2021年第4期;王锐:《金融机构适当性义务司法适用的实证分析》,载《法律适用(司法案例)》2017年第20期。

④ 如在"宝万之争"中被证监会时任主席刘士余质疑是否满足了"投资者适当性规则"的宝能名下投资理财产品,其被质疑的原因就是该批产品在理财合同履行过程中加杠杆买卖万科股票是否符合理财合同委托人的投资目的、投资风险偏好及风险承受能力,即合同履行过程中的适当性义务是否得以履行。

目前《中华人民共和国商业银行法》(以下简称《商业银行法》)尚未涉及适当性义务的规定,低位阶的《暂行办法》仅就适当性评估列举了"评估交易对手是否充分了解合约的条款以及履行合约的责任"与"拟进行的衍生交易是否符合交易对手本身从事衍生交易的目的"两个方面。此时仅以遵循这两个方面为由主张适当性义务已履行完毕显然不符合适当性义务的实质内涵,还需要从诚信原则出发,考虑中国银行与投资者之间认知能力与信息获取能力的差异,判断中国银行是否应在产品风险骤升时对相对不再匹配的投资者尽更强的注意义务。在缔约阶段可以将适当性义务划分为告知说明义务和适当销售义务两个层次,归类于其他先合同义务之下,[①]该义务的违反可引发缔约过失责任或侵权责任。在履约阶段,由于中国银行并未将适当性义务的持续履行约定在格式合同当中,没有约定之义务也就无法依据合同主张违约责任,但这并不意味着在履约环节不存在适当性义务。如前所述,适当性义务是诚信原则的具体化,诚信原则贯穿于合同履行的全过程,此时适当性义务已不再是先合同义务,而是应当随义务群的转变视为合同履行中的附随义务。附随义务的违反则构成合同的不完全履行,[②]不完全履行又可以表现为瑕疵给付[③]或是加害给付,[④]又或是两者的结合。

具体到"原油宝"事件,中国银行通过中银国际期货公司获得了 CME 的授权,保证其能不中断地获取市场数据来支持交易活动,在 CME 发布存在负价格的可能时,中国银行应当知晓合同基础与产品风险已然发生重大变化,对之前的稳健型投资者(C3 型)而言,产品风险已经明显超出了其承受能力。中国银行与投资者之间产品协议的完全履行除了法定义务及合同关系下的约定义务,还包括基于诚信原则衍生出的通知义务、适当性义务、保密义务、注意义务等附随义务。[⑤] 而中国银行在其所销售产品运作期间风险骤增情形

① 韩世远:《合同法总论》,法律出版社 2018 年版,第 161 页。

② 王泽鉴:《民法学说与判例研究》(修订版)(第四册),中国政法大学出版社 2005 年版,第 85 页。

③ 瑕疵给付,是指债务人履行债务的给付本身具有瑕疵、不完全,导致该给付本身应有价值或效用的减少或丧失。

④ 加害给付,是指债务人的履行行为有瑕疵,致使债权人的其他利益遭受损害。

⑤ 彭冰:《解构证券虚假陈述的民事赔偿制度——从先行赔付到投资者补偿基金》,载《商法界论集》2021 年第 7 卷。

下,仅将此事以短信的方式通知投资者,其虽履行了通知义务,但通知的时间和方式都没与事件的重要性相适应,是为通知义务的瑕疵履行。[①] 此外,中国银行也没有对前述风险等级已不再符合的投资者作任何特殊提示和再匹配行为,是为适当性义务及注意义务的瑕疵履行。由于中国银行的瑕疵给付导致部分适当性已经不再匹配的投资者出现穿仓损失(推定因果关系),[②]对此中国银行应承担无过错归责原则下的违约责任,而此时损害赔偿范围的认定很难再受到可预见归责的约束,一则负价格的出现本身就是合同订立后的突发事件,在签订合同之初很难预料;二则如前盈亏分析部分所示,一旦标的资产价格为负之后,多方投资者面临的可能损失将会是负无穷,此时再谈可预见性规则和"原油宝"产品下的风险特征明显相悖。

综上所述,中国银行在通知义务、注意义务、适当性义务等方面均存在瑕疵履行。交易所修改规则致使出现负结算价可能性后,中国银行适当性义务妥当履行的内涵并不限于通过系统、电话、短信等方式通知投资者,通知只是其中一个环节。本质还是告知投资者其与产品风险已不再匹配,需对持仓进行处理。更为妥当的做法是:投资者如果想要继续持有,中国银行应对该投资者重新进行风险等级测评,如果投资者风险承受能力等级与新的产品风险等级相匹配,即可继续持有;如果投资者的风险承受能力等级不再匹配,投资者又坚持要继续持有,中国银行则应进行特别的书面风险警示,如风险不匹配告知书,并将出现负结算价可能后的新增风险告知投资者。其余情形下中国银行则应当要求投资者对现有持仓进行平仓或者主动终止合约。

2. 中国银行存在适当性义务的免责事由。保证金比例作为"原油宝"产品这类保证金交易业务的重要内容,与投资者损益、本金风险息息相关。对银行而言,其底线是充分告知投资者产品内容及投资活动风险,并且不得有

---

① 袁碧华:《伪造股东签名之公司决议行为效力的区分认定》,载《国家检察官学院学报》2022年第2期。

② 《全国法院民商事审判工作会议纪要》(最高人民法院〔2019〕254号)第75条:在案件审理过程中,金融消费者应当对购买产品(或者接受服务)、遭受的损失等事实承担举证责任。卖方机构对其是否履行了适当性义务承担举证责任。卖方机构不能提供其已经建立了金融产品(或者服务)的风险评估及相应管理制度、对金融消费者的风险认知、风险偏好和风险承受能力进行了测试、向金融消费者告知产品(或者服务)的收益和主要风险因素等相关证据的,应当承担举证不能的法律后果。

欺诈的行为。[①] 但是,告知说明义务是否履行的关键在于投资者是否真正理解此类产品,而非中国银行是否针对所有投资者尽到了结合理性人的客观标准和投资者能够理解的主观标准确定的个性化充分告知义务。具体到保证金比例的问题之上,首先,关于适当性义务与告知说明义务的关系,存在两者是独立的义务、适当性义务涵盖告知说明义务、告知说明义务是适当性义务的补充等观点。[②] 但无论从《九民纪要》的条文顺序安排还是对投资者保护的合理性出发,笔者都倾向于将告知说明义务认定为适当性义务的内涵。由此告知说明义务是否完全履行的举证责任由中国银行承担。其次,在事实证明的部分,投资者过往投资经验(包括其他期次的“原油宝”产品投资经历)、教育背景、工作经历等方面可能成为中国银行的免责事由。

如前所述,多方投资者的保证金充足率的特殊性导致其并不适用中国银行的预警线和平仓线,在负价格预告发布之前,这意味着多方投资者的最大亏损可能是100%,而非空方投资者的80%;在负价格预告发布之后,这意味着在中国银行严格履行强行平仓义务时,投资者的最大亏损可能因价格剧烈波动中国银行无法一次性完全平仓而超过100%。从一般理性人的角度出发,多方投资者只要在4月21日前经历过油价下跌的波动,由于中国银行交易系统持仓明细中会持续显示保证金充足率始终为100%(投资者能够实时查看),那么其应当知晓保证金充足率的特殊性。尽管中国银行并未在合同条款中明确写明,也可能未在销售阶段明确告知多方投资者,但是某种意义上多方投资者保证金比例的特殊之处已经通过操作系统以默示的方式告诉了投资者,因为一个理性投资者应及时查询并妥善处理持仓。究竟是不知道或者不懂保证金充足率的特性,还是单纯地为不想承担损失找寻借口,需要个案各论。至于当负价格的出现存在可能之后,中国银行是否应当对多方投资者进行更进一步的特殊提示,通知其损失存在超过100%的可能,这本质上被包含在了前述适当性再匹配的过程中。因为部分多方投资者的风险承受能力已经不再与可能出现负结算价的原油宝产品风险相匹配,中国银行此时不仅应通知其保证金比例的特殊性带来的更为深远的后果,更应重新对投资

① 王文宇、缪因知:《金融衍生品交易与投资者保护》,载《财经法学》2017年第3期。

② 曹兴权、凌文君:《金融机构适当性义务的司法适用》,载《湖北社会科学》2019第8期。

者进行适当性评估。

笔者较为支持的做法是,针对中国银行无法举证已针对多方投资者保证金比例的特殊性履行告知说明义务的,对于完全新进入的且并未经历过价格的下跌波动的多方投资者,可将其对于合同内容的信赖作为中国银行违反保证投资者损失不超过80%的义务,或者作为中国银行并未尽到告知说明义务所需承担的缔约过失之责。除此之外的其他投资者的信赖认定需要从严,否则长期以来只会滋养投资者的被动认知与“愿赌不服输”的性格,于银行和投资者的金融认识度(financial literacy)提升而言都不会有好的结果。

(二)强行平仓义务与穿仓损失的责任承担

1. 中国银行强行平仓行为的法律性质转变。“原油宝”事件中关于强行平仓的讨论最为激烈,因为它涉及穿仓损失部分的责任承担。在中国银行的权利与义务分析部分已经详细阐述了原油宝产品中强行平仓的法律性质,由于我国的场外衍生品市场中并不存在统一的法定强行平仓保证金水平,按照“原油宝”产品协议的文字表述,中国银行将强行平仓定义为其享有的权利而非义务。[①] 但这并不必然意味着中国银行不行使其强行平仓权利时投资者必须自行承担穿仓损失。没有纯粹的权利,也没有纯粹的义务,这也是在强行平仓的法律性质之争中“权利转义务说”存在的理由。商业银行衍生品业务的法律法规体系不同于期货业务,《暂行办法》及其上位法《中华人民共和国银行业监督管理法》(以下简称《银行业监督管理法》)、《商业银行法》并未就强行平仓的性质、最低保证金水平等进行规定。尽管如此,《暂行办法》第三十二条仍然要求金融机构制定完善的交易对手信用风险管理制度进行风险缓释,因而在强行平仓部分可以参考期货交易的做法,对行政监管赋予期货公司主体等为防范市场风险而产生的义务,与平等民事主体之间建立法律关系而产生的权利或义务进行区分与细分。

期货交易中期货公司与客户约定的保证金水平往往高于交易所规定的

---

① 《原油宝产品协议》第十三条第一款:发生违约或终止事件时,乙方有权视具体情形分别或同时采取下列措施:(4)按照市场即期价格将甲方全部或部分交易强制平仓,并撤销所有委托。强制平仓指甲方未平仓合约、交易的浮动亏损导致其交易专户保证金充足率低于乙方规定比例或由其他任何原因引起的乙方有权主动代客平仓的行为。

标准，两条保证金水平线将投资者的损失分成了三个阶段，即保证金低于期货公司与客户约定的风险控制标准但不低于交易所规定标准时、客户保证金低于交易所规定标准但没有穿仓时、穿仓时。[①] 首先，根据《最高人民法院关于审理期货纠纷案件若干问题的规定(2020 修正)》(以下简称《期货司法解释(一)》)第三十六条的规定，客户交易保证金不足又未能按约定时间追加保证金时，客户与期货公司有约定的依约定，约定不明确的，期货公司有权进行强行平仓，强行平仓的损失由客户承担。因此第一阶段期货公司的强行平仓一般为其享有的权利。其次，第二阶段中客户保证金已经低于交易所规定标准，此时客户已经构成透支交易。[②]《期货司法解释(一)》第三十三条、第三十四条规定，期货公司允许客户开仓透支交易的，对透支交易造成的损失，由期货公司承担主要赔偿责任，赔偿额不超过损失的百分之八十；客户要求保留持仓并经书面协商一致的，保留持仓期间造成的损失由客户承担，但穿仓造成的损失由期货公司承担。质言之，当客户保证金水平已经低于交易所标准时，期货公司仍然有不进行强行平仓的空间，但必须为客户要求并书面协商一致，否则期货公司要对不强行平仓所致客户损失负主要赔偿责任，因此在第二阶段中期货公司享有的是附条件的强行平仓权利，条件成就时期货公司不强行平仓并不承担任何民事责任。[③] 但是，在第三阶段投资者出现穿仓时，期货公司的强行平仓法律性质则转变为无条件的义务，其不得不为也无可回避，否则就要根据《期货司法解释(一)》第三十三条，承担与其过错相应的民事责任，即全部的穿仓损失。

中国银行在合同中设置了两道有关损失比例的限制。一道是强行平仓的最低保证金比例 20%，中国银行在产品协议第 11 条中约定甲方交易专户

---

① 王海洋：《股指期货强行平仓的法律性质与后果》，载《政治与法律》2008 年第 5 期。穿仓，是指客户账户上客户权益为负值的风险状况，即客户不仅将开仓前账户上的保证金全部亏掉，而且还倒欠期货公司的钱。

② 《最高人民法院关于审理期货纠纷案件若干问题的规定(2020 修正)》第三十一条规定：期货公司在客户没有保证金或者保证金不足的情况下，允许客户开仓交易或者继续持仓，应当认定为透支交易。审查期货公司或者客户是否透支交易，应当以期货交易所规定的保证金比例为标准。

③ 该等行为仍然违反期货法规、交易所规则关于不得透支交易的规定，行政违法责任仍存在，只不过当条件达成时(客户要求保留持仓并经书面协商一致)在民事领域的强行平仓可以不予履行，从而可以理解为期货公司享有的附条件的权利。

中保证金充足率降至乙方规定的最低比例(含)以下时,乙方将按照"单笔亏损额从大到小"的顺序进行逐笔强制平仓,直至保证金充足率上升至乙方规定的最低保证金比例以上,目前强行平仓保证金最低比例要求为20%。另一道是非杠杆产品的设定,也是"原油宝"产品能够符合商业银行关于衍生品业务的规定而继续存续的前提。《暂行办法》虽未在保证金充足率方面对商业银行衍生品交易业务作出具体限定,但《中国银监会办公厅关于〈银行业金融机构衍生产品交易业务管理暂行办法〉实施中有关问题的通知》第三条第五款规定银行业金融机构不得从事无限风险的产品。换言之,中国银行设定的20%的最低保证金比例类似于期货公司自行设定的最低保证金标准,此时,就算保证金比例低于中国银行设定的最低保证金比例20%,但中国银行仍选择不强行平仓,损失由投资者自行承担;无论是期货交易或是商业银行衍生品业务的法律法规体系事实上都为机构设置了穿仓时的强行平仓义务,期货公司或商业银行不得不强行平仓,否则要承担基于穿仓形成的损失。因此,虽然中国银行与投资者的合同中约定强行平仓为中国银行享有的权利,但当投资者损失超过100%时,中国银行的强行平仓权利即转变为义务。

2."原油宝"产品多方投资者应有更大的注意义务。"原油宝"是类期货的远期合约,由于"原油宝"产品在设计上的特殊性——100%保证金比例,使"原油宝"投资者的追加保证金在逻辑上不同于传统的期货投资者。中国银行根据行情价对保证金账户的充足率进行估值,在初始要求100%保证金比例条件下,多方投资者的保证金比例在交易标的价格不为负时始终都维持100%的比例。此时的多方投资者类似于买入该商品份额的所有权,该商品价格随市场波动,正常情况下,最坏的结果是该商品一文不值,多方投资者预期的最大损失为买入时的成本,即全部本金。空方投资者在交易中的情形更加类似于期货,保证金比例会随着价格与预期相反变动(标的价格上涨)而下降,当充足率下降到预警线时,则会收到提示,不及时补足保证金可能会被中国银行强行平仓,在这种情况下,空方投资者理论上的最大亏损为中国银行强制平仓(20%)时的亏损即投资本金的80%。① 可见,当标的价格在0以上

① 实践中,可能因为价格的剧烈波动或者空方投资者的持有量巨大而导致中国银行无法在触及20%的强行平仓比例时以此刻的价格完全平仓,实际亏损可能超过80%。

波动时，假设一个完全不主动关注保证金充足率的投资者买入“原油宝”产品，理论上直到其亏损达到100%前都不会知道或者被提醒；如果卖出“原油宝”产品，理论上当保证金充足率达到中国银行规定的预警线（50%）时，投资者就会被动地收到中国银行的追加保证金通知，当保证金充足率达到中国银行规定的强平线（20%）时，投资者就会被动地平仓并锁定损失。

举一个简单的例子，如果多方与空方的交易价格都为20美元/桶、交易量都为1桶，买入合约意味着在未来多方有义务以该价格买入1桶的账户原油，卖出合约则相反，并且都需要先在保证金账户存入20美元的保证金。交易专户（保证金专户）内的所有资金余额统称为保证金余额，其与保证金充足率的关系可以由以下几个公式得出：

保证金净值 = 保证金余额 + 各合约账面盈亏（折保证金货币）

已占用保证金 = 估值所需保证金 × 专户保证金开仓充足率（100%）

保证金充足率 = 保证金净值/已占用保证金[①]

假设多空双方在交易过程中并不存在将保证金转出的情形，那么当价格上涨到30美元/桶时，空方的保证金净值因为账面浮亏下降至10美元，空方的保证金比例仅33.3%（10美元/30美元），此时的空方会收到中国银行追加保证金的通知。当价格下降到10美元/桶时，多方的保证金净值为10美元，但保证金充足率仍然是100%（10美元/10美元），投资者不会收到任何的提示。可以很明确地看到，只要中国银行的报价不为负时，多方投资者的保证金比例一直是100%，一旦保证金为负数，多方投资者的保证金充足率直接由100%变为0。

从上述分析可以看出，对于多方投资者来说，50%和20%的保证金充足率对其而言并不存在过多的意义，触发三条保证金标准（50%、20%和穿仓）在一瞬间即告完成，中国银行的信用风险管理制度对多方投资者而言并不适用。对空方而言，20%的强行平仓保证金比例意味着其亏损一定程度可以限制在80%以内。在100%的保证金水平下，多方投资者保证金比例为负意味

① 中国银行股份有限公司金融市场个人产品协议，https://v.qq.com/x/page/a09555lrd4a.html，最后访问日期2022年3月20日。

着其亏损已经超过了初始投入的全部本金,也就是所谓的“倒欠”。相反的是,空方投资者的盈利也从有限的预期变成无限。详细分析可见第一部分第二点。

从“原油宝”多方投资者的特殊性出发,由于100%的保证金、预警线和强平线的设计,投资者因价格波动而承担的亏损风险无论是在正常波动区间还是异常波动区间都比空方投资者要大,因为中国银行针对投资者设置的风险控制机制无法运用于多方投资者之上。也就是说一个理性的投资者为多方且基础产品市场发生巨变时对价格波动和保证金充足率的主动关注应当多于其为空方时的关注。

3. 穿仓发生后,中国银行应当履行强行平仓义务。需要进一步探讨的是,既然多方投资者并不适用追加保证金比例和最低保证金比例的要求,出现产品协议未约定的突发情形时,多方投资者是否有合理的理由信赖其所受损失原则上不超过100%甚至是80%,质言之,中国银行是否有义务在临近穿仓或穿仓时直接行使其强行平仓的义务。

WTI期货合约出现负价格的时间是21日凌晨2时,此时的中国银行已关闭投资者的交易通道,中国银行在最后交易日时的交易时间从次日凌晨2点提前到当日晚10点,并且结算价均参考CME的当日结算价,这之中并不存在任何的新增变更,完全符合“原油宝”2005之前的期次合约的交易习惯。投资者如果还没有在最后交易时间前平仓,意味着其自愿承担4个半小时市场风险所带来的价格上的不确定性。[①] 根据产品协议约定中国银行只需依据投资者之前设定的到期处理方式(轧差结算或移仓交易)按照到期结算价格进行到期处理即可,至少在条款安排上中国银行并不存在受投资者全权委托而控制账户的情况,[②]更不存在以投资者最后交易时间的市场价格锁定盈亏的义务。如前所述中国银行只是交易做市商,而非理财产品的管理人对投资者负有勤勉尽职的义务。根据合同约定,中国银行在行使强制平仓权利之前必须经过一套前置程序,即投资者的保证金比例低于50%,中国银行通知投资者

① WTI期货合约的最后交易时间为次日凌晨5时,但结算价形成时间为凌晨2:28—2:30。

② 控制理论认为,只要金融机构及其从业人员控制了投资者的账户,该“控制”必然产生依照投资者的目标和需求处理事务的信义义务。

及时补足保证金，而投资者并未及时补足，导致保证金比例降至20%以下时，中国银行才享有直接强行平仓权利。问题的关键在于当多方投资者保证金充足率从100%突变为0再变为负数，其并未经历保证金充足率逐步下降的过程，也就不可能在负价格出现前夕收到任何来自中国银行的提醒或通知，那么当交易系统关闭且多方投资者面临穿仓时，中国银行能否不经任何的通知等前置程序直接履行其强行平仓义务？

如前所述，在穿仓发生时，行政监管赋予商业银行强行平仓的义务与中国银行的无杠杆产品设定都要求中国银行应当履行强行平仓义务，中国银行此时不再享有可选择性行使的强行平仓权利。尽管此前中国银行没有任何的通知或提示，也没有在协议中约定此类情形的处理方式，中国银行也应当在保证金充足率触及0的那一刻开始履行其强行平仓义务。之后，无论价格继续下跌或是价格转而上涨都与投资者无关，换言之，如果中国银行未履行其强行平仓义务，就应当承担基于穿仓形成的损失。多方投资者保证金比例的特殊性导致中国银行的强行平仓义务的履行过程不像期货交易或是“原油宝”的空方投资者一样伴随保证金充足率的逐步下跌有一系列的前置程序，但这也并不构成对投资者财产权和知情权的侵害。一方面，无论双方是否有约定都必须按照监管要求执行；另一方面，中国银行此时也是“成本最低防范者”，在投资者已无法进行交易操作的情形下，中国银行在负价格形成之初即通过履行义务的方式强行平仓无疑是最为理性的、成本最小的做法。

在义务的履行过程中仍然存在一个问题，由于市场价格的波动剧烈加之投资者数量众多，无法保证所有投资者都以同一价格或最有利价格平仓，此时的价格波动风险则应当转由投资者承担，毕竟中国银行在穿仓时仅负有强行平仓义务，而非保证产品亏损最大为100%。但出于公平交易的考虑，公平地对待所有投资者可能还需要结合所有的平仓价格和投资者的持仓量予以综合计算。具体到“原油宝”产品穿仓损失的责任认定当中，中国银行完全地承担所有投资者的穿仓损失显然扩大了其强行平仓义务的范围，具体应当以哪一个交易价格作为投资者和中国银行之间穿仓损失的责任分界线还需要结合当时市场的交易量和中国银行所有多方投资者的持仓量予以综合判定，得出一个最终的平仓价格。

(三)产品损失责任的类型化分析

由于每个投资者与中国银行之间的缔约过程都存在很多个性化的细节,双方的具体交流内容、后续交流方式、客户风险承受能力及相关背景等均因个案而异。事实上,在域外经典场外衍生品交易案件中,上百页判决书中长篇累牍的往往是对客户的具体情况、银行与客户之间在缔约时如何交流、双方在合同履行期间如何进一步沟通等方面的描述。[①] 也正是这些细节最终决定了是投资者风险自担,还是银行来承担未尽适当性义务或是欺诈的法律责任。因此,在归类不同的情形时,只能对投资者进行大致分类,无法将全部投资者的情形纳入考量。具体而言,中国银行与投资者之间的责任划分可以概括为如下三类。

1. 中国银行承担投资者的全部损失。情形一:投资者在4月15日以前持有多头头寸且最后交易日前仍未完全平仓(或者同时持有空头头寸下的净多头),如果中国银行有明显的不当销售行为,诸如诱导投资者填写"客户风险承受能力评估问卷"或以各种形式代填问卷以使风险承受能力本不足的投资者(一般是C1型或C2型投资者)满足适当性匹配要求的,或是投资者明确表示其不能承担任何本金亏损等与"原油宝"销售之初的实质风险相矛盾的表达而仍然被推销并购买的,投资者有权主张中国银行适当性义务未履行因而承担缔约过失责任,[②]损失的赔偿数额应当为初始购买金额的损失及利息(按同期同类存款基准利率计算)。同时应当考虑中国银行的免责事由,即购买前提是投资者拒绝听取卖方机构的不匹配建议而主动要求购买"原油宝"产品,或者投资者此前有过同类型产品(商业银行账户商品业务或者其他场内、场外衍生品)的投资经验,此时中国银行对投资者的损失不能因售前适当性义务的未履行而予以全部赔偿,而是归入其他情形进行更进一步的探讨。

情形二:投资者在4月15日以后才初次购买"原油宝"合约,合同基础的

① 刘燕:《尊重契约,兼顾公平——关于原油宝和解方案的技术帖》,载微信公众号"北京大学金融法研究中心",2020年5月10日。

② 尽管理论界对于《九民纪要》中的适当性义务属于先合同义务的定性存在一定争议,但是本事件中,中国银行并非代为销售其他发行人的理财产品,而是自营自销,因此其与投资者之间存在直接的合同关系,在此种情形下,无须再因投资者与销售者(银行)之间不存在合同关系而又遭受自身财产损失而提起侵权之诉。

变化导致同样的适当性匹配程序已然无法做到适当性义务的完全履行。原则上,中国银行在负价格预告出现之后就应当停止此类业务的新增,并应尽快对存续交易进行适当性方面的再匹配或者将交易平盘。此类投资者除非在进入合约时被明确告知存在负结算价风险且风险等级与变更后的“原油宝”产品相匹配,否则同第一种情形类似,可以中国银行未尽适当性义务为由主张其承担缔约过失责任,当然中国银行仍然存在上述免责事由。

2. 中国银行承担全部穿仓损失及本金损失的20%。情形三:投资者在4月15日以前持有多头头寸、最后交易日前仍未完全平仓且中国银行不存在明显的不当销售行为时,需要考虑中国银行适当性义务的瑕疵履行。具言之,投资者可能存在几种说辞。其一,声称中国银行的片面宣传导致其出现未预料到的穿仓损失,此种情形下,可以归属到情形四合并讨论,因为此时的争议焦点并非销售时投资者是否能够预料损失范围,而是中国银行是否违反其产品运作过程中的适当性义务。其二,投资者声称其根本未被告知多方交易规则的特殊性,认为最大损失将会被锁定在本金的80%,此时中国银行存在适当性义务之告知说明义务的履行瑕疵,但是这与损失超过其信赖的80%本金之间并不存在必然的因果关系。如前所述,投资者对其交易账户同样负有及时查询并妥善处理持仓的义务,因而此时的投资者若想基于告知说明义务的履行瑕疵而主张中国银行应当承担超过本金80%部分的损失,仅限于全新的进入者且在负结算价之前并未经历过价格下行波动的情形(可以每日结算价为基准),即投资者没有可能在负结算价前以一般人的注意标准了解到多方投资者的特殊保证金规则。

3. 中国银行仅承担全部或部分穿仓损失。情形四:投资者在4月15日以前存在多头头寸且最后交易日前仍未完全平仓,但是不存在售前适当性的履行瑕疵,或者虽然存在迟延履行或履行不完全而中国银行存在相应的免责事由时,会进入更深一层的分类,即投资者的风险承受能力是否与负价格预告发出后“原油宝”产品的实际风险相匹配。如果投资者仅仅是C3型投资者,那么其显然在合同基础条件发生重大变化的情形下存在风险等级的错配,中国银行应当对此类投资者负有更高的注意义务。质言之,中国银行并未对其进行强提醒或者再测试乃是对基于诚信原则而生的合同中附随义务之违反,投资者可以请求中国银行承担违约责任,损失的赔偿数额以额外增加的损失,即穿仓损失为限。如果投资者是C4型或是C5型,且与调整后的“原油宝”产品风险不存在错配时,[①]中国银行在16—20日履行其通知义务,通知时间靠后的投资者可以通知义务的履行瑕疵为由主张中国银行承担赔偿责任。此外,中国银行在负价格可能出现后针对多方投资者保证金比例特殊性的告知说明义务同样可能存在履行瑕疵,但此时的中国银行显然不可能承担全部的穿仓损失。中国银行应承担的穿仓损失范围应在第四部分第二点“(三)负结算价形成后,中国银行应当履行强行平仓义务”结论处划定的最终平仓价格之上,全部穿仓损失之下,具体再根据实际情况判断其过错大小而承担部分穿仓损失。

总之,投资者在购买产品时的实际情况纷繁多样,买卖时点、通知时点、告知时点均会对损失责任的划定产生影响,因此在认定中国银行的责任时,宜分门别类地予以考虑。过于简化的赔偿方案和论证思路只会让投资者认为中国银行在此间获得了巨大的利益,从而给之后的投资者造成一种衍生品利润大风险小的错觉。本文提出的损失划分情形仍然对很多细节问题笼而统之,也未考虑投资者可能存在各种高频的交易操作对中国银行适当性义务的评判造成不同的结果。事实上,部分投资者已经与中国银行签订了和解协议,本文对于这部分投资者而言的价值在于,帮助其厘清哪一部分的补偿实质上是中国银行方面对其释放善意而非赔偿,对于其他的“原油宝”投资者或者同类产品的潜在投资者而言,希望能够提供一个在价值上更为妥当的方案,以期责任的公平分配。

五、“原油宝”类账户商品业务风险防范的未来展望

如前统计,目前各大商业银行仍然存在不少在售账户商品业务,这类产品合约的标的通常都是国际市场中的大宗商品期货合约。国际局势日益复

① 在负结算价出现后的“原油宝”产品风险等级需要评估人员进行专业测评,如果变更后的风险等级为R4,则C4、C5的投资者均不存在错配情况;若变更后的风险等级为R5,则C4投资者和前述C3投资者一样存在风险等级错配。C1-C5为投资者的风险测评等级,投资者风险承受能力由低到高依次是:C1谨慎型、C2稳健型、C3平衡型、C4进取型、C5激进型;R1-R5为产品的风险等级,风险由低到高分别为:R1低风险、R2较低风险、R3中风险、R4较高风险、R5高风险。

杂,诸如青山集团的伦镍事件等逼仓事件不断加大期货市场的价格波动,[①]增加期货市场的价格风险。在这样的背景下,投资者更要秉持审慎、敬畏的态度参与市场。宏观层面,监管机构进一步完善期货和衍生品市场法治建设,确立基础制度、加大监管力度、提升效力层级;微观层面,产品的提供方商业银行需从保护投资者的角度出发,优化"原油宝"类账户商品业务的风控设计,改进产品合约以应对特殊事件的发生。

(一)衍生品市场的法治建设对"原油宝"类账户商品业务的影响

1.《期货和衍生品法》对"原油宝"类业务的影响。2022 年 4 月 20 日通过的《中华人民共和国期货和衍生品法》(以下简称《期货和衍生品法》),明确将期货交易和衍生品交易共同纳入规制范围。其中,第三条对衍生品交易和远期合约作出了明确定义,[②]结合前文对"原油宝"产品的法律性质分析,商业银行面向个人客户发行的、兼具"衍生品"和"理财产品"特征的"纸黄金""账户外汇""账户石油"之类产品都应当属于衍生品交易的范畴。《期货和衍生品法》确立了"持牌"规则、单一主协议、终止净额结算、履约担保、交易报告库、中央对手方等衍生品市场的重要制度,一方面完善了衍生品业务的法律法规体系,另一方面也为衍生品市场的规范性、可执行性及交易的稳定性提供了充分的法律依据。

对"原油宝"类业务而言,《期货和衍生品法》重申了"持牌"规则及适当性管理义务,在法律层面将"履行交易者适当性管理义务"规定为商业银行等开展衍生品业务的金融机构的法定义务,虽然适当性管理的边界尚未明确,但该规定无疑为衍生品交易争议的解决提供了一条更为明确的责任认定路

---

① 青山集团是一家持有镍矿的公司,其希望避免现货市场价格波动带来的合约风险,在伦敦采取套期保值交易。具体做法就是持有镍现货,同时在伦敦金属交易所(The LONDON METAL EXCHANGE,LME)卖出远期镍。2022 年俄罗斯被踢出 SWIFT 叠加海运公司暂停俄罗斯业务,导致青山购买的镍现货无法付款也无法运输,原本供大于求的镍突然供给不足。国外的利益集团正是看中了这点,锁定青山无法交割的巨额空单,筹集资金做多伦镍市场,使得伦镍价格一度冲到了 10 万美元/吨。

② 2022 年 4 月 20 日,《中华人民共和国期货和衍生品法》(中华人民共和国主席令第 111 号)第三条第二款规定:本法所称衍生品交易,是指期货交易以外的,以互换合约、远期合约和非标准化期权合约及其组合为交易标的的交易活动。第三条第六款规定:本法所称远期合约,是指期货合约以外的,约定在将来某一特定的时间和地点交割一定数量标的物的金融合约。

径。除此之外的关于结算方式、交易报告、履约担保等多为原则性规定,对“原油宝”业务交易层面的影响相对较小,后续国务院出台的对衍生品交易及相关活动进行规范和监督管理的具体办法可能会对此类业务带来更为明确、深远的影响。

2.《关于促进衍生品业务规范发展的指导意见(征求意见稿)》对“原油宝”类业务的潜在影响。2021年12月3日,中国人民银行、中国银行保险监督管理委员会、中国证券监督管理委员会、国家外汇管理局联合发布了《关于促进衍生品业务规范发展的指导意见(征求意见稿)》(以下简称《指导意见》),针对场外衍生品业务的投资者保护、金融机构内控管理、监管部门职责等方面进行了整合与优化。随着《期货和衍生品法》的正式颁布,《指导意见》可能会作为相应衍生品交易的配套制度出台,规范并助推场外衍生品业务的发展。“原油宝”类账户商品业务属于“金融机构发行的不涉及标的物实际交割的记账式大宗商品类产品”,在衍生品的认定遵循实质重于形式的原则之下,参照《指导意见》进行管理。①

在投资者准入方面,《指导意见》根据衍生品业务的特性,直接将投资者类型限定为合格投资者,分类标准由相关监管部门具体规定;同时,在金融机构应当坚持主要面向非个人投资者开展衍生品业务的原则基础上,进一步规定银行保险机构不得通过柜台与个人客户直接开展衍生品交易,不得为企业提供以非套期保值为目的的交易服务。相比《期货和衍生品法》的原则性规定,《指导意见》“适当性管理义务”的着力点在于合格投资者的审查和交易目的的审查,即“原油宝”类账户商品业务未来很难再以个人客户作为交易对手方,对企业开展衍生品业务也应以“适当性管理义务”为前

① 2021年12月3日,《关于促进衍生品业务规范发展的指导意见(征求意见稿)》第一条:衍生品是一种金融协议,其价值取决于利率、汇率、商品、股权、信用和贵金属等基础资产的价值变动。衍生品通常具备以下四项基本特征:(一)具有未来进行交割或行权的基础资产;(二)合约需明确未来进行交割的基础资产的数量和价格,或其确定方式;(三)具有明确的到期期限;(四)具有明确的交割方式。衍生品的认定遵循实质重于形式的原则。金融机构不得违反本意见规定变相开展衍生品业务。金融机构提供部分符合衍生品基本特征的产品,应当向相关金融管理部门报告。金融管理部门应当关注市场的新产品和新业务,评估是否涉及变相开展衍生品业务等情况,并相应采取有效措施。各参与主体在特定交易场所交易具有未来交割实物特征的延期交收合约,以及金融机构发行的不涉及标的物实际交割的记账式贵金属、大宗商品、外汇类等账户类产品参照本意见管理。

提，这就要求相关金融机构完善适当性评估、风险揭示、销售管理、内部管理等方面的制度。

在交易管理方面，一是明确规定了信息披露应当包含的信息类型，并且当市场出现重大波动时，应当通过适当的渠道及时向客户进行风险提示；二是在宣传销售符合规定的前提下，强调风险揭示应当准确、真实、醒目、易懂；三是明确规定交易合同的内容，将合同的制定权限缩于总行，鼓励清算规则市场化、交易透明化，对于标准化较高的衍生品交易品种，鼓励结算方式采取中央对手方集中结算。此外，《指导意见》在交易对手集中度、客户资信管理、产品压力测试等方面也作出了相应的规定，夯实衍生品业务规范发展的微观基础。

总的来看，《指导意见》虽尚未正式发布，但对于“原油宝”类账户商品业务的继续开展有较强的指导意义，提高了投资者的准入门槛、加大了风险揭示和提示的力度、规范了账户商品业务的制度要求，为衍生品业务的开展创造了一个更加规范、透明、稳定的交易环境。

（二）“原油宝”类账户商品业务的风险防范设计

1. 产品要素的设计建议。在“原油宝”负结算价事件中，“原油宝”合约的结算价直接与当日 WTI 原油期货结算价挂钩，而产品交易的停止时间均早于结算价的形成时间，也就是说，投资者在这段时间中无法进行交易操作却要面临价格风险。另外，由于萨缪尔森效应的存在，“原油宝”作为国有商业银行中产品合约最终交易日最接近期货合约最后交易日的产品，其价格波动率或者说价格风险天然地大于其他商业银行的同类产品。因此，在产品的要素设计方面，一是可以通过延长每日交易时间以缩短投资者的风险暴露时间；二是可以提前每类合约的最后交易日期以避免价格的自然波动加剧。前者给予了投资者更多的自主决策空间，投资者可以选择追加保证金以保留合约，也可以选择更早地平仓离场，但此种设计无疑会给投资者的专业性带来更多的挑战；后者从减小产品整体风险的角度出发，主动将全部“原油宝”合约的最后交易日提前以避免可能的大幅波动。

此外，如前所述，“原油宝”多方投资者保证金比例的特殊性使中国银行设定的预警线和平仓线不适用于多方投资者，50% 的预警线与 20% 的强行平仓比例均不能起到控制交易对手方风险的作用。因此,在统一的保证金比例计算公式之外,建议在保证金充足率、持仓收益之外针对多方投资者增设盈亏比例,使其和空方投资者一样能够在损失超过一定比例时收到银行的预警或提醒。这样做的好处在于,其一,多方投资者可以获得更为全面和统一的持仓信息,知悉其可能存在的亏损全部本金的风险甚至是倒欠风险;其二,多方投资者也能在银行履行强行平仓义务前,对价格变动给予更多的关注,在进入负结算价后,及时追加保证金以保留合约使其不被强行平仓;其三,也便于银行对投资者妥善履行其通知义务,提示投资者即将面临的强行平仓风险和穿仓风险。

2. 产品合约的设计建议。当多方投资者的亏损率达到50%和80%时,中国银行没有任何针对多方投资者的通知或提示,直到穿仓发生触发中国银行的强行平仓义务时,中国银行应立即履行其强行平仓义务,投资者很可能在不知情的情况下被强制按照某一负结算价平仓离场。从保护投资者知情权和财产权的角度出发,多方投资者的特殊性、中国银行在投资者亏损达到某一比例时的提醒、在履行强行平仓义务前的通知、此类通知或提醒的方式及生效时间、中国银行履行强行平仓义务后平仓价格的形成方式等内容,都应当在合同中予以明确体现。另外,也存在着多方投资者愿意在穿仓发生时立刻追加保证金以避免中国银行强行平仓的可能,因此如果强行平仓义务开始于可交易时段,中国银行是否需要履行一定的前置程序,保障投资者在进入负结算价时继续持仓的权利,也存在讨论空间。

空方投资者不同于多方投资者之处在于,前者有明确的机会按照中国银行的提示及时追加保证金,及时并非立刻,此时的投资者仍享有一定的时间利益。但是,在衍生品市场的波动受大环境等影响日益加剧的情形下,短时大幅波动已不再罕见。投资者享有的时间利益并不一定能够为其创造更多的利益,对投资者而言,在价格剧烈波动时尽早地以确定的价格退出是更为理智的做法。因此,在合约设计方面,商业银行可通过一系列的定性和定量评价体系去界定极端情形。当极端情形发生时,空方投资者的保证金充足率可能以极快的速度依次跌破预警线50%和强行平仓线20%,多方投资者的亏损率同理。此时合约可以赋予银行直接强行平仓的权利而无须给予投资者充分合理的追加保证金时间。较为妥当的做法是,在合约签订时给予投资者选择权,选择是否放弃此种情形下的财产权益。投资者承诺放弃此种情形下的财产权益,无论是预期利益的损失或是预期亏损的避免均由投资者自行承担。诚然,中国银行此时也有从交易对手方成为产品管理人之嫌,但此举可以成为特殊情形下银行的风险控制措施,通过将极端情形界定在较小的范围内,控制商业银行运用此项权利的范围,尽可能地减少对投资者财产权干预的情形发生。

总之,商业银行与投资者在账户商品业务中是交易对手方,但在成为交易对手方之前商业银行也是产品的设计者,其有义务控制产品的风险并在售卖产品时告知投资者最大损失的可能范围。因此,在产品要素和产品合约的设计方面,商业银行应做到更加的精细化,针对不同类别的衍生品充分考虑不同的情境,将产品的损益区间尽可能地控制在合理的预期范围之内。这既是对商业银行产品设计、风险控制、操作系统等多方面的挑战,也是衍生品在中国市场发展的题中应有之义。

六、结语

"原油宝"事件已过去两年,投资者与中国银行的纷争也告一段落,无论是诉讼或是诉讼外自行和解,中国银行承担所有穿仓损失以及20%的本金损失似乎成为通用公式。但对于"原油宝"类商业银行账户商品业务的法律解析仍有必要进行。虽无法将结论应用于此次"原油宝"事件,但厘清此类业务可能面临的特殊风险与交易特点,明确特殊事件导致产品损失发生后的责任认定路径确有必要。一方面,得益于衍生品的多种用途,越来越多的个人和机构投资者正加入套期保值、套利交易、投机交易;另一方面,衍生品市场是一个全球性的市场,产品种类繁多,影响价格的因素也无法穷尽列举,加之国际局势日益复杂,价格的不确定性上升。在这样的背景之下,投资者应审视自己的投资目的、了解自己的风险承受能力,谨慎入市;产品开发者应建立健全相应的风控机制,完善交易流程以应对各种特殊事件的发生。当损失发生时一味地将责任推卸给交易对手方的做法既不利于投资者的成长与教育,也不利于衍生品市场的长久发展。

"原油宝"类账户商品业务既有衍生品的属性,又有100%保证金带来的特殊性。在原油价格屡创历史新低的背景下,投资者在传统"高杠杆、高风险"和"无杠杆、低风险"的观念之间主动或被动地选择了相信后者。伴随着理财产品类型的多样化,越来越多的产品底层逻辑难以看清,一些风险控制措施或者特殊合同安排足以让普通乃至专业投资者忽视产品真实存在的风险。"原油宝"特殊的产品设计使负结算价发生时,法律界对于产品或业务的法律性质无法达成共识,更遑论背后的权利义务关系以及随之而来的责任认定。商业银行账户商品业务本质上是银行设计的一种以国际市场中的期货合约为标的的远期合约,合约的双向交易、可对冲性、现金交割都使得其与期货合约存在高度相似性,但该业务实质上是一种拥有三层标的架构的合约,而期货是一种双层标的的设计。由此,"原油宝"业务并非是违法期货交易,合约也并非天然无效,对于合约的效力判断和损失的责任认定应从底层的法律关系出发逐步拆解与分析。在这当中,投资者适当性义务作为卖方机构的核心义务,并非仅仅停留在表面的售前适当性匹配之上,而是一项贯穿于交易始终的义务。在销售阶段可以归于先合同义务,当合同成立并生效之后,适当性义务作为一项销售机构的附随义务而存在。尤其是对于非封闭式的产品,销售机构有义务保证上升的产品风险等级与存量投资者同步匹配,对于不再匹配的投资者予以更高程度的关注和提示,否则会构成义务的瑕疵履行进而产生相应的责任。基于这样的核心观点,最终将"原油宝"产品损失的责任划分为中国银行承担投资者的全部损失、中国银行承担全部穿仓损失及本金损失的20%、中国银行仅承担全部或部分穿仓损失三类。

本文受限于资料和信息获取的不完整,事实认定及法律判断可能存在不准确甚至错误之处。但仍旧希望通过对"原油宝"事件的全面梳理与解析,帮助投资者进一步认识此类业务的特点与风险,为银行相关人员设计、优化产品结构与合约提供一些思路,此后若出现同类事件,也期望能够为产品损失的责任认定提供一些思考路径。金融衍生品在中国市场的历史较短,法律法规体系、交易制度、产品设计还在持续地建设当中,但中国的衍生品市场正在高速发展,任何一个市场的成熟与制度的完善都是一个在实践中不断迭代的过程,制度、系统、理念的建立并非一蹴而就,而是需要投资者、产品提供者、监管者在数次的风险事件中发现、认识并改进。因此,在每一次风险事件发生时,都应在明确产品法律属性的基础之上,明晰相关当事人的权利义务以及相应的法律责任,使中国的金融衍生品市场能够形成良性发展。

（责任编辑:王琦）

征稿启事

《商法界论集》由中国社会科学院法学研究所商法研究室主办，旨在繁荣商法学理论研究、促进商事法治发展。本书设专题研讨、论文、案例评论、研究报告、书评、优秀硕士学位论文选登等栏目，每年出版两卷。诚邀国内外高等院校、科研机构、实务部门的专家学者及博士生、硕士生惠赐佳作。

一、投稿要求

1. 稿件尚未公开发表，主题属于商事法领域，包括但不限于商法基础理论、公司法、证券法、期货法、信托法、破产法、保险法、票据法、金融法、海商法等。

2. 请在文章首页脚注内注明作者姓名、单位、职称、电话、邮箱、地址及邮编。

3. 写作规范，篇幅一般应在 8000 字以上，附 300 字摘要及 5 个以内关键词。

4. 文章注释采用全文脚注形式，以连续序号标注，所有脚注均不简写。

5. 邮件标题和 word 文件命名格式均为：作者姓名 + 文章标题。

6. 投稿邮箱：shangshifa@126.com，投稿之日起一个月内告知审稿结果。

二、注释体例

1. 中文专著

邹海林：《破产法——程序理念与制度结构解析》，社会科学文献出版社 2017 年版，第 56 页。

叶林主编：《期货期权市场法律制度研究》，法律出版社 2017 年版，第 10 页。

[意]F. 卡尔卡诺：《商法史》，贾婉婷译，商务印书馆 2017 年版，第 6 - 7 页。

2. 中文论文

陈甦:《资本信用与资产信用的学说分析及规范分野》,载《环球法律评论》2015 年第 1 期。

曹兴权:《商事指导性案例中规则续造推理的规范性》,载陈洁主编:《商事指导性案例的司法适用》,社会科学文献出版社 2017 年版,第 132 页。

3. 外文文献:引用著作的,书名用斜体;引用论文的,文章名用正体,期刊名用斜体。多个作者之间用逗号。

Steven L. Emanuel, *Torts*, CITIC Publishing House, 2003, p. 149.

Richard A. Posner, "The Decline of Law as an Autonomous Discipline: 1962 – 1987", *Harvard Law Review*, Vol. 100, No. 4 (1987), pp. 761 – 780.